D1695777

Julia Becker

Die Entwicklung des Systems der Geldwäschereibekämpfung in der Schweiz auf nationaler und internationaler Ebene seit 1990

Die vorliegende Arbeit wurde als Inaugural-Dissertation
zur Erlangung des akademischen Grades eines Doktors der Rechte
an der Universität Bremen im Jahre 2009
zur Begutachtung

Prof. Dr. Felix Herzog (Erstgutachter),

Prof. Dr. Dietrich Grashoff (Zweitgutachter)

sowie dem Promotionsausschuss Dr. jur. der Universität Bremen
vorgelegt.

Tag des Kolloquiums: 16. Dezember 2009

Berichte aus der Rechtswissenschaft

Julia Becker

Die Entwicklung des Systems der Geldwäschereibekämpfung in der Schweiz auf nationaler und internationaler Ebene seit 1990

D 46 (Diss. Universität Bremen)

Shaker Verlag
Aachen 2010

Bibliografische Information der Deutschen Nationalbibliothek
Die Deutsche Nationalbibliothek verzeichnet diese Publikation in der Deutschen
Nationalbibliografie; detaillierte bibliografische Daten sind im Internet über
http://dnb.d-nb.de abrufbar.

Zugl.: Bremen, Univ., Diss., 2009

Copyright Shaker Verlag 2010
Alle Rechte, auch das des auszugsweisen Nachdruckes, der auszugsweisen
oder vollständigen Wiedergabe, der Speicherung in Datenverarbeitungs-
anlagen und der Übersetzung, vorbehalten.

Printed in Germany.

ISBN 978-3-8322-8846-4
ISSN 0945-098X

Shaker Verlag GmbH • Postfach 101818 • 52018 Aachen
Telefon: 02407 / 95 96 - 0 • Telefax: 02407 / 95 96 - 9
Internet: www.shaker.de • E-Mail: info@shaker.de

Meinen Eltern,
meinem Bruder Frei
und Lars gewidmet

Danksagung

Besonderer Dank gilt meinem Doktorvater – Herrn Prof. Dr. Felix Herzog, Universität Bremen –, der mich sowohl bei der Wahl als auch bei der inhaltlichen Bearbeitung der Geldwäschereithematik unterstützte und mir immer wieder mit wertvollen Anregungen zur Seite stand.

Inhaltsverzeichnis

A. Einleitung 1

Einführung in das Thema 1

Aufbau der Untersuchung 5

I. Der Begriff der Geldwäscherei 8

   1. Terminologie und allgemeiner Sprachgebrauch 9

   2. Der Geldwäschereibegriff in der Kriminologie 13

   3. Der Begriff der Geldwäscherei im internationalen Kontext 17

   4. Geldwäscherei – Modelle 21

      4.1 Methoden zur Verschiebung von Finanzwerten 24

      4.2 Platzierung (Placement) 27

         4.2.1 Direkte Platzierung 28

         4.2.2 Indirekte Platzierung 29

      4.3 Verwirrspiel (Layering) 32

      4.4 Rückführung (Integration) 34

      4.5 Fazit 37

II. Die historische Entwicklung der Geldwäschereibekämpfung in der Schweiz 38

   1. Zielsetzung 38

   2. Die Entwicklung des schweizerischen StGB in Bezug auf die Geldwäscherei 39

      2.1 Art. 305bis und 305ter Abs. 1 Schweizer StGB 40

      2.2 Art. 305ter Abs. 2 und Art. 58–60, 260ter Schweizer StGB 45

   3. Die Entwicklung des schweizerischen Geldwäschereigesetzes (GwG) 48

   4. Krisen und ihre Auswirkungen auf die Geldwäschereibekämpfung 52

      4.1 Der Chiasso-Skandal (1977) 52

      4.2 Die Pizza- bzw. Libanon-Connection und ihre strafrechtliche Auswirkung 54

      4.3 Die Marcos-Affäre und die zögerliche Rückgabe von Potentatengeldern 59

4.4	Der Abacha-Fall (1999)	67
4.5	Fazit	69

5. Das „Schweizer Modell" im Vergleich zur deutschen Grundstruktur der Geldwäschebekämpfung ... 72

5.1	Die Vereinbarung über die Sorgfaltspflicht der Banken (VSB)	73
5.2	Die (Verwaltungs-)Richtlinie der Eidgenössischen Bankenkommission	75
5.3	Die Geldwäschereitatbestände und das Geldwäschereigesetz (GwG)	78
5.3.1	Art. 305bis Schweizer StGB	78
5.3.2	§ 261 deutsches StGB	82
5.3.3	Vergleich	86
5.3.4	Art. 305ter Abs. 1 Schweizer StGB	88
5.3.5	§ 261 Abs. 5 deutsches StGB	91
5.3.6	Vergleich	92
5.3.7	Das Schweizer Geldwäschereigesetz (GwG)	93
5.3.7.1	Sorgfaltspflichten	94
5.3.7.2	Meldepflicht und Pflicht zur Vermögenssperre	101
5.3.8	Das deutsche Geldwäschegesetz	103
5.3.8.1	Zielsetzung/gesetzliche Ausgestaltung	105
5.3.8.2	Pflichten nach dem deutschen Geldwäschegesetz	106
5.3.9	Das Schweizer Geldwäschereigesetz im Vergleich zum deutschen Geldwäschegesetz	112

6. Internationale Gremien und Instrumente der Geldwäschereibekämpfung ... 117

6.1	Financial Action Task Force (FATF)	117
6.2	Organisation für wirtschaftliche Zusammenarbeit und Entwicklung (OECD)	125
6.3	Baseler Ausschuss für Bankenaufsicht	136
6.4	International Organisation of Securities Commissions (IOSCO)	139

6.5   International Association of Insurance Supervisors (IAIS) 142

6.6   „Supervisors' PEP working paper 2001" 144

6.7   Internationaler Währungsfonds (IWF) 147

6.8   Die Wolfsberg-Gruppe – internationale Selbstregulierung 150

6.9   Vereinte Nationen 154

     6.9.1   Terrorismusfinanzierungskonvention (Dezember 1999) 155

     6.9.2   Die UNO-Konvention gegen das länderübergreifende organisierte Verbrechen 157

     6.9.3   Europarat 158

6.10   Fazit 161

III.   Das „Schweizer" Bankgeheimnis 163

1.   Begriff, Grundlage und Herkunft des Schweizer Bankgeheimnisses 167

2.   Bedeutung des Bankgeheimnisses für den Finanzplatz Schweiz 178

    2.1   Die Rolle der Schweiz als Offshore-Finanzplatz 180

    2.2   Aufhebung des Bankgeheimnisses: Funktion und Auswirkungen 189

       2.2.1   Der (Stellen-)Wert des Bankgeheimnisses - volkswirtschaftliche Auswirkungen und bankbetriebliche Sichtweise - 194

       2.2.2   Rechtliche und wirtschaftliche Auswirkungen 200

       2.2.3   Schutzfunktion des Bankgeheimnisses: Der „gläserne" Bankkunde? 207

3. Vereinbarkeit von Bankgeheimnis und konsequenter Geldwäschereibekämpfung 224

    3.1   Ambivalenz 226

    3.2   Die Gewährung von Amts- und Rechtshilfe 233

    3.3   Ein „Delaware-Effekt" in der Schweiz? 254

    3.4   Die Effizienz des Schweizer Systems der Geldwäschereibekämpfung im internationalen Vergleich 257

3.4.1 Ursprüngliche Zielsetzung und Entwicklung der Geldwäschereigesetzgebung 257

3.4.2 Entwicklung der Meldestelle für Geldwäscherei Schweiz 262

-2004 264

-2005 267

-2006 269

-2007 273

B. Zusammenfassendes Ergebnis und Ausblick 277

C. Anhang 284

Literaturverzeichnis I

A. Einleitung

Einführung in das Thema

Johann Wolfgang von Goethe[1] konstatierte einst:

„Wer besitzt, der muss gerüstet sein."[2]

Die Wahrheit seiner Erkenntnis, die auch heutzutage noch Gültigkeit besitzt, zeigt sich in der aktuellen (politischen) Diskussion über den Status der Schweiz als Steueroase und weltgrößter Offshore–Vermögensverwalter[3]. In wohl keinem anderen Land der Welt wird mehr ausländisches Geldvermögen verwaltet als in der Schweiz[4]. Hinsichtlich der Verwaltung von Kundengeldern erzielen die Schweizer Banken jährlich neue Rekordwerte.

Gemäß der aktuellsten amtlichen Statistik der Schweizer Nationalbank für das Jahr 2007 verwalteten Schweizer Banken ein Privatvermögen von mehr als **3,5 Billionen Euro** (in Zahlen: **3.500.000.000.000 Euro**; umgerechnet ca. 5,4 Billionen Schweizer Franken (CHF))[5]. Ende 2005 belief sich dieser Wert auf rund

---

[1] Johann Wolfgang von Goethe, geboren am 28. August 1749 in Frankfurt am Main, gestorben am 22. März 1832 in Weimar, geadelt im Jahre 1782, forschte und publizierte außerdem auf verschiedenen naturwissenschaftlichen Gebieten. Ab 1776 bekleidete er am Hof von Weimar wechselnde politische und administrative Ämter.

[2] „Wer früh erwirbt, lernt früh den hohen Wert der holden Güter dieses Lebens schätzen; wer früh genießt, entbehrt in seinem Leben mit Willen nicht, was er einmal besaß; Und wer besitzt, der muss gerüstet sein" Goethe, Torquato Tasso I, 3. Auftritt, 507, Alphons zu Tasso, Gartenplatz, S. 18; der Text der zitierten Fassung folgt dem Erstdruck: Goethe's Schriften. Sechster Band. Leipzig, Georg Joachim Göschen, 1790.

[3] „Die Welt der Steuerparadiese", *in:* Die Zeit v. 26.02.2009, S. 23 sowie Zitzelsberger, Europas Steuerparadiese schließen *in:* Süddeutsche Zeitung v. 14./15.03.2009, S. 1.

[4] Hiervon gehen weltweite Schätzungen aus.

[5] Statistik der Schweizer Nationalbank, Die Banken in der Schweiz 2007 (2005), 92. Jahrgang, Wertschriftenbestände in den Kundendepots der Banken; im Internet einsehbar unter http://www.snb.ch/ext/stats/bankench/pdf/defr/Stat38a.pdf (Stand: Juli 2009). Der Hauptanteil von zwei Billionen Euro (3,1 Billionen CHF) entfiel dabei auf ausländische Anleger.

2,7 Billionen Euro (4,4 Billionen CHF), wobei der Hauptanteil in Höhe von ca. 1,6 Billionen Euro (2,6 Billionen CHF) auf Gelder ausländischer Anleger entfiel[6].

Trotz der andauernden weltweiten Finanzkrise seit dem vierten Quartal 2008 lagen auch noch zum Jahresende 2008 in den Depots der Schweizer Kreditinstitute Vermögensanlagen im Wert von 2,4 Billionen Euro (3,8 Billionen CHF)[7].

Legt man die Berechnungen der Schweizer Bankiervereinigung (SBVg) bezüglich der angelegten Gelder bei ausländischen Filialen der Schweizer Institute zugrunde und addiert diese zu den obigen Werten, erhöht sich die Summe auf etwa 4,3 Billionen Euro (nach aktuellem Kurs rund 6,9 Billion CHF)[8]. Mit diesem Volumen nimmt die Schweiz im Bereich der privaten Vermögensanlage (Private Banking) eine markante Spitzenstellung am Weltmarkt ein und verwaltet nach

---

Um die enorme Größenordnung zu verdeutlichen, folgende Finanzzahlen im Vergleich: Der vom deutschen Bundestag für das Jahr 2008 verabschiedete Haushaltsetat beläuft sich auf 283.200.000.000 Euro (283,2 Milliarden Euro), im Internet einsehbar unter http://www.sueddeutsche.de/politik/336/426093/text/ (Stand: Juli 2009).

Das Bruttoinlandsprodukt der Schweiz belief sich im Jahr 2008 auf 336 Milliarden Euro (522 Milliarden CHF), was bei einer Einwohnerzahl von etwa 7,5 Millionen rund 43.000 Euro (65.500 CHF) pro Kopf entspricht; im Internet einsehbar unter http://www.auswaertiges-amt.de/diplo/de/Laenderinformationen/Schweiz/Wirtschaft .html (Stand: Juli 2009). Bei dem aktuell durch Schweizer Kreditinstitute verwalteten Privatvermögen von 3,5 Billionen Euro würden demnach ca. 467.000 Euro (711.800 CHF) auf jeden Einwohner entfallen.

[6] Statistik der Schweizer Nationalbank, Die Banken in der Schweiz 2007 (2005), 92. Jahrgang, Wertschriftenbestände in den Kundendepots der Banken; im Internet einsehbar unter http://www.snb.ch/ext/stats/bankench/pdf/defr/Stat38a.pdf (Stand: Juli 2009).
Hierzu auch „Schweizer Banken ziehen Vermögen an", in: FAZ v. 18.01.2007, S. 12. Schweizer Banken und Versicherer sind auf der Rangliste weltweit führender Finanzdienstleister weit vorne platziert. Die UBS ist der größte Vermögensverwalter der Welt. Beim grenzüberschreitenden Vermögensverwaltungsgeschäft für Private liegt der Standort Schweiz mit einem Marktanteil von ca. 30 Prozent weltweit deutlich an der Spitze, vgl. hierzu Portrait des Finanzplatzes Schweiz Schlussbericht 2007, Swiss Financial Center Watch; im Internet einsehbar unter http://www.sfcw.ch/assets/SFCW-Portrait-07a.pdf (Stand: Juli 2009).

[7] Der aktuelle Bestand entspricht somit etwa dem Stand des Jahres 2005; vgl. hierzu „Ausländer mit weniger Vermögen in der Schweiz", in: FAZ v. 24.02.2009, S. 21.

[8] Vgl. Angaben der Schweizer Bankiervereinigung (SBVg); im Internet einsehbar unter http://www.swissbanking.org (Stand: Juli 2009).

Schätzungen der Schweizerischen Bankiervereinigung damit ein Drittel des weltweiten Privatvermögens[9]. Unter Einbeziehung sämtlicher Finanzbereiche beläuft sich der schweizerische Gesamtanteil am Weltmarkt auf 8,8 Prozent[10].

Die Schweiz ist ein politisch und wirtschaftlich stabiles Land; trotzdem bleibt – vor dem Hintergrund des verwalteten Vermögensvolumens – die Frage, welche Faktoren die Alpenrepublik Schweiz begünstigen, um so attraktiv für Vermögensanlagen zu sein. Als Erfolgsfaktor des Standorts Schweiz wird in diesem Kontext immer wieder die Solidität und Effektivität des „Schweizer Bankgeheimnisses" genannt und diskutiert[11]. Da im Hinblick auf Geldwäschereihandlungen Banken eine entscheidende Rolle spielen[12], ist ein erfolgreicher und potenter Finanzplatz wie der der Schweiz, der generellen Gefahr ausgesetzt, Gelder zweifelhafter und verbrecherischer Herkunft anzuziehen, damit diese durch eine Geldanlage bei Schweizer Banken in den legalen Wirtschaftskreislauf gelangen[13].

---

[9] Die Schweiz liegt im internationalen Vergleich bei der grenzüberschreitenden Vermögensverwaltung auf Platz eins. Zudem erwirtschaftet sie weltweit die dritthöchsten Umsätze aus Devisenhandel; Der Schweizer Bankensektor, Anteil des Bankensektors am BIP, Staatssekretariat für Wirtschaft (SECO); im Internet einsehbar unter https://www.credit-suisse.com/citizenship/en/society/banking_sector.jsp (Stand: Juli 2009). Vgl. hierzu ebenfalls Riecke, Schweiz: Revolution nach Fahrplan, *in:* Handelsblatt v. 16.03.2009, S. 5.

[10] Der Weltmarktanteil der Vereinigten Staaten beläuft sich auf 41 Prozent, der von Großbritannien auf zehn Prozent gemäß der Berechnungen der Schweizer Bankiervereinigung; vgl. Angaben der Schweizer Bankiervereinigung (SBVg); im Internet einsehbar unter www.swissbanking.org (Stand: Juli 2009).

[11] Kleiner/Hauser/Höhn, Das Schweizerische Bankgeheimnis, S. 11; Zier, Das Schweizerische Bankgeheimnis und seine Auswirkungen auf die deutsche Wirschaft, S. 118f.; de Capitani, Bankgeheimnis und Geldwäscherei, *in:* Hadding u.a. (Hrsg.), Basel II: Folgen für Kreditinstitute und ihre Kunden, S. 133.

[12] Fülbier, Geldwäscherei: Bankangestellte im Dienst der Ermittlungsbehörden, *in:* WM 1990, S. 2026.

[13] Schätzungen zufolge sollen in der Schweiz in der Vergangenheit etwa 172 Milliarden Euro Schwarzgeld allein nur aus Deutschland deponiert worden sein; Groos/Müller/Wolf, Diskretion, „Nur noch unbescholtene Kunden sicher", *in:* Focus Money v. 01.04.2009, S. 68 m.

Um die Reputation des Schweizer Bankenplatzes aufrecht zu erhalten, sieht sich die Schweiz verpflichtet, eine Vorreiterstellung im Kampf gegen die Geldwäscherei einzunehmen. Von Schweizer Seite wird daher nur zu gerne publiziert, man habe „die strengsten Regeln der Welt"[14] im Bereich der Geldwäschereibekämpfung eingeführt[15]. Hinter dieser Behauptung stehen nachvollziehbare wirtschaftliche Interessen: Mit etwas mehr als 136.000 Beschäftigten im Bankensektor trägt dieser Bereich mit knapp 10 Prozent zum Bruttoinlandsprodukt und mit 16 Prozent zum Steueraufkommen bei[16]. Auch der Schweizer Finanzplatz hat demnach wohl erkannt: Er muss gerüstet sein.

Die Geldwäschereiprävention ist für die Reputation des Schweizer Finanzplatzes unerlässlich, grundlegend für die Schweizer Wirtschaft und somit maßgebend für den Wohlstand in der Schweiz. Bereits Benjamin Franklin[17] formulierte bezogen auf die hohe Relevanz einer intakten Reputation:

Verw. a. BBW-Studie, „Kapitalanlage im Ausland 2008" (Finanzdienstleistungsstudie der BBW Marketing Dr. Vossen und Partner, Kapitalanlagen Vermögender Jahrgang 2008). Die Schweiz wird und wurde in der Vergangenheit vereinzelt als „größte Geldwäschereianstalt der Welt" bezeichnet, so Del Ponte, Finanzwelt im Kampf gegen die Geldwäscherei: Wie weiter?, S. 54.

[14] Vgl. hierzu Kommentar zur VSB 08; im Internet einsehbar unter http://www.swiss-investment-services.ch/de/files/Gesetze_SBA_Kommentar_vsb08_Deutsch.pdf (Stand: Juli 2009).

[15] Im internationalen Vergleich schneiden die Schweizer Bestimmungen gar nicht als so strikt ab, vgl. hierzu Howald, Geldwäscherei: Strengere Vorschriften oder clevere Täter?, S. 1, der in diesem Zusammenhang auf eine Studie von Geiger/Wünsch, Institut für schweizerisches Bankwesen der Universität Zürich, aus dem Jahr 2006 verweist, nach der es nur wenige Unterschiede im Bereich der jeweiligen nationalen Gesetzgebung und Praxis gibt und letztlich jedes der drei untersuchten Länder (Schweiz, Deutschland, Singapur) an die strikteste Form der Regulierung hinsichtlich der Geldwäschereibekämpfung im eigenen Land glaubt.

[16] Statistik der Schweizer Nationalbank, Die Banken in der Schweiz 2007, 92. Jahrgang, Personalbestand 2007; im Internet einsehbar unter http://www.snb.ch/ext/stats/bankench/pdf/defr/Stat51.pdf (Stand: Juli 2009) sowie Der Schweizer Bankensektor, Anteil des Bankensektors am BIP, Staatssekretariat für Wirtschaft (SECO); im Internet einsehbar unter https://www.credit-suisse.com/citizenship/en/society/banking_sector.jsp (Stand: Juli 2009).

[17] Benjamin Franklin, geboren am 17. Januar 1706 in Boston/Massachusetts, war ein nordamerikanischer Politiker, Diplomat und Wissenschaftler. Bekannt wurde er insbesondere

"It takes many good deeds to bulid a good reputation,

and only one bad one to lose it.[18]"

Worte und Inhalt seiner Aussage können auch auf die Situation des Finanzplatzes Schweiz und auf dessen gefährdete Reputation nicht treffender gewählt werden. Eine jede Bank ist in ihrem ureigensten Interesse daran gehalten das Vertrauensverhältnis zum Bankkunden im Auge zu behalten und dieses nicht zu gefährden. Tatsache bleibt insoweit, dass das Schweizer Bank(kunden)geheimnis – trotz des zunehmenden Drucks aus dem Ausland und seitens supranationaler Organisationen, wie der Europäischen Union – (noch) als streng auszulegen ist und vom Bankkunden (aufgrund der sich daraus ergebenden Vorteile) geschätzt wird.

Aufbau der Untersuchung

Die Arbeit gliedert sich in drei Kapitel.

Das 1. Kapitel liefert einen Überblick über den Begriff der Geldwäscherei. Im Anschluss daran wird der Ablauf der Geldwäscherei anhand eines Geldwäschereimodells erläutert.

---

aufgrund seines Engagements als einer der Gründerväter der Vereinigten Staaten. Franklin setzte sich Zeit seines Lebens sowohl durch seine Schriften als auch als Mitglied von Kommissionen für Belange des Gemeinwohls ein. Ferner veröffentlichte er Essays zu verschiedenen Themen, wie beispielsweise Politik oder rechtlichen und erzieherischen Fragen. Im Alter von 20 Jahren entwickelte er eine Liste von 13 Tugenden, die seine Lebensweise prägten; vgl. hierzu die Autobiografie von Benjamin Franklin, Mémoires de la vie privée de Benjamin Franklin (Originaltitel), Part One.

Die Autobiografie von Benjamin Franklin ist in englischer Sprache im Internet einsehbar unter http://www.ushistory.org/franklin/autobiography/ (Stand: Juli 2009).

[18] Dieses Zitat geht auf Benjamin Franklin zurück und ist wie folgt zu übersetzen: „Es braucht viele gute Taten, um einen guten Ruf zu erhalten, und nur eine schlechte, um ihn wieder zu verlieren."

Im 2. Kapitel wird die historische Entwicklung der Geldwäschereibekämpfung in der Schweiz seit dem Jahr 1990 untersucht. Es wird ermittelt, wie sich das Schweizer Strafgesetz und das schweizerische Geldwäschereigesetz im Zeitablauf entwickelten. In diesem Zusammenhang werden außergewöhnliche Ereignisse, die den Bankenplatz Schweiz in der Vergangenheit erschütterten, einschließlich der daraus gezogenen staatlichen Maßnahmen im Kampf gegen die Geldwäscherei, dargestellt. Basierend auf dieser Darstellung wird dann das „Schweizer Modell" der Geldwäschereibekämpfung eingehend erörtert. Besonderheiten werden durch einen synoptischen Vergleich mit deutschen Strukturen aufgezeigt.

Das 2. Kapitel enthält in diesem Zusammenhang auch Ausführungen zu den Aktivitäten der Schweiz im Kampf gegen die Geldwäscherei auf internationaler Ebene.

Kapitel 3 der Arbeit erläutert zunächst Begriff, Grundlage und Herkunft des Schweizer Bankgeheimnisses. In diesem Zusammenhang wird die Rolle der Schweiz als Offshore-Finanzplatz erörtert. Aufgrund des immer stärker werdenden internationalen Drucks von der Europäischen Union und supranationalen Organisationen auf das Schweizer Bankgeheimnis werden dann die Auswirkungen einer Aufhebung bzw. Einschränkung für die Schweiz sowie für Länder, die keine bzw. weniger strenge Regelungen in diesem Bereich aufweisen, untersucht. Beachtung findet hierbei auch die Schutzfunktion des Bankgeheimnisses.

Gegenstand der weiteren Ausführungen ist die Vereinbarkeit von Bankgeheimnis und stringenter Geldwäschereibekämpfung in der Schweiz. Es wird insbesondere geprüft, ob nicht das Festhalten an einem strengen Bankgeheimnis einem erfolgreichen Kampf gegen die Geldwäscherei dauerhaft im Weg steht. In diesem Zusammenhang erfolgt auch eine Begutachtung der Schweizer Regelungen, die im Lichte der internationalen Bestrebungen eine Gewährung von Amts- und Rechtshilfe nach einem effizienten grenzüberschreitenden Informationsaustausch ermöglichen.

Der zum Schluss vorgenommene „Ausblick" soll die zum jetzigen Zeitpunkt gegebene Situation im Bereich der Schweizer Geldwäschereibekämpfung aufzeigen und ausgehend von diesem Punkt Handlungsalternativen liefern. Deutlich wird in diesem Kontext, dass die Schweiz die Gelegenheit nutzen sollte, effiziente Aktivitäten im Kampf gegen die Geldwäscherei – auch auf internationaler Ebene – weiter auszubauen und einen internationalen Informationsauschtausch zu fördern.

Die Arbeit berücksichtigt den Stand der Literatur bis zum *15.07.2009*. Weitere – insbesondere digitale – Informationsquellen fanden aufgrund der zügigen Entwicklung in diesem Arbeitsfeld bis *Juli 2009* (Stand des letzten Zugriffs) Berücksichtigung.

I. Der Begriff der Geldwäscherei

Die Auseinandersetzung mit der Thematik der Geldwäschereibekämpfung setzt zunächst die begriffliche Erörterung der *Geldwäsche* bzw. *Geldwäscherei* voraus.

Geld wäscht derjenige, der illegal erworbene Vermögenswerte zum Zwecke der Verheimlichung oder Verschleierung ihres Ursprungs in der legalen Finanzwirtschaft platziert, um damit die Ermittlung des ursprünglichen Besitzers und die Beschlagnahmung dieser Vermögenswerte zu verhindern[19].

Die Vorstellung, dass ein Kurier mit einem Koffer voller Bargeld am Bankschalter erscheint, um dieses Geld auf ein Konto einzuzahlen, gibt nur eine kaum mehr auftretende Form der Geldwäscherei wieder[20]. Tatsächlich ist die Geldwäscherei durch eine Vielzahl komplexer Finanztransaktionen gekennzeichnet, die auf die bewusste Verschleierung der kriminellen Herkunft abzielen.

Verallgemeinernd wird Geldwäscherei als *„das Umwandeln von Geldern illegaler Herkunft (insbesondere aus Raub, Erpressung, Drogen-, Waffen- und Frauenhandel) in offiziell registrierte Zahlungsmittel"* kategorisiert und definiert[21]. Unter Geldwäscherei kann auch der *„Umtausch von illegal erworbenem Geld in solches von unverdächtiger Herkunft"*[22] verstanden werden.

---

[19] Vgl. Art. 1 des Vorschlags der EG-Kommission für eine Richtlinie des Rates zur Verhinderung der Nutzung des Finanzsystems zum Zwecke der Geldwäsche v. 23.3.1990, ABl. EG Nr. C 106/6 v. 28.04.1990; sowie Bernasconi, *in:* Bundeskriminalamt (BKA), Macht sich Kriminalität bezahlt?, S. 165, 169 f.

[20] Botschaft StGB, S. 6.

[21] Schmid/Arzt/*Ackermann*, § 5/StGB 305bis, Rn. 1, S. 362.

[22] Vgl. DUDEN, Die deutsche Rechtschreibung, 21. Auflage, Mannheim/Leipzig/ Wien/Zürich 1996.
In: DUDEN, Das große deutsche Wörterbuch der deutschen Sprache, 2. Auflage, Bd. 3, Mannheim/Leipzig/Wien/Zürich, 1993 wurde Geldwäsche(rei) noch als *„das Weiterleiten unbeschränkt steuerbegünstigter Spendengelder besonders an eine politische Partei, für deren Spende nur eine teilweise Steuervergünstigung besteht"* definiert.

Wie man sieht, sind die Verwendung und Definitionen des Begriffs der Geldwäscherei vielfältig und vielschichtig. Eine vertiefte Untersuchung des Begriffs – insbesondere auch im Hinblick auf seine Entstehung – wird eine noch präzisere Einordnung ermöglichen:

1. Terminologie und allgemeiner Sprachgebrauch

Der Ursprung des Begriffs der „Geldwäscherei" geht auf Ereignisse in den Vereinigten Staaten von Amerika in den 1920er-Jahren zurück: Dort investierten gesetzeswidrige Organisationen Gelder mit krimineller Herkunft in sog. „Laundromats" (vollautomatische Waschsalons). Grund hierfür war die Tatsache, dass Betriebe dieser Art kaum kontrollierbare Umsätze erwirtschafteten und sich somit für die Verschleierung der bemakelten Gelder eigneten[23]. Der Gesamtumsatz dieser Waschsalons setzte sich dementsprechend aus den legalen Erlösen der laufenden Geschäftstätigkeit und „fiktiven Umsätzen" zusammen. Da die Waschsalons einen hohen Bargeldumsatz mit sich brachten und gleichzeitig nur schwer nachprüfbare Auslastungs- und Auftragszahlen hatten, konnte das bemakelte Kapital mit legalen Einnahmen vermischt und als Gesamtumsatz deklariert werden, so dass die Gelder unproblematisch in den Wirtschaftskreislauf gelangten.

Die Tätigkeit wurde aufgrund dieser Vorgehensweise mit dem englischen bzw. US-amerikanischen Begriff „Money Laundering" betitelt und hat somit originär eine metaphorische Bedeutung. Diese umgangssprachliche Bezeichnung[24] für die Umwandlung illegaler Vermögenswerte in (vermeintlich) legale wurde dann

---

[23] Gallarotti, Von Geldwäschern und Archäologen, in: NZZ v. 18.12.2006, S. 14, mit Verweis auf Schneider/Dreer/Riegler, Geldwäsche. Formen, Akteure, Grössenordnungen – und warum die Politik machtlos ist, Wiesbaden 2006.

[24] Umgangssprachlich steht der Begriff „Geldwäscherei" für fast jegliche Form des „Verschiebens" von Geldsummen oder Vermögenswerten, einhergehend mit einem Verstoß gegen interne betriebliche oder behördliche Anweisungen, Deklarations- und Offenlegungspflichten oder strafrechtliche bewährte Verbote; so insb. Herzog/Mülhausen/*Vogt*, GwHdb § 1, Rn. 1.

wörtlich übersetzt in den deutschen Sprachgebrauch übernommen. Der Begriff ist somit etymologisch als ein aus dem umgangssprachlichen Gebrauch in die Fachsprache übernommener Terminus zu verstehen, der nicht als originär juristischer Terminus anzusehen ist[25].

Vor etwa 30 Jahren war Geldwäscherei im deutschsprachigen Raum kaum bekannt. In Presseberichten erschienen die Begriffe „reinwaschen, Geldwäscher, gewaschen" erstmals im Herbst 1984 (allerdings auch wie hier meist in Anführungs- und Ausführungszeichen gesetzt)[26]. Vom Zeitpunkt des ersten Wortgebrauchs bis zum Eingang in die juristische Fachsprache sollten in Deutschland noch mehrere Jahre vergehen.

Im deutschen Strafrecht wird im Zuge der Entwicklung zwischen der Handlung an sich, der „Geldwäsche", und dem Vorgang bzw. dem Betrieb, in dem Geld gewaschen wird, der „Geldwäscherei", unterschieden[27]. In der Schweiz hingegen steht der Begriff „Geldwäscherei" synonym für das strafrechtlich relevante Verhalten, so dass sowohl in der Überschrift des Art. 305bis Schweizer StGB als auch in 305bis Ziff. 2 lit. b und c Schweizer StGB (in der deutschsprachigen Fassung) der Begriff „Geldwäscherei" verwandt wird[28].

---

[25] Es handelt sich bei dieser Wortbildung offenbar um eine Glied-für-Glied-Übersetzung (Lehnübersetzung) aus dem englischen bzw. US-amerikanischen money washing oder money laundering. Doch auch im dortigen Sprachkreis bleibt die Wortbildung unklar; vgl. hierzu Carstensen/Busse/Schmude, Anglizismen-Wörterbuch, Band 2, 1994, S. 562.

[26] Schmid/Arzt/*Ackermann*, § 5/StGB 305bis, Rn. 5, S. 364 mit Verw. in Fn. 14 auf TA vom 06.10.1984 S. 11; Schweizerische Handelszeitung vom 01.11.1984, S. 37; TA vom 24.11.1984, S. 12; TA vom 13.03.1985, S. 7; in der NZZ vom 23./24.03.1985, S. 17/18, erschien dann erstmals der Ausdruck „Money Laundering" im Titel eines Artikels.

[27] Zu dieser Unterscheidung auch DUDEN, Das große deutsche Wörterbuch der deutschen Sprache, 2. Auflage, Bd. 3, Mannheim/Leipzig/Wien/Zürich 1993.

[28] In der französischen Fassung des schweizerischen Strafgesetzbuchs lautet sie „blanchiment d'argent"; in der italienischen Fassung „riciclaggio di denaro". Siehe zur Begriffsbestimmung auch Fahl, Grundprobleme der Geldwäsche (§ 261 StGB), in: JURA 2004, S. 160 (Fn. 7–12).

Das schweizerische Recht kennt ferner auch nur einen *normativen* Begriff der Geldwäscherei, nämlich den Begriff des Art 305bis StGB[29]. Geldwäscherei ist demnach eine Handlung, die geeignet ist, die Ermittlung der Herkunft, das Auffinden oder die Einziehung von Vermögenswerten zu vereiteln, die, wie der Handelnde weiß oder annehmen muss, aus einem Verbrechen herrühren[30].

Da die weiteren Untersuchungen die Besonderheiten des schweizerischen Systems der Geldwäschereibekämpfung zum Gegestand haben, wird in den weiteren Ausführungen ausschließlich der Begriff der **Geldwäscherei** Verwendung finden.

Nicht eindeutig bestimmbar ist, was der juristische Laie genau unter dem Begriff der Geldwäscherei versteht: Es steht zwar fest, dass der Terminus der Geldwäscherei auf die sog. „metaphorische Sprechweise"[31] zurückzuführen ist, wonach die Worte Geld und Wäscherei eine weitergehende (von sog. vollautomatischen Waschsalons übertragene) Bedeutung erhielten und aufgrund ihres neuen Zusammenhangs als Bild verwendet werden[32]. Mangels wissenschaftlicher Unter-

---

[29] Zwischen Art. 305bis, Art. 305ter StGB, dem Geldwäschereigesetz (GwG) und den das Geldwäschereigesetz ausführenden Bestimmungen der Selbstregulierungsorganisationen (z. B. die Vereinbarung über die Standesregeln zur Sorgfaltspflicht der Banken, sog. VSB) wird somit nicht differenziert; vgl. hierzu insb. Schmid/Arzt/*Ackermann*, § 5/StGB 305bis, Rn. 14, S. 367.

[30] So Graber, GWG, Art. 1 GwG, Rn. 4, S. 17, mit Verweis auf BBl 1996 III 1116. Dieser normative Geldwäschereibegriff findet einen Mittelweg zwischen dem umgangssprachlichen, sehr weiten Begriff der Geldwäscherei – sofern ein solcher überhaupt auffindbar ist – und der engeren kriminologischen Auffassung von Geldwäscherei (vgl. zum Geldwäschereibegriff in der Kriminologie auch nachfolgende Ausführungen).

[31] Von Metapher (gr. Metaphora, von meta-pherein = übertragen), wörtlich: Übertragung, d. h. „übertragene Bedeutung" eines Wortes, nach der es nicht im „eigentlichen" Sinn gebraucht wird, also ein bildlicher Ausdruck.
„Wer ein Wort methaporisch gebraucht, unterstellt eine nicht-triviale Analogie zwischen dem Gegenstand, auf den das Wort im gerade vorliegenden Fall angewandt wird, und gewissen Gegenständen, auf die es in wörtlicher Bedeutung angewandt werden könnte." So Coenen, Analogie und Metapher, S. 45.

[32] Kleinhietpass, Metaphern der Rechtssprache und ihre Verwendung für Visualisierung, S. 21.

suchungen bleibt allerdings – unbeschadet seiner etymologischen Wurzeln – ungeklärt, wofür dieses Bild heutzutage steht[33].

Auch Nachschlagewerke bieten keine Hilfestellung für die Bestimmung des Geldwäschereibegriffs im allgemeinen Sprachgebrauch: In den einschlägigen Werken wird oftmals nur auf den Gesetzestext verwiesen, ohne eine empirisch-kriminologische Definition anzuführen[34].

Grundsätzlich sollte der juristische Laie allerdings erkennen können, welches Verhalten genau mit der jeweiligen Strafrechtsnorm geahndet werden soll. Dieser Auffassung ist auch das Bundesgericht gefolgt und verweist daher in seiner Entscheidung BGE 120 IV 323, 327[35] vom 21.09.1994 zur Stützung seiner Auslegung auf die umgangssprachliche Ansicht von Geldwäscherei („le langage commun").

Zusammenfassend ist festzuhalten, dass es in der Laiensphäre keine genaue Definition für den metaphorischen Begriff der Geldwäscherei gibt. Der Laie hat also meist keine genaue Vorstellung davon, was Geldwäscherei wirklich bedeutet. Vielmehr wird (aus seiner Sicht) jede Handlung, mit der aus einer Straftat Geld erlangt wird, als Geldwäscherei bezeichnet[36]. Auch das Schweizer Bundesgericht hat in seiner Rechtsprechung zur Auslegung von Art. 305bis StGB auf

---

[33] Vgl. hierzu Schmid/Arzt/*Ackermann*, § 5/StGB 305bis, Rn. 1, S. 362, mit dem Hinweis in Fn. 9 auf Hundt, Modellbildung in der Wirtschaftssprache: Zur Geschichte der Institutionen- und Theoriefachsprachen der Wirtschaft, 1995, sowie Lakoff/Johnsen, Methaphors we live by, 1980. Diese bedeutenden Arbeiten, in welchen metaphorische Modelle untersucht wurden, können demnach zwar interessante Hinweise dafür geben, wie Geldwäscherei verstanden werden könnte, befassen sich aber nicht mit dem Begriff Geldwäscherei selbst.

[34] Schweizer Lexikon – in sechs Bänden, Band 2, 1992, S. 850, enthält lediglich den Gesetzeswortlaut von StGB 305bis; DUDEN, Das große deutsche Wörterbuch der deutschen Sprache, 3. Auflage, Bd. 3, 1999, geht – wie gezeigt – darüber hinaus.

[35] Im genauen Wortlaut urteilte das Gericht wie folgt: „On peut ajouter que, dans le langage commun, les termes de recyclage, blanchiment ou blanchissage d'argent n'éveillent pas l'idée que l'on ne saurait en aucun cas être "son propre blanchisseur" (voir la définition du terme allemand ‚Geldwäscherei' citée dans l' *ATF 119 IV 59* consid. 2b) aa) p. 62)."

[36] Das gilt auch für das französische „blanchiment d'argent" und das italienische „riciclaggio di denaro".

den allgemeinen Sprachgebrauch der Geldwäscherei verwiesen[37] und stützt damit seine Auslegung auf einen an sich unbekannten Begriff.

2. Der Geldwäschereibegriff in der Kriminologie

Das kriminologische Verständnis von Geldwäscherei deckt sich nur partiell mit dem umgangssprachlichen Begriff. Eine juristische und kriminologische Definition der Geldwäscherei setzt zunächst voraus, dass die „gewaschenen" Gelder in strafrechtlich relevanter Weise – d. h. illegal – erlangt wurden[38].

Die bis zum jetzigen Zeitpunkt bestehenden – und nachfolgend aufgeführten – Definitionen zum Geldwäschereibegriff in der Kriminologie wurden dabei von Strafrechtlern entwickelt. Grund hierfür ist der Umstand, dass Strafrechtler sich durch kriminologische Definitionsversuche dem Ziel nähern, die nötigen (Tatbestands-) Merkmale für die Auslegung der jeweiligen (strafrechtlichen) Geldwäschereinorm zu erhalten[39]. Kriminologen[40] hingegen unterlassen es häufig, die

---

[37] Das Bundesgericht führt in seinen Entscheidungen in BGE 119 IV 59 ff. und in BGE 120 IV 323, 327 insoweit aus:
„Dafür spricht auch der Gesetzeswortlaut. (...) Zu Unrecht bringt der Beschwerdeführer vor, der Randtitel zeige, dass nur das ‚Waschen' von Geld bestraft werden solle. Zum Gesetzestext gehören zwar auch die Titel und Marginalien. Doch sind diese nicht selten unvollständig oder ungenau, so dass sie sich nur mit Vorsicht zur Interpretation der einzelnen Tatbestände heranziehen lassen (...) Die Rechtsprechung hat zwar den Randtitel zur Auslegung des Tatbestandes der ungetreuen Geschäftsführung (Art. 159 StGB) herangezogen (BGE 77 IV 204, BGE 80 IV 246 f.). Umgekehrt hat sie angenommen, dass der sich aus dem Wortlaut ergebende Sinn nicht einfach aufgrund der unvollständigen und ungenauen Marginalie umgedeutet werden darf, um so den Anwendungsbereich der Bestimmung einzuschränken (BGE 108 IV 162 f.; BGE 94 IV 87; BGE 89 IV 20);" vgl. BGE 119 IV 59, 62.
„On peut ajouter que, dans le langage commun, les termes de recyclage, blanchiment ou blanchissage d'argent n'éveillent pas l'idée que l'on ne saurait en aucun cas être ‚son propre blanchisseur' (voir la définition du terme allemand ‚Geldwäscherei' citée dans l' ATF 119 IV 59 consid. 2b) aa) p. 62);" vgl. BGE 120 IV 323, 327.
[38] Herzog/Mülhausen/*Vogt*, GwHdb § 1, Rn. 1.
[39] Schmid/Arzt/*Ackermann*, § 5/StGB 305bis, Rn. 11, S. 366.

Geldwäscherei in einen kriminologischen Begriff zu fassen. Für sie bleibt – aufgrund der vielfältigen Erscheinungsformen der Geldwäscherei – nur die Möglichkeit, auf einen positivrechtlichen Geldwäschereibegriff zu verweisen[41].

Auf empirisch-kriminologischer Ebene wird die Geldwäscherei sehr unterschiedlich umschrieben:

Zum einen existieren Definitionen, die die Geldwäscherei in erster Linie mit dem organisierten Verbrechen verbinden. Ausschlaggebend hierfür ist wohl der Umstand, dass insbesondere die organisierte Kriminalität das Ziel „Streben nach maximalem Gewinn" verfolgt[42]. Die in diesem Kontext stets zitierte, richtungsweisende Arbeitsdefinition für Geldwäscherei der „President's Commission on Organized Crime"[43] lautet wie folgt:

"Money laundering is the process by which one conceals the existence, illegal source or illegal application of income, and then disguises that income to make it appear legitimate."[44]

---

[40] Beispielsweise Eisenberg, Kriminologie, 4. Aufl., 1995, § 7, Rn. 15, § 27, Rn. 13, § 47, Rn. 37; Kaiser, Kriminologie, 3. Aufl., 1996, § 93, Rn. 50.

[41] Hierzu erneut Schmid/Arzt/*Ackermann*, § 5/StGB 305bis, Rn. 11, S. 366, mit Verw. in Fn. 23 auf Eisenberg, Kriminologie, 4. Aufl., 1995, § 7, Rn. 15, § 27, Rn. 13, § 47, Rn. 37 „[...] *Techniken des internationalen Kapitalverkehrs in Gestalt des sog. ‚Reinwaschens schwarzer Gelder'* [...]", in § 57, Rn. 76, gibt Eisenberg nur eine sehr ungenaue Umschreibung: „Um die Spuren der Herkunft des Erlöses aus illegaler Tätigkeit verwischen zu können (sog. ‚Geldwaschen'), ist das ‚Organisierte Verbrechen' weithin gleichsam darauf angewiesen, die Geldbeträge über ein Netz an Kanälen zu leiten, das bei entsprechendem Ausmaß in der Regel Transaktionen über die Staatsgrenze hinweg einschließt."

[42] So Herzog/Mülhausen/*Vogt*, GwHdb § 1, Rn. 3; ebenso Bongard, Wirtschaftsfaktor Geldwäsche, S. 70.

[43] President's Commission on Organized Crime, The Cash Connection: Organized Crime, Financial Institutions and Money Laundering, Washington D.C. 1985 p. VII.

[44] „Geldwäscherei ist ein Vorgang, der die Existenz, die rechtswidrige Quelle oder die rechtswidrige Verwendung von Einkommen verbirgt und das Einkommen anschließend so ‚verkleidet', dass es als rechtmäßig erscheint."
Deutsche Übersetzung ferner abgedruckt *in:* Arzt, Geldwäscherei, *in:* NStZ 1990, S. 1; Arzt verwendet den in das schweizerische Strafgesetzbuch aufgenommenen Ausdruck „Geldwäscherei", der auch in der Stellungnahme der deutschen Bundesregierung zum Gesetzesentwurf des Bundesrates, Bundestags-Drucksache 11/7663, S. 49 f. vorgeschlagen wurde;

Nach Tröndle[45] ist mit Blick auf die Organisierte Kriminalität unter Geldwäscherei

„die Einschleusung von Vermögensgegenständen aus OrgK (das heißt aus organisierter Kriminalität) in den legalen Finanz- und Wirtschaftskreislauf zum Zwecke der Tarnung"

zu verstehen.

Schließlich definiert auch Stratenwerth[46] Geldwäscherei unter Bezugnahme auf sog. „Verbrechensorganisationen" wie folgt:

„Geldwäscherei kann man umschreiben als den systematisch unternommenen Versuch einer Verbrechnesorganisation, ihre deliktisch erworbenen Vermögenswerte mit den Mitteln des Finanzmarktes zu tarnen, um sie dem Zugriff der Strafverfolgungsorgane zu entziehen und dann ungehindert über sie verfügen zu können."

Daneben findet man Umschreibungen, die auf das Ziel der Geldwäscherei abstellen und somit nicht nur den Vorgang deskriptiv definieren. Solche Definitionen lauten beispielhaft mit jeweils unterschiedlicher Zielsetzung wie folgt:

---

vgl. ferner Arzt, Das schweizerische Geldwäschereiverbot im Lichte amerikanischer Erfahrungen, *in:* ZStrR 106 (1989), 160, 167; Krey/Dierlamm, Gewinnabschöpfung und Geldwäsche, *in:* JR 1992, 353.

[45] Tröndle, § 261, Rn. 3, übernimmt hier wörtlich die Definition der Vorauflage, vgl. Dreher/Tröndle, § 261, Rn. 3, mit zahlreichen Hinweisen auf andere Autoren, die allerdings andere Definitionen verwenden.
Ferner Bundestags-Drucksache 12/989, S. 26; Bundesrats-Drucksache 919/90, S. 83. So ähnlich: Häde, Initiativen zur Bekämpfung der Geldwäsche, EuZW 1991, 553; Carl/Klos, Tafelgeschäfte – steuerlich unzulässige „Geldwäsche" der Kreditinstitute, *in:* DStZ 1991, S. 24, 25; Füllbier, Geldwäscherei: Bankangestellte im Dienst der Ermittlungsbehörden, *in:* WM 1990, 2025.

[46] Stratenwerth, zuletzt *in:* Stratenwerth/Bommer, BT II, § 55, Rn. 21 so ähnlich bereits *in:* Schweizerisches Strafrecht, BT I/II, § 4 Rn. 1, beibehalten *in:* Stratenwerth, Schweizerisches Strafrecht, BT II, § 55, Rn. 22.

„Bei der Geldwäscherei geht es um die systematische Tarnung in strafbarer Weise erlangter Vermögenswerte unter Verwendung legaler oder illegaler Mittel des Finanzmarktes, die darauf abzielt, das Deliktsgut dem Zugriff der Strafverfolgungsbehörde zu entziehen sowie das Betriebskapital der verbrecherischen Organisation zu erhalten und zu mehren."[47]

Oder auch:

„Geldwäscherei ist die, mit dem Einsatz illegaler oder unter rechtsmißbräuchlicher Ausnützung bestimmter legaler Unterstützungsfaktoren, systematisch betriebene Tarnung illegal erlangter Vermögenswerte vor den Einziehungs- und Steuerbehörden mit dem Ziel, die Werte jederzeit und örtlich unabhängig auf dem legalen oder illegalen Markt investieren zu können."[48]

Zusammenfassend lässt sich Geldwäscherei kriminologisch „als finanzielle Transaktion beschreiben, die versucht, die Herkunft illegaler Vermögenswerte zu verschleiern, um sie später legal nutzen zu können"[49]. Mit dieser Definition lässt sich der Ablauf der Geldwäscherei zumindest global darstellen, obgleich die spätere Nutzung aufgrund der vorherigen „Kontaminierung" der Gelder nur *vermeintlich legal* erfolgen kann. Da keine der zuvor dargestellten kriminologischen Umschreibungen eine klar definierte Tathandlung aufweist, ist eine Verwendung als strafrechtliche Definition für eine Norm des Strafgesetzes im Ergebnis jedoch ausgeschlossen[50].

---

[47] Rehberg, Strafrecht IV, S. 359.

[48] Ackermann, Geldwäscherei – Money Laundering, S. 71; übernommen von Galliker, „Moral Banking in Switzerland", S. 163, Fn. 615.

[49] Schneider/Dreer/Riegler, Geldwäsche, S. 17; ähnlich auch Frank, Die Bekämpfung der Geldwäsche in den USA, S. 22; Hoyer/Klos, Regelungen zur Bekämpfung der Geldwäsche und ihre Anwendung in der Praxis, S. 8.

[50] So auch Bongard, Wirtschaftsfaktor Geldwäsche, S. 69, der hinsichtlich der kriminologischen Betrachtungsweise die Problematik aufführt, dass zu detaillierte Umschreibungen die Wandlungsfähigkeit der Geldwäschereihandlung nicht berücksichtigen und bestimmte Formen und Abläufe der Geldwäscherei daher ausgrenzen könnten. Würde im Gegenzug eine zu weite Definition gewählt werden, könnte diese den Begriff der Geldwäscherei „*sachfremd inflationieren*".

3. Der Begriff der Geldwäscherei im internationalen Kontext

Die im Bereich der internationalen Geldwäschereibekämpfung maßgebliche Standards setzende Financial Action Task Force (FATF) definiert Geldwäscherei als

„die Transformation illegal erwirtschafteter Gelder in Vermögenswerte mit dem Ziel, den Anschein des legalen Erwerbs zu erwecken"[51].

Ziel der Geldwäscherei ist es nach diesem Ansatz somit, Geldmittel, die aus illegalen Aktivitäten resultieren oder damit in Verbindung stehen, legal erscheinen zu lassen[52]. Die Definition der FATF nimmt damit Bezug auf die Definition der Wiener Konvention von 1988[53], wobei in dieser die strafrechtlich relevanten Vortaten der Geldwäscherei noch auf Drogendelikte beschränkt waren. Sie verdeutlicht dabei insbesondere, dass bei einer späteren Nutzung der Vermögenswerte lediglich der *Anschein* des legalen Erwerbs erweckt werden kann.

Von Seiten der FATF besteht die Forderung, alle schweren Straftaten als Vortaten der Geldwäscherei einzubeziehen[54]. Dies entspricht auch der Erklärung der Palermo-Konvention 2000[55], die ein möglichst breites Spektrum an Vortaten – also einen weit gefassten Geldwäscherei-Vortatenkatalog – für erforderlich hält.

Die – bereits eingangs erwähnte – 1. EU-Anti-Geldwäscherichtlinie (91/308/EWG) stellte auf den vorsätzlichen Umtausch oder Transfer, das Verheimlichen oder Verschleiern, den Erwerb und Besitz von Vermögensgegenständen in Kenntnis der Tatsache ab, dass diese aus einer kriminellen Tätigkeit

---

[51] Vgl. hierzu den Internetauftritt der FATF; im Internet einsehbar unter http://www.fatf-gafi.org/document/29/0,3343,en_32250379_32235720_33659613_1_1_1_1,00.html#Whatis moneylaundering (Stand: Juli 2009).

[52] FATF; http://www.fatf-gafi.org/document/29/0,3343,en_32250379_32235720_33659613_1_1_1_1,00.html#Whatismoneylaundering (Stand: Juli 2009).

[53] United Nations Convention Against Illicit Traffic in Narcotic Drugs and Psychotropic Substances, 1988 (Vienna Convention).

[54] Vgl. zu den internationalen Maßnahmen der Bekämpfung der Geldwäscherei insbesondere Herzog/Mülhausen/*Pieth*, GwHdb §§ 3 ff.

[55] United Nations Convention Against Transnational Organized Crime 2000 (Palermo Convention).

oder Teilnahme daran stammen, zu dem Zweck, die illegale Herkunft zu verbergen[56]. Die Vortaten zur Geldwäsche wurden in der 1. EU-AgwR häuptsächlich mit Drogendelikten in Verbindung gebracht und dies verpflichtet die Mitgliedstaaten demnach nur zur Bekämpfung des Waschens von Erlösen aus Drogenstraftaten[57]. Normadressat der Richtlinie (91/308/EWG) war der Finanzsektor. Betroffen waren demnach hauptsächlich Kreditinstitute[58].

Die 2. EU-AGwR (2001/97/EG) vom 4. Dezember 2001[59] weitete den Kreis der Normadressaten auf Berufe außerhalb des Finanzsektors (u. a. Anwälte, Notare, Wirtschaftsprüfer, Steuerberater) aus und änderte somit die 1. EU-Anti-Geldwäscherichtlinie (91/308/EWG)[60]. Im Rahmen der Änderung wurden in die Geldwäschedefinition auch schwere Straftaten einbezogen[61].

Die 2. EU-AGwR (2001/97/EG) wurde sodann durch die 3. EU-Anti-Geldwäscherichtlinie (2005/60/EG) vom 26. Oktober 2005 ersetzt[62]. Die 3. EU-Anti-Geldwäscherichtlinie (3. EU-AgwR) enthält (nunmehr) Regelungen, die der Prävention der Geldwäsche und der Bekämpfung der Finanzierung des Terrorismus dienen, wobei Kern der Richtlinie die sog. Kundensorgfaltspflichten

---

[56] Die Definition orientiert sich insoweit an der Definition des Wiener Übereinkommens (Vienna Convention); vgl. United Nations Convention Against Illicit Traffic in Narcotic Drugs and Psychotropic Substances, 1988; vgl. insoweit auch Art. 1 der 1. EU-Anti-Geldwäscherichtlinie (91/308/EWG).

[57] Vgl. hierzu Gründe zur Änderung (7), *in:* 2. EU-Anti-Geldwäscherichtlinie (2001/97/EG), veröffentlich im Amtsblatt der EU ABIEG Nr. L 344/76 v. 28.12.2001.

[58] Vgl. 1. EU-Anti-Geldwäscherichtlinie (91/308/EWG).

[59] Veröffentlicht im Amtsblatt der EU ABIEG Nr. L 344/76 v. 28.12.2001.

[60] Siehe Art. 2a) der 2. EU-Anti-Geldwäscherichtlinie (2001/97/EG).

[61] Dies ist auf die Implementierung der überarbeiteten FATF-40 Empfehlungen aus dem Jahr 1996 zurückzuführen; vgl. Art. 1 E) der 2. EU-Anti-Geldwäscherichtlinie (2001/97/EG).

[62] Veröffentlicht im Amtsblatt der EU ABIEG Nr. L 309/15 vom 25.11.2005. Die Europäische Kommission hat am 01.08.2006 die Richtlinie 2006/70/EG mit Durchführungsbestimmung für die 3. EU-Anti-Geldwäsche-Richtlinie erlassen (veröffentlicht im Amtsblatt der EU ABIEG Nr. L 214/29 vom 04.08.2006). Diese Durchführungsbestimmungen regeln insbesondere, wer nach den Vorstellungen der Europäischen Kommission als sog. politisch exponierte Person (PEP) anzusehen ist.

sind[63]. Als Geldwäsche gelten (weiterhin) gemäß Art. 1 Abs. 2 3. EU-AgwR der Umtausch oder Transfer, die Verheimlichung oder Verschleierung der wahren Natur, der Erwerb, der Besitz oder die Verwendung von Vermögensgegenständen etc. aus einer kriminellen Tätigkeit, wobei auch die Beteiligung an solchen Handlungen erfasst wird. Zusätzlich zum bisherigen Geldwäschebegriff wurde die „Terrorismusfinanzierung" in Art. 1 der Richtlinie aufgenommen. Terrorismusfinanzierung ist demnach die *„Bereitstellung oder Sammlung finanzieller Mittel, gleichviel auf welche Weise, unmittelbar oder mittelbar, mit der Absicht oder in Kenntnis dessen, dass sie ganz oder teilweise dazu verwendet werden, eine der Straftaten im Sinne der Art. 1 bis 4 des Rahmenbeschlusses 2002/475/JI des Rates vom 13. Juni 2002 zur Terrorismusbekämpfung zu begehen"* (Art. 1 der 3. EU-AgwR).

Letztlich wurde auch im Rahmen der 3. EU-AgwR (2005/60/EG) ein weiteres Mal der Kreis der Normadressaten ausgeweitet, so dass dieser nunmehr auch Versicherungsvermittler, Trust- und andere Unternehmensdienstleister u. a. umfasst[64].

Die Entwicklungen auf europäischer Ebene zeigen, dass sich der Begriff der Geldwäscherei im internationalen Kontext in einem stetigen Wandel befindet und in regelmäßigen Abständen globalen Ereignissen angepasst wird[65]. Neuere internationale Standards gehen dabei in Bezug auf die Vortat allgemein von – schwerwiegenden – illegalen Aktivitäten aus und stellen nicht auf einen spezifi-

---

[63] Den Adressaten der Richtlinie (Art. 2) werden bestimmte Sorgfaltspflichten gegenüber ihren Kunden auferlegt (Art. 6 bis 10). Durch die Anwendung eines risikoorientierten Ansatzes in diesem Bereich soll eine Stärkung der Geldwäsche-Präventionssysteme im Finanzsektor erreicht werden; vgl. im Detail 3. EU-Anti-Geldwäscherichtlinie (2005/60/EG).

[64] Siehe Art. 2 der 3. EU-Anti-Geldwäscherichtlinie (2005/60/EG).

[65] Seit den Terroranschlägen in den USA vom 11. Septembers 2001 ist beispielsweise ein bis zu diesem Zeitpunkt weitgehend unbeachtetes Phänomen in den Blickpunkt gerückt: die Finanzierung des Terrorismus. Da die Geldwäscherei oftmals im Zusammenhang mit der Terrorismusfinanzierung gesehen wird, ergab sich dadurch nachweislich auch eine Ausweitung des Geldwäschereibegriffs.

schen Vortatenkatalog ab[66]. Die Tathandlung des Verbergens oder Verschleierns von kriminell erlangten Geldern in den Vordergrund zu stellen, ist dabei allen Ansätzen gemein[67].

Die Umsetzung der internationalen Vorgaben erfolgte in den Staaten, die eine entsprechende Geldwäscherei-Gesetzgebung erlassen haben, unterschiedlich: Die Schweiz beispielsweise hat sich im Rahmen der Geldwäscherei-Gesetzgebung nicht für einen enumerativen Vortatenkatalog entschieden, sondern fordert vielmehr eine Vortat, die nach Schweizer Recht als „Verbrechen"[68] zu qualifizieren ist (vgl. Art. 305bis Schweizer StGB). Die Bundesrepublik Deutschland führte im Jahr 1992 die Vorschrift der Geldwäsche in das deutsche Strafgesetzbuch (§ 261 deutsches StGB)[69] ein. § 261 deutsches StGB enthält einen weiten, abschließenden Deliktskatalog; die Vortaten, an welche die Tathandlungen des § 261 deutsches StGB anknüpft, sind insoweit in den Absätzen 1 Satz 2 und 3 sowie in Abs. VIII aufgeführt[70].

Durch diese unterschiedliche Umsetzung in den jeweiligen Ländern kann es insbesondere im Rahmen eines Rechtshilfegesuchs oder des polizeilichen Informationsaustauschs zu Schwierigkeiten kommen (z. B. bei Geldwäschereifäl-

---

[66] Herzog/Mülhausen/*Vogt*, GwHdb § 1, Rn. 11.

[67] Vgl. 3. EU-Anti-Geldwäscherichtlinie (2005/60/EG) sowie bereits zuvor 1. EU-Anti-Geldwäscherichtlinie (91/308/EWG). Wie bereits erwähnt, weitet die 3. EU-Anti-Geldwäscherichtlinie die Maßnahmen auf die Terrorismusfinanzierung aus.

[68] Vgl. Art. 10 Schweizer StGB; demnach sind Verbrechen Taten, die mit einer Freiheitsstrafe von mehr als drei Jahren bedroht sind (Stand: 1. April 2009).

[69] Die Vorschrift wurde durch Art. 1 Nr. 19 des Gesetzes zur Bekämpfung des illegalen Rauschgifthandels und anderen Erscheinungsformen der Organisierten Kriminalität (OrgKG) v. 15.07.1992, mit Wirkung zum 22.09.1992, eingeführt, BGBl. I, S. 1302; zuletzt geändert durch Artikel 1 des Geldwäschebekämpfungsergänzungsgesetz – GwBekErgG – v. 13.08.2008, BGBl. I S. 1690.

[70] Hinsichtlich der Vortat muss es sich um eine rechtswidrige Tat handeln, die hinreichend konkretisiert festgestellt wurde; vgl. hierzu Fischer, § 261 StGB, Rn. 9 sowie nachfolgende Ausführungen in Kapitel II. 5.3.2 § 261 deutsches StGB.

len in Verbindung mit der Steuerhinterziehung als Vortat[71]). Das heißt, durch die Divergenz der jeweiligen nationalen Gesetze kann eine Rechtshilfe ausgeschlossen bzw. eingeschränkt sein[72].

4. Geldwäscherei – Modelle

Die bereits zuvor aufgezeigten Schwierigkeiten in Bezug auf die treffende Formulierung des Geldwäschereibegriffs spiegeln sich auch in den zahlreichen Versuchen, Geldwäschereimodelle[73] zu erstellen, wider. Diese Problematik überrascht insofern nicht, da, soweit man eine eindeutige Definition vorweisen könnte, ein Modell überflüssig wäre.

Im Hinblick auf alle bestehenden Modelle bleibt zunächst festzuhalten, dass Geldwäscherei als „Recyclingprozess" zu verstehen ist, der sich in mehreren Stadien vollzieht. Um die Geldwäscherei systematisch darstellen zu können,

---

[71] In Deutschland wurde die schwere Steuerhinterziehung in Form des § 370a AO mit Inkrafttreten des Steuerverkürzungsbekämpfungsgesetzes am 28.12.2001 auch als Vortat in den § 261 StGB aufgenommen.
§ 370a AO wurde durch Artikel 14 des Gesetzes zur Neuregelung der Telekommunikationsüberwachung vom 20. Dezember 2007 (BGBl. I S. 3150) aufgehoben. An seine Stelle trat ein neues Regelbeispiel eines besonders schweren Falls der Steuerhinterziehung (§ 370 Abs. 3 S. 2 Nr. 5 AO). Nachdem § 370a AO durch dessen Wegfall auch als Vortat der Geldwäsche gemäß § 261 StGB entfallen musste, wird nunmehr die Steuerhinterziehung nach § 370 AO als Vortat für die Geldwäsche zur tauglichen Vortat bestimmt (§ 261 Abs.1 Nr. 4b deutsches StGB), vgl. hierzu Peter, Streichung des § 370a AO, *in:* Steuer und Studium 2008, S. 428 und 430.
Die schweizerische Steuerhinterziehung – im Gegensatz zum Steuerbetrug – stellt eine Ordnungswidrigkeit dar und ist daher weder als Vor- noch als Straftat im Sinn des schweizerischen Strafrechts anzusehen.

[72] Vgl. hierzu spätere Ausführungen in Kapitel III.3.2 Die Gewährung von Rechtshilfe.

[73] Hauptsächliches Modell ist das von der US-Zollbehörde entwickelte „Drei-Phasen-Modell", das die Stufen Platzierung („placement"), Verwirrspiel („layering") und die Integration („integration") unterscheidet; vgl. Bericht von US-Customs z. H. der Subgruppe Statistics und Methods der FATF, zitiert bei: Pieth, Einführung, Bekämpfung der Geldwäscherei. Modellfall Schweiz?, S. 13.

wurden verschiedenartige Handlungsmodelle[74] entwickelt, durch die die Aufarbeitung einer Vielzahl von Geldwäschereifällen ermöglicht werden soll[75].

In der Regel werden beim Waschen von Geldern illegaler Herkunft **drei Phasen** (sog. dreigliedriges Phasenmodell oder auch Dreiphasenmodell)[76] unterschieden. Wie intensiv jede einzelne Phase durchlaufen werden muss, hängt primär vom Grad der „Verschmutzung" ab, d. h. der Nähe und der Art der Vortat sowie davon, welchem Verwendungszweck die Vermögenswerte nach Durchlaufen des „Waschvorgangs" wieder zugeführt werden sollen[77]. Eine Investition in erneut illegale Aktivitäten bedarf eines weit geringeren Reinheitsgrades als die Verwendung zur Finanzierung legaler Aktivitäten[78]. Es ist davon auszugehen, dass nur ein geringfügiger Teil direkt wieder in illegale Tätigkeiten investiert wird, d. h. der größte Teil fließt in den legalen Finanzkreislauf[79]. Es bedarf also eines

---

[74] Hierunter fallen beispielsweise das (dreigliedrige) Phasenmodell, das Kreislauf- und Zyklusmodell sowie das Zielmodell. Sämtliche Handlungsmodelle sind dabei bemüht, den komplexen Vorgang des Geldwäschereiprozesses in verschiedene Stadien zu untergliedern, um einzelne Vorgänge der Geldwäscherei besser zu erkennen; vgl. zur ausführlichen Darstellung der jeweiligen Modelle: Graber, Geldwäscherei, S. 56, sowie Körner/Dach, Geldwäsche, S. 13 (Zweigliedriges Phasenmodell); Höreth, Die Bekämpfung der Geldwäsche, S. 10 ff. (Phasenmodell Bernasconi und Kreislaufmodell); Ackermann, Geldwäscherei – Money Laundering, S. 12 (Zielmodell).

[75] Ackermann, Geldwäscherei – Money Laundering, S. 8.

[76] Vgl. hierzu bereits Fn. 70 und 71 sowie British Bankers' Association, Money Laundering Guidance Notes for Banks and Building Societies, S. 2; Pieth, Einführung, Bekämpfung der Geldwäscherei. Modellfall Schweiz?, S. 13 ff.; Bukov, Die Bekämpfung der Geldwäsche in der Europäischen Union, S. 6; BKA, Pressestelle, Information zum Deliktsbereich Geldwäsche, S. 4 f.; dagegen wird in der Botschaft zum GwG nur zwischen zwei Stadien unterschieden; vgl. BBl. 1996 III 1101, 1104, ebenso Graber, Geldwäscherei, S. 56 f. Veranschaulichend hierzu: Grafische Übersicht bei Basse-Simonsohn, Geldwäschereibekämpfung und organisiertes Verbrechen, S. 23 f.

[77] Giannini, Anwaltliche Tätigkeit und Geldwäscherei, S. 24.

[78] Vgl. dazu Müller, Geldwäscherei: Motive – Formen – Abwehr, S. 113.

[79] Schwander-Auckenthaler, Missbrauch von Bankgeschäften zu Zwecken der Geldwäscherei, S. 4.

intensiven „Waschvorgangs" der deliktisch erlangten Gelder, wobei ein Großteil der bemakelten Vermögenswerte zu irgendeinem Zeitpunkt über einen der großen internationalen Finanzplätze fließt[80].

Bevor überhaupt der eigentliche „Waschvorgang" der Finanzwerte vorgenommen wird, werden die aus verbrecherischen Machenschaften stammenden Gelder oftmals einem Ortswechsel unterzogen, d. h. von einem Land in ein anderes verschoben, wodurch die Strafverfolgung erschwert wird bzw. werden soll[81].

Die im Folgenden aufgezeigten Methoden können keinen direkten Aufschluss über die aktuelle Vorgehensweise von Geldwäschern geben, da diese kontinuierlich die Abläufe der Geldwäscherei weiterentwickeln und diese neuen Bedürfnissen und Gegebenheiten anpassen[82]. Spätestens dann, wenn eine Methode aufgedeckt wurde, ist es an der Zeit, diese durch eine andere zu ersetzen[83].

Gleichwohl ist die nachfolgende Darstellung dafür geeignet, ein grobes Ablaufmuster der Geldwäscherei aufzuzeigen, um dadurch die Komplexität und das theoretisch-systematische Verständnis des Phänomens Geldwäscherei zu fördern[84]. Wie bereits angedeutet, erlaubt die Darstellung der Geldwäschereimethoden jedoch immer nur einen Blick in die Vergangenheit.

Aber auch dieser kann förderlich sein, um die Überlegungen der Geldwäscher nachzuvollziehen, Schwachstellen in der Umsetzung zu erkennen und dadurch die aktuellen Methoden der Geldwäscherei zu enttarnen.

---

[80] Giannini, Anwaltliche Tätigkeit und Geldwäscherei, S. 24, mit Verweis auf Roschacher, *in:* Sonntagszeitung v. 16.11.2003, S. 63.

[81] Vgl. Weber, Praktische Probleme bei der Verfolgung internationaler Wirtschaftskriminalfälle, *in:* ZStrR 114 (1996), S. 263, 271 ff.

[82] Kirsch, Geldwäschetechniken, S. 78.

[83] Bernasconi, Erscheinungsformen der Geldwäscherei in der Schweiz, S. 7 f.; Baumgarten/Triet, Geldwäscherei: Neue Strafnormen, *in:* Kriminalistik 1990, S. 275.

[84] Techniken, Mechanismen und Instrumente im Rahmen des Geldwäschereiprozesses sind nicht stets illegaler Natur. Der illegale Charakter wird oftmals erst durch eine Kombination von Abläufen verliehen; vgl. hierzu ausführlich Kirsch, Geldwäschetechniken, S. 74, Fn. 266.

4.1 Methoden zur Verschiebung von Finanzwerten

Das Drei-Phasen-Modell stellt zunächst einmal nur das „Grundgerüst" der Geldwäscherei dar[85]. Wie bereits oben erwähnt, hat zunächst eine (physische) Verschiebung der Finanzwerte weg vom Tatort zu erfolgen, bevor überhaupt mit der eigentlichen Geldwäscherei begonnen werden kann. Um eine möglichst große Distanz zum Tatort aufzubauen, kann es hilfreich sein, die Finanzwerte in eine andere Stadt, ein anderes Land oder sogar auf einen anderen Kontinent zu verschieben.

Um Landesgrenzen zu überwinden, kann – auch in Zeiten des elektronischen Kapitalverkehrs – davon ausgegangen werden, dass nach wie vor große Mengen von Bargeld und andere Vermögenswerte aus dem Ausland geschmuggelt werden (sowohl durch Privatpersonen, als auch durch sog. Schmugglernetze)[86]. Ziel des Außer-Land-Bringens von Vermögenswerten ist es, diese möglichst weit vom Ort der strafrechtlichen Handlung und dem entsprechenden Täterkreis zu entfernen, um so einen unmittelbaren Zusammenhang auszuschließen und die Strafverfolgungsbehörden zu langwierigen und arbeitsaufwendigen Rechts-

---

[85] So Giannini, Anwaltliche Tätigkeit und Geldwäscherei, S. 25.

[86] „Mit Schwarzgeld im Spazierstock über die Schweizer Grenze", *in:* Die Welt v. 24.03.2009, S. 17.

Dazu ferner eingehend Ackermann, Geldwäscherei – Money Laundering, S. 41 f.; Müller, Geldwäscherei: Motive – Formen – Abwehr, S. 114 f.; Bernasconi, Erscheinungsformen der Geldwäscherei in der Schweiz, S. 7, 16 f., sowie NZZ v. 17.06.2003, S. 14 u. NZZ v. 19.06.2003, S. 13 (Ein Tessiner Anwalt transportiert u. a. 1,9 Mio. US$ Bargeld in einem Koffer von der Schweiz nach Venezuela. Insgesamt hat er rund 63 Mio. Schweizer Franken in einem Zeitraum von insg. 10 Jahren für die italienische organisierte Kriminalität gewaschen. Der Anwalt wurde in 1. Instanz wegen Beteiligung an einer kriminellen Organisation (Art. 260ter Ziff. StGB) i. V. m. Geldwäscherei (Art. 305bis StGB) zu 14 Jahren Zuchthaus und einem Berufsverbot von 5 Jahren verurteilt; vgl. BAP, Jahresbericht).

Auch die Financial Action Task Force (FATF) sieht den zunehmenden Schmuggel von Bargeld durch Geldkuriere als gewichtiges Problem an und hat demzufolge eine detaillierte Untersuchung zum Phänomen der Geldkuriere („Cash Couriers") eingeleitet, siehe Uhlig, Schwieriger Kampf gegen Terrorfinanzierung, Erfolg der FATF gegen die internationale Geldwäscherei, *in:* NZZ v. 03.07.2004, S. 25.

hilfeverfahren zu veranlassen[87]. Der Schmuggel von Vermögenswerten hat allerdings für die Täter seinen Preis: Zum einen besteht immer die Gefahr, von Strafverfolgungsbehörden entdeckt zu werden, womit eine Einziehung der Vermögenswerte riskiert wird[88]. Zum anderen dürfte das Schmuggeln – je nach Abhängigkeit des zum Schmuggeln Beauftragten von dem Täter der Vortat bzw. der Verbrechensorganisation – an sich äußerst personal- und kostenintensiv sein.

Erfolgt die Verschiebung der Finanzwerte auf elektronischem Wege, so setzt dies voraus, dass die bemakelten Gelder in Form von Buchgeld anfallen oder aber bereits eine „Platzierung" stattgefunden hat[89]. Aufgrund der für Finanzintermediäre weltweit verschärften Identifikations- und Sorgfaltspflichten ist jedoch die Nutzung des elektronischen Kapitalverkehrs mit erheblichen Risiken verbunden: Zum einen befinden sich die Gelder immer noch im Ursprungsland, zum anderen wurden sie regelmäßig noch keinem „Waschvorgang" unterzogen.

Um den Verdacht, die Gelder könnten kriminellen Ursprungs sein, bereits im Keim zu ersticken, bedürfen jegliche Finanztransaktionen einer glaubwürdigen ökonomischen Begründung, um dem entsprechenden Vermögen den Anschein zu verschaffen, legal erwirtschaftet worden zu sein[90]. Da solche Transaktionen auch innerhalb multinationaler Unternehmen – etwa zur internationalen Steueroptimierung und zur Umgehung von Import- und Exportkontrollen – benutzt

---

[87] Dazu Weber, Praktische Probleme bei der Verfolgung internationaler Wirtschaftskriminalfälle, *in:* ZStrR 114 (1996), S. 263, 271 ff.

[88] Kirsch, Geldwäschetechniken, S. 35.

[89] Bei der Nutzung des elektronischen Zahlungsverkehrs durch die Geldwäscher verschlechtert sich oftmals die Situation für die Strafverfolgungsbehörde, da es auf diesem Wege schwieriger wird, Geldwäschereihandlungen zu erkennen und zurückzuverfolgen; vgl. zu dieser Problematik ausführlich Niermann, „e-Geldwäsche", S. 22.

[90] Dies kann durch Ober- bzw. Unter-Fakturierung, Verrechnung fiktiver Güter und Leistungen (sog. back-to-back loan) oder den Missbrauch von Finanzderivaten und Swaps geschehen. Vgl. hierzu BBI 1989 II S. 1061, 1066; Ackermann, Geldwäscherei – Money Laundering, S. 44 ff.
Eingehend zum Missbrauch von Finanzderivaten: Schwander-Auckenthaler, Missbrauch von Bankgeschäften zu Zwecken der Geldwäscherei S. 112 ff.; Hafner, Im Schatten der Derivate, Das schmutzige Geschäft der Finanzelite mit der Geldwäsche.

werden, ist im konkreten Fall oft nur schwer nachprüfbar, ob tatsächlich ein Fall von Geldwäscherei gegeben ist[91].

Da sowohl Schmuggel als auch der elektronische Kapitalverkehr Risiken mit sich bringen, hat die organisierte Kriminalität Methoden gefunden, die Verschiebung von Buch- und Bargeld überflüssig zu machen. Nach der sog. Kompensationsmethode schließen verschiedene Organisationen in diversen Ländern Abkommen, in denen sie sich verpflichten, die Schulden des jeweiligen Partners im eigenen Land zu übernehmen[92]. Der Vorteil dieser Kompensationsmethode ist, dass sich mit der Zeit ein Untergrundbankensystem entwickelt, das keinerlei Paper Trail[93] hinterlässt und die Anonymität der Auftraggeber wahrt[94].

Da sich die Kompensationsmethode auch für Steuerhinterziehung, zur Devisenbewirtschaftung und Umgehung von Kapitalverkehrskontrollen eignet, gelingt es der organisierten Kriminalität oftmals, auch Geschäftsleute mit primär legalen Interessen zu gewinnen, ohne dass diese um ihre Rolle im Geldwäschereiprozess wissen[95].

---

[91] Müller, Geldwäscherei: Motive – Formen – Abwehr, S. 126; Ackermann, Geldwäscherei – Money Laundering, S. 37 f.

[92] Pieth, Einführung, Bekämpfung der Geldwäscherei. Modellfall Schweiz?, S. 14; Müller, Geldwäscherei: Motive – Formen – Abwehr, S. 116 f.; Ackermann, Geldwäscherei – Money Laundering, S. 43 f.; Schwander-Auckenthaler, Missbrauch von Bankgeschäften zu Zwecken der Geldwäscherei, S. 26.

[93] Solange der Paper Trail, also die sog. Papierspur, eindeutig identifizierbar ist, rühren Geld und Wertpapiere im Zusammenspiel mit Bankkonten und anderen Forderungen noch aus der verbrecherischen Quellentat her; vgl. Bongard, Wirtschaftsfaktor Geldwäsche, S. 56.

[94] Müller, Geldwäscherei: Motive – Formen – Abwehr, S. 117.

[95] Schwander-Auckenthaler, Missbrauch von Bankgeschäften zu Zwecken der Geldwäscherei, S. 26.

4.2 Platzierung (Placement)

In einem ersten Schritt – dem so genannten Placement (Platzierung)[96] – werden die Vermögenswerte in den legalen Finanzkreislauf, beispielsweise durch die Einzahlung kleinerer Barbeträge (smurfing oder structuring[97]) oder indem man Barmittel vom Tatort entfernt (z. B. durch Schmuggel oder unverdeckte Bargeldtransporte), eingeschleust[98]. Man beseitigt folglich große Bargeldmengen und versucht jedwede Aufmerksamkeit von den Vermögenswerten fernzuhalten[99].

Die Phase der Platzierung ist – da die bemakelten Gelder erstmals die Obhut der Verbrechensorganisationen verlassen und dadurch ihre Herkunft noch ermittelt werden kann – die kritischste Phase im Rahmen des gesamten Geldwäscheprozesses[100]. Damit es im Verdachtsfall möglichst schnell wieder verfügbar gemacht werden kann, werden Gelder in dieser Phase nur sehr kurzfristig angelegt. Dabei ist der Umtausch von Bargeld in Buchgeld die übliche Vorgehensweise, d. h. es werden in der Regel Konten bei Finanzinstituten eröffnet, auf welche eine entsprechende Einzahlung erfolgt[101]. Um die entsprechenden Deklarations- und Identifikationspflichten zu umgehen, bedienen sich die Geldwäscher unterschiedlichster Techniken.

---

[96] „Placement is the physical disposal of cash proceeds derived from illegal activity", British Bankers' Association, Money Laundering – Guidance Notes for Banks and Building Societies, S. 2; Price Waterhouse, Money laundering: A Banker's Guide to Avoiding Problems, S. 2.

[97] Vgl. hierzu – insbesondere zum sog. „smurfing" – Löwe-Krahl, Das Geldwäschegesetz – ein taugliches Instrumentarium zur Verhinderung der Geldwäsche?, in: wistra 1994, S. 121 ff.

[98] Trechsel, Art. 305bis StGB, Rn. 4.

[99] Zum sog. Placement vgl. auch Flatten, Zur Strafbarkeit von Bankangestellten bei der Geldwäsche, S. 4 f.

[100] Schwander-Auckenthaler, Missbrauch von Bankgeschäften zu Zwecken der Geldwäscherei, S. 23; Giannini, Anwaltliche Tätigkeit und Geldwäscherei, S. 28.

[101] BBI 1989 II 1061, 1066; BBI 1996 III, 1101, 1105.

4.2.1 Direkte Platzierung

Die wohl bekannteste Methode einer direkten Platzierung ist das sog. „structuring" oder „smurfing"[102], worunter

> „[...] die artifizielle, systematische Aufsplitterung der Gesamtheit der zu waschenden Geldmittel in verschiedene Teilbeträge und deren organisierte, multiple Einzahlung auf mehrere Bankkonten (bzw. den Erwerb von leicht transferierbaren Wertträgern) unterhalb der jeweiligen Identifikations- und Deklarationsgrenze"

zu verstehen ist[103]. Die in dieser Weise gesplitteten Geldbeträge werden regelmäßig auf Sammelkonten im Ausland wieder zusammengeführt.

„Smurfing" und „structering" ist und war in der Schweiz – im Gegensatz zu den USA – keine häufig angewandte Methode[104]. In der Schweiz werden bzw. wur-

---

[102] Einige Autoren wie bspw. Ackermann und Bongard verwenden beide Begriffe synonym, wohingegen andere ein Differenzierung vornehmen: Müller z. B. beschreibt „structuring" ausschließlich als die *„organisierte und mehrfache Einzahlung von Vermögenswerten"* unterhalb des Schwellenwertes auf einem Bankkonto; als „smurfing" bezeichnet er den *„organisierten Kauf von leicht transferierbaren Vermögenswerten"* unterhalb der länderspezifischen Schwellenwerte; vgl. hierzu Müller, Geldwäscherei: Motive – Formen – Abwehr, S. 119 f.

[103] Vgl. hierzu Giannini, Anwaltliche Tätigkeit und Geldwäscherei, S. 28 (Fn. 137), mit Verweis auf Art. 3 Abs.2 GwG, wonach eine Identifikation bei Kassageschäften generell dann vorgeschrieben wird, *„wenn eine oder mehrere Transaktionen, die miteinander verbunden scheinen, einen erheblichen Wert erreichen"*. Für Schweizer Banken besteht gemäß Art. 3 GwG i. V. m. Art. 14 GwV EBK und Art. 2 VSB 03 eine Pflicht zur Identifizierung des Vertragspartners bei jeder Art von Konto- oder Depoteröffnung, Schrankfachmiete, Vornahme von Treuhandgeschäften, Annahme von Aufträgen zur Verwaltung von Vermögen, die bei Dritten liegen, Ausführung von Handelsgeschäften über Effekten, Devisen, Edelmetalle und andere Waren von mehr als 25.000 Schweizer Franken sowie bei Kassageschäften (vgl. Art. 2 VSB 03 Rn. 7; vgl. auch BBl 1996 III 1101, 1122) über mehr als 25.000 Schweizer Franken. Eingehend auch zur Platzierung durch „structering" bzw. „smurfing": Ackermann, Geldwäscherei – Money Laundering, S. 21 f.; Müller, Geldwäscherei: Motive – Formen – Abwehr, S. 119 f.; Schwander-Auckenthaler, Missbrauch von Bankgeschäften zu Zwecken der Geldwäscherei, S. 23 f.

den vielmehr höhere Geldbeträge in Fremdwährung auf ein Konto eingezahlt, um sie im Anschluss in Schweizer Franken umzutauschen und sie schließlich auf Nummernkonten oder auf Namen lautende Konten zu hinterlegen bzw. die Fremdwährung in Bankschecks zu wechseln und abzuholen, um diese sodann auf internationalen Finanzplätzen einzulösen[105].

Für Verbrecherorganisationen kann es auch attraktiv sein, mittels „Change-Geschäften" die Vermögenswerte zunächst in andere leicht zu transferierende Vermögensgegenstände wie beispielweise Luxusgüter, Fahrzeuge, Kunstwerke, Antiquitäten umzutauschen, um die Kontoberührung zu umgehen[106].

4.2.2 Indirekte Platzierung

Neben den Methoden der direkten Platzierung von bemakelten Vermögenswerten werden Gelder deliktischer Herkunft auch oft erst mittelbar in das Bankensystem eingebracht (sog. indirekte Platzierung). Ziel der indirekten Platzierung ist es, aufgrund der großen Nähe zur Ausgangstat das Entdeckungsrisiko zu minimieren. Gerade in Zeiten des verstärkten Kampfes gegen die organisierte Kriminalität und den Terrorismus kommen sog. „Gatekeepers" in Form von natürlichen[107] oder juristischen[108] Personen zum Einsatz[109]. Dienstleistungen solcher „Gatekeepers" spielen eine immer wichtigere Rolle, um Vermögenswerte

---

[104] Bernasconi, Erscheinungsformen der Geldwäscherei in der Schweiz, S. 7, 14 f.; einige solcher Fälle waren aber auch in der Schweiz durch die Gerichte zu beurteilen; vgl. Schmidt/Arzt/*Ackermann*, Art. 305bis StGB, Rn. 344.

[105] Bernasconi, Erscheinungsformen der Geldwäscherei in der Schweiz, S. 7, 15.

[106] Müller, Geldwäscherei: Motive – Formen – Abwehr, S. 120; Schwander-Auckenthaler, Missbrauch von Bankgeschäften zu Zwecken der Geldwäscherei, S. 25, 96 u 100 f.; dabei kann es auch von Vorteil sein, Banknoten kleinerer Stückelung in größere Scheine oder in Fremdwährung umzutauschen. Dadurch entfällt zugleich auch die für den Straßenverkauf von Drogen typische und somit verdachtserweckende Stückelung.

[107] Sog. Strohmänner.

[108] Sog. Strohfirmen bzw. Frontgesellschaften oder Scheingesellschaften.

[109] Vgl. BBI 1996 III 1101, 1105; Ackermann, Geldwäsche – Money Laundering, S. 23; Schmidt/Arzt/*Ackermann*, Art. 305bis StGB, Rn. 309 ff.; je strenger Sorgfalts- und Identifikationspflichten von Finanzintermediären werden, desto häufiger werden Geldwäscher unverdächtige Frontgesellschaften in Anspruch nehmen.

in den legalen Finanzkreislauf einzuschleusen[110]. Zu diesem Sammelbegriff zählen insbesondere Anwälte, Notare, Wirtschaftsprüfer sowie Finanz- und Steuerberater[111]. Zwar arbeiten diese Berufsgruppen nicht unmittelbar im Finanz- und Bankensektor, können allerdings aufgrund ihres umfassenden und speziellen Expertenwissens bei der (Weiter-)Entwicklung der Techniken der Geldwäscherei hilfreich sein[112].

Weiterhin kommen in diesem Zusammenhang sog. Strohmänner zum Einsatz, d. h. natürliche Personen, die auf eigenen Namen – aber nach außen nicht erkennbar für fremde Rechnung – Finanztransaktionen durchführen oder die Nutzung ihres Namens für Registereintragungen etc. gestatten[113]. Als Strohmänner können und werden dabei Personen unterschiedlichster sozialer Schichten eingesetzt. Diese zahlen die Vermögenswerte jedoch nicht direkt bei der Bank ein (um sie in Buchgeld umzuwandeln), sondern es erfolgt zunächst oftmals ein Umtausch in Inhaberpapiere (z. B. Bankschecks). Diese können unbeschränkt und unkompliziert auf andere Personen übertragen und im Anschluss bei einem Kreditinstitut eingelöst werden[114].

Schließlich bedienen sich die Geldwäscher regelmäßig auch juristischer Personen im Rahmen der Platzierung von Vermögenswerten mit deliktischer Herkunft. Diese werden entweder speziell für Geldwäschereizwecke gegründet (sog. Briefkasten- oder Sitzgesellschaften[115]) oder es wird versucht, mit etab-

---

[110] Siehe hierzu FATF, Typologies 2003–2004, 23 ff.; MROS, Jahresbericht, S. 47 ff., dazu eingehend S. 45 ff.

[111] Herzog/Müllhausen/*Vogt,* GwHdb § 2, Rn. 13.

[112] FATF, Typologies 2003–2004, 23 ff.; MROS, Jahresbericht, S. 47 ff., dazu eingehend S. 45 ff.

[113] Giannini, Anwaltliche Tätigkeit und Geldwäscherei, S. 31.

[114] Ackermann, Geldwäscherei – Money Laundering, S. 23 f.

[115] Auch „Scheingesellschaften" genannt; bei den Scheingesellschaften handelt es sich v. a. „um in der Schweiz oder im Ausland als Briefkastengesellschaften oder als Sitzgesellschaften [...] gegründete Gesellschaften, die ausschließlich oder hauptsächlich eine Tarnfunktion gegenüber inländischen und ausländischen Steuer- und Zollbehörden ausüben"; so Bernasconi, Erscheinungsformen der Geldwäscherei in der Schweiz, S. 7, 17, sowie BBl 1996 III 1101, 1105. Im Gegensatz zu Frontgesellschaften entwickeln sie keine oder in nur

lierten, operativ tätigen Firmen (sog. Strohfirmen oder Frontgesellschaften) zusammenzuarbeiten[116]. Die Zuhilfenahme mehrerer solcher Strohfirmen bzw. Scheingesellschaften bietet dem organisierten Verbrechen zahlreiche Möglichkeiten, um regelmäßigen Transaktionen bemakelter Gelder einen scheinbar legalen Hintergrund zu geben[117]. Gegenüber den Finanzintermediären wird durch die Gesellschaft gleichzeitig eine Identität nachgewiesen und der kriminellen Organisation und ihrer Tätigkeit dauerhaft eine Quasi-Legalität verschafft.

Die organisierte Kriminalität versucht, teilweise eine noch weitgehendere Anonymisierung ihrer Geschäftstätigkeit zu gewinnen, indem die Gründung einer (Stroh-)Firma nur vorgetäuscht wird. Hierfür werden Handelsregisterauszüge und Gründungsdokumente von fiktiv im Ausland gegründeten Unternehmen gefälscht. Nach der Beurkundung der Dokumente durch einen nahestehenden Notar werden Konten bei „arglosen" Kreditinstituten durch einen Strohmann eröffnet. Da es sich hinsichtlich der Dokumente um Fälschungen handelt, ist anhand der Handelsregisterauszüge auch nicht feststellbar, wer tatsächlich hinter der Gesellschaft steht[118].

Sollen über die Gesellschaft größere Bargeldmengen transferiert werden, bevorzugen Geldwäscher die in ihrem Eigentum stehenden Unternehmen. Bei diesen können sie aufgrund der Einflussmöglichkeiten darauf vertrauen, dass die Verbuchung der Umsätze mit bemakeltem Geld in betriebswirtschaftlicher und buchhalterisch adäquater Weise erfolgt[119]. Die als Geschäftsumsatz deklarierten und auf diesem Wege in das Unternehmen eingebrachten kontaminierten Gelder werden auf entsprechende Bankkonten der Gesellschaft eingezahlt

---

sehr geringem Umfang Geschäftstätigkeiten, Ackermann, Geldwäscherei – Money Laundering, S. 30.

[116] BBl 1996 III 1101, 1105; Pieth, Einführung, Bekämpfung der Geldwäscherei. Modellfall Schweiz?, S. 16; bevorzugt werden dabei bargeldintensive Unternehmen, vorzugsweise mit internationalen Beziehungen.

[117] Giannini, Anwaltliche Tätigkeit und Geldwäscherei, S. 32.

[118] Giannini, Anwaltliche Tätigkeit und Geldwäscherei, S. 33.

[119] Ackermann, Geldwäscherei – Money Laundering, S. 27.

und somit in das Wirtschafts- und Bankensystem eingeschleust[120]. Ein Verdacht auf Seiten der Strafverfolgungsbehörden kann dann nur noch aufgrund ungewöhnlicher Kontobewegungen oder anderer Auffälligkeiten etwa im Rahmen von steuerlichen Betriebsprüfungen[121] entstehen[122].

Jede Neugründung solcher (Stroh-)Firmen – unabhägig von der jeweiligen Ausgestaltung – führt dabei zu einer schleichenden Unterwanderung der legalen Wirtschaft[123]. Deneben werden gerade diese Gesellschaften zur Gefahr für jeden legalen Mitbewerber, da die Preisgestaltung solcher „umfunktionierten" Gesellschaften aufgrund der neuen Zwecksetzung ganz anderen Kriterien folgt und dadurch die Preise der Konkurrenten erheblich unterboten werden können[124].

4.3 Verwirrspiel (Layering)

Dem ersten Schritt der Platzierung schließt sich ein zweiter an, der auch als Layering (Verwirrspiel)[125] bezeichnet wird. Ziel dieser zweiten Phase ist es, durch verschiedene und zum Teil komplizierte und miteinander vernetzte Fi-

---

[120] FATF, Typologies 2001–2002, S. 6; Ackermann, Geldwäscherei – Money Laundering, S. 27.

[121] Im Rahmen einer Betriebsprüfung muss jeder auffällige Geschäftsumsatz der Gesellschaft hinterfragt werden, um den hinter dem Umsatz stehenden geschäftlichen Vorgang (samt evtl. bestehender Verträge) einer Plausibiltätsprüfung in rechtlicher sowie tatsächlicher Weise unterziehen zu können.

[122] Selbst wenn ein Verdacht vorliegt, wird es nur sehr schwer sein, die illegale Herkunft der Vermögenswerte nachzuweisen; vgl. hierzu auch Schmidt/Arzt/*Ackermann*, Art. 305bis StGB, Rn. 346.

[123] Müller, Geldwäscherei: Motive – Formen – Abwehr, S. 128.

[124] Müller, Geldwäscherei: Motive – Formen – Abwehr, S. 128; Giannini, Anwaltliche Tätigkeit und Geldwäscherei, S. 34.

[125] „Layering means separating illicit proceeds from their source by creating complex layers of financial transactions designed to disquise the audit trail and provide anonymity", British Bankers' Association, Money Laundering – Guidance Notes for Banks and Building Societies, S. 2; The Canadian Bankers' Association, The fight against money laundering, S. 1.

nanztransaktionen, die Herkunft der Vermögenswerte zu verschleiern[126]. Dabei ist diese zweite Phase der Platzierung (1. Phase) grundsätzlich ähnlich, bis auf die Tatsache, dass die kontaminierten Vermögenswerte bereits vorgewaschen sind[127].

Auslandstransaktionen – insbesondere solche über sog. Offshore-Finanzzentren[128] – verstärken den Abbruch der Papierspur (sog. Paper Trail) zusätzlich und erschweren trotz der zunehmenden internationalen Zusammenarbeit die Ermittlungen der Strafverfolgungsbehörden. Je größer die Zahl der involvierten Banken und der oftmals international abgewickelten Transaktionen wird, desto schwieriger gestaltet sich verständlicherweise die Ermittlungsarbeit[129].

Eine weitere Möglichkeit der Verschleierung der Herkunft bemakelter Gelder ist die komplette Unterbrechung des Paper Trails[130] mit entsprechender barer Abdisponierung des Geldes oder der Fiktion falscher Paper Trails durch gefälschte Dokumente zwecks Irreführung[131].

---

[126] Beispielsweise durch Überweisungen auf verschiedene Konten oder auf sog. „Sitzgesellschaften" oder „Briefkastenfirmen"; vgl. hierzu Trechsel, Art. 305bis StGB, Rn. 5; Schwander-Auckenthaler, Missbrauch von Bankgeschäften zu Zwecken der Geldwäscherei, S. 27.

[127] Das heißt, die Vermögenswerte stehen nicht mehr im direkten Zusammenhang mit dem Primärverbrechen, aus welchem sie ursprünglich stammen.

[128] Vgl. zu den sog. Offshore-Finanzzentren Kapitel III. 2.1. Die Rolle der Schweiz als Offshore-Finanzplatz.

[129] Bei Geldwäschereifällen größeren Ausmaßes sind so oftmals mehrere Staaten involviert und die Transaktionen werden über eine Vielzahl von Banken und Parabanken abgewickelt; vgl. hierzu Einbindung von Offshore-Zentren und Juristischen Personen in Kirsch, Geldwäschetechniken, S. 50.

[130] Eine Unterbrechung kann aber auch schon durch die „Konstruktion eines komplexen Netzwerkes von Konten, die regelmäßig auf verschiedene Namen eröffnet werden", erreicht werden; dazu insb. Pieth, Zur Einführung: Geldwäscherei und ihre Bekämpfung in der Schweiz, *in:* Mark Pieth (Hrsg.), Bekämpfung der Geldwäscherei. Modellfall Schweiz?, S. 15.

[131] Der (unredliche) Bankangestellte verbucht dabei eine Barauszahlung des entsprechenden Vermögens und eine anschließende angebliche Bareinlage in derselben Höhe auf ein anderes Konto, obwohl das Geld in Wahrheit zu keiner Zeit per Kassa zur Verfügung stand; vgl. dazu Schwander-Auckenthaler, Missbrauch von Bankgeschäften zu Zwecken der Geldwäscherei, S. 27.

Diese zweite Phase wird von Seiten des organisierten Verbrechens insbesondere unter Ausnutzung des (schweizerischen) Bank- oder Anwaltsgeheimnisses praktiziert. Die Rekonstruktion der Transaktionen durch die Strafverfolgungsbehörden ist dann kaum noch möglich[132]. Die Schweiz ist zwar nicht das einzige Land mit einem strengen Bankgeheimnis, allerdings weist das Schweizer System Merkmale auf, die nicht in allen Finanzzentren wiederzufinden sind: Dazu zählt insbesondere, dass die Geheimhaltung straf- und zivilrechtlich abgesichert ist[133] und dass es Besonderheiten im Bereich der internationalen Rechts- und Amtshilfe der Schweiz gibt[134].

Durch die fortschreitende Automatisierung des Zahlungsverkehrs, der stetigen Zunahme des Online-Banking und der fortschreitenden Anonymisierung wird die Kontrolle von Transaktionsabläufen letztlich immer schwieriger, da dabei nur noch ein minimaler Paper Trail entsteht[135].

4.4 Rückführung (Integration)

In einer dritten und letzten Phase erfolgt schließlich die Integration (Rückführung) der illegalen Finanzwerte[136]. Nachdem das gewaschene Geld mit einem fiktiven Hintergrund versehen wurde, gelangt es nun in den legalen Wirtschaftskreislauf und wird für den eigentlichen „Eigentümer" wieder frei verfügbar[137].

---

[132] Giannini, Anwaltliche Tätigkeit und Geldwäscherei, S. 36, 45 ff.

[133] Vgl. hierzu Ausführungen in Kapitel III. Das „Schweizer" Bankgeheimnis.

[134] Vgl. hierzu Ausführungen in Kapitel III. 3.2 Die Gewährung von Rechtshilfe.

[135] Typisch für diese Phase der Geldwäscherei sind dabei insbesondere sog. Kettentransfers von Geldern über eine Vielzahl von Kreditinstituten.

[136] „Integration – the provision of apparant legitimacy to criminally derived wealth. If the layering process has succeeded, integration schemes place the laundered proceeds back into economy in such a way that they re-enter the financial system appearing to be normal business funds", British Bankers' Association, Money Laundering – Guidance Notes for Banks and Building Societies, S. 2.
Ziel der Geldwäscherei ist die Wiedereingliederung der bemakelten Gelder in den legalen Wirtschaftskreislauf, vgl. Krey/Dierlamm, Gewinnabschöpfung und Geldwäsche, in: JR 1992, S. 354.

[137] Guggenbühl, Geldwäscherei aus Zürcher Sicht, in: Kriminalistik 1995, S. 217; Schwander-Auckenthaler, Missbrauch von Bankgeschäften zu Zwecken der Geldwäscherei, S. 22.

In dieser letzten Phase ist die Aufdeckung möglicher Geldwäschereihandlungen fast nur noch durch den Einsatz von V-Leuten oder sonstiger Informanten möglich[138].

Wie die Platzierung (erste Phase) kann auch die Integration sowohl direkt als auch indirekt erfolgen, d. h. insbesondere durch den Einsatz von Front- und Scheingesellschaften[139].

In diesem Stadium ist als geradezu klassische Geldwäschereimethode der Erwerb von Konsumgütern und Vermögenswerten sowie deren anschließende Verschiebung anzusehen. Idealerweise werden Objekte mit undurchsichtiger Preisbildung wie bspw. Kunstgegenstände, Immobilien, Flugzeuge, Juwelen, Luxusautos, Briefmarken aber auch Fußballprofis erworben[140]. Der größte Nachteil, den diese Methode in sich trägt, liegt in dem Umstand, dass durch Kauf von Konsumgütern der luxuriöse Lebensstil sichtbar wird und sich die Frage nach der Herkunft der finanziellen Mittel stellt[141]. Zu diesem Zeitpunkt ist dann insbesondere der Einsatz der Finanzbehörden gefragt, da diese im Wege einer Plausibilitätsprüfung einen Abgleich zwischen dem bestehenden Lebensstandard des Steuerpflichtigen und der Höhe seiner Einkünfte durchführen können.

Insbesondere bei einem späteren Weiterverkauf von Immobilien, Aktien, Kunstgegenständen oder sonstigen Vermögenswerten wird mit der Integrationsform der Unter- bzw. Überbewertung[142] gearbeitet[143]. Wird beispielsweise bei einem

---

[138] Ackermann, Geldwäscherei – Money Laundering, S. 31, sowie Schwander-Auckenthaler, Missbrauch von Bankgeschäften zu Zwecken der Geldwäscherei, S. 27.

[139] Vgl. hierzu Kapitel I. 6.2 Platzierung (Placement); sowie Schwander-Auckenthaler, Missbrauch von Bankgeschäften zu Zwecken der Geldwäscherei, S. 28 f.

[140] Giannini, Anwaltliche Tätigkeit und Geldwäscherei, S. 38.

[141] Ackermann, Geldwäscherei – Money Laundering, S. 33 f.; Schwander-Auckenthaler, Missbrauch von Bankgeschäften zu Zwecken der Geldwäscherei, S. 33 f.

[142] Das heißt, je nach Bedarf werden die Vermögensgüter entweder stark über- oder massiv unterbezahlt.

[143] Für den rechtlichen Eigentümer treten auch hier (insbesondere bei den Verkaufsverhandlungen) oftmals Strohmänner und/oder zwischengeschaltete Sitzgesellschaften auf, so dass die organisierte Kriminalität im Hintergrund und damit anonym bleiben kann.

Immobilienkauf[144] ein zu niedriger Verkaufspreis ausgewiesen und der (eigentliche) Kaufpreis teilweise verdeckt („schwarz") bezahlt, kann bei einem späteren Weiterverkauf die Immobilie zum tatsächlichen Wert veräußert werden und der Gesamterlös einschließlich des verdeckt gezahlten Kaufpreises wird erfolgreich in den legalen Wirtschaftskreislauf eingebracht; er weist nun einen sauberen Paper Trail auf[145]. Das Modell der Unter- und Überbewertung hat ferner auch steuerrechtliche Auswirkungen: Die zu zahlende Grunderwerbsteuer, die sich am Kaufpreis der Immobilie bemisst, wird beispielsweise im Falle einer Unterbewertung entsprechend niedriger ausfallen[146]. Der verdeckt gezahlte Kaufpreis wird demnach gerade nicht versteuert und damit hinterzogen[147].

Die Liste der Integrationsmöglichkeiten bemakelter Gelder lässt sich aufgrund des Ideenreichtums und der kriminellen Kreativität der Geldwäscher noch beliebig fortsetzen. Vorliegend sollte allerdings in erster Linie aufgezeigt werden, dass Investitionen reinzuwaschender Vermögenswerte oftmals in alltägliche Güter vorgenommen werden. Durch diesen stetigen branchenübergreifenden Machtzuwachs besteht zunehmend die Gefahr, dass legale Wirtschaftsteilnehmer in die organisierte Kriminalität verstrickt werden[148].

---

[144] Besonders gefährdet sind dabei Immobilien in Gebieten mit verbreiteter Boden- und Immobilienspekulation.

[145] Müller, Geldwäscherei: Motive – Formen – Abwehr, S. 125; Giannini, Anwaltliche Tätigkeit und Geldwäscherei, S. 39; als Grund für den Wertzuwachs werden oftmals wertsteigernde Umbauten oder aufwendige Renovierungsarbeiten genannt.

[146] Vgl. zur Bemessungsgrundlage der deutschen Grunderwerbsteuer §§ 8, 9 und 11 Grunderwerbsteuergesetz (GrESTG).

[147] Unberücksichtigt bleiben hierbei die steuerrechtlichen Auswirkungen bei einem späteren gewinnbringenden Weiterverkauf der Immobilie. Nach deutschem Steuerrecht müsste bei einem höheren Verkaufspreis innerhalb der Spekulationsfrist (10 Jahre bei Immobilien) ein Spekulationsgewinn durch den Steuerpflichtigen versteuert werden; vgl. hierzu Birk, Steuerrecht, § 6, S. 246, Rn. 716.

[148] BBl 1996 III 1101, 1105.

4.5 Fazit

Sämtliche Definitions- und Einordnungsversuche gehen davon aus, dass Geldwäscherei – unabhängig vom Tätertypus – einen bestimmten, mehr oder weniger festlegbaren technischen Ablauf erfordert, der im Ergebnis darauf abzielt, die bemakelten Gegenstände als redlich zu deklarieren, um sie schließlich im legalen Wirtschaftskreislauf wieder einzusetzen. Hauptziel der Geldwäscherei ist es somit, illegale Vermögenswerte geheim zu halten und die Transformation in legale Mittel zu ermöglichen. Aufgrund einer Vielzahl von Geldwäschereiformen können bemakelte Gelder meist ungestört in das Wirtschafts- und Finanzsystem eingeschleust werden. Die Geldwäscherei ist dabei durch die häufige Überschreitung von Landesgrenzen als internationales Phänomen anzusehen.

Wie bereits zuvor angesprochen, bestehen neben dem dreigliedrigen Phasenmodell/Dreiphasen-Modell weitere Modelle, die die verschiedenen Phasen der Geldwäscherei mehr oder weniger präzisieren[149], sich aber hinsichtlich des beschriebenen Prozesses nicht wesentlich voneinander unterscheiden.

Eine genaue empirisch erhärtete Kenntnis der Vorgehensweise kann angesichts der hohen Geheimhaltung und der permanenten Fortentwicklung von Geldwäschereitechniken jedoch nicht erwartet werden[150]. Fakt ist, dass für Zwecke der Geldwäscherei nicht nur Banken, sondern alle bargeldnahen Branchen, die entsprechende Finanzdienstleistungen anbieten, benutzt werden. Es besteht daher in diesen Bereichen eine entsprechende Dunkelziffer an Geldwäschereifällen.

---

[149] Zum Beispiel das zweigliedrige Phasenmodell; vgl. hierzu Graber, Geldwäscherei, S. 56; Körner/Dach, Geldwäsche, S. 13; daneben das „Kreislaufmodell", dazu: Höreth, Die Bekämpfung der Geldwäsche, S. 11; ebenso das „Zielmodell" von Ackermann, Geldwäscherei – Money Laundering, S. 12; siehe hierzu auch die vorigen Ausführungen in Kapitel I. 4. Geldwäscherei-Modelle, S. 25 ff.

[150] So auch Bottermann, Untersuchung zu den grundlegenden Problematiken des Geldwäschetatbestandes, S. 3 m. Verw. a. Forthauser, Geldwäscherei de lege lata et ferenda, S. 12.

II. Die historische Entwicklung der Geldwäschereibekämpfung in der Schweiz

1. Zielsetzung

Die Schweiz engagiert sich bereits seit einigen Jahren auf internationaler Ebene aktiv im Rahmen der Bekämpfung und Verhinderung der Geldwäscherei. Sie ist an der Ausarbeitung internationaler Standards und den Verhandlungen internationaler Übereinkommen im Bereich der Geldwäscherei- und Terrorismusbekämpfung beteiligt und arbeitet eng mit den Mitgliedstaaten der OECD zusammen.

Die wichtigsten Ziele des internationalen Engagements der Schweiz sind dabei:

- *eine effiziente Bekämpfung von Geldwäscherei und Terrorismusfinanzierung durch internationale Zusammenarbeit;*
- *die Harmonisierung der internationalen Standards auf dem hohen Niveau des Schweizer Regelwerkes zur Erhaltung der Wettbewerbsgleichheit (Level-playing Field) auf internationaler Ebene;*
- *die Förderung des Rufs des Finanzplatzes Schweiz als gut regulierter Finanzplatz in Konformität mit den internationalen Standards zur Vorbeugung des Missbrauchs des Finanzplatzes zu Geldwäscherei- und Terrorismusfinanzierungsaktivitäten*[151].

Mit der Bekämpfung der Geldwäscherei geht man zugleich gegen die der Geldwäscherei vorausgegangenen Straftaten vor. Gelingt es, dem (Straf-)Täter die Möglichkeit zu nehmen, bemakelte Gelder vor dem Staat in Sicherheit zu bringen, nimmt man ihm letztlich auch die Motivation, die Vortat zu begehen oder zumindest Geldmittel für neue Straftaten zu generieren. In dem Moment, in

---

[151] Die Zielvorgaben wurden entnommen aus: Geldwäschereibekämpfung in der Schweiz: Internationale Entwicklungen im Kampf gegen die Geldwäscherei und die Rolle der Schweiz, Ziff. 1, S. 21.

dem die Rentabilität der Vortaten für die Geldwäscher nicht mehr gewährleistet ist, entwickelt sich ein generalpräventiver Effekt, der insbesondere der Bekämpfung des organisierten Verbrechens dient.

Die nachfolgenden Ausführungen sollen einen historisch geprägten Ein- und Überblick zur Geldwäschereibekämpfung in der Schweiz seit 1990 vermitteln. Von Relevanz sollen dabei insbesondere die Faktoren und Ereignisse sein, die ursächlich für die (gesetzliche) Entwicklung im Bereich der Geldwäschereibekämpfung waren. In diesem Zusammenhang werden auch die Besonderheiten des „Schweizer Modells" – in synoptischer Darstellung – aufgezeigt. Der letzte Teil dieses Abschnitts behandelt das Engagement der Schweiz auf internationaler Ebene.

2. Die Entwicklung des schweizerischen StGB in Bezug auf die Geldwäscherei

Seit 1990 wurden in der Schweiz zahlreiche Anstrengungen im Kampf gegen die Geldwäscherei unternommen. Zu diesem Zwecke sah der Schweizer Gesetzgeber „drei Massnahmepakete"[152] vor. Ausgangspunkt für die Entstehungsgeschichte der Geldwäschereitatbestände im schweizerischen StGB bildete ein Bericht aus dem Jahre 1986, den der ehemalige Erste Staatsanwalt des Kantons Tessin – Paolo Bernasconi[153] – binnen zwei Monaten für das Eidgenössi-

---

[152] Das heißt, in drei Etappen wurde in der Schweiz das strafrechtliche sowie finanzaufsichtsrechtliche Dispositiv gegen die Geldwäscherei geschaffen (Art. 305bis und 305ter StGB am 1. August 1990; Art. 58-60, 260ter und 305ter Abs. 2 am 1. August 1994; das Geldwäschereigesetz (GwG) am 1. April 1998); vgl. Pieth, BSK StGB II Vor Art. 305bis, S. 1936, Rn. 1; sowie Giannini, Anwaltliche Tätigkeit und Geldwäscherei, S. 51, m. Verw. a. Schmidt/Arzt/*Ackermann*, S. 367, Rn. 16 ff.

[153] *Bernasconi* vertrat im sog. „Pizza Connection"-Prozess zuletzt als außerordentlicher Staatsanwalt die Anklage. Im Anschluss wurde er vom EJPD beauftragt, Vorschläge für die strafrechtliche Erfassung der Geldwäscherei auszuarbeiten; vgl. hierzu Stessens, Money laundering, S. 103; Ziegler/Griese/Schmidt, Die Schweiz wäscht weisser, S. 197.

sche Justiz- und Polizeidepartment (EJPD) erstellte. Am 15.09.1986 legte Bernasconi dem EJPD seinen Bericht mit konkreten Vorschlägen zu einer Gesetzesrevision vor. Darin kam er zu dem Schluss, dass mit geltendem Recht

„*die heute praktizierten Arten der Geldwäscherei nicht bekämpft werden*"

könnten[154], und schlug deshalb – in drei alternativen Formulierungsvorschlägen – einen neuen Straftatbestand vor, der als Art. 305bis mit dem Randtitel „Geldwäscherei" in den 17. Titel des Schweizer Strafgesetzbuches eingefügt werden sollte[155].

2.1 Art. 305bis und 305ter Abs. 1 Schweizer StGB

Nachdem der Bundesrat ursprünglich geplant hatte, den Geldwäschereitatbestand zusammen mit der Revision des Vermögensstrafrechts zu behandeln, beschloss er im November 1988, die Botschaft zur Schaffung einer Strafnorm über die Geldwäscherei aus dem Gesamtpaket herauszulösen und vorzeitig zu verabschieden (sog. **erstes Maßnahmepaket** gegen das organisierte Verbrechen)[156].

Da der am Anfang der Geldwäschereigesetzgebung stehende „Entwurf Bernasconi" die grob fahrlässige Geldwäscherei unter Strafe stellen wollte, dieser Vorschlag allerdings im Rahmen des Konsultationsverfahrens auf erheblichen Widerstand stieß, wurde das EJPD damit beauftragt, Botschaft und Entwurf der strafrechtlichen Erfassung der Geldwäscherei auszuarbeiten[157]. Entsprechend dieses Auftrages kam es zum Einsatz einer Studienkommission unter dem Vor-

---

[154] Expertenbericht 60.

[155] Graber, Geldwäscherei, S. 100.

[156] Auslöser dafür war insbesondere die sog. Libanon Connection; vgl. zur massiven Beschleunigung des Gesetzgebungsverfahrens die Ausführungen in der Botschaft v. 12. Juni 1989 über die parlamentarische Debatte, BBl. 1989 II, S. 1061, 1078 f., Rn. 82.

[157] Schmid, StGB 305ter, *in:* Schmid (Hrsg.), Kommentar Einziehung, organisiertes Verbrechen und Geldwäscherei, Bd. II, § 6, Rn. 3 f., S. 8 f. m. Verw. a. Botschaft StGB, S. 1077 f., 1087, sowie BGE 125 IV 141 = JdT 148 (2000), S. 51.

sitz von Lutz Krauskopf – Vizedirektor im Bundesamt für Justiz –, die sich mit der Bereinigung des Vorentwurfs befasste[158].

Am 12.06.1989 verabschiedete der Bundesrat zu Händen des Parlaments die Botschaft über die Änderung des schweizerischen Strafgesetzbuches (Gesetzgebung über Geldwäscherei und mangelnde Sorgfalt bei Geldgeschäften)[159]. Der Text des Vorschlags des Bundesrates stimmt – mit Ausnahme kleiner Modifizierungen in Art. 305bis Abs. 3 StGB – mit dem heute geltenden Gesetzestext wörtlich überein[160]. Insgesamt wurde Art. 305bis StGB in seiner heutigen Fassung – trotz erheblicher Kritik – ohne Gegenstimmen angenommen[161].

Die Straftatbestände Art. 305bis und 305ter StGB wurden schließlich von National- und Ständerat (einstimmig) verabschiedet und traten am 01.08.1990 in Kraft[162]. Wie beim Insiderhandel spielten die Einflussnahme und der Druck der USA auch hier eine bedeutende Rolle[163]. Das Schweizer Bundesgericht formulierte diese Einflussnahme in einer seiner Entscheidungen wie folgt:

„Il s'agit d'une infraction inspirée du droit des Etats-Unis d'Amérique, qu'il a fallu insérer dans notre droit pénal."[164]

---

[158] Botschaft StGB, S. 1078.

[159] BBl StGB, S. 1061.

[160] Die Vorlage des Bundesrates zu Art. 305ter StGB wurde zunächst vom Nationalrat behandelt. Dieser stimmte dem Vorschlag einstimmig zu; vgl. Amt. Bull. NR 1989 S. 1873.
Das Parlament änderte einzig die Marginale des bundesrätlichen Vorschlags, das heißt, aus „Mangelnde Sorgfalt bei Geldgeschäften" wurde „Mangelnde Sorgfalt bei Finanzgeschäften"; vgl. hierzu Prot. NR 1989 v. 11.09.1989 S. 24 ff.; Amtl. Bull. StR 1990 S. 201. Im Ständerat war Art. 305ter Abs. 1 soweit unbestritten, so dass schließlich gegen die Vorlage der Eidgenössischen Räte kein Referendum erhoben wurde.

[161] Schmid/Arzt/*Ackermann*, § 5/StGB 305bis, Rn. 20, S. 369.

[162] Zur Gesetzgebungsgeschichte Botschaft StGB S. 1061, 1076.

[163] Hinsichtlich der Bekämpfung des Drogenhandels im Zusammenspiel mit der Geldwäschereibekämpfung nahm die USA bereits seit Anfang der 80er Jahre eine Vorreiterrolle ein; vgl. Giannini, Anwaltliche Tätigkeit und Geldwäscherei, S. 52.

[164] BGE 120 IV 327; („Es handelt sich um einen Straftatbestand/Verstoß – inspiriert vom amerikanischem Recht –, der in unser Strafrecht einfügen werden musste.").

Art. 305bis sowie Art.305ter Abs. 1 StGB[165] lautet in der heute geltenden Fassung[166] wie folgt:

Art. 305bis StGB (Geldwäscherei)

1. Wer eine Handlung vornimmt, die geeignet ist, die Ermittlung der Herkunft, die Auffindung oder die Einziehung von Vermögenswerten zu vereiteln, die, wie er weiß oder annehmen muss, aus einem Verbrechen herrühren, wird mit Freiheitsstrafe bis zu drei Jahren oder Geldstrafe bestraft.

2. In schweren Fällen ist die Strafe Freiheitsstrafe bis zu fünf Jahren oder Geldstrafe. Mit der Freiheitsstrafe wird eine Geldstrafe bis zu 500 Tagessätzen verbunden.[167]

Ein schwerer Fall liegt insbesondere vor, wenn der Täter:

a. als Mitglied einer Verbrechensorganisation handelt;

b. als Mitglied einer Bande handelt, die sich zur fortgesetzten Ausübung
   der Geldwäscherei zusammengefunden hat;

c. durch gewerbsmäßige Geldwäscherei einen großen Umsatz oder
   einen erheblichen Gewinn erzielt.

3. Der Täter wird auch bestraft, wenn die Haupttat im Ausland begangen wurde und diese auch am Begehungsort strafbar ist.[168]

Art. 305ter Abs. 1 StGB (Mangelnde Sorgfalt bei Finanzgeschäften und Melderecht)

¹Wer berufsmäßig fremde Vermögenswerte annimmt, aufbewahrt, anlegen oder übertragen hilft und es unterlässt, mit der nach den Umständen gebotenen Sorgfalt die Identität des wirtschaftlich Berechtigten festzustellen, wird mit Freiheitsstrafe bis zu einem Jahr oder Geldstrafe bestraft.[169]

---

[165] Eingefügt durch Ziff. I des Bundesgesetzes vom 23. März 1990, in Kraft seit 1. Aug. 1990 (AS 1990 1077 1078; BBl 1989 II 1061).

[166] Gesetzesstand: 1. April 2009.

[167] Strafdrohungen, neu umschrieben gemäß Ziff. II 1 Abs. 16 des Bundesgesetzes vom 13. Dez. 2002, in Kraft seit 1. Jan. 2007 (AS 2006 3459 3535; BBl 1999 1979).

[168] Berichtigt von der Redaktionskommission der Bundesversammlung (Art. 33 GVG – AS 1974 1051).

[169] Strafdrohungen, neu umschrieben gemäss Ziff. II 1 Abs. 16 des Bundesgesetzes vom 13. Dezember 2002, in Kraft seit 1. Jan. 2007 (AS 2006 3459 3535; BBl 1999 1979).

Der Geldwäscherei nach **Art. 305bis StGB** macht sich strafbar, wer eine Handlung vornimmt, die geeignet ist, die Ermittlung der Herkunft, das Auffinden oder die Einziehung von Vermögenswerten zu vereiteln, die, wie er weiß oder annehmen muss, aus einem Verbrechen[170] herrühren. Es handelt sich insoweit um ein *abstraktes* Gefährdungsdelikt, so dass der Nachweis einer konkreten Vereitelungsgefahr oder gar einer gelungenen Vereitelung hierbei nicht erforderlich ist[171]. Art. 305bis StGB findet ferner auch Anwendung, wenn die Vortat im Ausland begangen wurde und diese dort ebenfalls strafbar ist (sog. doppelte Strafbarkeit der Vortat)[172].

Schließlich muss der Geldwäscher zumindest mit Eventualvorsatz handeln. Das heißt, er muss das Bewusstsein haben, dass es sich bei den fraglichen Vermögenswerten um solche handelt, die aus einem Verbrechen stammen bzw. muss zumindest mit dieser Möglichkeit rechnen[173].

Der Aufbau von Art. 305bis StGB lässt dabei grundsätzlich zwei Zielrichtungen erkennen:

Zum einen geht es darum, die Einziehung bemakelter Gelder zu ermöglichen, zum anderen soll die Verfolgung des sog. Paper Trails gewährleistet werden, um die Aufklärung des Verbrechens und die Identifizierung des Vortäters zu ermöglichen[174]. Dabei ist anzumerken, dass die Anerkennung zweier Zielrichtungen bei Art. 305bis StGB im schweizerischen Schrifttum nicht unbestritten ist.

---

[170] Vgl. Art. 10 Schweizer StGB, demnach sind Verbrechen Taten, die mit Freiheitsstrafe von mehr als drei Jahren bedroht sind (Stand: 1. April 2009).

[171] BBl. StGB S. 1061, 1083; BGE 128 IV 117, 131; 127 IV 20, 26; 126 IV 255, 261; 119 IV 59, 64.

[172] Hierzu insb. Entscheidung des Schweizer Bundesgericht v. 24.10.2005, BGE 1A.188/2005 unter Bezugnahme auf die Entscheidung des Schweizer Bundesgericht v. 27.11.2002, BGE 129 II 97 (E.3).

[173] Zur subjektiven Seite des Tatbestands siehe Trechsel, Art. 305bis, Rn. 20, S. 965.

[174] Botschaft StGB, S. 1081; sowie Egger Tanner, Die strafrechtliche Erfassung der Geldwäscherei, S. 10 f.

Häufig wird Geldwäscherei lediglich als Vereitlung bzw. Gefährdung der Einziehung verbrecherischer Vermögenswerte definiert[175].

In systematischer Hinsicht beschreitet die Schweiz mit der Normierung des Art. 305bis in das schweizerische Strafgesetzbuch einen Sonderweg: Die Geldwäscherei wurde bei den Straftaten gegen die Rechtspflege[176] eingefügt und nicht – wie bei Strafgesetzen zahlreicher anderer Staaten – im Kontext der Vermögensdelikte (insbesondere Begünstigung und Hehlerei) normiert[177].

Gemäß **Art. 305ter StGB** machen sich Personen des Bank- und übrigen Finanzsektors strafbar, wenn sie die Identität des Kontoinhabers bzw. des wirtschaftlich Berechtigten nicht mit der nach den Umständen gebotenen Sorgfalt abklären. Der Tatbestand ist somit als Sonderdelikt konzipiert[178]. Durch die Strafbestimmung Art. 305ter Abs. 1 wird der Financier gesetzlich zur Identifikation seines Geschäftspartners verpflichtet[179]. Damit können sich lediglich die im Finanzsektor tätigen Personen des Tatbestands der mangelnden Sorgfalt bei

---

[175] Egger Tanner, Die strafrechtliche Erfassung der Geldwäscherei, S. 11; die Botschaft – BBl. StGB, S. 1061, 1081 – versäumte es, klar festzulegen, welches Rechtsgut geschützt werden soll „(...) *neben dem Einziehungsinteresse das Ermittlungsinteresse als solches*".

[176] Art. 305bis Schweizer StGB ist unter „Verbrechen gegen die Rechtspflege" (17. Titel) eingestellt.

[177] Vgl. insoweit § 261 deutsches StGB unter „Begünstigung und Hehlerei" (21. Abschnitt); § 165 österreichisches StGB im Anschluss an die Hehlerei unter „Strafbare Handlungen gegen fremdes" Vermögen (6. Abschnitt); Art. 648$^{bis, \ ter}$ Codice penale im Anschluss an die Hehlerei unter Vermögensstraftaten („Dei delitti contro il patrimonio", Titulo XIII); in Spanien nunmehr Art. 301–305 (neuer) Código penal unter „Hehlerei und ähnliche Delikte" (Dela receptación y otras conductas afines", Capitulo XIV).
In Frankreich und zum Teil in England wurde die Geldwäscherei als Annextatbestand zu den Betäubungsmittelstraftaten eingeordnet: Art. 222–38 Code pénal; Sec. 49–52 DTA; in Spanien ehemals Art. 344 bis h)-k) (alter) Código penal.

[178] Trechsel, Art. 305ter, Rn. 2, S. 969.
Die Schweiz wählte mit Art. 305ter schweizerisches StGB einen ganz eigenen Weg: Strafbar ist, wer es als berufsmäßiger Vermögensverwalter etc. unterlässt, die Identität des Berechtigten „mit der nach den Umständen gebotenen Sorgfalt" festzustellen; vgl. hierzu Ausführung in Vogel, Geldwäsche – ein europaweit harmonisierter Straftatbestand?, *in:* ZStW 109 (1997), S. 345.

[179] Oberholzer, Wirtschaftsstrafrecht, S. 91.

Finanzgeschäften strafbar machen[180]. In Bezug auf die Geldwäschereibekämpfung kommt Art. 305ter StGB daher schwerpunktmäßig eine präventive Funktion zu.

Beachtlich ist ferner, dass nur die vorsätzliche Tatbegehung strafbar ist, was im Rahmen der Strafverfolgung zu teilweise fast unlösbaren Beweisproblemen führen kann.

2.2 Art. 305ter Abs. 2 und Art. 58–60[181], 260ter Schweizer StGB

Das Resultat der Gesetzgebung zur Bekämpfung der organisierten Kriminalität und der Geldwäscherei – insbesondere der Geldwäschereitatbestand Art. 305bis StGB – stieß in der Strafrechtslehre auf zum Teil heftige Kritik[182]. Bemängelt wurde insbesondere der Umstand, dass die Finanzintermediäre zu „Gehilfen der Strafverfolgung" gemacht werden und dass diese neue Pflicht zu einem ganz erheblichen Mehraufwand führen würde[183]. Den Bestimmungen wurde demzufolge zum Teil die generelle Tauglichkeit zur effektiven Bekämpfung der organisierten Kriminalität und der Geldwäscherei abgesprochen[184].

Die Kritik an Art. 305bis (und 305ter) StGB blieb nicht folgenlos:

Um die Praktikabilität der Strafnorm zu verbessern und um der ursprünglichen Zielrichtung der Gesetzesnovelle von 1990 mehr Nachdruck zu verschaffen,

---

[180] Stratenwerth/Bommer, BT II, § 55, Rn. 48.

[181] Gemäß Revision des Allgemeinen Teils des Schweizer Strafgesetzbuchs, der zum 01. Januar 2007 in Kraft trat, findet sich die ehemals in Art. 58–60 StGB geregelte Einziehung nunmehr in Art. 69–73 StGB wieder; Fassung gemäß Ziff. I des BG vom 13. Dezember 2002; in Kraft seit 1. Januar 2007; AS 2006 3459 3535; BBl. 1999 1979 sowie die im Anhang aufgeführten Normen des Schweizer Strafgesetzbuchs.

[182] Arzt, Missglücktes Strafgesetz, S. 17, 24 ff.; Stratenwerth, Geldwäscherei – ein Lehrstück in der Gesetzgebung, in: Mark Pieth (Hrsg.), Bekämpfung der Geldwäscherei. Modellfall Schweiz?, S. 97, 101 ff.; Egger Tanner, Die strafrechtliche Erfassung der Geldwäscherei, S. 12 ff.; Zuberbühler, Geldwäschereibekämpfung, in: Peter Nobel, Aktuelle Rechtsprobleme des Finanz- und Börsenplatzes Schweiz, S. 126 f.

[183] So u. a. Forthauser, Geldwäscherei de lege lata et ferenda, S. 105.

[184] Stratenwerth, Schweizerisches Strafrecht, BT I/II, § 4, Rn. 6 ff.

wurden seit 1990 verschiedene Gesetzesvorlagen verabschiedet[185]. Im Jahr 1994 erfolgte im Rahmen des sog. **zweiten Maßnahmenpakets** die Normierung von Art. 305ter Abs. 2 StGB, der die Melderechte des Finanziers bei Geldwäschereiverdacht umfasst[186]. Ferner führte man Art. 260ter StGB (Beteiligung an einer kriminellen Organisation)[187] ein und nahm die Totalrevision des Einziehungsrechts gemäß Art. 58–60 StGB[188] vor, die allerdings für die Geldwäschereibekämpfung jeweils nur eine indirekte Rolle spielen[189].

Art. 305ter Abs. 2 StGB[190] lautet:

Art. 305ter Abs. 2 StGB (Mangelnde Sorgfalt bei Finanzgeschäften und Melderecht)

²Die von Absatz 1 erfassten Personen sind berechtigt, der Meldestelle für Geldwäscherei im Bundesamt für Polizei Wahrnehmungen zu melden, die darauf schließen lassen, dass Vermögenswerte aus einem Verbrechen herrühren.[191]

Die Bestimmung des Art. 305ter Abs. 2 StGB räumt Bankangestellten, Treuhändern, Anlageberatern usw. das Recht ein, verdächtige Kunden und Transaktio-

---

[185] Graber, GWG, S. 5.

[186] Pieth, Vor Art. 305bis StGB, Rn. 19, S. 1942.

[187] Über diesen Tatbestand sollen Hilfeleistungen für kriminelle Organisationen erfasst werden, die nicht unter den Geldwäschereiartikel (Art. 305bis StGB) subsumiert werden können; ausführlich hierzu: Pieth, Die Bekämpfung des organisierten Verbrechens in der Schweiz, *in:* ZStR 109 (1992), S. 257 ff.

[188] Nunmehr seit 01. Januar 2007 geregelt in Art. 69–73 Schweizer StGB.

[189] Schmidt/Arzt/*Ackermann*, § 5, Rn. 22, S. 370; Schmid, StGB 305ter; *in:* Schmid (Hrsg.), Kommentar Einziehung, organisiertes Verbrechen und Geldwäscherei, Bd. II, § 6, Rn. 21, S. 15.

[190] Stand: 1. April 2009. Die Gesetzestexte zu Art. 260ter StGB sowie Art. 58–60 StGB (bzw. nunmehr Art. 69–73 StGB) sind dem Anhang zu entnehmen.

[191] Eingefügt durch Ziff. I des Bundesgesetzes vom 18. März 1994, in Kraft seit 1. August 1994 (AS 1994 1614 1618; BBl. 1993 III 277); zuletzt geändert durch das Bundesgesetz zur Umsetzung der revidierten Empfehlungen der Groupe d'action financière vom 3. Oktober 2008, AS 2009 361.

nen mit Vermögenswerten, die aus einem Verbrechen herrühren könnten, den Strafverfolgungsbehörden mitzuteilen. Die Einführung des Art. 305ter Abs. 2 StGB sollte damit den Finanzdienstleister in Bezug auf das Melderecht aus einer Zwangslage befreien:

Da dieser Personenkreis (gelegentlich) mit geldwäschereiträchtigen Geschäften in Kontakt kam, allerdings bei der Erstattung einer Strafanzeige stets das Berufsgeheimnis i. S. v. Art. 47 BankG bzw. Art. 162 sowie Art. 321 Schweizer StGB zu beachten hat, bedurfte es der Schaffung dieser Norm[192]. Der nunmehr geltende Art. 305ter Abs. 2 StGB stellt demnach einen Rechtfertigungsgrund für Meldungen dar, die geheimgeschützte Informationen betreffen und deren Weitergabe per se strafbar sein könnte[193].

Der systematische Zusammenhang zwischen Art. 305ter Abs. 1 und Abs. 2 StGB ist allerdings als „konstruiert" zu bewerten: Das Melderecht des Abs. 2 bezieht sich gerade nicht auf den Tatbestand des Abs. 1, sondern vielmehr auf andere Straftatbestände[194]. Dementsprechend wäre es aufgrund der Systematik sinnvoller gewesen, Art. 305ter Abs. 2 StGB als Rechtfertigungsgrund an der im Schweizer StGB dafür vorgesehenen Stelle zu platzieren[195]. Eine Normierung bei Art. 32 ff. StGB oder bei den jeweiligen Geheimnistatbeständen – also im Bereich des Art. 320 ff. StGB oder Art. 47 BankG – wäre aus systematischen Gründen zu bevorzugen.

---

[192] Häufig wurde darauf verwiesen, dass der Finanzdienstleister auf der einen Seite das Berufsgeheimnis wahren musste und ihm somit die Erstattung einer Strafanzeige an die Behörde verboten war, auf der anderen Seite drohte bei Fortführung der Geschäftsbeziehung die Gefahr, selbst der Geldwäscherei beschuldigt zu werden. Dabei war stets fraglich, ob im Falle der Anzeige überhaupt ein Rechtfertigungsgrund auf Seiten des Finanzdienstleisters gegeben war; vgl. hierzu insgesamt Stratenwerth/Bommer, BT II, § 55, Rn. 58 sowie Schmid, StGB 305ter, in: Schmid (Hrsg.), Kommentar Einziehung, organisiertes Verbrechen und Geldwäscherei, Bd. II, § 6, Rn. 267, S. 106.

[193] Der Bereich der Rechtfertigung umfasst das mit der jeweiligen Meldung eventuell verletzte Geheimnisinteresse; vgl. Botschaft 1993, S. 323 f.

[194] Hierbei ist insbesondere die Geldwäscherei, Art. 305bis StGB, zu nennen.

[195] Zur Kopplung von Sorgfaltspflichtverletzung und Melderecht in Art. 305ter StGB vgl. Schmid, Insiderdelikte und Geldwäscherei, in: Aktuelle Probleme im Bankrecht, Berner Tage für die juristische Praxis 1993, S. 207.

Da Art. 9 Geldwäschereigesetz (GwG) den Finanzintermediär nunmehr zur unverzüglichen Meldung an die Meldestelle für Geldwäscherei (MROS) verpflichtet, hat sich der Anwendungsbereich des Art. 305ter Abs. 2 StGB mittlerweile erheblich verschoben bzw. verkleinert. Für eine Geldwäschereimeldung kann der Finanzdienstleister zum einen aufgrund von Art. 11 GwG nicht (mehr) wegen Verletzung des Amts-, Berufs- oder Geschäftsgeheimnisses belangt werden, zum anderen bleibt nur noch ein sehr konstruierter Fall für die Anwendung des Art. 305ter Abs. 2 StGB übrig: Soweit ein Finanzdienstleister nach einem ersten unverbindlichen Kundenkontakt darauf verzichtet, eine Geschäftsbeziehung aufzunehmen und damit verdächtige Vermögenswerte von Anfang an ablehnt, kann unter Umständen eine Geheimhaltungs-, aber noch keine Meldepflicht entstanden sein[196].

Fast zehn Jahre nach dem Inkrafttreten der Geldwäschereiartikel wurden im Mai 2000 die Korruptions- und Bestechungsstrafnormen in das Schweizer Strafgesetzbuch (Art. 322ter–322^{octies}, 340$^{bis\,197}$ Schweizer StGB[198]) aufgenommen[199].

3. Die Entwicklung des schweizerischen Geldwäschereigesetzes (GwG)

Sowohl auf internationaler Ebene als auch in der Schweiz selbst ging man zunächst davon aus, allein mit strafrechtlichen Maßnahmen der Geldwäscherei effektiv entgegen treten zu können. Die Erkenntnis, dass solche allein nicht

---

[196] Stratenwerth/Bommer, BT II, § 55, Rn. 59 m. Verw. a. Botschaft 1996, S. 1130 f.
[197] Nunmehr geregelt in Art. 337 StGB; Fassung gemäss Ziff. I 1 des Bundesgesetzes vom 21. März 2003 (Finanzierung des Terrorismus), in Kraft seit 1. Okt. 2003 (AS 2003 3043 3047; BBl 2002 5390).
[198] Zum Gesetzestext: siehe Anhang.
[199] Eingefügt durch Ziff. I 1 des Bundesgesetzes vom 22. Dez. 1999 (Revision des Korruptionsstrafrechts), in Kraft seit 1. Mai 2000 (AS 2000 1121 1126; BBl 1999 5497).

ausreichen, trat jedoch bald ein und die Entwicklung und Ausarbeitung eines Geldwäschereigesetzes wurde Mitte 1992 aufgenommen.

Im März 1993 wurde unter der Leitung des Eidgenössischen Finanzdepartements ein „Vorentwurf für ein Bundesgesetz zur Bekämpfung der Geldwäscherei im Finanzsektor" ausgearbeitet und vorgelegt[200]. Dieses sog. **dritte Maßnahmepaket** sollte zur Ergänzung der strafrechtlichen Bestimmungen dienen und stellte damit einen Ausführungserlass zu Art. 305bis f. Schweizer StGB dar.

Maßstab für das neue Geldwäschereigesetz war neben den Financial-Action-Task-Force-Empfehlungen (FATF)[201] auch die 1. EU-Anti-Geldwäscherei-Richtlinie des Rates der Europäischen Gemeinschaft (91/308/EWG) vom 10. Juni 1991[202]. Die Richtlinie geht allerdings in ihrem inhaltlichen Umfang über die FATF-Empfehlungen hinaus, indem sie eine Meldepflicht für geldwäschereiverdächtige Sachverhalte vorsieht[203]. Dabei ist der Geltungsbereich der Richtlinie auf den gesamten Finanzsektor ausgedehnt, das heißt, sie schließt auch den Nichtbankensektor ein[204].

Im Januar 1994 lag schließlich der sog. Vernehmlassungsentwurf[205] vor. Dieser erwies sich als nicht konsensfähig, so dass eine umfassende Überarbeitung

---

[200] Dazu Botschaft 1996, S. 1101 ff.; Trechsel, Art. 305bis StGB, Rn. 5.

[201] Siehe dazu ausführliche Darstellung in Kapitel II. 6. Internationale Gremien und Instrumente der Geldwäschereibekämpfung.

[202] Graber, GWG, S. 8; die Richtlinie wurde seither durch die 2. EU-Anti-Geldwäscherichtlinie (2001/97/EG) vom 4. Dezember 2001 und durch die 3. EU-Anti-Geldwäscherichtlinie (2005/60/EG) vom 26.10.2005 aktualisiert.

[203] Vgl. insoweit Art. 10 der 1. EU-Anti-Geldwäscherei-Richtlinie (91/308/EWG) sowie die vorangestellte grundlegende Zielsetzung, eine Regelung zu schaffen, *„die die Pflicht zur Meldung verdächtiger Finanzoperationen vorsieht und die gewährleistet, dass die Information den genannten Behörden zugeleitet wird, ohne die betroffenen Kunden zu alarmieren".*

[204] Die 1. EU-Anti-Geldwäscherei-Richtlinie (91/308/EWG) enthält insoweit folgende Formulierung im Rahmen der Zielsetzung: „Da die Geldwäsche nicht nur über Kredit- und Finanzinstitute, sondern auch über andere Berufsarten und Unternehmenskategorien erfolgen kann, müssen die Mitgliedstaaten die Bestimmungen dieser Richtlinie ganz oder teilweise auf Berufe und Unternehmen ausdehnen, deren Tätigkeiten besonders geeignet sind, für Zwecke der Geldwäsche genutzt zu werden."

[205] Die Vernehmlassung bzw. das Vernehmlassungsverfahren ist eine wichtige Phase im schweizerischen Gesetzgebungsverfahren. Bei der Vorbereitung signifikanter Erlasse wer-

nötig wurde. Im Frühjahr 1995 wurde ein erster überarbeiteter Entwurf den betroffenen Stellen zwecks Stellungnahme vorgelegt. Die daran geübte Kritik gab Anlass für weitere Modifikationen.

Umstritten war zu diesem Zeitpunkt insbesondere die Aufnahme einer Meldepflicht bei Geldwäschereiverdacht (Art. 9 GWG) in den Gesetzestext[206]. Letztlich wurde an dieser jedoch aufgrund der EG-Geldwäscherei-Richtlinie und im Hinblick auf die FATF-Empfehlungen festgehalten[207].

Nach entsprechender Stellungnahme (Vernehmlassung) erging am 17.06.1996 die Botschaft zum „Bundesgesetz zur Bekämpfung der Geldwäscherei im Finanzsektor" (Geldwäschereigesetz, GwG)[208]. Gegenüber dem Entwurf aus dem Jahre 1995 enthielt die Vorlage an das Parlament nunmehr eine Reihe erheblicher Änderungen[209].

Nach Ablauf der Referendumsfrist am 29. Januar 1998 beschloss der Bundesrat sodann die Inkraftsetzung des Geldwäschereigesetzes per 1. April 1998.

Im Zentrum des GwG stehen fünf Pflichten betreffend die „Identifizierung der Vertragspartei" (Art. 3), die „Feststellung der wirtschaftlich berechtigten Person" (Art. 5 und 6), die „besondere Abklärungspflicht" (bei ungewöhnlichen Transaktionen oder wenn Verdachtsmomente vorliegen, Art. 6), die „Dokumentationspflicht" (Art. 7) und schließlich die „Meldepflicht" (Art. 9). Letztgenannte Pflicht

---

den die Kantone, die politischen Parteien und die interessierten Kreise zur Stellungnahme eingeladen. Das Ziel ist, die Erfolgschancen des Projekts im weiteren Gesetzgebungsprozess abschätzen zu können.

[206] Art. 9 GwG stellt für Geldwäschereibekämpfung eine zentrale Bestimmung dar. Die Norm verpflichtet den Finanzintermediär, bei Geldwäschereiverdacht der zuständigen Stelle Meldung zu erstatten. Den Finanzintermediär trifft somit eine gesetzliche Pflicht im Verdachtsfall gegen seinen Kunden Strafanzeige zu erstatten; vgl. hierzu auch Graber, Art. 9 GwG, Rn. 2 ff.

[207] Graber, GWG, S. 9.

[208] BBl. 1996 III S. 1116 ff.

[209] Der Bundesrat entschied sich im Rahmen der Änderungen insbesondere für die Meldepflicht bei Geldwäschereiverdacht sowie für die Pflicht zur Vermögenssperre; siehe zur Entwicklung des Geldwäschereigesetzes (GwG) und den jeweiligen Änderungen im Gesetzgebungsprozess ausführlich: de Capitani, GwG – Allgemeiner Teil, in: Schmid (Hrsg.), Kommentar Einziehung, organisiertes Verbrechen und Geldwäscherei, Bd. II, § 8, Rn. 242 ff., S. 596 ff.

ist so organisiert, dass der Informationsfluss von Seiten der Finanzintermediäre über die in das Bundesamt für Polizei eingegliederte Meldestelle für Geldwäscherei Schweiz (MROS) abgewickelt wird (Art. 23). Die Meldestelle prüft die Meldungen und trifft die weiteren erforderlichen Maßnahmen. Wie sich die Meldestelle in den vergangenen Jahren entwickelte, wird in einem gesonderten Abschnitt begutachtet[210].

Eine Strafe für den Fall einer Verletzung der Pflichten nach dem Geldwäschereigesetz sieht als einzige Norm nur die Meldepflicht i. S. d. Art. 9 GwG vor (vgl. Art. 37 GwG). Die Sanktionierung sonstiger Verstöße wurde auf die spezialgesetzlichen Aufsichtsbehörden (einschließlich der Kontrollstelle) sowie die Selbstregulierungsorgane übertragen[211].

Für die Umsetzung der Vorgaben des GwG sind vier Aufsichtsorgane zuständig: die Eidgenössische Bankenkommission (EBK), das Bundesamt für Privatversicherung (BPV), die Eidgenössische Spielbankenkommission sowie die Kontrollstelle für die Bekämpfung der Geldwäscherei. Ferner verfügen die anerkannten Selbstregulierungsorganisationen – beispielsweise diejenigen der Spielbanken oder der Versicherungen – über eigene Reglements. Die Umsetzung der Vorschriften des GWG ist folglich von einer hohen Komplexität gekennzeichnet[212].

---

[210] Vgl. hierzu Kapitel III. 3.1.3. Entwicklung der Meldestelle gegen Geldwäscherei Schweiz.

[211] Die Aufsichtbehörden wenden die durch das entsprechende Aufsichtsgesetz zur Verfügung gestellten Instrumentarien an; die Selbstregulierungsorgane sind über Art. 25 Abs. 2 lit.c GwG verpflichtet, die entsprechenden „angemessenen Sanktionen" anzudrohen. Die Sanktionen lassen sich dabei in Rügen (Verwarnung), Geldstrafe und Ausschluss aus der Selbstregulierungsorganisation unterteilen.

[212] Die mit der Geldwäschereigesetzgebung verbundene Regulierung wird ständig verfeinert, läuft dadurch allerdings Gefahr, unübersichtlich zu werden; vgl. hierzu kritisch „Die Geldwäschereigesetzgebung als Baustelle", in: NZZ v. 31.10.2003, S. 21.

4. Krisen und ihre Auswirkungen auf die Geldwäschereibekämpfung

Die Entwicklung der Geldwäschereibekämpfung steht im engen Zusammenhang mit Krisen politischer und finanzwirtschaftlicher Art, die der Finanzplatz Schweiz in den letzen Jahrzehnten zu bewältigen hatte. Im Folgenden sollen anhand einiger einschneidender Ereignisse dieser Zusammenhang und die Konsequenzen, die die Schweiz daraus gezogen hat, verdeutlicht werden:

4.1 Der Chiasso-Skandal (1977)

Bereits vor 1990 – und damit vor dem Zeitpunkt liegend, mit dem sich diese Arbeit beschäftigt – war die Schweiz monatelang in die Aufmerksamkeit der Medien gerückt. Um die Zusammenhänge der Bekämpfung der Geldwäscherei (besser) zu verstehen, ist es zwingend notwendig, eine zeitlich noch tiefer gehende Rückschau in die Vergangenheit vorzunehmen. Der nachfolgend dargestellte Skandal erschütterte das Vertrauen in die Schweizer Banken weltweit und ist bereits dadurch von grundlegendem Interesse[213].

In der ersten Hälfte des Jahres 1977 wurden die Schweizer Banken mit drei schweren finanzwirtschaftlichen Krisen konfrontiert. Zwei dieser Bankenkrisen führten zum Zusammenbruch der betroffenen Kreditinstitute, die dritte Krise verursachte einen großen wirtschaftlichen Verlust bei der Credit Suisse, einem der zur damaligen Zeit bedeutendsten Bankinstitute der Schweiz. Diesem Ereignis – dem sog. Chiasso-Skandal, der nach einer Filiale der Schweizerischen Kreditanstalt (SKA) benannt wurde – lag folgender Sachverhalt zugrunde:

Mitarbeiter einer Tessiner Filiale der Schweizerischen Kreditanstalt (SKA) – diese ging 1997 in der Credit Suisse Group (CSG) auf – hatten Fluchtgelder in Höhe von ca. 2,2 Mrd. Franken in Italien angeworben. Die Direktion der SKA-Filiale platzierte, unter massivster Überschreitung ihrer Kompetenzen und zu-

---

[213] Der Fall Chiasso wird daher auch namentlich in der Botschaft über die Änderung des schweizerischen Strafgesetzbuches erwähnt; vgl. Botschaft StGB, S. 1067.

dem in krimineller Weise, diese Gelder nicht bei ersten Adressen des Euromarktes, sondern außerhalb der Bilanz bei der liechtensteinischen Texon-Finanzanstalt[214]. Aufgrund dieser zweifelhaften Anlage drohte der SKA ein Verlust von bis zu 2 Milliarden Franken[215]. Ferner hatte die Bank große Abzüge von Kundengeldern bei ihrer Filiale in Chiasso zu bewältigen und musste einen Kurssturz der Bankaktien der SKA verkraften, der auch andere Gesellschaften in Mitleidenschaft zog. Die Verhaftung von drei leitenden Mitarbeitern der Filiale Chiasso erregte weiteres Aufsehen.

Um öffentliche Panikreaktionen größeren Ausmaßes durch die Bankkunden zu verhindern, räumte die Schweizer Nationalbank zusammen mit der Schweizer Union Bank und der Schweizer Bankenvereinigung der Credit Suisse eine Kreditlinie von 3 Milliarden Schweizer Franken ein[216]. Die Auswirkungen des Skandals waren aber nicht nur für die Credit Suisse spürbar. Insbesondere wurde durch diese Ereignisse auch der gute Ruf des Schweizer Bankenplatzes erheblich tangiert.

Auf diese negative Entwicklung reagierten die Schweizer Banken – auf Grund einer Initiative des SNB-Direktoriums – mit der Errichtung eines privaten „Code of Conduct", einer Vereinbarung über Standesregeln zur Sorgfaltspflicht der Banken (VSB)[217]. Die Vereinbarung sah – zunächst für die kommenden fünf Jahre – leitende Prinzipien für die zukünftige Geschäftsführungspraxis vor. Zudem sollte die Vereinbarung die seriöse Identifikation des Kunden (einschließlich des wirtschaftlich Berechtigten und der Person hinter Sitzgesellschaften)

---

[214] Eine ausführliche Schilderung des Gesamtsachverhaltes samt seiner Konsequenzen findet sich bei Jung, Von der Schweizerischen Kreditanstalt zur Credit Suisse Group, S. 245 ff.; vgl. ferner auch Botschaft StGB, S. 1067.

[215] Busch, Staat und Globalisierung, S. 209; vgl. ferner auch http://www.schweizergeschich te.ch/index.php/D/article/649-Epochen/29307-11._Nachkriegsjahre_und_68er-Bewegung/ (Stand: Juli 2009).

[216] Capus, *in:* Pieth/Aiolfi, A Comparative Guide to Anti-Money Laundering, S. 124.

[217] Obwohl die Schweizer Bankiervereinigung einem solchen Abkommen zunächst kritisch gegenüberstand, kam es im Juni 1977 zum Abschluss der VSB; vgl. dazu Busch, Staat und Globalisierung, S. 209, sowie das Vorwort von SNB-Präsident Leutwiler, *in:* Bernasconi, Finanzunterwelt, S. 7 ff.

erzwingen und sich gegen aktive Beihilfe zur Steuerhinterziehung aussprechen[218].

Die im Zuge dieser Krise gestellten Herausforderungen handhabte die Banking Communtiy folglich mit einem zügigen Akt der Selbstregulierung, der gleichsam auch als Präventivakt gegenüber einem staatlichen Eingriff genutzt wurde. Der mit einer empfindlichen Konventionalstrafe abgesicherte Kodex, wurde im Anschluss international aktiv vermarktet: Er floss insbesondere in das Basel Statement of Principles (Basel Committee on Banking Supervision 1988) ein, das 1989 zusammen mit den strafrechtlichen Inhalten der UN-Betäubungsmittel-Konvention als Basis für die 40 Empfehlungen der FATF (Financial Action Task Force) diente[219].

4.2 Die Pizza- bzw. Libanon-Connection und ihre strafrechtliche Auswirkung

Im Jahre 1985 wurde einer der bedeutendsten Geldwäschereifälle aufgedeckt, der Fall der sog. Pizza-Connection. Bei der Pizza-Connection handelte es sich um einen der größten Heroinschmuggelringe der italienischen und US-amerikanischen Drogenmafia. Der Ring der Drogenschmuggler reichte von der Türkei über Sizilien bis in die USA. Die Pizza-Connection hatte unter dem Deckmantel von Pizzabäckereien im Stadtteil Queens/New York Gelder (ca. 1,6 Mrd. USD) aus dem Drogenhandel teilweise über Schweizer Banken[220] gewaschen[221]. Weil eine schweizerische Geldwäschereigesetzgebung fehlte, wurden die angeklagten Schweizer Bankmitarbeiter lediglich wegen Verstößen gegen

---

[218] Vgl. hierzu den teilweisen Abdruck des Originaltextes bei Jung, Von der Schweizerischen Kreditanstalt zur Credit Suisse Group, S. 292.

[219] Siehe dazu insb. Kapitel II. 6. Internationale Gremien und Instrumente der Geldwäschereibekämpfung.

[220] Derartige Konten wurden bei der Handelsbank in Zürich, bei der Niederlassung der Schweizerischen Bankgesellschaft in Bellinzona und der Schweizerischen Kreditanstalt in Chiasso gefunden.

[221] Vgl. zum Gesamtsachverhalt die ausführliche Darstellung bei Bernasconi, Finanzunterwelt, S. 27 f., 30 f., S. 37.

das Betäubungsmittelgesetz bestraft[222]. Die Täter der Pizza-Connection selbst konnten aufgrund der zu dieser Zeit gegebenen Straflosigkeit der Geldwäscherei nicht wegen des eigentlichen, nachträglichen Waschens der Drogengelder strafrechtlich belangt werden[223].

Die Erfahrungen im Prozess um die Pizza-Connection veranlassten Staatsanwalt Paolo Bernasconi, für ein Schweizer Gesetz gegen die Geldwäscherei einzutreten[224]. Beinahe zeitgleich mit dem entsprechenden Gesetzgebungsverfahren in den USA legte Bernasconi im Auftrag des EJPD 1986 einen Bericht und drei Alternativen für ein schweizerisches Geldwäschereigesetz vor[225].

Während das Gesetzgebungsverfahren zur Revision des Schweizer Strafgesetzbuches bzw. Entwicklung eines Geldwäschereigesetzes durch den von Bernasconi gefertigten Bericht in Gang gesetzt wurde, erschütterte ein weiterer Skandal die Schweizer Finanz- und Bankenwelt in einer gesteigerten Dimension[226].

Die sog. Libanon-Connection – die sich später als Zweig der Pizza-Connection herausstellte – hatte im Jahre 1988/89 erneut bedeutenden Einfluss auf die schweizerische Gesetzgebung[227]. Diesem Ereignis lag folgender Sachverhalt[228] zugrunde:

Die beiden Libanesen Jean und Barkev Magharian kamen in den Verdacht, über die Zürcher Devisenhandelsfirma Shakarchi Trading AG Gelder aus Dro-

---

[222] So Graber, Geldwäscherei, S. 38 ff., unter Bezugnahme auf die Urteile des Geschworenengerichts Lugano v. 29.06.1985 und des Tessiner Kassationshofes v. 11.04.1986.

[223] Graber, Geldwäscherei, S. 38 ff., S. 48 f.

[224] Vgl. hierzu bereits Ausführungen in Kapitel II. 2. Die Entwicklung des schweizerischen StGB in Bezug auf die Geldwäscherei.

[225] Auch insoweit wird auf die Ausführungen in Kapitel II. 2. Die Entwicklung des schweizerischen StGB in Bezug auf die Geldwäscherei, verwiesen.

[226] Entsprechend der nachfolgenden Darstellung des Sachverhaltes zog dieser Skandal auch politische sowie personelle Konsequenzen nach sich.

[227] Botschaft StGB, S. 1077 f.

[228] Der Sachverhalt wurde den Ausführungen in Bernasconi, Die Geldwäscherei im schweizerischen Strafrecht, S. 31, sowie Graber, Geldwäscherei, S. 36, entnommen.

gengeschäften der US-amerikanischen Mafia gewaschen zu haben. Hans W. Kopp – Ehemann der damaligen schweizerischen Justizministerin Elisabeth Kopp – war zu diesem Zeitpunkt Vizepräsident des Verwaltungsrates dieser Gesellschaft. Im Januar 1989 trat Elisabeth Kopp unter öffentlichem Druck und unter dem Verdacht der Amtsgeheimnisverletzung zurück[229]. Sie wurde mit dem Vorwurf konfrontiert, ihren Ehegatten vor einem Ermittlungsersuchen der schweizerischen Bundesanwaltschaft gewarnt und ihn zum umgehenden Ausscheiden aus dem Verwaltungsrat der ins Zwielicht geratenen Firma bewogen zu haben[230].

Die Libanon-Connection und der damit verbundene Rücktritt der Bundesrätin Kopp führte zu einer heftigen politischen Diskussion über die Problematik der Geldwäscherei und des Bankgeheimnisses[231]. Unter dem Einfluss der Pizza-Connection, der Libanon-Connection sowie der Enthüllungen um die Justizministerin Kopp erteilte der Bundesrat Ende November 1988 dem Bundesamt für Justiz den Auftrag, die Geldwäschereivorlage, unabhängig von der Revision der Vermögensdelikte, noch bis zum Frühjahr 1989 voranzutreiben. Nach einer entsprechenden Ausarbeitung durch eine Studienkommission vom 6. Dezember 1988 bis zum 3. März 1989 wurde die Botschaft über die Änderung des schweizerischen Strafgesetzbuches – ohne weitere Vernehmlassung – vom Bundesrat am 12. Juni 1989 verabschiedet[232]. Das Gesetz durchlief die eidgenössischen Räte im Eiltempo bis zur Schlussabstimmung am 23. März 1990 ohne nennenswerte Kontroversen[233]. Am 1. August 1990 trat die Änderung des schweizerischen Strafgesetzbuches in Kraft.

---

[229] Stratenwerth/Bommer, BT II, § 55, Rn. 21.

[230] Kraushaar/Lieberherr, Drogenland in Mafiahand, S. 6, sowie Senti, Was wäre, wenn Herr Kopp nicht ans Telefon gegangen wäre, in: NZZ Folio 08/08 im Internet einsehbar unter http://www.nzzfolio.ch/ (Stand: April 2009).

[231] Siehe hierzu erste offizielle Zusammenfassung der Ereignisse um die „Libanon-Connection" im Jahresbericht der EBK 1988, S. 22 f.

[232] Botschaft StGB, S. 1061 ff.

[233] Es wurde lediglich die Möglichkeit der fahrlässigen Geldwäscherei und die Einschränkung des Tatobjekts auf „Vermögenswerte, die einer kriminellen Organisation zuzurechnen sind", erörtert. Beide Alternativvorschläge wurden im Ergebnis aber abgelehnt.

Die seit dem 1. August 1990 geltenden strafrechtlichen Vorschriften zur Geldwäschereibekämpfung veränderten auch die Haltung der Schweizer Banken gegenüber ihren Kunden. Bis dato war absolute Diskretion oberstes Gebot der Schweizer Banking Community.

Die Verschwiegenheit der schweizerischen Kreditinstitute spiegelte sich insbesondere in den unterschiedlichen Kontenmodellen wider: Zum Zeitpunkt des Inkrafttretens der schweizerischen Strafrechtsnormen zur Geldwäscherei existierten bei Schweizer Banken ca. 30.000 der sog. „Form B Konten"[234]. Diese sog. „Form B Konten" wurden im Jahre 1977 von der VSB entwickelt und ermöglichten es dem tatsächlichen Kontoinhaber, **anonym** zu bleiben, da nach außen ein Dritter (zum Beispiel ein Rechtsanwalt oder Treuhänder) als Kontoinhaber in Erscheinung trat und über diesen die Kontobewegungen abgewickelt wurden[235]. Infolge der neuen Geldwäschereigesetzgebung wurden die „Form B Konten" zunächst in die „Form B1 Konten" und die „Form B2 Konten" abgewandelt[236]. Da sich auch diese Kontenart im Bereich der Vermögensbetreuung größter Beliebtheit bei den Bankkunden erfreute (es wurden innerhalb weniger Monate ca. 18.000 Konten dieses Typs eröffnet[237]), waren diese im Visier der

---

[234] Auch „Formular B" gennant; Müller, Geldwäscherei: Motive – Formen – Abwehr, S. 145.

[235] Der Rechtsanwalt bzw. Treuhänder mußte insofern nur bestätigen, den Kunden zu kennen; vgl Capus, *in:* Pieth/Aiolfi, A Comparative Guide to Anti-Money Laundering, *S.* 125, sowie Müller, Geldwäscherei: Motive – Formen – Abwehr, S. 145 f., der insoweit von einem „Superbankgeheimnis" spricht.

[236] „Form B1 Konten" wurden für Schweizer Rechtsanwälte und Notare, „Form B2 Konten" für Treuhänder und Vermögensverwalter angewandt. Die Neuerung bei dieser Kontenart war die Auflage, dass der „Hauptzweck des anwaltlichen bzw. notariellen Mandats weder direkt noch indirekt (beispielsweise durch Einschaltung einer Gesellschaft) die Vermögensverwaltung" sein darf. Diese Neuerung deckte sich auch mit einer Entscheidung des Bundesgerichts vom 29.12.1986, wonach weder die Vermögensverwaltung noch die Anlage von Geldern zu den berufsspezifischen Anwaltstätigkeiten zählen, BGE 112 lb 608. Vgl. zu den sog. „Formular B1/B2 Konten" insgesamt Ausführungen, *in:* Capus, *in:* Pieth/Aiolfi, A Comparative Guide to Anti-Money Laundering, *S.* 125; Schwander-Auckenthaler, Missbrauch von Bankgeschäften zu Zwecken der Geldwäscherei, S. 159.

[237] Die gesteigerte Beliebtheit ist auf den Umstand zurückzuführen, dass „Formular B Konten" keiner Bekanntgabe des wirtschaftlich Berechtigten bedurften; vgl. hierzu Ausführungen in

Bankenkommission, was dann dazu führte, dass sie am 1. Juli 1991 verboten wurden[238]. Alle Banken wurden daraufhin verpflichtet, bis zum 30. September 1992 (Auslaufen der Übergangsfrist) den Namen des Kunden offenzulegen, der tatsächlicher Kontoinhaber (wirtschaftlich Berechtigter) war[239].

Die ursprünglich vorhandenen sog. „Form B Konten" wurden im Laufe der Zeit durch die „Form R Konten" ersetzt. Diese Kontenart ermöglichte es Notaren und Rechtsanwälten, weiterhin Konten für ihre Klienten zu eröffnen, wobei die Geldangabe ausschließlich mit der anwaltlichen und notariellen Tätigkeit in Verbindung stehen durfte bzw. musste[240].

Schwander-Auckenthaler, Missbrauch von Bankgeschäften zu Zwecken der Geldwäscherei, S. 159 f.

[238] Sog. „Verbot der Verwendung der Formulare B" auferlegt, durch die Eidgenössische Bankenkommission (EBK) mittels eines Rundschreibens per 1. Juli 1991; vgl. EBK (90d), S. 24.

[239] Die „Formular B Konten" wurden im Zuge dessen in sog. „Formular A Konten" umgewandelt, bei denen der wirtschaftlich Berechtigte bekannt ist.

[240] Diese Kontenart ist mit dem deutschen „Anderkonten" zu vergleichen und ist weiterhin nach der Maßgabe zu führen, dass der „Hauptzweck des anwaltlichen bzw. notariellen Mandats weder direkt noch indirekt (beispielsweise durch Einschaltung einer Gesellschaft) die Vermögensverwaltung" sein darf; vgl. hierzu auch EBK (90d), S. 24.

4.3 Die Marcos-Affäre und die zögerliche Rückgabe von Potentatengeldern[241]

Die sog. Marcos-Affäre[242] entwickelte sich im Jahre 1986, als der Bundesrat eine sog. „Kontensperre" anordnete.

Der Diktator Ferdinand Edralin Marcos – auf den die Affäre zurückgeht – war von 1965 bis 1986 der zehnte Präsident der Philippinen. Infolge eines Volksaufstandes musste er das Land verlassen und floh in die USA. Im Exil in Hawaii verstarb er im Jahre 1989. Marcos wurde beschuldigt, während seiner Regierungszeit mithilfe weiterer Familienmitglieder (dem sog. Marcos-Clan) mindestens fünf Milliarden Dollar Staatsgelder für persönliche Zwecke veruntreut zu

---

[241] Kapital, das Staatsoberhäupter und hohe Beamte (politisch exponierte Personen, PEPs) ihrem Staat unrechtmäßig entziehen, um sich daran zu bereichern, bezeichnet man als „Potentatengelder". Diese bemakelten Vermögenswerte werden häufig aus dem Land geschafft und auf internationalen Finanzplätzen angelegt. Soweit solche Personen in Geldwäschereiaktivitäten eingebunden werden, ergeben sich für die Strafverfolgungsbehörden oftmals Hindernisse im Bereich der Aufdeckung der Vortaten und somit bezüglich dem Nachweis von Geldwäscherei, da die involvierten Kreditinstitute sich aufgrund des Bekanntheitsstatus der Personen äußerst diskret verhalten (insb. aufgrund der enormen politischen und diplomatischen Tragweite falscher Anschuldigungen); vgl. hierzu Kirsch, Geldwäschetechniken, S. 46.
Mit der Erkennung und Überwachung von politisch exponierten Personen setzt sich insbesondere die 3. EU-Anti-Geldwäscherichtlinie (2005/60/EG) auf der Grundlage des Art. 3 Abs. 8 i. V. m. Art. 13 Abs. 4 mittels angemessenem risikobasiertem Verfahren auseinander (beachtlich: technische Definition nach Art. 2 Durchführungsmaßnahmen zur 3. EU-AgwR). Durch die 3.EU-AgwR werden die teilweise überholten Bestimmungen der 2. EU-AgwR (2001/97/EG) aufgehoben und an die aktuellen 40 Empfehlungen der Financial Action Task Force (FATF) zur Geldwäschereibekämpfung und die 9 Sonderempfehlungen zur Bekämpfung der Terrorismusfinanzierung angepasst.
Zur Begriffsbestimmung der „politisch exponierten Personen" siehe auch Legaldefinition in Art. 1 a. 1. Verordnung der Eidg. Bankenkommission zur Verhinderung von Geldwäscherei vom 18.12.2002 sowie Bosshard, *in:* Verdacht auf Geldwäsche, Geldwäschebekämpfung in der Schweiz, S. 227.

[242] Siehe hierzu Ziegler/Griese/Schmidt, Die Schweiz wäscht weisser, S. 126, sowie Aktion Finanzplatz Schweiz (AFP), Potentatengelder; im Internet einsehbar unter http://www.aktionfinanzplatz.ch/potentatengelder.html (Stand: Juli 2009).

haben[243]. Ein Großteil dieser Regierungsgelder wurde auf Bankkonten in der Schweiz eingezahlt, die unter anderem mit den Namen verschiedener Stiftungen geführt wurden[244]. Nach dem Sturz des Diktators wurden im März 1986 ca. 627 Mio. US-Dollar auf Schweizer Konten eingefroren, um Herkunft und Ursprung der bemakelten Gelder zu ermitteln.

Im Jahr 1990 bewilligte das Schweizer Bundesgericht[245] – im Zuge eines Gesuchs des philippinischen Staates – die Herausgabe der Bankdokumente der Familie Marcos. Als Voraussetzung für die Rückgabe der Vermögenswerte stellte das Bundesgericht allerdings die Bedingung, zunächst die rechtskräftige Entscheidung eines philippinischen Gerichts vorzulegen[246].

Aufgrund mehrerer wegweisender gerichtlicher Entscheidungen aus dem US-amerikanischen Raum, wonach Opfern von Menschenrechtsverletzungen Entschädigungen in Aussicht gestellt wurden, unternahmen die involvierten Schweizer Banken 1996 eine Mediation zwischen dem philippinischen Staat und der Familie Marcos, die aber letztlich scheiterte[247].

Obwohl – entgegen der ursprünglichen Bedingungen[248] des Schweizer Bundesgerichts – kein rechtskräftiges Urteil von philippinischer Seite vorgelegt wur-

---

[243] Spiegel Online v. 16.10.2001, „Gericht erlässt Haftbefehl gegen Imelda Marcos": im Internet einsehbar unter http://www.spiegel.de/politik/ausland/0,1518,162596,00.html (Stand: Juli 2009).

[244] Spiegel Online v. 16.10.2001 „Gericht erlässt Haftbefehl gegen Imelda Marcos"; im Internet einsehbar unter http://www.spiegel.de/politik/ausland/0,1518,162596,00.html (Stand: Juli 2009).

[245] Vgl. Entscheidung des Schweizer Bundesgerichts v. 21.12.1990, BGE 116 Ib 452; sowie Medienmitteilung des EJPD v. 05.08.2003, Philippinen können über 683 Mio. USD verfügen; im Internet einsehbar unter: http://www.bj.admin.ch/bj/de/home/dokumentation/medieninformationen/2003/2003-08-05.html (Stand: Juli 2009).

[246] Entscheidung des Schweizer Bundesgerichts v. 21.12.1990, BGE 116 Ib 452,1990.

[247] Vgl. hierzu ausführlich Aktion Finanzplatz Schweiz (AFP), Potentatengelder; im Internet einsehbar unter http://www.aktionfinanzplatz.ch/potentatengelder.html (Stand: Juli 2009).

[248] Siehe hierzu Natterer, Working Paper, Internationale Rechtshilfe der Schweiz in Strafsachen, 1. Einleitung, S. 1.

de, stimmte das Bundesgericht[249] im Jahre 1997 einer vorzeitigen Überweisung der Gelder auf ein Sperrkonto der philippinischen Nationalbank in Manila zu. Grund hierfür war der Umstand, dass es sich – so das Bundesgericht – hinsichtlich der Vermögenswerte der Marcos-Stiftungen überwiegend um Gelder mit deliktischer Herkunft handelte[250].

Im Juli 2003 entschied das oberste Gericht der Philippinen – nach mehreren verzögernden Beschwerden des Marcos-Clans –, dass die auf dem Sperrkonto vorhandenen Gelder der philippinischen Regierung zuzuordnen waren[251]. Das Urteil bestätigte damit die Einschätzung des Schweizer Bundesgerichtes im Hinblick auf die angenommene deliktische Herkunft der beschlagnahmten Gelder.

Die philippinische Regierung konnte nun über Vermögenswerte in Höhe von 683 Mio. USD verfügen, verpflichtete sich aber gleichzeitig dazu, den Opfern von Menschenrechtsverletzungen eine Entschädigung zukommen zu lassen[252].

---

[249] Vgl. Grundsatzentscheidungen v. 10. Dezember 1997 des Schweizer Bundesgerichtes (Swiss Federal Supreme Court), BGE 1A.87/1997/err.

[250] BGE 1A.87/1997/err. Das Bundesgericht machte diese vorzeitige Überweisung allerdings von zwei Auflagen abhängig: Die Philippinen mussten zusichern, über die Einziehung bzw. Rückerstattung der Vermögenswerte in einem gerichtlichen Verfahren zu entscheiden, das den im internationalen Pakt über bürgerliche und politische Rechte festgelegten Grundsätzen entspricht. Zudem mussten sich die Philippinen verpflichten, die schweizerischen Behörden regelmäßig über das gerichtliche Einziehungs- bzw. Rückerstattungsverfahren sowie über Vorkehrungen und Verfahren zur Entschädigung der Opfer von Menschenrechtsverletzungen unter dem Marcos-Regime zu informieren. Das Urteil wurde als „bahnbrechend" bewertet, da erstmals in der Schweizer Rechtsgeschichte die Rückführung von Potentatengeldern mit Auflagen verbunden wurde. Nachdem das Bundesamt für Justiz (ehemals: Bundesamt für Polizeiwesen) die von den Philippinen abgegebene Garantie als genügend bezeichnete und das Bundesgericht Beschwerden gegen diesen Entscheid abgewiesen hatte, konnten die Vermögenswerte 1998 auf ein Sperrkonto der Philippinischen Nationalbank in Manila transferiert werden.

[251] Vgl. hierzu Aktion Finanzplatz Schweiz (AFP), Potentatengelder im Internet einsehbar unter http://www.aktionfinanzplatz.ch/potentatengelder.html (Stand: Juli 2009).

[252] Aufgrund der durch die philippinische Regierung zugesagten Entschädigungen, berät das philippinische Parlament nunmehr über ein Gesetz, wonach die Marcos-Gelder für die Reform des philippinischen Staates bzw. direkt für die Entschädigung der Opfer von Menschenrechtsverletzungen zu verwenden sind.

Von Seiten der Schweizer Institutionen war dadurch keine weitere Entscheidung mehr erforderlich.

Die zögerliche Rückgabe von Potentatengeldern und die Tatsache, dass in der Schweiz die Anlage der bemakelten Gelder möglich war, stellte lange Zeit ein Reputationsrisiko für den Schweizer Finanzplatz dar[253]. Mit der Rückführung hoher Millionenbeträge in der Marcos-Affäre und im nachfolgend noch darzustellenden „Abacha"-Fall schien ein Fortschritt im Rückgabeprozess bemakelter Gelder eingetreten zu sein.

Der Fall „Duvalier"[254] jedoch stellte diesen Fortschritt wieder in Frage und brachte den guten Ruf der Schweiz erneut ins Zwielicht:

Nach dem Sturz von Jean-Claude Duvalier im Jahre 1986 wurden die sog. Duvalier-Konten in Zürich, Lausanne und Genf gesperrt[255]. Mehr als fünfzehn Jahre später – d. h. im Jahr 2002 – wurden die Duvalier-Gelder vom Bundesrat –

---

[253] Pieth, Potentatengelder als Reputationsrisiko für den Finanzplatz Schweiz, *in:* NZZ v. 06.06.2007, S. 27.

[254] Jean-Claude Duvalier, auch „Baby Doc" genannt, war von 1971 bis 1986 Präsident Haitis. Zuvor hatte schon sein Vater François Duvalier („Papa Doc") auf der Insel als Diktator regiert. Baby Doc wurde mit 19 Jahren jüngstes Staatsoberhaupt der Welt. Korruption und katastrophale Misswirtschaft führten zu einem Volksaufstand, der ihn zur Flucht nach Frankreich veranlasste.
Jean-Claude Duvalier und seine Entourage wurden in Port-au-Prince angeklagt, über 100 Millionen Dollar unter dem Deckmantel sozialer Aktivitäten unterschlagen zu haben. Systematische Kapitalentnahmen bei Unternehmen in Staatshand wurden zum Teil auf Schweizer Banken überwiesen.
Die Schweizer Regierung fror im Juni 2002 über 7,6 Mio. Franken ein, die Jean-Claude Duvalier auf Schweizer Bankkonten deponiert hatte. Hoffnungen, dass der ehemalige Diktator auf einen Teil der Gelder verzichten würde, damit das verarmte haitianische Volk profitieren könne, zerschlugen sich. Haiti verlangt die Rückgabe der Potentatengelder seit dem Sturz von „Baby Doc" im Jahre 1986;
vgl. hierzu Stüwe, Die politischen Systeme in Nord- und Lateinamerika, S. 292, sowie Bouzza-Marouf, Émile Ollivier Haitianische Exilliteratur in Quebec, S. 18 f. m. Verw. a. Bernecker, Kleine Geschichte Haitis, S. 152 ff.

[255] In der Schweiz wurden insgesamt 7,6 Mio. USD auf Schweizer Konten blockiert; so Aktion Finanzplatz Schweiz (AFP), Potentatengelder im Internet einsehbar unter http://www.aktionfinanzplatz.ch/potentatengelder.html (Stand: Juli 2009).

gestützt auf seine außenpolitische Kompetenz zum „Erlass verfassungsunmittelbarer Verfügungen" – erneut blockiert[256]. Eine Verlängerung dieser Blockade erfolgte seitdem zweimal.

Obwohl sämtliche Beobachtungen für eine Terrorherrschaft des Regimes von François Duvalier („Papa Doc", 1947 bis 1971) und Jean-Claude Duvalier („Baby Doc", 1971 bis 1986) sprachen, war die Justiz des Staates Haiti nicht in der Lage, innerhalb einer angemessenen Zeitspanne Beweise für die rechtswidrige Aneignung der Gelder zu erbringen[257]. Art. 29 Abs. 1 Schweizer Bundesverfassung stellte zudem (erschwerend für den haitianischen Staat) klar, dass solche verfassungsunmittelbaren Vermögenssperren nur befristet möglich sind[258].

In einem ähnlich gelagerten Fall – dem sog. Fall „Mobutu"[259] – entschied das Schweizer Bundesgericht im Jahr 2006 zusätzlich, dass die Sperre etwaiger

---

[256] Im Jahr 2002 hatte der Bundesrat angesichts des kaum funktionierenden Rechtssystems in Haiti beschlossen, die Gelder für weitere drei Jahre zu blockieren, so Aktion Finanzplatz Schweiz (AFP), Potentatengelder im Internet einsehbar unter http://www.aktionfinanzplatz.ch/potentatengelder.html (Stand: Juli 2009).

[257] Vgl. hierzu: Regierung Haitis gibt Duvalier-Millionen nicht auf, swissinfo v. 26. Mai 2007; im Internet einsehbar unter http://www.swissinfo.org/ger/startseite/Regierung_Haitis _gibt_Duvalier_Millionen_nicht_auf.html?siteSect=107&sid=7861562&cKey=118012136800 0&ty=st (Stand: Juli 2009).

[258] Art. 29 Abs.1 Schweizer Bundesverfassung (BV) beinhaltet das sog. Beschleunigungsgebot. Dieses kann durch unverhältnismäßige Einschränkung der Eigentumsrechte des Kontoinhabers verletzt werden, so dass Kontosperren nicht unbeschränkt aufrechterhalten werden dürfen, sondern dafür Sorge getragen werden muss, dass das Verfahren innerhalb einer angemessenen Frist zum Abschluss gelangt.

[259] Joseph-Désiré Mobutu war von 1965 bis 1997 Präsident Zaires. Mobutu lag während seiner Herrschaft weniger daran, den Wohlstand der Einwohner zu mehren, sondern vielmehr seinen eigenen. Die aus dem Ressourcenabbau erlangten Devisengewinne deponierte er daher auch auf seinen Privatkonten. 1984 wurde sein persönliches Vermögen auf vier Milliarden USD geschätzt, was gleichsam der Summe der damaligen Auslandsschulden des Landes entsprach. Mobutus Regierung war – ähnlich wie das Marcos-Regime auf den Philippinen – eine typischen Kleptokratie. Der Fall Mobutu weist Parallelen zum Duvalier-Fall auf: Unter jahrzehntelangen Diktaturen und Bürgerkriegen wurde die Demokratische Republik Kongo stark in Mitleidenschaft gezogen. Entsprechend schwach ist nunmehr das Rechtssystem des Staates. Zudem sind die heutigen demokratischen Verhältnisse noch instabil und die Regierung noch gezeichnet von den ursprünglichen politischen Verhältnissen;

deliktischer Gelder auf Schweizer Bankkonten wegen des Grundsatzes der Verhältnismäßigkeit engen zeitlichen Grenzen unterliegt[260].

Aufgrund der gesetzlichen und gerichtlichen Vorgaben sah sich die Schweizer Regierung letztlich veranlasst, die Gelder durch die Banken freigeben zu lassen. In allerletzter Sekunde gelang es Anwälten – gestützt auf ein sog. US-Abwesenheitsurteil aus dem Jahr 1988 (Jean-Juste v. Duvalier) – die Kontensperre bei einem Genfer Kreditinstitut zumindest zugunsten zweier Zivilkläger weiterbestehen zu lassen[261]. Andere Werte waren von diesem Arrest jedoch nicht betroffen, so dass eine Freigabe der restlichen Vermögenswerte – trotz des kriminellen Hintergrundes – an den Kontoinhaber erfolgte.

Sämtliche der zuvor dargestellten Fälle hatten immer wieder negative Auswirkungen auf die Reputation des international ausgerichteten Schweizer Finanzplatzes. Sie ließen diesen im Hinblick auf den Umgang mit Potentatengeldern in

---

so hat ein Sohn des früheren Diktators Mobutu das Amt des Landwirtschaftsministers inne. Es ist daher nicht verwunderlich, dass weder Haiti noch Kongo die Möglichkeit besitzen, ausreichend Beweise für die rechtswidrige Aneignung der Gelder durch die ehemaligen Diktatoren zu liefern. Ferner existieren auch keine rechtkräftigen Urteile gegen Duvalier und Mobutu. Vgl. hierzu Rothenbühler/Mader, Duvalier und Mobutu: Ruf der Schweiz auf dem Spiel, Frontseite fpi 3/07; im Internet einsehbar unter http://www.aktionfinanzplatz.ch/pdf/fpi/2007/3/DuvalierMobutu.pdf (Stand: Juli 2009).

[260] Vgl. Urteil des Schweizer Bundesgericht v. 26.04.2007, BGE 132 I 229 (1A.150/2004): „Art. 36 Abs.3 und Art. 184 Abs.3 BV: Grundsatz der Verhältnismäßigkeit. Im vorliegenden Fall verletzt die strittige Sperre, soweit sie sich auf Guthaben bezieht, die aufgrund eines rechtskräftigen Urteils geltend gemacht, – sei es nur wegen ihrer übermässigen Dauer – den Grundsatz der Verhältnismäßigkeit (E 11)." Siehe hierzu auch Pieth, Potentatengelder als Reputationsrisiko für den Finanzplatz Schweiz, in: NZZ v. 06.06.2007, S. 27.
Die Blockierungsfrist für die Haiti-Gelder lief im August 2008 ab, diejenigen für die Mobutu-Gelder im November 2008. Falls die beiden Länder bis dahin nicht die Voraussetzungen für eine Rückführung der Gelder schaffen, muss die Schweiz alle politischen Mittel ausschöpfen, damit die Gelder weiterhin blockiert bleiben.

[261] Die beiden Kläger hatten in den USA auf Schadensersatz geklagt, indem sie geltend machten, was sie persönlich und „im Namen des haitianischen Volkes" unter der Duvalier-Diktatur erlitten hatten.

keinem guten Licht erscheinen und zeigten die Schwäche des Schweizer Systems im Kampf gegen die Geldwäscherei auf:

Obwohl in der Schweiz Regelungen[262] zu politisch exponierten Personen länger als in vielen anderen Ländern bestehen, beweisen Fälle wie die genannten Affären, dass die Anlage von Potentatengelder in der Schweiz zweifelsohne möglich ist. Den Tätern kommt insoweit die Diskrepanz zwischen der schnelllebigen globalisierten Wirtschaft, in der weltweite Transaktionen und Kapitalanlagen zum Alltagsgeschäft gehören, und den schwerfälligen, an nationale Gesetzgebungen gebundenen Justiz- und Steuerbehörden zur Hilfe.

Schweizer Ermittlungsbehörden werden – sobald die Gelder ausländischer Despoten ausfindig gemacht werden – mit umfangreichen Rechtshilfegesuchen konfrontiert, um die Vermögenswerte bei Schweizer Kreditinstituten beschlagnahmen zu können. Wie die zuvor dargestellten Fälle nachweisen, lässt das Engagement der ersuchenden Behörden allerdings meist schnell nach, da ihnen in rechtlicher Sicht die Hände gebunden sind. Eine Strafverfolgung kann somit nur effizient sein, wenn sie alle Formen von Kriminalität erfasst und eine Koordination auf internationaler Ebene erfolgt.

In den Fällen Marcos und Abacha hat sich die Schweiz nur mittels „Hilfskonstruktionen" (im Rahmen der Marcos-Affäre durch Überweisung der Gelder auf ein Sperrkonto, im Fall Abacha durch die Einstufung der Familie Abacha als kriminelle Organisation, verbunden mit einer Umkehr der Beweislast) aus der Affäre ziehen können.

In den Fällen Duvalier und Mobutu hätte angesichts der unzureichend funktionierenden Rechtssysteme in den jeweiligen Staaten[263] wohl nur ein „objektives Einziehungsverfahren", durchgeführt durch die Schweizer Justiz, zum Erfolg geführt. Ein objektives Einziehungsverfahren ermöglicht ein Vorgehen auch in Fallgestaltungen, bei denen eine bestimmte Person aus tatsächlichen Gründen

---

[262] Zuletzt wurden Pflichten zum Umgang mit politisch exponierten Personen in der Verordnung der Eidgenössischen Bankenkommission zur Verhinderung von Geldwäscherei (GwV EBK) vom 18. Dezember 2002 zusammengefasst (vgl. insb. Art. 1 lit.a., Art. 7 Abs. 3, Art. 17 Abs. 2 lit.g., Art. 22 Abs. 1 GwV EBK).

[263] Sog. „Failing States".

nicht wegen einer Straftat verfolgt oder verurteilt werden kann[264]. Die Schweiz wäre somit für die Zukunft gut beraten, eine selbstständige Einziehung – wie sie beispielsweise in Deutschland[265] oder Österreich[266] exisitert – einzuführen, die unabhängig von der Zuständigkeit der Schweizer Justiz greifen würde.

Um die Reputation der Schweiz – auch im Umgang mit Potentatengeldern – zu verbessern, gab es verschiedene Projekte von Schweizer Seite, die in der Öffentlichkeit wenig Beachtung fanden: Mit der sog. „Initiative von Lausanne"[267] wurde eine Plattform geschaffen, auf der die wichtigsten Finanzplätze (vor allem der G-8-Länder) mit ausgewählten Ländern des Südens und des Ostens eine Harmonisierung der Rückführungsregelungen fokussieren.

Zudem unterstützt die „Direktion für Entwicklungszusammenarbeit" (Deza)[268] gemeinsam mit der englischen, deutschen und liechtensteinischen Entwicklungshilfe ein an der Universität Basel gegründetes spezialisiertes Institut (International Centre for Asset Recovery, ICAR) im Rahmen des „Basel Institute on Governance"[269] mit einer erheblichen Anschubfinanzierung. Ziel von ICAR ist (in Zusammenarbeit mit der UNO, den Entwicklungsbanken und Interpol) die Verbesserung der Ausbildung in Sachen Rechtshilfe und des Verfahrensmanagements in Fällen der Rückführung gestohlener und veruntreuter Staatsgelder weltweit.

---

[264] Meyer-Goßner, § 440 StPO, Rn. 2.

[265] Vgl. hierzu § 440 StPO (sog. selbstständiges Einziehungsverfahren).

[266] Vgl. hierzu §§ 445 f. österreichische Strafprozessordnung.

[267] Die Schweiz hat mehrere Initiativen zur Förderung einer international koordinierten Vorgehensweise bei der Bekämpfung von Potentatengeldern lanciert. Um den Zufluss solcher Gelder zu verhindern, organisiert die Schweiz seit 2001 (u. a.) informelle Treffen von Regierungsexperten in Lausanne (Lausanne I und II im Jahr 2001, Lausanne III 2006 und Lausanne IV 2008). Siehe hierzu auch Pieth, Potentatengelder als Reputationsrisiko für den Finanzplatz Schweiz: in: NZZ v. 06.06.2007, S. 27.

[268] Die bilaterale Entwicklungszusammenarbeit der DEZA zielt darauf ab, materielle und menschliche Grundlagen für nachhaltige und durchführbare Entwicklungsprozesse zu legen, vgl. hierzu http://www.deza.ch/de/home (Stand: Juli 2009).

[269] Vgl. zum ICAR Details unter http://www.baselgovernance.org/icar/ (Stand: Juli 2009).

Schließlich hat sich die Schweiz bei den Verhandlungen über das Übereinkommen der Vereinten Nationen gegen Korruption (UNCAC)[270] für die Verpflichtung eingesetzt, unrechtmäßig erworbene Guthaben im Zusammenhang mit Potentatengeldern an die Herkunftsländer zurückzuerstatten, um mit diesen Geldern Opfer zu entschädigen[271].

Die 5 Keypoints zur Abwehr von Potentatengeldern lauten dabei: Korruptionsprävention (das Problem an der Wurzel bekämpfen), Identifikation (Bankkunden und Herkunft der Gelder müssen bekannt sein), Meldung und Blockierung (verdächtige Transaktionen werden gemeldet), Rechtshilfe (Kooperation mit den Herkunftsstaaten) sowie Rückgabe gestohlener oder veruntreuter Gelder als vorrangiges Ziel[272].

Damit leistet die Schweiz einen wichtigen Beitrag, um in Zukunft lokale Verfahren mit größeren Erfolgsaussichten einzuleiten und durchführen zu können.

4.4 Der Abacha-Fall (1999)

Im Jahr 1999 nahmen die Geldwäschereivorkommnisse eine ganz neue Gestalt an und beeinträchtigten diesmal nicht nur den Schweizer Finanzplatz, sondern gingen über seine Grenzen hinaus.

---

[270] Das Übereinkommen der Vereinten Nationen gegen Korruption (United Nations Convention against Corruption, UNCAC) vom 31. Oktober 2003 ist der erste weltweite völkerrechtliche Vertrag zur Bekämpfung der Korruption. Es verpflichtet die Vertragsparteien zur Bestrafung verschiedener Formen der Korruption gegenüber Amtsträgern und zur internationalen Zusammenarbeit. Am 14. Dezember 2005 trat die Konvention in Kraft. Vgl. zum Inhalt der UNCAC BGBl. III Nr. 47/2006 oder BBl 2007 7417.

[271] Die Schweiz hat das Übereinkommen am 10. Dezember 2003 unterzeichnet und der Bundesrat beschloss am 21. September 2007, dass die Schweiz die UNCAC ratifizieren soll. Er hat daher dem Parlament eine entsprechende Botschaft unterbreitet (vgl. Botschaft vom 21. September 2007 zum UNO-Übereinkommen gegen Korruption; im Internet einsehbar unter http://www.admin.ch/ch/d/ff/2007/7349.pdf (Stand: Juli 2009).

[272] Vgl. zur Problematik der sog. Potentatengelder, Schweizerische Eidgenossenschaft; im Internet einsehbar unter: http://www.eda.admin.ch/eda/de/home/topics/finec/intcr/poexp.html (Stand: Juli 2009).

Im sog. Abacha-Fall[273] wurden ca. 19 Bankkonten des früheren Präsidenten von Nigeria und Diktators Sani Abacha bei Schweizer Kreditinstituten identifiziert. Die Gesamtsumme der dort deponierten Gelder belief sich auf etwa 660 Mio. US-Dollar. Von November 1999 bis August 2000 führte die Eidgenössische Bankenkommission Untersuchungen durch und entschied sich – im Rahmen der Darstellung ihrer Untersuchungsergebnisse – zum ersten Mal dafür, die Kreditinstitute ausdrücklich zu benennen, die ihren Sorgfaltspflichten im Zusammenhang mit dem Abacha-Fall nicht nachgekommen waren[274].

Im Gegensatz zu früheren Sachverhalten zeigten sich die Behörden kooperativ und reagierten zügig[275]. Hinweise auf mögliche Geldwäschereiverstöße wurden ernst genommen und strafrechtliche Untersuchungen eingeleitet. Damit stellt der Abacha-Fall einen Präzedenzfall dar, da im Fall Mobutu[276] die Aktion Finanzplatz Schweiz erfolglos versuchte, ein solches Einziehungs- bzw. Rückerstattungsverfahren zu eröffnen[277].

---

[273] Mit der Machtübernahme von General Sani Abacha im Jahre 1993 brach in Nigeria eine der brutalsten Diktaturen des Landes an. Bis zu Abachas Tod im Jahre 1998 geriet der zentralafrikanische Staat zunehmend in internationale Isolation. Dem Diktator gelang es in dieser Zeit mithilfe krimineller Organisationen, mehrere Milliarden USD aus Erdöleinnahmen außer Landes zu schaffen. Das Geld wurde u. a. auf verschiedene Konten in der Schweiz transferiert; vgl. hierzu auch Bilger, Schweizer Organisationen misstrauen Rückzahlung, in: Spiegel Online v. 25.08.2004, http://www.spiegel.de/politik/ausland/0,1518,314583,00.html (Stand: Juli 2009).

Zur Chronologie der Ereignisse im Fall Abacha siehe http://www.aktionfinanzplatz. ch/pdf/kampagnen/potentatengelder/nigeria/abacha_chron.pdf (Stand: Juli 2009).

[274] Eidgenössische Bankenkommission, „Abacha – Gelder bei Schweizer Banken", 2000, S. 6.

[275] Vgl. Ochsner, Präzedenzfall dank Geldwäscherei-Verfahren, erschienen in Nummer 1/2000 der Finanzplatz-Informationen, Aktion Finanzplatz Schweiz (Basel).

[276] Vgl. obige Ausführungen im Kapitel II. 4.3 Die Marcos-Affäre und die zögerliche Rückgabe von Potentatengeldern.

[277] Die Eröffnung eines Geldwäschereiverfahrens ist deshalb von Bedeutung, da es neue juristische Handlungsmöglichkeiten liefert. Bei einem Rechtshilfegesuch sind den Schweizer Behörden die Hände gebunden, da sie nicht von sich aus Untersuchungen nach Vermögenswerten („fishing expeditions") vornehmen können. Dies würde einer nicht zulässigen Beweisausforschung gleichkommen; vgl. Ochsner, Präzedenzfall dank Geldwäscherei-Verfahren, erschienen in Nummer 1/2000 der Finanzplatz-Informationen, Aktion Finanzplatz Schweiz (Basel).

Abzuwarten bleibt, wie erfolgreich die im Februar 2005 durch das Schweizer Bundesgericht[278] rechtskräftig entschiedene Rückführung der Potentatengelder[279] sein wird. Vorgesehen ist, dass die Abacha-Gelder nach Nigeria zurückfließen, um sie dort für den sozialen Sektor zu verwenden. Von Seiten der Schweizer Bevölkerung wird insoweit erwartet, dass sich die Schweizer Regierung für diese Zielsetzung bis zur Beendigung des Rückführungsprozesses einsetzen wird[280].

Die Erfahrungen und Erkenntnisse aus dem Fall Abacha initiierten die Revision der „Richtlinien zur Bekämpfung und Verhinderung der Geldwäscherei" vom 26. März 1998[281]. Bestehende Schwachstellen im System der Geldwäschereibekämpfung sollten im Zuge dessen behoben werden[282]. Zudem wurden erstmals Überlegungen hinsichtlich des Umgangs mit „politisch exponierten Personen" (PEPs) und den damit zusammenhängenden Vermögensanlagen bei Schweizer Banken angestellt. Um eine effektivere Geldwäschereibekämpfung weiterhin zu gewährleisten, fasste man den Entschluss, PEPs zukünftig einer speziellen Kontrolle zu unterziehen.

4.5 Fazit

Der Finanzplatz Schweiz wurde und wird – so die Erfahrungen aus der Vergangenheit – immer wieder zur Deponierung von Potentatengeldern und Geldern mit deliktischer Herkunft genutzt. Ganz aktuell wurde ermittelt, dass der ehema-

---

[278] Vgl. Entscheidung des Bundesgerichts v. 07.02.2005, BGE 131 II 169.

[279] Füglister, Rückgabe der Abacha-Gelder: Erfolgsstory oder Pleite?, erschienen in Nummer 1/2005 der Finanzplatz-Informationen, Aktion Finanzplatz Schweiz (Basel).

[280] Füglister, Rückgabe der Abacha-Gelder: Erfolgsstory oder Pleite?, erschienen in Nummer 1/2005 der Finanzplatz-Informationen, Aktion Finanzplatz Schweiz (Basel).

[281] Im Zuge der Revision nunmehr „Verordnung der Eidgenössischen Banken-kommission zur Verhinderung von Geldwäscherei" (GwV-EBK) vom 18.12.2002, SR 955.022, AS 2003, 554.

[282] Vogler, Das Schweizer Bankgeheimnis: Entstehung, Bedeutung, Mythos, S. 95.

lige taiwanische Präsident Chen und seine Familie im vergangenen Jahr rund 31 Millionen US-Dollar auf ein Schweizer Konto transferiert haben sollen[283].

Beeindruckt von Geldbeträgen in Millionenhöhe bleibt die Frage, warum gerade die Schweiz regelmäßig als Ziel für Vermögensanlagen jeglicher Art gewählt wird. Trotz der bestehenden Geldwäschereivorschriften gelingt es immer wieder, Geldanlagen mit zweifelhaftem Hintergrund und in beträchtlicher Höhe bei Schweizer Kreditinstituten zu deponieren. Die Schweiz beteuert stets, ein fundamentales Interesse daran zu haben, dass keine dieser Vermögenswerte mit krimineller Herkunft auf dem Schweizer Finanzplatz angelegt werden[284]. Die Schweizer Gesetze und Verfahren zur Bekämpfung von Geldwäscherei, Terrorismusfinanzierung und Korruption seien dabei als wirkungsvolles Instrument bei der Abwehr von Potentatengeldern zu bewerten[285]. Gelangen Potentatengelder trotz umfangreicher Vorsichtsmaßnahmen in die Schweiz, würden sie identifiziert und dem Herkunftsland zurückerstattet werden. Die sog. „Restitution" wird daher von der Schweiz als ein wichtiger Eckpfeiler ihrer Politik zur Bekämpfung illegaler Gelder bezeichnet[286]. Im Übrigen ist nach Ansicht der Schweiz die Anziehungskraft für ausländische Gelder auf die „hohen Qualitätsstandards" und die stabilen „wirtschaftlichen und politischen Rahmenbedingungen" zurückzuführen[287].

Auch wenn der Schweizer Finanzplatz keine Kosten und Mühen scheut, seine Sauberkeit nach außen zu demonstrieren, gibt es anscheinend doch Wege und

---

[283] WEKA, Schweizer Portal für Treuhänder und Steuerberater, Geldwäscherei (Teil 1): Aktuelle Entwicklungen und Risiken für Finanzintermediäre; im Internet einsehbar unter: http://www.weka-treuhand.ch/praxisreport_view.cfm?nr_praxisreport=295 (Stand: Juli 2009).

[284] So insb. Forum Finanzplatz Schweiz, Die Schweiz und ihr Finanzplatz; im Internet einsehbar unter: http://www.forumfinanzplatz.ch/broschure_d.pdf (Stand: Juli 2009).

[285] Schweizerische Eidgenossenschaft, Kapmpf gegen internationale Kriminalität, Potentatengelder; im Internet einsehbar unter http://www.eda.admin.ch/eda/de/home/topics/finec/intcr/poexp.html (Stand: Juli 2009).

[286] Schweizerische Eidgenossenschaft, Kampf gegen internationale Kriminalität, Potentatengelder; im Internet einsehbar unter http://www.eda.admin.ch/eda/de/home/topics/finec/intcr/poexp.html (Stand: Juli 2009).

[287] Gallarotti, Schweizer Banken – keine Fluchtburgen, Bankiervereinigung wehrt sich gegen pauschale Kritiken, in: NZZ v. 26.02.2004, S. 19.

Mittel, trotz bestehender Geldwäscherei-, Korruptions- und Terrorismusfinanzierungsregularien bemakelte Gelder, welcher Art auch immer, bei Schweizer Kreditinstituten zu deponieren und diese so in den Finanzkreislauf einzuschleusen.

Natürlich verbietet die GwV-EBK[288] „*die Entgegennahme von Vermögenswerten krimineller Herkunft sowie Bankbeziehungen mit kriminellen und terroristischen Organisationen und Personen*". Ferner wird auch die Identifikation von politisch exponierten Personen (PEP) verlangt[289]. Da ein Kreditinstitut bei Eröffnung einer neuen Bankverbindung und zum Zeitpunkt der Kontaktaufnahme zum Neukunden nicht über alle wissenswerten und relevanten Kundeninformationen verfügt, sondern vielmehr auf externe Quellen und „schwarze Listen"[290] zurückgreifen muss, kann die Identifikation durch die Bank nur schwerlich das leisten, was man ihr aufgibt:

Die besagten Listen und Quellen variieren zum einen in Umfang und Qualität, auch kommen bei Namensvergleichen keine Methoden zur Anwendung, die mehrsprachig oder mit unterschiedlichen Schreibweisen arbeiten[291]. Da ein krimineller Bankkunde in der Regel bereits von einer Registrierung Kenntnis hat und dadurch nicht mit seinem „wirklichen" Namen auftritt bzw. seine Aktivitäten über unverdächtige Dritte abwickelt, stößt der Einsatz modernster Verfahren im Bereich des Namensvergleichs bereits an dieser Stelle an Grenzen. Dies lässt

---

[288] Geldwäschereiverordnung der Eidgenössischen Bankenkommission, SR 955.022, AS 2003, 554, zwingt die Kreditinstitute zu einer restriktiven Prüfung von Kunden, Vermögenswerten und Transaktionen. Hierbei wird diesen ein großer Spielraum für die Umsetzung eingeräumt.

[289] Vgl. Art. 14, 17 GwV-EBK; die Geldwäschereiverordnung legt fest, dass bei „Geschäftsbeziehungen mit erhöhtem Risiko" – also etwa Potentatengelder aus Ländern, in denen Korruption alltäglich ist – mit besonderer Sorgfalt vorgegangen werden muss. Die Identifikation des Kunden allein genügt insoweit nicht mehr. Vielmehr muss auch die Herkunft der Vermögenswerte abgeklärt werden (vgl. insb. Art. 17 GwV EBK).

[290] Es existieren insofern Unternehmen, die Namenslisten politisch exponierter Personen anbieten. Ein führender Anbieter ist beispielsweise „World-Check", der angabegemäß 47 der 50 weltweit größten Kreditinstitute zu seinen Kunden zählt, vgl. hierzu http://www.world-check.com/overview (Stand: Juli 2009).

[291] Es ist somit nicht gewährleistet, dass die Identifikation von verdächtigen Personen- bzw. Firmennamen auch bei Sprachen greift, die in der Schweiz keinen eindeutigen Schreibkonventionen unterliegen; vgl. hierzu Kunz/Peter, Hohe Eigenverantwortung der Banken, Implikation der neuen EBK – Geldwäschereiverantwortung, in: NZZ v. 16.06.2003, S. 15.

den Schluss zu, dass in der Praxis die Anlage von bemakelten Geldern gar nicht so schwierig ist und die Bemühungen im Bereich der Geldwäschereibekämpfung nicht immer so wirkungsvoll sind, wie zunächst prognostiziert. Diesen Eindruck vermittelt auch die aktuelle Meinungsumfrage 2009 der Schweizer Bankiervereinigung[292] wonach befragte Schweizer Bürger angaben, dass aus ihrer Sicht der Schweizer Staat und die schweizerischen Banken nicht genug gegen Geldwäscherei und Potentatengelder unternehmen.

5. Das „Schweizer Modell" im Vergleich zur deutschen Grundstruktur der Geldwäschebekämpfung

Für das Aufzeigen der Besonderheiten des „Schweizer Modells" eignet sich vorwiegend ein Vergleich mit der deutschen Struktur der Geldwäschebekämpfung.

Auch wenn auf den ersten Blick in der Schweiz eine ähnliche Grundstruktur der Geldwäschereibekämpfung (im Vergleich zu Deutschland) existiert – das heißt, dass besondere Sorgfaltspflichten für die Kreditwirtschaft einerseits und ein allgemeiner strafrechtlicher Ansatz andererseits bestehen – sind doch bei genauerer Untersuchung einige Struktur- und Detailunterschiede erkennbar.

Zum jetzigen Zeitpunkt basiert das „Schweizer Modell" auf drei miteinander verknüpften Regelungskomponenten aus unterschiedlichen Rechtsgebieten. Diese werden in den folgenden Ausführungen näher betrachtet.

---

[292] Im Rahmen dieser Meinungsumfrage kamen rund 1.000 Personen zu Wort: Eine Mehrheit von etwa 60 % vertrat die Ansicht, dass die Banken im Kampf gegen Geldwäscherei und Potentatengelder nicht genug tun. Die Geldwäscherei wurde dabei aber nicht als ausschließliches Problem der Banken angesehen. Die vollständige Meinungsumfrage 2009 der Schweizerischen Bankiervereinigung ist im Internet unter http://www.swissbanking.org/20090311-asb2009_d.pdf (Stand: Juli 2009) einsehbar.

5.1 Die Vereinbarung über die Sorgfaltspflicht der Banken (VSB)

Die Schweiz hat im Kampf gegen die Geldwäscherei im Laufe der Jahre eine eigene Vorgehensweise entwickelt. Abweichend vom deutschen Modell setzt die Schweiz vorwiegend auf Selbstregulierung[293]. Eine Reihe von Bankaffären Ende der siebziger Jahre[294] war Auslöser für die Ausarbeitung eines Standeskodex zwischen den Banken. In dieser „Vereinbarung über die Sorgfaltspflicht der Banken" (VSB) aus dem Jahre 1977[295] wurde erstmals eine seriöse Identifizierung von Bankkunden (und den jeweiligen wirtschaftlich Berechtigten) sowie das Verbot der aktiven Beihilfe zur Kapitalflucht und Steuerhinterziehung statuiert[296]. Die Identifikation des Bankkunden muss bei jeder Kontoeröffnung durchgeführt werden, auch wenn es sich hinsichtlich des Kontos um ein sog. „Nummernkonto" handelt (Kernelement der VSB)[297]. Mit der aktuellen Fassung – der VSB 08[298] – werden die bereits revidierten Empfehlungen der Financial Action Task Force (FATF) und der neun Spezialempfehlungen zur Bekämpfung der Terrorismusfinanzierung umgesetzt[299].

---

[293] Roth, Geldwäschereibekämpfung in der Schweiz, Journalistenseminar der SBVg vom 5. und 6. Juni 2003; im Internet einsehbar unter http://www.swissbanking.org/roth-d-03-06-05.pdf (Stand: Juli 2009).

[294] Insbesondere die sog. „Chiasso-Affäre" 1977 war Auslöser dafür; vgl. dazu die Botschaft über die Änderung des Schweizer Strafgesetzbuches vom 12.06.1989, BBl.1989 II, S. 1067, S. 1081.

[295] Die seit 1977 existierende Vereinbarung über die Standesregeln zur Sorgfaltspflicht der Banken (VSB) wird in einem Rhythmus von 5 Jahren revidiert und dabei nach aktuellen Bedürfnissen ausgerichtet (Ausnahme VSB 98 wegen des Inkrafttretens des Schweizer Geldwäschereigesetzes). Entsprechend wurde die VSB letztmals im Jahr 2007 revidiert und ist am 1. Juli 2008 als VSB 08 in Kraft getreten (7. Fassung); vgl. hierzu u. a. Del Ponte, Finanzwelt im Kampf gegen die Geldwäscherei: Wie weiter?, S. 54 f.

[296] Vgl. VSB 1977, Präambel.

[297] Siehe hierzu insbesondere Art. 1 und Art. 9 VSB 08.

[298] Die „Vereinbarung über die Standesregeln zur Sorgfaltspflicht der Banken" (VSB 08) samt Kommentierung ist im Internet einsehbar unter: http://www.swiss-investment-services.ch/de/files/Gesetze_SBA_Kommentar_vsb08_Deutsch.pdf (Stand: Juli 2009).

[299] Vgl. Medienmitteilung der Schweizerischen Bankiervereinigung; im Internet einsehbar unter http://www.swissbanking.org/medienmitteilung-080410-vsb.pdf (Stand: Juli 2009).

Der Anwendungsbereich der Verodnung sieht vor, dass die VSB bestimmte im Geldwäschereigesetz vorgeschriebene Sorgfaltspflichten – insbesondere die Identifizierung des Vertragspartners und Feststellung des wirtschaftlich Berechtigten – konkretisiert (vgl. Ziff. 3 VSB). Im Gegensatz zum deutschen Geldwäschegesetz bezieht sich der Geltungsbereich der VSB damit nicht auf den gesamten Finanzbereich, sondern nur auf den Bankensektor[300]. Die Ausrichtung der VSB auf den Schweizer Bankensektor lässt Vertreter der Schweizer Nationalbank und einen Großteil der Lehre allerdings zu der Auffassung gelangen, die VSB überschreite in dieser Hinsicht den Rahmen der zulässigen Selbstregulierung, so dass eine teilweise Übernahme der VSB in das Bankengesetz (BankG) angebracht wäre[301]. Damit scheint ein nennenswerter Nachteil der VSB in einer Art „Imageproblem" der Standesregeln zu fußen. Das heißt, in den Augen der Öffentlichkeit könnte durch eine gesetzgeberische Regelung der Sorgfaltspflicht der Banken ein erhöhter Glaubwürdigkeitsgrad erzielt werden[302]. Nachteilhaft erscheint ferner, dass durch das „Schweizer Modell" die Bekämpfung der Geldwäscherei großenteils in die Hände der Banken gelegt und der Seriosität der Kreditinstitute blind vertraut wird[303].

Insgesamt weist die VSB (im Zusammenspiel mit der EBK-Geldwäschereiverodnung 2002) in Bezug auf die Organisations- und Identifikationspflicht eine Regelungsdichte auf, die der des deutschen Geldwäschereigesetzes entspricht. Dabei ist zu Gunsten der VSB hervorzuheben, dass sie zum Teil detailliertere Anweisungen trifft als das deutsche Geldwäschereigesetz: So sind zum Beispiel die Regelungen zur Identifizierung juristischer Personen (Art. 2, Ziff. 14 VSB 08) sehr umfänglich und es bestehen Vorgaben, wann

---

[300] Werner, Bekämpfung der Geldwäsche in der Kreditwirtschaft, § 11, S. 273.

[301] Umfangreiche Nachweise bei Zulauf, Die Eidgenössische Bankenkommission und Geldwäscherei, in: recht 1989, S. 79, 85, Fn. 75, 76.

[302] Die Bewertung der VSB zeigt somit einmal mehr, wie wichtig die mediengerechte und symbolhafte Verpackung der Regelungen ist; vgl. hierzu Zuberbühler, Banken als Hilfspolizisten zur Verhinderung der Geldwäscherei?, in: Mark Pieth (Hrsg.), Bekämpfung der Geldwäscherei. Modellfall Schweiz, S. 42; zur „symbolischen Gesetzgebung" gegen Geldwäscherei und organisiertes Verbrechen: Pieth, in: Strafverteidigertag (17/1993/München), S. 99 ff.

[303] Forthauser, Geldwäscherei de lege lata et ferenda, S. 105.

Identifizierungsvorgänge zu wiederholen bzw. welche Konsequenzen bei Falschangaben durch den Kunden (Art. 6 VSB 08) zu ziehen sind.

5.2 Die (Verwaltungs-)Richtlinie der Eidgenössischen Bankenkommission

Im engen Verbund mit der VSB stehen die (bank-)aufsichtsrechtlichen Regelungen in Form einer (Verwaltungs-)Richtlinie der Eidgenössischen Bankenkommission (EBK)[304]. Sie dient den Banken und deren Mitarbeitern als Hilfe zur Auslegung der beiden Straftatbestände Art. 305bis und 305ter Abs. 1 StGB. Die EBK etablierte in diesem Zusammenhang grundlegende Sorgfaltspflichten für die Bankpraxis, die über die VSB-Regeln hinausgehen.

Die aufsichtsrechtlichen Anforderungen an die Bankpraxis waren zunächst in der „Geldwäscherei-Richtlinie" der EBK von 1991 und 1998 niedergelegt. Diese Richtlinie wurde jedoch durch die Geldwäschereiverordnung der EBK – GwV-EBK vom 18.12.2002 – ersetzt, die am 1. Juli 2003 in Kraft trat[305].

Die GwV-EBK 2003 regelt u. a., wann und wie der Hintergrund ungewöhnlicher Geschäftsbeziehungen oder Transaktionen abzuklären ist (Art. 4ff. GwV-EBK). Als selbstständiges Ziel sieht sie die GwV-EBK insbesondere die „Bekämpfung der Wirtschaftskriminalität" an (vgl. 2. Abschnitt Grundsätze GwV-EBK). Entscheidend ist dabei, dass die Pflicht zur Meldung nach Art. 27 GwV-EBK nicht erst bei einem konkreten Verdacht einer Straftat – wie die Verdachtsanzeigepflicht in Deutschland – einsetzt, sondern bereits auf einer Vorstufe, bei der bereits die bloße Wahrnehmung ausreicht[306].

---

[304] Die EBK ist die schweizerische Bankaufsichtsbehörde, vergleichbar mit dem deutschen Bundesaufsichtsamt für das Kreditwesen. Seit 1998 gilt sie zudem als „spezialgesetzliche Aufsichtsbehörde" nach dem Geldwäschereigesetz.

[305] „Verordnung der Eidgenössischen Bankenkommission zur Verhinderung von Geldwäscherei" (GwV-EBK) vom 18.12.2002, SR 955.022, AS 2003, 554.

[306] Vgl. dazu Art. 27 EBK-Geldwäschereiverordnung (GwV-EBK), der in Abs. 1 zweifelhafte Geschäftsbeziehungen und Melderecht wie folgt normiert:
„Hat ein Finanzintermediär keinen begründeten Verdacht auf Geldwäscherei, aber Wahrnehmungen gemacht, die darauf schließen lassen, dass Vermögenswerte aus einem

Am 20. Dezember 2007[307] verabschiedete die EBK weitere Änderungen der EBK-Geldwäschereiverordnung (GwV-EBK) zwecks Umsetzung der Empfehlungen der Financial Action Task Force im Bankensektor[308]. Die Änderungen waren auf eine Überprüfung der Schweizer Bestimmungen zur Bekämpfung der Geldwäscherei und der Terrorismusfinanzierung sowie ihrer Umsetzung in der Praxis durch die Financial Action Task Force (FATF) zurückzuführen[309]. Der von der FATF im Herbst 2005 veröffentlichte Bericht empfahl der Schweiz verschiedene Anpassungen, die u. a. auch die Regulierung im Bankensektor betrafen[310]. Aufgrund des Berichts hielt es die EBK für erforderlich, einzelne Bestimmungen den internationalen Standards anzupassen und die bestehende Praxis zu präzisieren. Des Weiteren war der Geltungsbereich der GwV-EBK an das im Januar 2007 in Kraft getretene Kollektivanlagengesetz (KAG)[311] anzugleichen. Die Änderungen umfassen im Wesentlichen die folgenden Punkte:

Der Geltungsbereich der EBK-Geldwäschereiverordnung wurde mit einem Hinweis auf das Geldwäschereigesetz erweitert (Art. 2, Art. 3 Abs. 1 GwV-EBK). Somit fallen Fondsleitungen, Investmentgesellschaften mit festem oder variablem Kapital, Kommanditgesellschaften für kollektive Kapitalanlagen sowie die Vermögensverwalter im Sinne des Artikel 18 Kollektivanlagengesetzes in den

---

Verbrechen herrühren, kann er dies gestützt auf das Melderecht von Artikel 305ter Absatz 2 des Strafgesetzbuches den Strafverfolgungsbehörden und der Meldestelle für Geldwäscherei melden."

[307] Die Änderung trat zum 01.07.2008 in Kraft. Für die Umsetzung der Änderungen der Art. 7 und 15 GwV-EBK war allerdings eine Übergangsfrist bis zum 1. Januar 2009 vorgesehen.

[308] EBK verabschiedet Änderungen der EBK-Geldwäschereiverordnung, Kurzbericht der EBK v. Dezember 2007; im Internet einsehbar unter: http://www.innovationssoftware.com/fileadmin/pdf-en/publication/ebk-kurzbericht-12-2007.pdf (Stand: Juli 2009).

[309] Third Mutual Evaluation Report on Anti-Money Laundering and Combating the Financing of Terrorism, Summary v. 14.10.2005; im Internet einsehbar unter http://www.fatf-gafi.org/dataoecd/60/30/35529139.pdf (Stand: Juli 2009).

[310] Third Mutual Evaluation Report on Anti-Money Laundering and Combating the Financing of Terrorism, Summary v. 14.10.2005; im Internet einsehbar unter http://www.fatf-gafi.org/dataoecd/60/30/35529139.pdf (Stand: Juli 2009).

[311] Botschaft des Bundesrates v. 23.09.2005, BBl 2005 6395. Das Bundesgesetz über die kollektiven Kapitalanlagen v. 23.06.2006 ist im Internet einsehbar unter http://www.admin.ch/ch/d/as/2006/5379.pdf (Stand: Juli 2009).

Geltungsbereich der Verordnung (Art. 2 GwV-EBK)[312]. Gemäß Art. 14 Abs. 2 GwV-EBK dürfen die in den Geltungsbereich fallenden Finanzintermediäre nunmehr anstelle der VSB 2008 eine andere Form der Selbstregulierung bei der Identifizierung der Vertragspartei und der Feststellung des wirtschaftlich Berechtigten wählen und anwenden, sofern die EBK diese als gleichwertig anerkannt hat.

Schließlich sollen im Zuge der Änderung der GwV-EBK Geschäftsbeziehungen mit ausländischen Finanzintermediären, für die in der Schweiz ein Korrespondenzbankkonto geführt wird, grundsätzlich als Geschäftsbeziehungen mit erhöhtem Risiko eingestuft werden (Art. 6 Abs. 2 GwV-EBK)[313].

An die internationalen Vorgaben wurden auch die Bestimmungen zur Angabe des Auftraggebers bei Zahlungsaufträgen an die internationalen Vorgaben angepasst, so dass grundsätzlich bei allen Zahlungsaufträgen über mehr als 1.500 Franken (CHF) der Name, die Kontonummer und die Adresse der auftraggebenden Vertragspartei anzugeben ist (Art. 15 GwV-EBK)[314].

Abgesehen von den Vorschriften, die auf der Besonderheit der schweizerischen Selbstregulierung beruhen, finden sich auch im deutschen Geldwäschegesetz Regelungen, die bestimmten Risikosituationen Rechnung tragen oder die Identifikationspflicht von der Höhe der Transaktion abhängig machen. Ferner kann man den deutschen Vorschriften einen breit gefächerten und damit vergleichbaren Katalog hinsichtlich der Personen des sog. „Verpflichteten" entnehmen. Es

---

[312] Es wird explizit festgehalten, dass die EBK bei der Anwendung der Verordnung den Besonderheiten der Geschäftstätigkeit der Finanzintermediäre Rechnung trägt (Art. 2 Abs. 2 GwV-EBK).

[313] Der Umfang, der sich aus dieser Einstufung ergebenen zusätzlichen Abklärungen, ist davon abhängig, ob der ausländische Finanzintermediär einer angemessenen Aufsicht und Regelung in Bezug auf die Bekämpfung der Geldwäscherei und Terrorismusfinanzierung untersteht; vgl. Kurzbericht der EBK v. Dezember 2007; im Internet einsehbar unter http://www.innovations-software.com/fileadmin/pdf-en/publication/ebk-kurzbericht-12-2007.pdf (Stand: Juli 2009).

[314] Bei Zahlungen im Inland kann der Finanzintermediär sich auf die Angabe der Kontonummer oder einer Identifizierungsnummer beschränken, sofern er die übrigen Angaben dem Finanzintermediär des Begünstigen auf dessen Anfrage hin innert drei Werktagen übermitteln kann (Art. 15 Abs.2 GwV-EBK).

wird insoweit insbesondere auf die §§ 2, 3 Abs. 2 des deutschen Geldwäschegesetzes verwiesen, die im nächsten Abschnitt genauer untersucht werden.

5.3 Die Geldwäschereitatbestände und das Geldwäschereigesetz (GwG)

Die dritte Komponente des „Schweizer Modells" stellen die beiden strafrechtlichen (Geldwäscherei-) Tatbestände – Art. 305bis und 305ter des Schweizer StGB – und das schweizerische Geldwäschereigesetz (GwG) dar[315].

5.3.1 Art. 305bis Schweizer StGB

Der Straftatbestand des Art. 305bis Schweizer StGB[316] wird unter die Rechtspflegedelikte eingeordnet und basiert auf dem sog. Herkunftsprinzip („herrühren")[317]. Als geschütztes Rechtsgut wird zumeist – insbesondere aufgrund der Stellung im Gesetz – die Rechtspflege angesehen[318].

Der Tatbestand enthält zunächst einmal zwei Zielrichtungen[319]: Zum einen normiert er, den Vortäter aufzuspüren und damit den Paper Trail nicht abbrechen zu lassen (Vermeidung der Herkunftsvereitelung der bemakelten Gel-

---

[315] Es wird hinsichtlich Gesetzgebungsverfahren und Historie auf obige Darstellung in Kapitel II. 2. Die Entwicklung des schweizerischen StGB in Bezug auf die Geldwäscherei, verwiesen.

[316] Fassung vom 01. April 2009.

[317] Die gewaschenen Gegenstände müssen nach dem sog. Herkunftsprinzip aus bestimmten Straftaten herrühren, um taugliches Tatobjekt sein zu können; vgl. Egger Tanner, Die strafrechtliche Erfassung der Geldwäscherei, S. 9.

[318] So insb. Graber, Geldwäscherei, S. 108; Ackermann, Geldwäscherei – Money Laundering, S. 203; Stratenwerth/Bommer, BT II, § 55, Rn. 21; anders und insg. ablehnend hingegen Forster, Die Korrektur des strafrechtlichen Rechtsgüter- und Sanktionskatalogs im gesellschaftlichen Wandel, S. 145 ff., der den Schutz der Opfer der organisierten Kriminalität und die daraus resultierenden Interessen der Allgemeinheit an einer funktionierenden Wirtschaft sowie an der Aufdeckung der Straftaten an dem geschützten Rechtsgut bestimmt.

[319] Im schweizerischen Schrifttum ist die Ansicht, dass Art. 305bis Schweizer StGB zwei Zielrichtungen enthält, nicht unstrittig. Geldwäscherei wird insoweit oftmals als Vereitelung der Einziehung kontaminierter Vermögenswerte angesehen; hierzu ausführlich Egger Tanner, Die strafrechtliche Erfassung der Geldwäscherei, S. 11.

der)[320]. Zum anderen soll die Gefährdung der Einziehung – insbesondere die Vermögenseinziehung i. S. d. Art. 59 Ziff. 1 Schweizer StGB – verhindert werden[321]. Ferner besitzt der Tatbestand des Art. 305bis Schweizer StGB keinen enumerativen Vortatenkatalog, sondern fordert eine Vortat, die nach Schweizer Recht als „Verbrechen"[322] zu qualifizieren ist. Ein Bezug der Vortaten zur organisierten Kriminalität wird nicht vorausgesetzt[323].

In diesem Zusammenhang ist jedoch besonders hervorzuheben, dass weder Steuerhinterziehung noch Abgabe- oder Steuerbetrug in der Schweiz als Verbrechen gelten[324]. In- und ausländische Fiskaldelikte kommen demnach als Vortat nicht in Betracht[325]. Es besteht allerdings ein bilaterales Übereinkommen zwischen der Schweiz und der EU[326], wonach zumindest die Zusammenarbeit

---

[320] Botschaft StGB, S. 1081.

[321] Hierzu differenzierend Egger Tanner, Die strafrechtliche Erfassung der Geldwäscherei, S. 10.

[322] Vgl. Art. 10 Schweizer StGB, demnach sind Verbrechen Taten, die mit Freiheitsstrafe von mehr als drei Jahren bedroht sind (Stand: 1. April 2009).

[323] Werner, Bekämpfung der Geldwäsche in der Kreditwirtschaft, § 11, S. 288; mit Verweis in Fn. 124 auf das Urteil des Bundesgerichts vom 20.01.1993 (6S482/1992), mitgeteilt, *in:* NZZ vom 14.5.1993, S. 22.

[324] Zur sog. Steuerhinterziehung vgl. Artikel 175.1 Bundesgesetz über die direkte Bundessteuer (DGB), sowie zum sog. Steuerbetrug Artikel 186.1 Bundesgesetz über die direkte Bundessteuer (DBG).
Inwieweit sich zukünftig Änderungen auch für den Geldwäscheitatbestand des Schweizer Strafgesetzbuchs ergeben können, ist zum jetzigen Zeitpunkt offen; vgl. zur aktuellen Diskussion in Bezug auf eine weltweite Kooperation aller Steuerbehörden (insb. auch der Schweiz) Bonse/Menzel/Riecke, Beim Bankgeheimnis zeichnet sich Lösung ab, *in:* Handelsblatt v. 09.03.2009, S. 3.
Zur rechtlichen Einordnung ferner Köppel, Steuerhinterziehung ist kein Schwerverbrechen, *in:* Welt Online v. 17.03.2008; im Internet einsehbar unter http://www.welt.de/meinung/article1809983/Steuerhinterziehung_ist_kein_Schwerverbrechen.html (Stand: Juli 2009).

[325] Pieth, BSK StGB II Vor Art. 305bis, Rn. 13, Ackermann, Geldwäscherei – Money Laundering, S. 222.

[326] Sog. Betrugsbekämpfungsabkommen v. 25. Mai 2004, Bilaterale II: Dossier Betrugsbekämpfung; vgl. hierzu eingehend Holenstein, Schweiz: Grenzüber-schreitender Informationsaustausch nach Inkrafttreten der „Bilateralen II", *in:* Praxis Steuerstrafrecht 2005, S. 118, 120 f.

im Kampf gegen die Geldwäscherei (Ausdehnung der Rechthilfe) auch den Abgabebetrug[327] oder den gewerbsmäßigen Schmuggel i. S. d. Schweizer Rechts umfasst, soweit die bemakelten Vermögenswerte der indirekten Fiskalität (Mehrwertsteuer, Zollabgaben, Verbrauchssteuern) zuzuordnen sind[328]. Diese Erweiterung der Zusammenarbeit führt jedoch zu keiner Aufnahme neuer Vortaten im Bereich des Geldwäschereitatbestandes.

Zu Problemen in diesem Bereich kann es allerdings kommen, wenn neben die Verwirklichung eines Fiskaldelikts eine Urkundenfälschung tritt bzw. mitverwirklicht wird: Da die Urkundenfälschung gemäß Art. 251 Schweizer StGB für sich genommen ein gemeinrechtliches Verbrechen darstellt, könnte man diese auch als Vortat zur Geldwäscherei einordnen. Wäre die Urkundenfälschung hingegen nur zum Zwecke eines daran anschließenden Steuerbetruges (Art. 186 Schweizer DGB) begangen worden, erscheint es wenig sachgerecht, in diesem Zusammenhang eine Vortat zur Geldwäscherei zu bejahen, d. h. auch den Steuerbetrug auf diesem Wege als Vortat gelten zu lassen[329].

---

[327] Art. 14 Abs.2 des Bundesgesetzes über das Verwaltungsstrafrecht (VStrR) v. 22.03.1974, SR 313.0; nach dieser Bestimmung liegt ein Abgabebetrug vor, wenn „*der Täter durch arglistiges Verhalten bewirkt, dass dem Gemeinwesen unrechtmäßig und in einem erheblichen Betrag eine Abgabe, ein Beitrag oder ein andere Leistung vorenthalten oder dass es sonst am Vermögen geschädigt wird*". Der Begriff lehnt sich an denjenigen des Art. 146 Schweizer StGB – Betrug – an (so BGE 115 Ib 68, E.3, 111 Ib 242, E.4).
Im Unterschied zum Steuerbetrug nach Art. 186 DGB muss der Täter beim Abgabebetrug nicht notwendigerweise gefälschte, verfälschte oder inhaltlich unwahre Urkunden verwenden; so Donatsch, Art. 186 DGB, Rn. 7 ff.

[328] Die Umsetzung der FATF/GAFI-Empfehlungen in andern Ländern und wirtschaftliche Auswirkungen der Empfehlungen; Bericht in Erfüllung der Postulate 05.3175 und 05.3456, Stähelin vom 17. März und 17. Juni 2005; im Internet einsehbar unter http://www.efd.admin.ch/dokumentation/zahlen/00578/01072/index.html?lang=de&download =M3wBUQCu/...hoJVn6w== (Stand: Juli 2009).

[329] So zumindest Pieth, BSK StGB II, Art. 305bis StGB, Rn. 13 m. Verw. a. Trechsel, Art. 305bis StGB, Rn. 10 sowie Art. 251 StGB, Rn. 20.

Tathandlung gemäß Art. 305bis Schweizer StGB ist eine Handlung,

„die geeignet ist, die Ermittlung der Herkunft, die Auffindung oder die Einziehung von Vermögenswerten zu vereiteln [...]".

Die Strafnorm stellt folglich ein abstraktes Gefährdungsdelikt dar, das als sog. Begehungsdelikt ausgestaltet ist[330]. Ob der Geldwäschereitatbestand auch durch Unterlassen erfüllt werden kann, wurde in der Schweizer Literatur bisher durchweg mit dem Hinweis auf eine fehlende Garantenpflicht verneint[331]. Diese Ansicht besitzt jedoch nur solange Gültigkeit, wie Sorgfaltspflichten auf der Basis von Verwaltungspraxis und Standesrecht die erforderliche Garantenpflicht nicht begründen können[332]. Die Begründung einer Garantenstellung auf Seiten der Geschäftsleitung von Banken im Hinblick auf die Geldwäschereiabwehr ist hingegen durchaus möglich. Die erforderliche gesetzliche Konkretisierung erfährt die Garantenstellung durch das Geldwäschereigesetz[333]. Aber auch bei einer bestehenden Garantenpflicht würde eine Tatbegehung letztlich nur in der Form des unechten Unterlassungsdeliktes zur Diskussion stehen[334].

Der subjektive Tatbestand des Art. 305bis Schweizer StGB kann formal betrachtet nur vorsätzlich verwirklicht werden[335]. Mit der Formulierung in Art. 305bis

---

[330] Vgl. Botschaft StGB, S. 1067, 1083.

[331] Arzt, Das schweizerische Geldwäschereiverbot im Lichte amerikanischer Erfahrungen, in: ZStrR 106 (1989), S. 160, S. 192; Schmid, in: SAV, Geldwäscherei und Sorgfaltspflicht, S. 111, 119 f.; diesen zustimmend Ackermann, Geldwäscherei – Money Laundering, S. 265; Graber, Geldwäscherei, S. 137.

[332] Werner, Bekämpfung der Geldwäsche in der Kreditwirtschaft, § 11, S. 290.

[333] z. B. Art. 37 GwG, die Tathandlung besteht im Unterlassen der Meldung trotz begründetem Verdacht i. S. v. Art. 9 GwG, es handelt sich insoweit um ein echtes Unterlassungsdelikt; vgl. dazu Graber, GWG, Art. 37, Rn. 4.

[334] Dies ist – wie bereits zuvor aufgeführt – auf die Einstufung als Begehungsdelikt zurückzuführen; so auch Egger Tanner, Die strafrechtliche Erfassung der Geldwäscherei, S. 165.

[335] Auf die Einbeziehung der grob fahrlässigen Geldwäsche wurde bewusst verzichtet. Das Hauptargument war insoweit, dass der Fahrlässigkeitstatbestand nicht mit dem Bestimmtheitsgrundsatz (Art. 1 Schweizer StGB) vereinbar sei; zur Diskussion im Gesetzgebungsverfahren vgl. Botschaft StGB, S. 1067, 1087.

Abs. 1 Schweizer StGB: „... *weiß oder annehmen muss* ..."[336], wird dabei lediglich klargestellt, dass Eventualvorsatz ausreicht[337]. Die Anforderungen an die Vorsatzerfüllung werden dabei nicht besonders hoch angesetzt, das heißt, der Täter muss lediglich Anhaltspunkte dafür gehabt haben, dass ein „schweres Delikt" vorlag[338]. Für die Bankpraxis bedeutet dies, dass der Bankangestellte zwar einen deutlichen Hinweis auf die verbrecherische Herkunft von Vermögenswerten erlangt haben muss. Er ist dann – soweit dieser Hinweis vorliegt – allerdings schnell dem Vorwurf der eventualvorsätzlichen Geldwäsche ausgesetzt[339].

Schließlich enthält Art. 305bis Schweizer StGB keine Strafbefreiungs- bzw. Strafmilderungsnorm.

5.3.2 § 261 deutsches StGB

Der Grundtatbestand des deutschen § 261 StGB[340] wurde als sog. Anschlussdelikt[341] ausgestaltet und findet seine Einordnung im Bereich der Rechtspflegedelikte. Eine oftmals vertretene Ansicht in der Literatur folgert daraus, indem sie sich an der Gesetzesbegründung zu § 261 deutsches StGB orientiert, der Tat-

---

[336] Diese Formulierung wurde aus dem Hehlereitatbestand des Art. 160 Schweizer StGB übernommen.

[337] Vgl. Botschaft StGB, S. 1067, 1084.

[338] Graber, Geldwäscherei, S. 142.

[339] Dietzi, Der Bankangestellte als eidgenössisch konzessionierter Sherlock Holmes?, *in:* Mark Pieth (Hrsg.), Bekämpfung der Geldwäscherei. Modellfall Schweiz?, S. 75, 92.

[340] Fassung aufgrund des Gesetzes zur Ergänzung der Bekämpfung der Geldwäsche und der Terrorismusfinanzierung (Geldwäschebekämpfungsergänzungsgesetz – GwBekErgG) vom 13.08.2008 (BGBl. I S. 1690) m. W. v. 21.08.2008.

[341] Ein Anschlussdelikt knüpft an eine andere rechtswidrige Tat an, aus der die Gegenstände der Geldwäsche stammen müssen; so Schünemann/Volk, Festschrift für Claus Roxin, S. 565 f.

bestand der Geldwäsche schütze die Rechtspflege und im Ergebnis insbesondere die Durchsetzung von Einziehung und Verfall[342].

Der Tatbestand des deutschen § 261 Abs. 1 S. 2 StGB enthält einen enumerativen, weit gefassten Vortatenkatalog, der neben ausgewählten Vergehen auch alle Verbrechenstatbestände, also alle mit einer Mindeststrafe von einem Jahr bedrohten Delikte (§ 12 Abs. 1 StGB), aufführt. Taugliche Vortaten einer Geldwäschehandlung stellen gemäß § 261 Abs. 8 deutsches StGB auch Auslandstaten dar, soweit sie im Ausland mit Strafe bedroht sind und den in § 261 Abs. 2 S. 1 StGB enthaltenen Taten entsprechen[343].

Die Vorschrift des § 261 Abs. 1 S. 2 Nr. 3 erfasst dabei auch schwerwiegende Fiskaldelikte, namentlich Vergehen nach § 373 AO (gewerbsmäßiger, gewaltsamer und bandenmäßiger Schmuggel) und § 374 Abs. 2 AO (gewerbsmäßige Steuerhehlerei)[344]. Ferner ergibt sich (neuerdings) aus § 261 Abs. 1 S. 2 Nr. 4b StGB, dass auch Vergehen nach § 370 AO (Steuerhinterziehung) zu den möglichen Vortaten einer Geldwäschehandlung gehören[345]. Der Kreis der Geldwä-

---

[342] Diese Ansicht ist allerdings umstritten; vgl. daher zum Rechtsgut des § 261 deutsches StGB die umfassende Darstellung des Meinungsstreits in Herzog/Müllhausen/*Nestler*, GwHdb, § 15, Rn. 3 ff., S. 104 ff.

[343] Vgl. hierzu auch Lütke, Geldwäsche bei Auslandsvortat und nachträgliche Gewährung rechtlichen Gehörs, *in:* wistra 2001, S. 85, S. 87.

[344] Eingeführt durch das Gesetz zur Verbesserung der Bekämpfung der Organisierten Kriminalität, BGBl. 1998 I, S. 845.

[345] Ursprünglich wurde § 370a AO im Jahr 2001 zum Verbrechen hinaufgestuft und zählte wegen des nunmehr bestehenden Verbrechenscharakters zu den möglichen Vortaten einer Geldwäschehandlung gemäß § 261 Abs.1 S. 2 Nr. 1; vgl. Änderung durch das Steuerverkürzungsbekämpfungsgesetz (StVBG), BGBl. 1/2001, S. 3922.
Allerdings wies der 5. Strafsenat des BGH im Zuge seiner Rechtsprechung zweifach auf die Verfassungswidrigkeit des § 370a AO aufgrund mangelnder Be-stimmtheit hin; vgl. BGH NJW 2004, S. 2990 sowie NJW 2005, S. 374.
§ 370a AO wurde demzufolge durch Artikel 14 des Gesetzes zur Neuregelung der Telekommunikationsüberwachung vom 20. Dezember 2007 (BGBl. I S. 3150) aufgehoben. An seine Stelle trat ein neues Regelbeispiel eines besonders schweren Falls der Steuerhinterziehung (§ 370 Abs. 3 S. 2 Nr. 5 AO). Nachdem § 370a AO durch dessen Wegfall auch als Vortat der Geldwäsche gemäß § 261 StGB entfallen muss, wurde sodann die Steuerhinterziehung nach § 370 AO als Vortat für die Geldwäsche zur tauglichen Vortat be-

sche-gegenstände wird demzufolge durch diese Regelungen erheblich erweitert. Dies ist letztlich auf die Erwägungen zurückzuführen, wonach Gewinne aus organisiertem Verbrechen in der Regel nicht gegenüber dem Finanzamt angegeben werden und damit keiner Besteuerung unterliegen[346].

Die Tathandlungen des deutschen Geldwäschetatbestands werden durch § 261 Abs. 1 S. 1 und Abs. 2 deutsches StGB definiert. Es werden insoweit Verhaltensweisen erfasst, die die Vereitelung bzw. Gefährdung staatlicher Maßnahmen zum Ziel haben oder darauf abzielen, den behördlichen Zugriff auf Sachen zu erschweren[347]. Ferner werden in § 261 Abs. 2 StGB Handlungen des täglichen Lebens sanktioniert, indem die Strafbarkeit auch auf das bloße Verschaffen, Verwahren oder Verwenden geldwäschetauglicher Gegenstände ausgedehnt wird[348]. § 261 deutsches StGB erfordert demzufolge (zumindest teilweise je nach Deliktstypus) den Nachweis einer effektiven Gefährdung oder Vereitelung[349].

§ 261 deutsches StGB ist als Begehungsdelikte ausgestaltet und erfordert für die Erfüllung des Tatbestandes ein aktives Tun. Aufgrund der in § 13 deutsches StGB vorhandenen positivrechtlichen Regelung ist eine Tatbegehung durch Unterlassung in Form eines unechten Unterlassungsdeliktes bereits durch diese Regelung möglich[350].

---

stimmt (§ 261 Abs.1 S. 2 Nr. 4b deutsches StGB); vgl. hierzu Peter, Streichung des § 370a AO, *in:* Steuer und Studium 2008, S. 428, S. 430.

[346] Bundestags-Drucksache 14/7471, S. 18.

[347] Man spricht in Hinblick auf § 261 Abs. 1 S. 1 StGB auch von einem „Verschleierungs-" bzw. einem „Vereitlungs- und Gefährdungstatbestand"; vgl. Herzog/Müllhausen/*Nestler*, GwHdb, § 14, Rn. 2 , S. 102.

[348] Zwecks Vermeidung einer Beeinträchtigung des allgemeinen Wirtschaftsverkehrs durch einen ausufernden Tatbestand ist in diesem Zusammenhang die Strafbefreiungsvorschrift des § 261 Abs. 6 StGB (strafloser Vorerwerb) beachtlich.

[349] Die Bundesrepublik Deutschland hat sich bezüglich des Geldwäscheparagrafen für verschiedene Deliktstypen entschieden; es finden sich in § 261 StGB sowohl abstrakte Gefährdungsdelikte, als auch ein konkretes Gefährdungsdelikt bzw. ein als Erfolgsdelikt ausgestattetes Verletzungsdelikt; vgl. dazu Egger Tanner, Die strafrechtliche Erfassung der Geldwäscherei, S. 154 ff.

[350] Egger Tanner, Die strafrechtliche Erfassung der Geldwäscherei, S. 165.

Die Strafbarkeit der versuchten Geldwäsche ergibt sich ferner aus § 261 Abs. 3 StGB.

In subjektiver Hinsicht verlangt § 261 Abs. 5 deutsches StGB in Bezug auf die Herkunft des Tatobjekts aus einer tauglichen Vortat lediglich Leichtfertigkeit[351]. Die Tathandlung selbst muss hingegen vorsätzlich erfolgen, wobei bedingter Vorsatz ausreicht[352].

Abs. 9 und Abs. 10 des § 261 StGB enthalten schließlich eine Strafbefreiungs- bzw. Strafmilderungsmöglichkeit[353]. Danach ist der Täter als straflos anzusehen, wenn er die Geldwäsche vor ihrer Entdeckung freiwillig anzeigt und zudem die Sicherstellung des Tatobjekts herbeiführt (§ 261 Abs. 9 S. 1 StGB). Die Strafbarkeit entfällt darüber hinaus auch, wenn der Täter bereits wegen Beteiligung an der Vortat strafbar ist (§ 261 Abs. 9 S. 2 StGB). Des Weiteren kann das Gericht die Strafe mildern oder ganz von ihr absehen, wenn der Täter freiwillig dazu beigetragen hat, dass seine Tat (über seinen eigenen Tatbeitrag hinaus) oder eine in § 261 Abs. 1 StGB aufgeführte Tat eines anderen aufgedeckt werden konnte (§ 261 Abs. 10 StGB).

Die Rechtsfolgen für die vorsätzliche Geldwäsche sind § 261 Abs. 1 S. 1 deutsches StGB sowie im Falle einer leichtfertigen Verwirklichung § 261 Abs. 5 deutsches StGB zu entnehmen. Für besonders schwere Fälle sieht § 261 Abs. 4 deutsches StGB einen erhöhten Strafrahmen vor und führt in diesem Kontext Regelbeispiele für die gewerbs- oder bandenmäßige Begehung auf. Als weitere Rechtsfolge kommt gemäß § 261 Abs. 7 S. 1 StGB schließlich die Einziehung der (bemakelten) Gegenstände in Betracht[354].

---

[351] Es genügt insoweit, dass der Täter leichtfertig nicht erkennt, dass der Gegenstand aus einer in § 261 Abs. 1 S. 2 StGB bezeichneten Tat herrührt; so Fischer, § 261 StGB, Rn. 40.

[352] Fischer, § 261 StGB, Rn. 40.

[353] Vgl. hierzu Ausführungen von Löwe-Krahl, Das Geldwäschegesetz – eintaugliches Instrumentarium zur Verhinderung der Geldwäsche?, *in:* wistra 1994, S.126.

[354] Gemäß § 261 Abs. 7 S. 2 deutsches StGB finden ferner die Regelungen des § 74a deutsches StGB Anwendung. § 261 Abs. 7 S. 3 ermöglicht schließlich die Anordnung des erweiterten Verfalls im Falle der gewerbsmäßigen oder bandenmäßigen Geldwäsche, vgl. hierzu ausführlich *Herzog*/Müllhausen, GwHdb, § 23, Rn. 33 ff.

5.3.3 Vergleich

Die Gegenüberstellung des Grundtatbestandes des Art. 305bis Schweizer StGB und des deutschen § 261 StGB zeigt, dass es sich bei beiden Straftatbeständen um sog. Begehungsdelikte handelt. Beide Normen können darüber hinaus den Rechtspflegedelikten zugeordnet werden und basieren auf dem bereits zuvor dargestellten sog. Herkunftsprinzip[355]. Ferner werden auch im Ausland begangene Vortaten jeweils erfasst[356], wobei ein Bezug der Vortaten zur organisierten Kriminalität nicht vorausgesetzt wird[357].

Da der überwiegende Teil der Schweizer Geldwäschereisachverhalte an im Ausland begangene Vortaten anknüpft, ergeben sich in der Schweiz regelmäßig durch den Auslandsbezug oftmals Beweisprobleme[358].

Der Tatbestand des Art. 305bis Schweizer StGB hat – anders als der deutsche Straftatbestand – keinen enumerativen Vortatenkatalog, sondern fordert als Vortat lediglich ein Verbrechen i. S. d. Art. 10 Schweizer StGB. Damit sind die materiellen Anforderungen an die Vortaten bei Art. 305bis Schweizer StGB insgesamt einfacher ausgestaltet, umfassen mangels Verbrechenscharakter allerdings weder Steuerhinterziehung noch Abgabe- oder Steuerbetrug. Dieser Umstand geht im Falle eines angestrebten deutschen Rechtshilfegesuchs zu Lasten der Bundesrepublik Deutschland: Sie würde in einem Geldwäschereiverdachtsfall keine Rechtshilfe von Seiten der Schweiz – es sei denn, es handele

---

[355] Der deutsche Straftatbestand enthält darüber hinaus noch zusätzlich Elemente des Zugehörigkeitsprinzips; so Egger Tanner, Die strafrechtliche Erfassung der Geldwäscherei, S. 19 m. Verw. a. § 261 Abs. 1 Nr. 4 und Nr. 5 deutsches StGB.

[356] Vgl. Art. 305bis Abs. 3 Schweizer StGB sowie § 261 Abs. 8 deutsches StGB.

[357] Werner, Bekämpfung der Geldwäsche in der Kreditwirtschaft, § 11, S. 288; mit Verweis in Fn. 124 auf das Urteil des Bundesgerichts vom 20.01.1993 (6S482/1992), mitgeteilt *in:* NZZ vom 14.05.1993, S. 22.

[358] Vgl. hierzu Gasser, Von der vermuteten Unschuld des Geldes, *in:* Mark Pieth (Hrsg.), Bekämpfung der Geldwäscherei. Modellfall Schweiz?, S. 168 ff.; sowie Strathenwerth, Geldwäscherei – ein Lehrstück der Gesetzgebung, *in:* Marc Pieth (Hrsg.), Bekämpfung der Geldwäscherei. Modellfall Schweiz?, S. 106 f.

sich um einen Abgabetrug[359] – erhalten, soweit es an ernsthaften Indizien dafür fehlt, dass das inkriminierte Geld aus einem Verbrechen stammt[360].

Art. 305bis Schweizer StGB ist – anders als § 261 Abs. 1 deutsches StGB – insgesamt als abstraktes Gefährdungsdelikt ausgestaltet[361]. Damit entfällt die Schwierigkeit des Nachweises einer effektiven Gefährdung oder Vereitelung, wie sie im deutschen Recht gemäß § 261 StGB erforderlich ist.

Während mit § 13 deutsches StGB in der BRD eine positivrechtliche Regelung vorliegt, ist in der Schweiz das unechte Unterlassungsdelikt nur aufgrund von Rechtsprechung und Lehre zugelassen[362].

Da der schweizerische Geldwäschereitatbestand so weit gefasst ist, dass fast alle Bankgeschäfte ein strafrechtliches Risiko tragen, muss eine Abgrenzung zu nicht strafbaren Handlungen – wie im deutschen Recht – anhand der problematischen und schwierigen Vorsatzfrage im Rahmen des subjektiven Tatbestandes entschieden werden. Bezüglich des subjektiven Tatbestandes lässt sich bei

---

[359] Siehe hierzu bereits vorherige Ausführungen in Kapitel II. 5.3.1 Art. 305bis Schweizer StGB sowie Betrugsbekämpfungsabkommen v. 25. Mai 2004, Bilaterale II: Dossier Betrugsbekämpfung; vgl. hierzu eingehend Holenstein, Schweiz: Grenz-überschreitender Informationsaustausch nach Inkrafttreten der „Bilateralen II" *in:* Praxis Steuerstrafrecht 2005, S. 118, 120 f.

[360] Für die Rechtshilfe zwischen der BRD und der Schweiz sind in erster Linie die Bestimmungen des Europäischen Übereinkommens v. 20. April 1959 (EUeR, SR 0.351.1), dem beide Staaten beigetreten sind, und der zwischen ihnen abgeschlossene Zusatzvertrag vom 13. November 1969 (SR 0.351.913.61) maßgebend. Anwendbar ist ferner das Übereinkommen Nr. 141 über Geldwäscherei sowie Ermittlung, Beschlagnahmung und Einziehung von Erträgen aus Straftaten vom 8. November 1990 (Geldwäschereiübereinkommen; GwÜ; SR 0.311.53), das für die Schweiz am 1. September 1993 und für Deutschland am 1. Januar 1999 in Kraft getreten ist. Soweit diese Staatsverträge bestimmte Fragen nicht abschließend regeln, kommt das schweizerische Landesrecht – namentlich das Bundesgesetz über internationale Rechtshilfe in Strafsachen vom 20. März 1981 (IRSG, SR 351.1) und die dazugehörige Verordnung (IRSV, SR 351.11) – zur Anwendung (Art. 1 Abs. 1 IRSG). Vgl. hierzu auch spätere Ausführungen in Kapitel III. 3.2 Die Gewährung von Rechtshilfe.

[361] Vgl. Botschaft StGB, S. 1067, 1083.

[362] Egger Tanner, Die strafrechtliche Erfassung der Geldwäscherei, S. 165.

Art. 305bis Schweizer StGB formal betrachtet eine grundlegende Abweichung zum deutschen Recht feststellen:

Anders als § 261 StGB kann Art. 305bis Schweizer StGB nur vorsätzlich verwirklicht werden (Eventualvorsatz ist insoweit allerdings ausreichend)[363]. Da die Anforderungen an den Vorsatz nach dem Schweizer Straftatbestand der groben Fahrlässigkeit nahekommen[364], nimmt die inhaltliche Abweichung zum deutschen subjektiven Tatbestand längst nicht die Ausmaße an, die der formale Unterschied zunächst vermuten lässt.

Schließlich enthält Art. 305bis Schweizer StGB keine mit § 261 Abs. 9 und Abs. 10 deutsches StGB vergleichbare Strafbefreiungs- bzw. Strafmilderungsnorm. Die Einfügung einer solchen (jedoch weniger komplizierten) Regelung ist als Anreiz für die Schweizer Geldwäschereibekämpfung zu werten, da bei einer gesetzlichen Möglichkeit der Strafbefreiung eine gesteigerte Anzeigebereitschaft im Finanzbereich initiiert werden könnte.

5.3.4   Art. 305ter Abs. 1 Schweizer StGB

Als Ersatz für einen (allgemeinen) Fahrlässigkeitstatbestand wurde der Tatbestand der „mangelnden Sorgfalt bei Geldgeschäften" Art. 305ter Schweizer StGB erlassen[365]. Der Tatbestand erfährt wie Art. 305bis Schweizer StGB seine Einordnung unter die Rechtspflegedelikte und ist als abstraktes Gefährdungsdelikt konzipiert[366]. Gleichzeitig gehört Art. 305ter StGB zur Gruppe der sog. echten

---

[363] Auf die Einbeziehung der grob fahrlässigen Geldwäscherei wurde bewusst verzichtet. Hauptargument war dabei, dass der Fahrlässigkeitstatbestand nicht mit dem Bestimmtheitsgrundsatz (Art. 1 Schweizer StGB) vereinbar sei; zur Diskussion im Gesetzgebungsverfahren vgl. Botschaft StGB, S. 1067, 1087.

[364] Siehe zur Abgrenzung Entscheidung des Schweizer Bundesgerichts v. 22.09.1993, BGE 119 IV 242.

[365] Oberholzer, Wirtschaftsstrafrecht, S. 91; Stratenwerth/Bommer, BT II, § 55, Rn. 46.

[366] Schmid, StGB 305ter, in: Schmid (Hrsg.), Kommentar Einziehung, organisiertes Verbrechen und Geldwäscherei, Bd. II, Rn. 42, S. 22 m. Verw. a. Botschaft StGB, S. 1087.

Sonderdelikte[367], so dass sich ausschließlich im Finanzsektor tätige Personen wegen mangelnder Sorgfalt bei Geldgeschäften strafbar machen können[368]. Mit dem Inkrafttreten des Schweizer Geldwäschereigesetzes (GwG) und der darin kodifizierten konkreten Form der Identifizierungspflicht hat Art. 305ter Schweizer StGB jedoch an Bedeutung verloren: Verstöße gegen Identifizierungspflichten (als Verwaltungsstraftat) werden nun auch durch das GwG sanktioniert[369]. Dabei ist die Platzierung der Tatbestände im GwG die systematisch überzeugendere Lösung, da abstrakte Gefährdungsdelikte in Form von Verstößen gegen staatliche Verwaltungspflichten im Nebenstrafrecht – insbesondere aufgrund der Zielsetzung – einzuordnen sind[370].

Die Tathandlung gemäß Art. 305ter Schweizer StGB besteht in der Annahme, Aufbewahrung, Anlage oder Übertragung von Vermögenswerten ohne Abklärung der Identität des wirtschaftlich Berechtigten[371]. Abzuklären ist insoweit die Identität desjenigen, der in Bezug auf die Vermögenswerte als wirtschaftlich Berechtigter[372] anzusehen ist, und zwar unabhängig von dem Umstand, ob diese Person in eigenem oder fremdem Namen in Erscheinung tritt[373].

---

[367] So insb. Ackermann, Geldwäscherei – Money Laundering, S. 98; Graber, Geldwäscherei, S. 181 f.; Stratenwerth/Bommer, BT II, § 55, Rn. 48.

[368] Hierzu zählen neben Banken und Finanzinstituten beispielsweise auch Anlageberater, Treuhänder, Lebensversicherer, Edelmetallhändler etc.; vgl. hierzu die umfassende Aufzählung und Darstellung zum Täterbegriff *in:* Schmid, StGB 305ter, *in:* Schmid (Hrsg.), Kommentar Einziehung, organisiertes Verbrechen und Geldwäscherei, Bd. II, Rn. 64 ff., S. 34 ff. Die genaue Grenzziehung überlässt das Gesetz insoweit regelmäßig der Rechtsprechung; vgl. hierzu Oberholzer, Wirtschaftsstrafrecht, S. 91.

[369] Siehe hierzu insbesondere Art. 3 Schweizer GwG (Identifizierung der Vertragspartei), Art. 9 Schweizer GwG (Meldepflicht), Art. 37 Schweizer GwG (Verletzung der Meldepflicht).

[370] Werner, Bekämpfung der Geldwäsche in der Kreditwirtschaft, § 11, S. 294.

[371] Unter Strafe gestellt wird demnach das *„Tätigen von Geschäften mit nicht ordnungsgemäß identifizierten Kunden";* vgl. Schmid, StGB 305ter, *in:* Schmid (Hrsg.), Kommentar Einziehung, organisiertes Verbrechen und Geldwäscherei, Bd. II, Rn. 46, S. 24 sowie Rn. 69, S. 36.

[372] Nach dem Wortlaut der Norm, der allein die Identifizierung des wirtschaftlich Berechtigten verlangt, stellt sich trotzdem die Frage, ob nicht auch der direkte Vertragspartner (soweit

Der objektive Tatbestand ist dann als erfüllt anzusehen, wenn eine Entgegennahme von Vermögenswerten ohne Abklärung des wirtschaftlich Berechtigten erfolgt[374]. Hierbei spielen weder die Herkunft des Geldes noch ein weitergehender Erfolg in Bezug auf das angestrebte Ziel des Täters eine Rolle.

Eine Strafbarkeit nach Art. 305ter Schweizer StGB entfällt hingegen, wenn auf die Aufnahme einer Geschäftsbeziehung verzichtet wurde und deshalb eine Pflicht zur Identifikation nicht entstand[375]. Ferner gelangt Art. 305ter Schweizer StGB nicht zur Anwendung, wenn die Identität des wirtschaftlich Berechtigten bereits bekannt ist. Hieran ändert sich auch dann nichts, wenn die deliktische Herkunft der Gelder im Nachgang festgestellt wird. Nach Abschluss des Vertragsverhältnisses ist somit der Finanzdienstleister nicht verpflichtet, den Kunden erneut aufgrund neuer Verdachtsmomente oder nachträglich aufkommender Zweifel zu identifizieren[376].

---

keine Übereinstimmung in der Person vorliegt) identifiziert werden muss (sog. doppelte Identifizierungspflicht). Diese Frage wurde bislang in der Literatur uneinheitlich beantwortet.

Für eine (zusätzliche) Identifizierung des direkten Vertragspartners sind u. a. Botschaft StGB, S. 1089; Ackermann, Geldwäscherei – Money Laundering, S. 112, 126; Graber, Geldwäscherei, S. 199.

Für eine Beschränkung der Identifizierungspflicht auf den wirtschaftlich Berechtigten sprechen sich u. a. aus: Egger Tanner, Die strafrechtliche Erfassung der Geldwäscherei, S. 276 f.; Trechsel, Art. 305ter StGB, Rn. 6.

Vgl. hierzu insb. auch die umfassende Auseinandersetzung mit der Problematik, in: Schmid, StGB 305ter, in: Schmid (Hrsg.), Kommentar Einziehung, organisiertes Verbrechen und Geldwäscherei, Bd. II, Rn. 170 ff., S. 69 ff.

[373] Das Gesetz spricht insoweit davon, dass diese Abklärung mit der „nach den Umständen gebotenen Sorgfalt" vorzunehmen ist; so Oberholzer, Wirtschaftsstrafrecht, S. 91.

[374] Die herrschende Lehre geht davon aus, dass die Identifizierung bereits bei Aufnahme der Geschäftsbeziehung (spätestens im Moment des Vertragsschlusses) zu erfolgen hat, so insb. Ackermann, Geldwäscherei – Money Laundering, S. 103 f.; Egger Tanner, Die strafrechtliche Erfassung der Geldwäscherei, S. 280.

[375] Hinsichtlich Art. 305ter Schweizer StGB handelt es sich um ein Begehungs- und nicht um ein Unterlassungsdelikt. Es ist daher ein eindeutiges Handeln unter Verletzung einer bestimmten Pflicht erforderlich; so Stratenwerth/Bommer, BT II, § 55, Rn. 52 m. Verw. a. BGE 125 V 142 f.; dagegen Botschaft StGB, S. 1089, sowie Graber, Geldwäscherei, S. 186 f.

[376] Weder aus dem Gesetzeswortlaut ist eine solche Pflicht abzuleiten, noch besteht sie nach den Regelungen des GwG; so insb. Schmid, StGB 305ter, in: Schmid (Hrsg.), Kommentar

Obwohl im Rahmen einer Sorgfaltspflichtverletzung oftmals an einen Fahrlässigkeitstatbestand gedacht wird, kann der Straftatbestand des Art. 305ter Schweizer StGB nur durch eine vorsätzliche Handlung verwirklicht werden[377]. Der Täter muss dafür zumindest billigend in Kauf nehmen (Eventualvorsatz), dass er durch sein Handeln die ihm obliegende Pflicht zur Identifikation verletzt[378]. Zweifelt er lediglich an der rechtmäßigen Herkunft der Vermögenswerte, trifft ihn nur eine entsprechende Meldepflicht[379].

Hat der Finanzdienstleister (zum Zeitpunkt der Entgegennahme) Kenntnis bezüglich des deliktischen Ursprungs der Vermögenswerte, so ist sein Verhalten – mit oder ohne ordnungsgemäße Identifizierung – unter Art. 305bis StGB zu subsumieren[380].

5.3.5 § 261 Abs. 5 deutsches StGB

§ 261 Abs. 5 deutsches StGB normiert die Strafandrohung für die sog. leichtfertige Geldwäsche. Bei Schaffung des Absatzes 5 hatte der (deutsche) Gesetzgeber bei einem Wirtschaftsdelikt erstmals auf das Vorsatzerfordernis verzichtet[381]. Die Norm modifiziert den Vorsatz des Täters in Bezug auf die Kenntnis über das Herrühren eines Gegenstandes aus einer in § 261 Abs. 1 S. 2 StGB bezeichneten Straftat, indem sie für die subjektive Tatbestandsverwirklichung leichtfertige Unkenntnis ausreichen lässt[382]. Leichtfertigkeit in Bezug auf ein

---

Einziehung, organisiertes Verbrechen und Geldwäscherei, Bd. II, Rn. 169, S. 69, sowie Rn. 189, S. 79.

[377] Eine fahrlässige Sorgfaltspflichtverletzung wird demzufolge nicht unter Strafe gestellt; vgl. Arzt, Zur Rechtsnatur des Art. 305ter, in: SJZ 86 (1990), S. 191.

[378] Zum weitergehenden Inhalt des Vorsatzes siehe Graber, Geldwäscherei, S. 205.

[379] Die wirkliche Herkunft ist demnach kein Element, das vom Vorsatz eingeschlossen sein muss, so Kistler, La vigilance requise en matière d'opérations financières, S. 220, sowie Oberholzer, Wirtschaftsstrafrecht, S. 92.

[380] Art. 305ter Schweizer StGB steht insoweit in unechter Konkurrenz zu Art. 305bis Schweizer StGB, der Vorrang erhält; so insb. Botschaft StGB, S. 1090.

[381] Grund für eine solche Normausgestaltung war die Vermeidung von Beweisschwierigkeiten; vgl. hierzu Krey/Dierlamm, Gewinnabschöpfung und Geldwäsche, in: JR 1992, S. 353, 359.

[382] Fischer, § 261 StGB, Rn. 42.

Nichterkennen liegt vor, wenn sich die kriminelle Herkunft i. S. d. § 261 Abs. 1 S. 2 StGB aufgrund der gegebenen Sachlage aufdrängt und der Täter dies aufgrund von Gleichgültigkeit oder grober Unachtsamkeit außer Acht lässt[383]. Der Täter muss es demnach noch nicht einmal für möglich gehalten haben, mit den bemakelten Gegenständen in Kontakt gekommen zu sein.

Für den Nachweis von Geldwäscheaktivitäten ist es folglich auch nicht mehr notwendig, dem Täter die Kenntnis bzw. zumindest die billigende Inkaufnahme hinsichtlich der deliktischen Herkunft des Tatobjekts nachzuweisen[384].

Ob der Geldwäscher vorsätzlich oder nur leichtfertig bezüglich der Herkunft des Tatobjektes handelte, ist neben der Strafzumessung auch für die Strafbarkeit bedeutend: Im Bereich des § 261 Abs. 9 deutsches StGB differenziert der Gesetzgeber zwischen der vorsätzlichen und der leichtfertigen Verwirklichung[385]. Im Falle von Leichtfertigkeit wird eine Straffreiheit i. S. d. § 261 Abs. 9 deutsches StGB bereits durch eine Selbstanzeige des Täters herbeigeführt[386]. Soweit eine vorsätzliche Deliktsverwirklichung gegeben ist, bedarf es für die Straffreiheit zusätzlich noch der Sicherstellung der Vermögenswerte[387].

5.3.6 Vergleich

Vergleicht man Art. 305ter Abs. 1 Schweizer StGB mit der deutschen Regelung des § 261 Abs. 5 StGB, fällt der erste große Unterschied schon hinsichtlich der Täterschaft auf. Während Art. 305ter Abs. 1 Schweizer StGB als Sonderdelikt

---

[383] So Bundestags-Drucksache 12/989, 28; ebenso BGHSt 33, S. 66; 43, S. 158, 168.

[384] Der Ausweitung der Strafbarkeit auf eine fahrlässige Begehung steht das Schrifttum kritisch gegenüber. Dies insbesondere auch, weil der Begriff der Leichtfertigkeit so wenig greifbar erscheint, so dass sich Verhaltensweisen, die als „leichtfertige Geldwäsche" geahndet werden könnten, kaum bestimmen lassen; vgl. hierzu insgesamt Herzog/Müllhausen/*Nestler*, GwHdb, § 17, Rn. 59, S. 129 f., mit Hinweis in Fn. 171 auf die Entscheidung des BGH (BGHSt 43, S. 158) zur Verfassungsmäßigkeit der Regelung.

[385] Vgl. insoweit bereits den Wortlaut des § 261 Abs. 9 Nr. 1 und Nr. 2 deutsches StGB.

[386] Bundestags-Drucksache 12/989, 28; kritisch hierzu Löwe-Krahl, Das Geldwäschegesetz – ein taugliches Instrumentarium zur Verhinderung der Geldwäsche?, in: wistra 93, S. 121, S. 126.

[387] Fischer, § 261 StGB, Rn. 51a.

konzipiert wurde, kann Geldwäsche in der Bundesrepublik Deutschland von jedermann leichtfertig begangen werden[388]. Folglich ist die deutsche Strafbarkeitsnorm in Bezug auf eine mögliche Täterschaft weiter und strenger in ihrer Bestimmung als der Schweizer Straftatbestand.

Der Vorteil der Schweizer Regelung liegt darin, dass durch die Beschränkung des Täterkreises auf im Finanzsektor tätige Personen eine Kriminalisierung der gesamten Bevölkerung durch fahrlässig begangene Geldwäscherei vermieden wird. Gerade hinsichtlich der Frage, unter welcher Voraussetzung ein Bankangestellter leichtfertig i. S. d. § 261 Abs. 5 deutsches StGB handelt, existieren bislang noch keine verlässlichen Kriterien, so dass auch dadurch einmal mehr gezeigt wird, wie wenig konturiert der Begriff der Leichtfertigkeit ist[389].

Ein weiterer hervorzuhebender Unterschied lässt sich bezüglich der möglichen Tatobjekte erkennen. Während § 261 Abs. 5 StGB eine Handlung an Vermögenswerten bestraft, die kriminellen Ursprungs sind, pönalisiert Art. 305ter Schweizer StGB eine Handlung, bei der eine Identifikation des wirtschaftlich Berechtigten nicht erfolgt, und das unabhängig davon, ob die entsprechenden Vermögenswerte illegalen oder legalen Ursprungs sind[390]. Art. 305ter Schweizer StGB ist damit weiter gefasst als § 261 Abs. 5 StGB und hat streng genommen mit Geldwäscherei nichts mehr zu tun. Art. 305ter Schweizer StGB kommt folglich in erster Linie eine präventive Funktion zu.

5.3.7 Das Schweizer Geldwäschereigesetz (GwG)

Gegenstand des Schweizer Geldwäschereigesetzes (GwG) ist die Bekämpfung der Geldwäscherei im Sinne von Art. 305bis Schweizer StGB, die Bekämpfung der Terrorismusfinanzierung im Sinne von Artikel 260^{quinquies} Abs. 1 Schweizer StGB und die Sicherstellung der Sorgfalt bei Finanzgeschäften im Sinne von

---

[388] Vgl. dazu Hombrecher, Der Tatbestand der Geldwäsche (§ 261 StGB) – Inhalt, Aufbau, Problemstellung, *in:* JA 2005, S. 67, S. 69.
[389] Leip, Der Straftatbestand der Geldwäsche, S. 148 f.
[390] Egger Tanner, Die strafrechtliche Erfassung der Geldwäscherei, S. 287.

Art. 305ter StGB[391]. Der Geltungsbereich des GwG erstreckt sich gemäß Art. 2 Abs. 1 GwG auf Finanzintermediäre (natürliche oder juristische Personen).

Die Pflichten der Finanzintermediäre lassen sich in zwei Kategorien[392] einteilen: In die erste Kategorie fällt eine Reihe von Pflichten, die routinemäßig im Rahmen der Geschäftstätigkeit wahrzunehmen sind. Hierzu zählt insbesondere die Pflicht, Geschäftspartner und wirtschaftlich Berechtigte zu identifizieren und die entsprechenden Erkenntnisse zu dokumentieren (vgl. hierzu besonders Art. 3 und Art. 7 Schweizer GwG). Ziel dieser Pflicht ist es, sicherzustellen, dass Kriminelle bei Geldwäschereihandlungen nicht anonym bleiben können und ein Paper Trail von den zu waschenden Vermögenswerten zum Geldwäscher gelegt wird[393].

Der zweiten Kategorie sind Pflichten zuzuordnen, die bei einem konkreten Verdacht auf Geldwäscherei entstehen. Zu diesem Pflichtenkreis zählen die Meldepflicht gemäß Art. 9 GwG sowie die Pflicht zur Vermögenssperre gemäß Art. 10 GwG.

Im Detail gestalten sich die zuvor genannten Pflichten wie folgt:

5.3.7.1 Sorgfaltspflichten

Gemäß Art. 3 Abs. 1 GwG ist der Geschäftspartner, also die Vertragspartei, bei Aufnahme von geschäftlichen Beziehungen durch den Finanzintermediär zu identifizieren. Eine Identifikation kann durch Vorlage eines amtlichen Identitätsausweises etc. im Falle einer natürlichen Person oder durch Einsichtnahme in einen Handelsregisterauszug bei juristischen Personen erfolgen. Bei bloßen punktuellen Dienstleistungen, bei denen die Kundenbeziehung von vornherein

---

[391] Graber, GWG, Art. 1, Rn. 1; Art. 1 Schweizer GwG verweist für die Begriffe der Geldwäscherei und der Unsorgfalt bei Finanzgeschäften auf das Schweizer StGB.

[392] Das Schweizer GwG spricht im 2. Kapitel in Abschnitt 1 und 2 insoweit von Sorgfaltspflichten und von Pflichten bei Geldwäschereiverdacht.

[393] Lutz, Geldwäsche – Gesetzgebung und Entwicklung in der Schweiz, *in:* Bekämpfung der Geldwäsche, S. 22.

nicht auf Dauer angelegt ist, besteht gemäß Art. 3 Abs. 2 GwG lediglich eine Identifizierungspflicht, wenn ein bestimmter Wert[394] erreicht wird.

Für Versicherungseinrichtungen normiert Art. 3 Abs. 3 GwG eine Pflicht zur Identifizierung der Vertragspartei, sobald die Beträge des einmaligen, des periodischen oder des gesamten Prämienvolumens nach dem Wortlaut des Gesetzes einen *erheblichen* Wert[395] erreichen. Ziel der Festlegung solcher Grenzwerte ist es, alltägliche (Massengeschäfts-)Transaktionen und Finanzdienstleistungen nicht übermäßig zu behindern. Soweit bei einer „alltäglichen" Transaktion konkrete Anhaltspunkte für eine Geldwäschereihandlung vorliegen, verlangt Art. 3 Abs. 4 GwG jedoch ebenfalls eine Identifikation der handelnden Personen[396]. Anhaltspunkte für eine Geldwäschereihandlung müssen sich zu diesem

---

[394] Der Gesetzestext spricht insoweit von einem „erheblichen Wert". Da es sich hierbei um einen unbestimmten Rechtsbegriff handelt, ist dieser unter Beachtung des Verhältnismäßigkeitsgrundsatzes auszulegen. In Anlehnung an die VSB 2003 und die 1. EU-Anti-Geldwäscherichtlinie empfiehlt es sich, den Grenzwert bei Fr. 25.000,-- anzulegen (Art. 2 Abs. 2 VSB 2003 bzw. Art. 3 Ziff. 2 1. EU-Anti-Geldwäscherichtlinie); gemäß Reglement der Selbstregulierungsorganisationen SAV/SNV ist der maßgebliche Wert bei Fr. 15.000,-- (Kassageschäfte) bzw. Fr. 5.000,-- (Wechselgeschäft) festgelegt (Art. 5 Ziff. 5 Reglement SPO SAV/SNV).
Es wäre insoweit unverhältnismäßig, eine Identifizierung bei jedem einzelnen Kassageschäft – unabhängig von der jeweiligen Höhe – zu verlangen; vgl. hierzu Graber, GWG, Art. 3, Rn. 9.

[395] Als Maßstab bietet sich auch hier die 1. EU-Anti-Geldwäscherichtlinie an: Diese sieht für die Identifizierungspflicht beim Abschluss von Versicherungsverträgen sehr tiefe Schwellenwerte von € 1.000,-- (ca. Fr. 1.500,--) für eine periodische Jahresprämie und € 2.500,-- (ca. Fr. 3.800,--) für eine Einmaleinlage vor (Art. 3 Abs. 3 1. EU-Anti-Geldwäscherichtlinie; vgl. vertiefend hierzu Graber, GWG, Art. 3, Rn. 11).

[396] Art. 3 Abs. 4 Schweizer GwG normiert diesbezüglich: „Liegen in Fällen nach den Absätzen 2 und 3 Verdachtsmomente für mögliche Geldwäscherei oder Terrorismusfinanzierung vor, so ist die Identifizierung auch dann vorzunehmen, wenn die maßgeblichen Beträge nicht erreicht werden." (Fassung gemäß Ziff. I 4 des BG vom 3. Oktober 2008 zur Umsetzung der revidierten Empfehlungen der Groupe d'action financière, in Kraft seit 1. Februar 2009, AS 2009 361 367, BBI 2007 6269).
Diese Bestimmung entspricht der Regelung in der 1. EU-Anti-Geldwäscherichtlinie (91/308/EWG), Art. 3 Ziff. 6 sowie den Regelungen der VSB (Ziff. 7 Abs. 2 VSB 1992, Ziff. 8 Abs. 2 VSB 1998 und VSB 2003.

Zeitpunkt noch nicht zu einem begründeten Verdacht i. S. d. Art. 9 Abs. 1 GwG verdichtet haben, es genügen vielmehr „*Anzeichen für eine kriminelle Tätigkeit im Rahmen der Geldwäscherei*"[397].

Grundsätzlich soll die Identifikation des Vertragspartners klärend bei der Frage wirken, ob ein Fall von Geldwäscherei vorliegt oder nicht. Ist der identifizierte Vertragspartner an den Vermögenswerten gar nicht wirtschaftlich berechtigt, wird die Zielsetzung der Identifizierungspflicht dagegen nicht erreicht[398]. Aus diesem Grunde hat der Vertragspartner gemäß Art. 4 Abs. 1 lit. a GwG eine schriftliche Erklärung abzugeben, in der er die wirtschaftlich berechtigte Person bezeichnet oder in der er bestätigt, mit der wirtschaftlich berechtigten Person identisch zu sein. Bestehen auch an der Richtigkeit dieser Erklärung des Vertragspartners ernsthafte Zweifel, ist die Aufnahme von Geschäftsbeziehungen abzulehnen oder Meldung nach Art. 9 Abs. 1 GwG zu erstatten[399].

Die Abgabe einer schriftlichen Erklärung durch den (zukünftigen) Vertragspartner stellt nach Ansicht von *Graber* für den Finanzintermediär eine gemäß Art. 4 Abs. 1 lit. a GwG gesetzlich statuierte Pflicht *formeller* Art dar[400]. Sie unterscheidet sich insoweit von Art. 305ter Schweizer StGB, als der Straftatbestand einen *materiellen* Sorgfaltsbegriff zugrunde legt[401]. Dies führt zu der unerwarteten Konsequenz, dass der Finanzintermediär, der die Auflagen von Art. 4 Abs. 1 GwG erfüllt, nicht unbedingt davon ausgehen kann, auch im Sinne von

---

[397] So Botschaft 1996, S. 1123.

[398] Auch an dieser Stelle ist es fraglich, ob es nicht ebenso einer Identifikation des Vertragspartners bedarf. Vgl. zur doppelten Identifizierungspflicht in Bezug auf Art. 305ter Schweizer StGB und damit zu einer gleichgelagerten Problematik die umfassende Darstellung, *in*: Schmid, StGB 305ter, *in*: Schmid (Hrsg.), Kommentar Einziehung, organisiertes Verbrechen und Geldwäscherei, Bd. II, Rn. 170 ff., S. 69 ff.

[399] Botschaft 1996, S. 1125.

[400] Das Geldwäschereigesetz verlangt also vom Finanzintermediär nicht, die wirtschaftlich berechtigte Person auch tatsächlich zu identifizieren (lediglich formeller Sorgfaltsbegriff), vgl. hierzu Graber, GWG, Art. 4, Rn. 2.

[401] Art. 305ter Abs. 1 StGB verpflichtet den Finanzintermediär, die Identität des wirtschaftlich Berechtigten tatsächlich festzustellen und Auskünfte der Vertragspartei bei entsprechender Veranlassung zu überprüfen; so Graber, Zum Verhältnis der Sorgfaltspflichtvereinbarung der Banken zu Art. 305ter Abs. 1 StGB, *in*: SZW 1995, S. 165 ff.

Art. 305ter Abs. 1 Schweizer StGB gehandelt zu haben. Der Bundesrat erklärt in seiner Botschaft zum Geldwäschereigesetz allerdings, dass „*die Anforderungen, welche dieses Gesetz* (also das GwG) *an den Finanzintermediär stellt*", den Pflichten des Art. 305ter Schweizer StGB entsprechen[402]. Demzufolge dürfte es für den Finanzintermediär letzten Endes keine Probleme im Hinblick auf die Erfüllung der Sorgfaltspflicht in Art. 305ter Schweizer StGB geben. In Bezug auf die Ansicht von *Graber* bleibt anzumerken, dass *Graber* zwar betreffend der Verpflichtung, die wirtschaftlich berechtigte Person zu identifizieren, von einem *formellen* Sorgfaltsbegriff spricht, generell aber von einem *materiellen* Sorgfaltsbegriff ausgeht[403].

Die Erfüllung der in Art. 4 GwG normierten Pflicht ist letztlich noch mit weiteren Schwierigkeiten verbunden: Eine eindeutige Umschreibung des Begriffs des „wirtschaftlich Berechtigten" gibt es weder im Gesetz noch in der Botschaft des Bundesrates. Ferner definieren auch die Sorgfaltspflichtvereinbarungen diesen Begriff nicht.

Einzig *Kistler*[404] zeigt eine nützliche Definition auf:

„L'ayant droit économique sera celui qui aura remis, personellement ou par l'intermédiaire d'un tiers, les valeurs patrimoniales au propriétaire juridique et qui pourra, de par son influence et en tout temps, provoquer la restitution ou leur attribution à des tiers."[405]

Hinsichtlich des gebotenen Sorgfaltsmaßstabes ist grundsätzlich fraglich, wie tiefgehend die Abklärung der Identität des wirtschaftlich Berechtigten erfolgen muss. Die Botschaft des Bundesrates verweist lediglich auf Art. 305ter Schwei-

---

[402] Botschaft 1996, S. 1125.
[403] Graber, GWG, Art. 1, Rn. 5, sowie Art. 4 Rn. 2.
[404] Kistler, La vigilance requise en matière d'opérations financières, S. 181.
[405] Ins Deutsche übersetzt lautet die Definition des wirtschaftlich Berechtigten wie folgt: „Der wirtschaftlich Berechtigte ist derjenige, der persönlich oder durch einen Vermittler (Dritten) die Erbwerte des juristischen Eigentümers erhält und durch seinen Einfluss zu jeder Zeit die Herausgabe der ihm zuerkannten Rechte an Dritte bewirken kann."

zer StGB und auf das in diesem Zusammenhang bestehende Verhältnismäßigkeitsprinzip, das die Grenze zumutbarer Abklärung markiert[406]. Im Übrigen behilft sich die Botschaft über die Änderung des schweizerischen Strafgesetzbuches[407] mit allgemeinen Hinweisen auf die Sorgfaltspflichtvereinbarungen der Banken (VSB).

Rechtsunsicherheiten in diesem Bereich dürfen allerdings nicht zu Lasten der Gesetzesadressaten (also der Finanzintermediäre) gehen[408]. Diese Ansicht vertritt auch *Stratenwerth*[409], der auf das (parallele) Problem bei Art. 305ter Schweizer StGB hinweist und dazu ausführt:

„Die Botschaften haben hier jeweils auf die Standesregeln verwiesen, wie sie in der Vereinbarung über die Sorgfaltspflichten der Banken [...] und durch das GwG auch im Nicht-Bankensektor vorgesehen sind. Diese Regeln müssen nunmehr, entgegen BGE *125* IV 143 ff, nicht nur als Auslegungshilfe, sondern als bindend angesehen werden: Ihre Einhaltung schliesst die Strafbarkeit aus."

In einer ersten Entscheidung des Berner Bundesgerichts[410] wurde der Maßstab

---

[406] Lutz, Geldwäsche – Gesetzgebung und Entwicklung in der Schweiz, *in:* Bekämpfung der Geldwäsche, S. 28.

[407] Botschaft StGB, S. 1089.

[408] So auch Graber, GWG, Art. 1, Rn. 6, der die Botschaft zum GwG (1996) wie folgt zitiert: „Die im vorliegenden Gesetz eingeführten Sorgfaltspflichten der Finanzintermediäre werden – zusammen mit den ausführenden Bestimmungen der zuständigen Selbstregulierungsorganisationen – den Maßstab bilden, für die nach Art. 305ter Abs. 1 StGB im Rahmen von Finanzgeschäften zu beachtende Sorgfalt. Ein Finanzintermediär, der die Sorgfaltspflicht nach dem Geldwäschereigesetz beachtet, soll demzufolge grundsätzlich davon ausgehen können, dass er nicht wegen Verstoßes gegen Art. 305ter Abs. 1 StGB belangt wird [...]"

[409] Stratenwerth/Bommer, BT II, § 55, Rn. 54.

[410] Entscheidung des Bundesgerichts v. 30.04.1999, BGE 125 IV 139 ff., sowie aktuelle Entscheidung des Bundesgerichts v. 12.09.2008, BGE 134 IV 307.

Das Bundesgericht urteilt in BGE 134 IV 307 wie folgt:

„Die Pflicht zur Identifizierung der Vertragspartei entsteht mit der Aufnahme der Geschäftsbeziehung und dauert bis zu ihrer Beendigung an. Der Finanzintermediär, der im Rahmen einer dauerhaften Geschäftsbeziehung Geschäftsführungshandlungen tätigt, ohne die Identität des wirtschaftlich Berechtigten festzustellen, handelt andauernd rechtswidrig. In diesem Fall stellt die mangelnde Sorgfalt bei Finanzgeschäften ein Dauerdelikt dar. Die Verjährung

für die Erfüllung der Sorgfaltspflichten weit gefasst und zudem entschieden, dass die Erfüllung der Pflichten nach den VSB nicht immer hinreichend sei, um auch den Pflichten gemäß Art. 305ter Schweizer StGB zu genügen. Nach Ansicht der Rechtsprechung ist damit ein pauschaler Verweis auf die VSB nicht ausreichend und die Vorgehensweise der Botschaft über die Änderung des schweizerischen Strafgesetzbuches[411] insoweit abzulehnen.

Entscheidend für die Zielrichtung des GwG ist, dass nicht nur bei der Eröffnung von Bankkonten, sondern auch während der gesamten Dauer einer Geschäftsbeziehung die geforderten Identifikationsmaßnahmen aufrecht erhalten werden (vgl. Art. 5 GwG). Zweifel können auf Seiten des Finanzintermediärs insbesondere dann entstehen, wenn der Kundenkontakt nur noch über Dritte erfolgt oder wenn Einzahlungen auf ein Konto (zugunsten des Kontoinhabers) erfolgen, die Verfügungen dann aber zugunsten einer dritten Person vorgenommen werden[412]. Entstehen solche Zweifel, muss die Identifizierung von Kontoinhaber bzw. wirtschaftlich Berechtigtem nach Art. 3 und Art. 4 GwG wiederholt werden.

Demzufolge ist der Finanzintermediär gemäß Art. 6 GwG einer besonderen Abklärungspflicht unterworfen, wenn Transaktionen oder Geschäftsbeziehungen ungewöhnlich erscheinen oder Verdachtsmomente vorliegen, wonach Vermögenswerte aus einem Verbrechen herrühren oder der Verfügungsmacht einer kriminellen Organisation unterliegen[413]. Nach *Graber*[414] stellt diese besondere Abklärungspflicht das

---

beginnt daher an dem Tag zu laufen, an dem die Geschäftsbeziehung aufhört und damit die diesbezügliche Pflicht zur Identifizierung nicht mehr besteht oder an welchem der Finanzintermediär der rechtswidrigen Situation durch Feststellung der Identität des an den verwalteten Vermögenswerten wirtschaftlich Berechtigten ein Ende gesetzt hat (E. 2.4)."

[411] Botschaft StGB, S. 1089.

[412] Vgl. hierzu Rundschreiben EBK Geldwäscherei v. 26.03.1998, Anhang.

[413] Dem Anhang der GwV EBK SR 955.022 sind zahlreiche Beispiele für Geldwäscherei zu entnehmen; ferner konkretisiert der Schweizerische Anwaltsverband und der Schweizerische Notarverband im Reglement der Selbstregulierungsorganisation SAV/SNV den Begriff der „*ungewöhnlichen Transaktion*" in Art. 8 Ziff. 1 und 3.

[414] Graber, GWG, Art. 6, Rn. 1.

"Bindeglied zwischen der formellen Sorgfalt, wie sie Art. 3 und Art. 4 (GWG) und die VSB verlangen, und dem materiellen Sorgfaltsbegriff, der Art. 305ter StGB zugrunde liegt",

dar.

Finden sich dann tatsächlich entsprechende Verdachtsmomente, ist der Finanzintermediär allerdings auch dazu verpflichtet, die wirtschaftlichen Hintergründe sowie den Zweck der Transaktion abzuklären und die gesamte Geschäftsbeziehung – also das Kundenprofil – auf ihre Rechtmäßigkeit zu untersuchen[415]. Der Finanzintermediär muss sich folglich Klarheit darüber verschaffen, ob der verdächtig erscheinende Vorgang rechtmäßig ist oder ob der Verdacht begründet war und eine Meldung an die Meldestelle für Geldwäscherei zu erstatten ist. Die Abklärungspflicht stellt damit gemäß Art. 6 Schweizer GwG eine dauernde Aufgabe des Finanzintermediärs dar.

Schließlich ist der Finanzintermediär neben der Erfüllung der oben genannten Pflichten dazu angehalten, das Resultat seiner verschiedenen Nachprüfungen gemäß Art. 7 GwG festzuhalten. Das heißt, die (wiederholte) Identifizierung des Geschäftspartners, die Feststellung des wirtschaftlich Berechtigten und die besonderen Abklärungen gemäß Art. 6 GwG sind zwingend zu dokumentieren[416]. Die zu erstellenden Dokumente müssen derart ausgestaltet und abgefasst werden, dass fachkundige Dritte (Aufsichtsbehörde, externe Revisionsstelle, Untersuchungsbehörden) die Geschäfte objektiv einschätzen können, um das entsprechende Risikopotenzial zu erkennen[417]. Ferner muss erkennbar sein, ob

---

[415] Ein solches „Kundenprofil" kann als Ausfluss des sog. „Know Your Customer" (KYC) angesehen werden; zum KYC vgl. Internetauftritt der Financial Intelligence Unit (FIU)/Zentralstelle für Geldwäscheverdachtsanzeigen, einsehbar unter: http://www.bka.de/profil/zentralstellen/geldwaesche/neuverpflichtete/fiu5_glossar.html (Stand: Juli 2009).

[416] Vgl. hierzu Ausführungen in Graber, GWG, Art. 7, Rn. 4; die Dokumente und Unterlagen sind zehn Jahre lang aufzubewahren. Die Frist für die Unterlagen betreffend die Identifizierung beginnt mit der Beendigung der Geschäftsbeziehung. Für einzelne Transaktionen beginnt die Aufbewahrungsfrist mit Abschluss der Transaktion.

[417] de Capitani, GwG, in: Schmid (Hrsg.), Kommentar Einziehung, organisiertes Verbrechen und Geldwäscherei, Bd. II, § 8, Rn. 77 ff., S. 945.

der Finanzintermediär seiner durch das Schweizer GwG auferlegten Pflicht nachgekommen ist[418]. Die Dokumentationspflicht trifft den Finanzintermediär nicht, wenn der Kontakt zu keiner Geschäftsbeziehung führt[419].

Gemäß Art. 8 GwG sind Finanzintermediäre auch verpflichtet, die in ihrem Bereich erforderlichen Maßnahmen zur Bekämpfung der Geldwäscherei zu treffen. Dabei orientieren sich Art und Umfang der Maßnahmen insbesondere an der Tätigkeit des Finanzintermediärs und am jeweiligen Arbeitsumfang. Zu den erforderlichen Maßnahmen gehört es auch, dem Personal in den betroffenen Bereichen klare Anweisungen zu geben.

5.3.7.2 Meldepflicht und Pflicht zur Vermögenssperre

Im Fall eines Geldwäschereiverdachts normiert das Schweizer GwG in Art. 9 eine (unverzügliche) Meldepflicht gegenüber der zentralen Meldestelle für Geldwäscherei (MROS) oder an die kantonale Strafverfolgungsbehörde[420]. Voraussetzung der Meldepflicht ist, dass bereits eine Geschäftsbeziehung aufgenommen wurde[421]. Solange eine solche fehlt, wird durch die Tätigkeit des Finanzintermediärs keine geldwäschereirelevante Gefährdung geschaffen. Ein Anlass, dem Finanzintermediär weitere Pflichten aufzuerlegen, besteht in dieser Konstellation nicht. Allerdings ist es dem Finanzintermediär freigestellt, jederzeit

---

[418] Sog. „Überprüfbarkeit der Einhaltung der gesetzlichen Bestimmungen", ausführlich hierzu de Capitani, GwG, *in:* Schmid (Hrsg.), Kommentar Einziehung, organisiertes Verbrechen und Geldwäscherei, Bd. II, § 8, Rn. 4 ff., S. 926 f.

[419] Erst durch die *Aufnahme* der Geschäftsbeziehung wird die Dokumentationspflicht gemäß Art. 7 GwG ausgelöst. Entfällt die Dokumentationspflicht mangels Aufnahme, so kann der Finanzintermediär seine Wahrnehmungen gemäß Art. 305ter Abs. 2 Schweizer StGB der dafür zuständigen Stelle melden; so Graber, GWG, Art. 7, Rn. 3 mit Hinweis auf Art. 24 GwV EBK.

[420] Das gilt sowohl für eine strafbare Handlung i. S. v. Art. 305bis Schweizer StGB als auch bei einem Verdacht nach Art. 260ter Schweizer StGB.

[421] Verzichtet der Finanzintermediär nach einem ersten unverbindlichen Kontakt darauf, eine weiterführende Beziehung aufzunehmen, entfällt eine Meldepflicht; vgl. Botschaft, S. 1130. Siehe hierzu auch Graber, GWG, Art. 7, Rn. 3 mit Hinweis auf Art. 24 GwV EBK.

vom Melderecht nach Art. 305ter Abs. 2 StGB Gebrauch zu machen[422]. Beachtlich ist in diesem Zusammenhang, dass gemäß Art. 9 Abs. 2 Schweizer GwG Angehörige des Berufstandes der Rechtsanwälte und Notare, soweit ihre Tätigkeit dem Berufsgeheimnis nach Art. 321 StGB untersteht, keiner Meldepflicht unterliegen.

Um die Meldepflicht auszulösen, muss der Verdacht keinen an Sicherheit grenzenden Grad erreichen. Zudem muss der Finanzintermediär im Rahmen seiner Tätigkeit „*nur die nach den Umständen gebotene Sorgfalt*"[423] walten lassen, d. h., er ist nicht verpflichtet, Transaktionen auf das Vorliegen geldwäschereirelevanter Elemente zu untersuchen[424].

Während das Melderecht nach Art. 305ter Abs. 2 Schweizer StGB einen strafrechtlichen Rechtfertigungsgrund für die Meldung geldwäschereirelevanter Indizien bei Vorhandensein eines Berufsgeheimnisses schafft, setzt die Meldepflicht nach Art. 9 GwG das Wissen oder den begründeten Verdacht einer strafbaren Handlung nach Art. 305ter Abs. 2 StGB voraus[425]. In diesem Sinne ergänzen sich die beiden Vorschriften[426].

Vermögenswerte, die mit einer Meldung in Zusammenhang stehen, sind unverzüglich zu sperren, bis eine Stellungnahme der Meldestelle für Geldwäscherei oder der zuständigen Strafverfolgungsbehörde vorliegt (Art. 10 GwG)[427]. Verfügt die zuständige Behörde nicht innerhalb von fünf Werktagen seit der Mel-

---

[422] Graber, GWG, Art. 9, Rn. 4.

[423] de Capitani, GwG, *in:* Schmid (Hrsg.), Kommentar Einziehung, organisiertes Verbrechen und Geldwäscherei, Bd. II, § 8, Rn. 68, S. 1007 m. Verw. a. Rn. 5, S. 1052. Diese Formulierung ist vor dem Hintergrund des Grundsatzes „nulla poena sine lege stricta" nicht unproblematisch, da das vorwerfbare Verhalten nicht genau umschrieben ist; de Capitani spricht in diesem Zusammenhang auch von *Geheimnisverletzung* in strafrechtlicher Hinsicht; vgl. § 8, Rn. 19, S. 1055.

[424] Botschaft, S. 1130.

[425] Lutz, Geldwäsche – Gesetzgebung und Entwicklung in der Schweiz, *in:* Bekämpfung der Geldwäsche, S. 35.

[426] Vgl. hierzu auch nachfolgende Ausführung in Kapitel III. 3.4 Die Effizienz des Schweizer Systems der Geldwäschereibekämpfung.

[427] Von der Sperrung werden auch Vermögensmehrungen durch bspw. Einzahlungen oder Zinsausschüttungen erfasst (sog. absolutes Verfügungsverbot); Botschaft, S. 1133.

dung[428] durch den Finanzintermediär ihrerseits eine Sperre, kann der Finanzintermediär die vom Kunden in Auftrag gegebene Transaktion ausführen. Während der Dauer der Vermögenssperre darf die Person, die den Verdacht begründet hat, keine Kenntnis über die Meldung oder Untersuchung erhalten. Die Informationssperre findet ihr Ende mit dem Ende der Vermögenssperre[429].

Fraglich erscheint in diesem Kontext, ob der „vorsichtige" Finanzintermediär für die (finanziellen) Auswirkungen einer Meldung und einer Vermögenssperre in Haftung genommen werden kann, wenn zwar ausreichende Verdachtsmomente, aber im Ergebnis kein geldwäschereirelevanter Sachverhalt vorgelegen hat[430]. Eine Antwort hierauf gibt Art. 11 GwG, der festlegt, dass den Finanzintermediär, der mit der den Umständen nach gebotenen Sorgfalt gehandelt hat, keine strafrechtliche Haftung wegen Verletzung des Amts-, Berufs- oder Geschäftsgeheimnisses trifft. Ebenso entfällt eine Haftung wegen Vertragsverletzung. Im Umkehrschluss heißt das allerdings auch, dass der Finanzintermediär die zivil- und strafrechtlichen Folgen einer nicht von Art. 11 GwG gedeckten Meldung zu tragen hat und ihn auch die Strafsanktion des Art. 37 GwG trifft, wenn er eine gebotene Meldung unterlässt[431].

5.3.8 Das deutsche Geldwäschegesetz[432]

Die strafrechtliche Bestimmung des § 261 deutsches StGB wurde zunächst durch das deutsche Geldwäschegesetz (Gesetz über das Aufspüren von Gewinnen aus schweren Straftaten – GWG) vom 25. Oktober 1993[433] ergänzt. Im

---

[428] Die Frist läuft ab dem Zeitpunkt der Meldung, wobei wohl vom Datum des Poststempels für den Beginn der Frist auszugehen ist, vgl. Botschaft, S. 1133.

[429] Die Informationssperre dauert grundsätzlich ebenfalls fünf Werktage seit Erstattung der Meldung; so Prot. NR 1996, 18./19.11.1996, S. 5, sowie Botschaft, S. 1133 f.

[430] So erneut de Capitani, GwG, in: Schmid (Hrsg.), Kommentar Einziehung, organisiertes Verbrechen und Geldwäscherei, Bd. II, § 8, Rn. 68, S. 1007 m. Verw. a. Rn. 5 ff., S. 1052 f.

[431] Graber, GWG, Art. 11, Rn. 4.

[432] Vorliegend abgekürzt: GWG.

[433] In Kraft getreten am 22.09.1992; BGBl. I/1993, S. 1770–1775.
Hier berücksichtigter Gesetzesstand: Fassung aufgrund des Art. 2 des Gesetzes zur Ergänzung der Bekämpfung der Geldwäsche und der Terrorismusfinanzierung (Geld-

Zuge des „Gesetzes zur Verbesserung der Bekämpfung der Organisierten Kriminalität" vom 4. Mai 1998[434] und des „Gesetzes zur Verbesserung der Bekämpfung der Geldwäsche und der Bekämpfung der Finanzierung des Terrorismus (Geldwäschebekämpfungsgesetz)[435]" erfuhr das deutsche GWG jeweils eine umfassende Novellierung. In Umsetzung der 3. EU-Anti-Geldwäscherichtlinie[436] wurde das deutsche GWG schließlich neu gefasst[437]. Aufgrund der Neufassung erstrecken sich nunmehr die zur Geldwäschebekämpfung entwickelten Instrumente auch auf die Bekämpfung der Terrorismusfinanzierung, auf die Sorgfaltspflichten der betroffenen Unternehmen und Personen sowie auf die Identifizierungspflicht hinsichtlich des hinter einem Vertragspartner stehenden wirtschaftlich Berechtigten[438].

Mittels der Einführung eines Straftatbestandes in das deutsche Strafgesetzbuch (§ 261 deutsches StGB), der Verabschiedung eines Geldwäschegesetzes und der entsprechenden gesetzgeberischen Anpassungen erfüllt bzw. erfüllte die Bundesrepublik Deutschland die internationalen Anforderungen[439].

---

wäschereibekämpfungsergänzungsgesetz – GwBekErgG) vom 13.08.2008, BGBl. I, S. 1690, in Kraft getreten am 21.08.2008.

[434] BGBl. 1998, S. 845.

[435] In Kraft getreten am 15. August 2002, BGBl. 2002 I, S. 3105.
Zu den vier Schwerpunkten des Geldwäschebekämpfungsgesetzes siehe ausführliche Darstellung in Herzog/Müllhausen/*Teichmann/Achsnich*, GwHdb, § 29, Rn. 31 ff., S. 253 f.

[436] 3. EU-Anti-Geldwäscherichtlinie (2005/60/EG) vom 26. Oktober 2005; Amtsblatt 2005, S. L 309/15.

[437] Das novellierte GWG wird daher vorliegend in der Fassung des Geldwäschegesetzes vom 13. August 2008 (BGBl. I, S. 1690 ff.) berücksichtigt. Die Gesetzesnovelle ist am 21. August 2008 in Kraft getreten.
Das Kreditwesengesetz (KWG) sowie das Versicherungsaufsichtsgesetz (VAG) wurden ebenfalls geändert.

[438] Laut Gesetzentwurf der Bundesregierung zum GWG v. 27.02.2008, Begründung, A. Allgemeiner Teil, Neufassung des Geldwäschegesetzes; im Internet einsehbar unter: http://www.anti-geldwaesche.de/GwG-neu/GwG-Regierungsentwurf%2027.02.2008.pdf (Stand: Juli 2009).

[439] Vgl. hierzu insb. FATF, Annual Report 1993–1994, S. 12.

5.3.8.1 Zielsetzung/gesetzliche Ausgestaltung

Das deutsche GwG hat zum Ziel, die Wirksamkeit des Straftatbestandes (§ 261 StGB) zu unterstützen, indem es bestimmten Personengruppen, die vermehrt mit bemakelten Vermögenswerten in Kontakt kommen, konkrete Mitwirkungspflichten aufgibt[440]. Zu diesen besonders betroffenen Gruppierungen zählen u. a. Kredit- und Finanzinstitute, Versicherungsunternehmen, aber auch vermögensbetreuende Notare und Rechtsanwälte sowie Spielbanken (vgl. § 2 GWG Verpflichtete).

Die im Gesetz enthaltenen Bestimmungen sollen Strafverfolgungsbehörden Anhaltspunkte für Geldwäschehandlungen liefern und zugleich verhindern, dass Kreditinstitute sowie andere Gewerbetreibende zu Geldwäschezwecken missbraucht werden[441]. Das deutsche GWG ist demzufolge dem Bereich des Sicherheits- und Ordnungsrechts (Polizeirecht) zuzuordnen[442].

Das Gesetz sieht in den §§ 2–8 deutsches GWG die Identifizierungspflicht des Kunden sowie die Aufzeichnung und Aufbewahrung der getroffenen Feststellungen für die betroffene Personengruppe vor. Ferner sind die Verpflichteten nach § 9 GWG dazu angehalten, interne Sicherungsmaßnahmen zu treffen und verdächtige Finanztransaktionen den Strafverfolgungsbehörden anzuzeigen (§ 11 GWG).

Durch die Novellierung des deutschen GWG werden die gesetzlichen Regelungen der Geldwäschereibekämpfung, die mit den internationalen Standards und Forderungen der FATF übereinstimmen, in noch stärkerem Umfang auch für die Bekämpfung der Terrorismusfinanzierung genutzt[443]. Das Gesetz folgt insoweit dem Konzept der Risikoorientierung, indem es zukünftig für den Betroffenen

---

[440] Hombrecher, Der Tatbestand der Geldwäsche (§ 261 StGB), *in:* JA 2005, S. 67, S. 71.

[441] Bundestags-Drucksache 12/2704, S. 1.

[442] So Herzog/Müllhausen/*Teichmann/Achsnich*, GwHdb, § 29, Rn. 37, S. 254, m. Verw. a. die Gegenansicht von Findeisen, Der Präventionsgedanke im Geldwäschegesetz, *in:* wistra 1997, 121, 122, der das GWG stärker dem Gewerberecht zuordnet.

[443] Vgl. Gesetzentwurf der Bundesregierung zum GWG v. 27.02.2008, Begründung, A. Allgemeiner Teil, Neufassung des Geldwäschegesetzes; im Internet einsehbar unter: http://www.anti-geldwaesche.de/GwG-neu/GwG-Regierungsentwurf%2027.02.2008.pdf (Stand: Juli 2009).

stets die Frage aufwirft, wie risikobehaftet ein bestimmtes Geschäft oder eine Transaktion tatsächlich unter Geldwäscheaspekten ist[444].

5.3.8.2 Pflichten nach dem deutschen Geldwäschegesetz

Das deutsche GWG verpflichtet die in § 2 GWG[445] aufgeführten Personen bei der Vornahme bestimmter Geschäfte zu einer Identifizierung des Vertragspartners und – soweit vorhanden – des wirtschaftlich Berechtigten (vgl. § 4 Abs. 1 deutsches GWG). Die Identifizierungspflicht tritt demnach bereits unabhängig vom Bestehen eines Geldwäschereiverdachts ein und ist vor Begründung einer Geschäftsbeziehung vorzunehmen[446]. Durch die (neue) Verpflichtung zur (zusätzlichen) Identifizierung des wirtschaftlich Berechtigten, das heißt zur Identifikation

„derjenigen natürlichen Person, in deren Eigentum oder unter deren Kontrolle der Vertragspartner letztlich steht, oder der natürlichen Person, auf deren Veranlassung eine Transaktion letztlich durchgeführt oder eine Geschäftsbeziehung letztlich begründet wird[447]",

werden erhöhte Integritäts- und Transparenzstandards zur Verhinderung der Geldwäsche und der Terrorismusfinanzierung formuliert.

---

[444] Löwe-Krahl, Das neue Geldwäschegesetz, *in:* PStR 2008, S. 284.

[445] In § 2 GWG haben sich gegenüber der bisherigen Regelung einige Erweiterungen des persönlichen Anwendungsbereichs ergeben. Die Änderungen betreffen insbesondere Unternehmen, die Kapitalisierungsgeschäfte betreiben (bspw. Lebensversicherungen) – § 2 Nr. 4 GWG, Versicherungsvermittler – § 2 Nr. 5 GWG sowie Dienstleister für Trusts und Gesellschaften – § 2 Nr. 9 GWG.

[446] Eine Ausnahme – d. h. die Durchführung der Identifizierung während der Begründung der Geschäftsbeziehung – besteht nur dann, wenn der Geschäftsablauf dies erfordert und ein geringes Risiko besteht (vgl. hierzu § 5 GWG, vereinfachte Sorgfaltspflichten, sowie § 25e KWG [neu] und § 80f Abs. 3 VAG [neu]).

[447] Die Definition des wirtschaftlich Berechtigten wurde dem Gesetzentwurf der Bundesregierung zum GWG v. 27.02.2008, Begründung, A. Allgemeiner Teil, Neufassung des Geldwäschegesetzes entnommen; im Internet einsehbar unter http://www.anti-geldwaesche.de/GwG-neu/GwG-Regierungsentwurf%2027.02.2008.pdf (Stand: Juli 2009).

In diesem Zusammenhang besteht neben der Maßgabe des § 3 Abs. 1 Nr. 1 GWG (Identifizierung des Vertragspartners) die Verpflichtung, Informationen über den Zweck und die angestrebte Art der Geschäftsbeziehung einzuholen (Erstellung des Kundenrisikoprofils) sowie abzuklären, ob der Vertragspartner nicht für einen anderen wirtschaftlich Berechtigten handelt (§ 3 Abs. 1 Nr. 2 und 3 GWG)[448]. Durch die Novellierung des Geldwäschegesetzes mit den zuvor aufgeführten gesteigerten Pflichten wurde somit das bisherige „Know Your Customer"-Prinzip (KYC-Prinzip)[449] zu einem „Customer Due Diligence"-Prozess (CDD-Prozess)[450] ausgeweitet. Zum CDD-Prozess gehört dabei insbesondere, die Geschäftsbeziehung einschließlich der im Verlauf einer Geschäftsbeziehung durchgeführten Transaktionen kontinuierlich zu überwachen, um sicherzustellen, dass die vorhandenen Informationen über Vertragspartner bzw. wirtschaftlich Berechtigte, die Herkunft der Vermögenswerte sowie das Risikoprofil ihre Richtigkeit und Vollständigkeit behalten (vgl. § 3 Abs. 1 Nr. 4 GWG). Die Verpflichteten haben dabei dafür Sorge zu tragen, dass Dokumente, Daten und Informationen in angemessenen zeitlichen Abständen aktualisiert

---

[448] Es besteht nunmehr nicht nur die Verpflichtung, den wirtschaftlich Berechtigten („Hintermann") einer Transaktion festzustellen, sondern auch dessen Identität zu erfassen, sofern dies zu Zwecken der Geldwäschebekämpfung angemessen erscheint (§ 4 Abs. 5 GWG); vgl. hierzu Löwe-Krahl, Das neue Geldwäschegesetz, in: PStR 2008, S. 284.

[449] Mit der Novellierung aus dem Jahr 2002 (BGBl. 2002 I, S. 3105) wurde das „Know Your Customer"-Prinzip im deutschen GWG verankert, das inhaltlich zu den wichtigsten Bestandteilen des internen Sicherungssystems zählt. Ziel des „Know Your Customer"-Prinzips ist es, möglichst frühzeitig risikobehaftete Kundenbeziehungen ausfindig zu machen, um deren Aktivitäten zu unterbinden und sich gleichzeitig ein umfassendes Bild über die Geschäftsbeziehung zu bilden. Die daraus resultierende präventive Wirkung ist geeignet, Geldwäsche und Terrorismusfinanzierung vorzubeugen; vgl. hierzu Herzog/Müllhausen/*Teichmann/Achsnich*, GwHdb, § 29, Rn. 100, S. 300, sowie GWG-Begründung zu Art. 2, § 1, Abs. 1; im Internet einsehbar unter http://www.anti-geldwaesche.de/GwG-neu/GwG-Regierungsentwurf%2027.02.2008.pdf (Stand: Juli 2009).

[450] Insbesondere die Informationen nach § 3 Abs. 1 Nr. 2 GWG sind „Kernstück der unternehmensinternen „Customer Due Diligence"-Maßnahmen". Sie sollen Verpflichtete besser in die Lage versetzen, ein Risikoprofil über ihre jeweiligen Vertragspartner zu entwickeln; vgl. hierzu GWG-Begründung, zu Art. 2, § 3 Abs. 1 Nr. 2; im Internet einsehbar unter http://www.anti-geldwaesche.de/GwG-neu/GwG-Regierungsentwurf%2027.02.2008.pdf (Stand: Juli 2009).

und auch Bestandskunden neu identifiziert und überprüft werden (sog. Monitoring)[451].

Die Identifizierung des Vertragspartners an sich ist gemäß § 1 Abs. 1 Nr. 1 und Nr. 2 GWG (nunmehr) aufgrund der Feststellung der Identität durch Erhebung von Angaben *und* Überprüfung der Identität zweistufig aufgebaut. Demzufolge ist eine bloße Überprüfung der persönlichen Daten des Kunden anhand des Personalausweises nicht mehr ausreichend, sondern es bedarf zunächst einer Erhebung von Informationen beim Kunden (beispielsweise durch Fragestellung, Ausfüllen von Anträgen) und dann einer Verifizierung dieser Angaben anhand von Kundendokumenten (beispielsweise durch Personalausweis)[452].

Bei auf Dauer angelegten Geschäftsbeziehungen ist eine Identifizierung zwingend erforderlich (§ 3 Abs. 2 Nr. 1 deutsches GWG)[453]. Ebenso verhält es sich bei der Durchführung einer außerhalb einer bestehenden Geschäftsbeziehung anfallenden Transaktion im Wert von 15.000 Euro oder mehr (§ 3 Abs. 2 Nr. 2 deutsches GWG). Darüber hinaus muss der Verpflichtete seiner Sorgfaltspflicht genügen, wenn er Tatsachen feststellt, die darauf schließen lassen, dass eine Transaktion einer Tat nach § 261 StGB oder der Terrorismusfinanzierung dient, bzw. wenn er Zweifel hegt, ob die aufgrund von Bestimmungen dieses Gesetzes erhobenen Angaben zu der Identität des Vertragspartners oder des wirtschaftlich Berechtigten zutreffend sind (§ 3 Abs. 2 Nr. 3 und 4 deutsches GWG).

---

[451] Norton Rose, Das neue Geldwäschegesetz – Herausforderungen durch die Umsetzung der 3. EG-Geldwäscherichtlinie, März 2008; im Internet einsehbar unter http://www.nortonrose.com/knowledge/publications/pdf/file14563.pdf?lang=en-gb (Stand: Juli 2009).

[452] Für die Identitätsfeststellung der Vertreter eines Unternehmens ist insoweit der Anwendungserlass zu § 154 AO (AEAO; BMF-Schreiben vom 2. Januar 2008, BStBl. I, S. 26 ff., IV A 4 – S 0062/07/0001) heranzuziehen, wonach es ausreicht, wenn lediglich Angaben zu fünf Vertretern erhoben werden (sofern diese in ein öffentliches Register eingetragen sind bzw. bei denen eine Legitimation stattgefunden hat).

[453] Vgl. hierzu auch Weyand, Neues Geldwäschegesetz, *in:* StuB 2008, S. 830 f.

Wurde der Kunde bereits identifiziert und bestehen keine Zweifel in Bezug auf die Richtigkeit der Angaben, braucht eine (erneute) Identifizierung nicht durchgeführt zu werden (vgl. § 4 Abs. 2 GWG).

In Bezug auf die allgemeine Identifizierungspflicht enthält das Gesetz in § 5 deutsches GWG Regelungen mit vereinfachtem Sorgfaltspflichtmaßstab[454]. Der risikobasierte Ansatz des Geldwäschegesetzes bringt es insofern insgesamt mit sich, dass jeder einzelnen Risikosituation angemessen Rechnung getragen werden muss. In den Fällen des § 3 Abs. 2 Satz 1 Nr. 1, 2 und 4 GWG können Verpflichtete folglich von der Erfüllung der Sorgfaltspflichten absehen, wenn das Risiko der Geldwäsche oder der Terrorismusfinanzierung nach Maßgabe von § 5 Abs. 2 GWG als gering einzustufen ist. Durch den in § 5 Abs. 2 GWG enthaltenen abschließenden Katalog hat der Gesetzgeber allerdings die Risikoeinschätzung den Verpflichteten abgenommen und die Beurteilungsfreiheit der Unternehmen entsprechend eingeschränkt.

Spiegelbildlich zu den vereinfachten Sorgfaltspflichten schreibt das deutsche GWG in § 6 den Verpflichteten in bestimmten Fallkonstellationen auch eine verstärkte Sorgfaltspflicht vor: Kommt ein Verpflichteter aufgrund seiner Kundenrisikoanalyse zur Einschätzung, dass bestimmte Geschäftsprozesse oder Kundentransaktionen zu einem erhöhten Geldwäscherisiko oder einer erhöhten Gefahr der Terrorismusfinanzierung führen könnten, sind verstärkte Sorgfaltspflichten einzuhalten[455]. Wann ein Fall mit erhöhtem Risiko gegeben ist, zeigt das Gesetz in § 6 Abs. 2 GWG auf. Die enumerative Auflistung in § 6 Abs. 2 GWG ist aufgrund der Formulierung „insbesondere" allerdings nicht als abschließend anzusehen[456].

Generell normiert § 3 Abs. 6 GWG, dass Verpflichtete keine Geschäftsbeziehungen begründen bzw. fortsetzen sowie keine Transaktionen durchführen dür-

---

[454] Eine vollständige Nichtbeachtung der allgemeinen Sorgfaltspflichten kommt jedoch nicht in Betracht; so GWG-Begründung, zu Art. 2 § 5 Abs. 1; im Internet einsehbar unter http://www.anti-geldwaesche.de/GwG-neu/GwG-Regierungsentwurf%2027.02.2008.pdf (Juli: April 2009).

[455] Weyand, Neues Geldwäschegesetz, in: StuB 2008, S. 831.

[456] GWG-Begründung, zu Art. 2, § 6 Abs. 2; im Internet einsehbar unter http://www.anti-geldwaesche.de/GwG-neu/GwG-Regierungsentwurf%2027.02.2008.pdf (Stand: Juli 2009).

fen, sofern die für die Erfüllung der (vereinfachten, allgemeinen oder verstärkten) Sorgfaltspflichten erforderlichen Informationen und Angaben nicht vorliegen[457].

Bezüglich der Ausführung der gesetzlich normierten Sorgfaltspflichten i. S. d. § 3 Abs. 1 Nr. 1 bis 3 deutsches GWG kann die betroffene Personengruppe bei der Erfüllung auch auf Dritte zurückgreifen bzw. die Durchführung auf der Grundlage einer vertraglichen Vereinbarung auf eine andere Person übertragen (so § 7 Abs. 1 und 2 deutsches GWG)[458]. Diese Möglichkeit ist als Erleichterung der Verpflichteten von der bestehenden Identifizierungspflicht zu werten[459].

Die erhobenen Angaben und eingeholten Informationen über den Vertragspartner sind schließlich gemäß § 8 deutsches GWG aufzuzeichnen und in der Regel (mindestens) fünf Jahre aufzubewahren (sog. Aufzeichnungs- und Aufbewahrungspflicht).

Grundsätzlich müssen Verpflichtete i. S. d. § 9 Abs. 1 deutsches GWG angemessene interne Sicherungsmaßnahmen[460] dagegen treffen, dass sie zu Zwecken der Geldwäsche oder der Terrorismusfinanzierung missbraucht werden können[461]. Zu diesen Vorkehrungen zählt beispielsweise die Bestellung eines

---

[457] Soweit eine Geschäftsbeziehung bereits besteht, „ist diese ungeachtet anderer gesetzlicher oder vertraglicher Bestimmungen durch Kündigung zu beenden" (§ 3 Abs. 6 S. 2 GWG).

[458] Gemäß § 7 Abs. 1 und Abs. 2 GWG ist zwischen Übertragung von Sorgfaltspflichten und Auslagerung zu unterscheiden.

[459] Die Vorschrift trägt dem Umstand Rechnung, dass die vom KYC-Prinzip bzw. CDD-Prozess eigentlich geforderte persönliche Identifizierung mit dem Geschäfts-leben in der Praxis nicht in jedem Fall vereinbar ist; so Norton Rose, Das neue Geldwäschegesetz – Herausforderungen durch die Umsetzung der 3. EG-Geldwäscherichtlinie, März 2008; im Internet einsehbar unter http://www.nortonrose.com/knowledge/publications/pdf/file14563.pdf?lang=en-gb (Stand: Juli 2009).

[460] Was unter internen Sicherungsmaßnahmen detailliert zu verstehen ist, ist der enumerativen Auflistung in § 9 Abs. 2 deutsches GWG zu entnehmen; vgl. hierzu ferner Evers/Friele, Was das neue Geldwäschegesetz bringt, in: VW 2008, S. 2018, 2020.

[461] § 9 Abs.1 GWG ist als wichtiger Aspekt der präventiven Bekämpfung von Geldwäsche und Terrorismusfinanzierung anzusehen; vgl. insoweit auch GWG-Begründung, zu Art. 2, § 9

der Geschäftsleitung unmittelbar nachgeordneten Geldwäschebeauftragten (vgl. § 9 Abs. 2 Nr. 1 GWG)[462]. Die bisher bestehende allgemeine Verpflichtung, einen Geldwäschebeauftragten zu bestellen, wird nunmehr allerdings insoweit eingeschränkt, als dass diese Pflicht nur noch Kredit- und Finanzdienstleistungsunternehmen sowie Versicherungen trifft[463].

Ein Verpflichteter, der Kenntnisse über eine (versuchte) Geldwäschetat bzw. Terrorismusfinanzierung besitzt, wird ferner durch das GWG dazu angehalten, unverzüglich die zuständige Strafverfolgungsbehörde zu informieren[464] (vgl. hierzu § 11 deutsches GWG). Die Informationspflicht richtet sich dabei nicht nach der Höhe der Transaktion. Weiterhin muss bei Verdacht auf Geldwäsche das Bundeskriminalamt (Zentralstelle für Verdachtsanzeigen – FIU) gemäß § 10 deutsches GWG informiert werden, da dieses die Polizei des Bundes und der Länder bei der Verhütung und Verfolgung der Geldwäsche und der Terrorismusfinanzierung unterstützt[465]. Weder über die Anzeige nach § 11 Abs. 1 GWG

Abs. 1; im Internet einsehbar unter http://www.anti-geldwaesche.de/GwG-neu/GwG-Regierungsentwurf%2027.02.2008.pdf (Stand: Juli 2009).

Für Verpflichtete i. S. v. § 2 Abs. 1 Nr. 7 gilt § 9 GWG nur, soweit sie die dort genannten Geschäfte regelmäßig ausführen.

[462] Dieser fungiert als kompetenter Ansprechpartner für Geldwäscheangelegenheiten zwischen dem Unternehmen und der Strafverfolgungsbehörde sowie dem Bundeskriminalamt (Zentralstelle für Verdachtsanzeigen – FIU). Soweit dieser neben dieser Funktion weitere Tätigkeiten wahrnimmt, dürfen diese seine Stellung als Geldwäschebeauftragter nicht einschränken; so insb. Herzog/Müllhausen/*Teichmann/Achsnich*, GwHdb, § 29, Rn. 101, S. 300 f.

Für bestimmte Verpflichtete – insbesondere kleinere Unternehmen – muss nach Maßgabe des § 9 Abs. 4 GWG kein Geldwäschebeauftragter bestellt werden.

[463] Löwe-Krahl, Das neue Geldwäschegesetz, *in:* PStR 2008, S. 284 f.

[464] Die Information kann mündlich, telefonisch, fernschriftlich oder durch elektronische Datenübermittlung erfolgen, vgl. § 11 GWG.

[465] Durch eine Klarstellung des Aufgabenbereiches der Zentralstelle für Verdachtsanzeigen beim Bundeskriminalamt (BKA) wird gewährleistet, dass die Anzeige-pflichtigen auch zum Bereich der Terrorismusfinanzierung die nötigen Informationen erhalten, damit sie Verdachtsfälle als solche besser erkennen können; vgl. hierzu Gesetzentwurf der Bundesregierung zum GWG v. 27.02.2008, Begründung, A. Allgemeiner Teil, Neufassung des Geldwäschegesetzes; im Internet einsehbar unter http://www.anti-geldwaesche.de/GwG-neu/GwG-Regierungsentwurf%27. 02.2008.pdf (Stand: Juli 2009).

noch über eingeleitete Ermittlungsverfahren von Seiten des Verpflichteten darf der Betroffene informiert werden (§ 12 Abs. 1 S. 1 GWG)[466].

Für die Verpflichteten i. S. d. des GWG ist die Einhaltung der Pflichten letztlich auch persönlich relevant, da sämtliche Vorgaben des Gesetzes in der Regel mit einer Bußgeldbewährung versehen sind (vgl. enumerative Aufzählung in § 17 deutsches GWG).

5.3.9 Das Schweizer Geldwäschereigesetz im Vergleich zum deutschen Geldwäschegesetz

Das deutsche Geldwäschegesetz (GWG)[467] kodifiziert ebenso wie das schweizerische Geldwäschereigesetz (GwG) bestimmte Anzeige-, Aufzeichnungs- und Identifizierungspflichten für die Banken, so dass der Ansatz des deutschen GWG in Bezug auf die Geldwäschebekämpfung ein normativer ist[468]. Zielsetzungen beider Gesetze sind[469]:

- das Ausfindigmachen von Anhaltspunkten, die auf Geldwäschereitransaktion hinweisen, so dass die Strafverfolgungsbehörde tätig werden kann;

---

[466] Das Verbot der Informationsweitergabe (auch Hinweis- oder Unterrichtungsverbot oder „Tipping off" genannt) soll im Ergebnis verhindern, dass Geldwäscher über Verdachtsanzeigen und laufende Ermittlungsverfahren informiert werden und damit die Gelegenheit erhalten, Gelder in Sicherheit zu bringen. Ziel ist die Sicherung von Ermittlungserfolgen, die nicht durch Vorveröffentlichung gefährdet werden sollen; vgl. GWG-Begründung, zu Art. 2, § 12, Abs. 1; im Internet einsehbar unter http://www.anti-geldwaesche.de/GwG-neu/GwG-Regierungsentwurf%2027.02.2008.pdf (Stand: Juli 2009).

[467] Fassung aufgrund des Art. 2 des Gesetzes zur Ergänzung der Bekämpfung der Geldwäsche und der Terrorismusfinanzierung (Geldwäschebekämpfungsergänzungsgesetz – GwBek ErgG) vom 13.08.2008, BGBl. I, S. 1690, in Kraft getreten am 21.08.2008.

[468] Herzog, Der Banker als Fahnder, in: WM 1996, S. 1753, 1755.

[469] Vgl. zur Zielsetzung des deutschen GWG, Bundestags-Drucksache 12/2704, S. 1; Bundesrats-Drucksache 507/92, S. 24, sowie Hombrecher, Der Tatbestand der Geldwäsche (§ 261 StGB), in: JA 2005, S. 67; zum schweizerischen GwG Botschaft, S. 1102 ff.

- die Dokumentation von Finanztransaktionen durch Beteiligte, auf die im Rahmen eines strafrechtlichen Ermittlungsverfahrens zugegriffen werden kann;
- das Treffen von Vorkehrungen seitens involvierter Wirtschaftsunternehmen zwecks Schutzes vor Geldwäschereimissbrauch.

Der deutlichste Unterschied inhaltlicher Art besteht in der nur im Schweizer Recht existenten „Pflicht zur Abklärung des wirtschaftlichen Hintergrundes" bei „ungewöhnlichen Transaktionen" (Art. 6 Schweizer GwG). Diese Pflicht begründet eine allgemeine Sorgfaltspflicht, die darauf gerichtet ist, Gelder deliktischen Ursprungs herauszufiltern[470].

Dem deutschen GWG fehlt eine solche Pflicht. Selbst der Versuch, diese Pflicht über den Tatbestand der (grob) fahrlässigen Geldwäsche – § 261 Abs. 5 StGB – zu begründen, scheitert spätestens an seiner inhaltlichen Ungenauigkeit und einer systematisch falschen Platzierung[471]. Berufsspezifische Sorgfaltspflichten dieser Art sind im Aufsichtsrecht zu normieren, so dass eine Übernahme der Abklärungspflicht in das deutsche GWG in Erwägung gezogen werden sollte[472]. Gemäß der „Geldwäsche-Verlautbarung des Bundesaufsichtsamtes für das Kreditwesen[473]" wurde die deutsche Kreditwirtschaft zumindest dazu verpflichtet, sich mit präventiven Aufklärungsmaßnahmen im Vorfeld eines Geldwäscheverdachts i. S. d. § 11 deutsches GWG (alte Fassung) zu beschäftigen. Demzufolge sollen noch nicht hinreichend geldwäscheverdächtige, aber zweifelhafte

---

[470] Graber, GWG, Art. 6, Rn. 1.

[471] Werner, Bekämpfung der Geldwäsche in der Kreditwirtschaft, § 11, S. 296.

[472] Sowohl Art. 5 der 1. EU-Anti-Geldwäscherichtlinie (91/308/EWG) als auch die Empfehlung 15 der Auslegungsbestimmungen zu den 40 FATF-Empfehlungen legen eine solche Pflicht nahe.

[473] Die vollständige Bezeichnung lautet: „Verlautbarung des Bundesaufsichtsamtes für das Kreditwesen über Maßnahmen der Kreditinstitute zur Bekämpfung und Verhinderung der Geldwäsche vom 30. März 1998."

Transaktionen dazu führen, dass Kundenaktivitäten – ggf. auch längerfristig – heimlich überwacht werden (sog. Monitoring)[474].

Anders als die Schweizer Vorschriften (Art. 3 Abs. 1 S. 1 Schweizer GwG) sieht das deutsche GWG eine Identifikation sowohl des Vertragspartners als auch (soweit vorhanden) des wirtschaftlich Berechtigten bei Begründung der Geschäftsbeziehung bzw. Durchführung der Transaktion vor (vgl. § 4 Abs. 1 S. 1 deutsches GWG). Die Pflicht zur „doppelten Identifizierung" (d. h. von Vertragspartner *und* wirtschaftlich Berechtigtem) ist somit gesetzlich zwingend normiert und führt damit zu keinen Auslegungsproblemen, wie dies bei den Schweizer Vorschriften möglich ist[475].

Ein weiterer Unterschied lässt sich hinsichtlich der Ausgestaltung der Meldepflicht aufzeigen. Die Meldepflicht in der Schweiz setzt gemäß Art. 9 Schweizer GwG erst bei einem *„begründeten Verdacht"* ein. Das Schweizer Recht versucht damit, eine Abstufung zum Melderecht nach Art. 305ter Abs. 2 Schweizer StGB und zur Abklärungspflicht herzustellen, die bereits auf einer qualitativ geringeren Verdachtsstufe einsetzt.

Der Ausnahmecharakter der Anzeigepflicht kann damit besser gewährleistet werden als bei der deutschen Regelung (§ 11 Abs. 1 deutsches GWG), die eine Begrenzung durch eine in der Praxis undurchführbare Bezugnahme auf § 261 StGB herzustellen versucht (es wird insoweit eine *„Feststellung von Tatsachen, die darauf schließen lassen, dass eine Tat nach § 261 des Strafgesetzbuches oder eine Terrorismusfinanzierung begangen oder versucht wurde"*, verlangt).

---

[474] Vgl. hierzu insbesondere die kritische Auseinandersetzung mit der Rechtmäßigkeit der Geldwäscheverlautbarung vom 30. März 1998 von Herzog, Geldwäschebekämpfung – quo vadis?, *in:* WM 1998, 1905 ff.

[475] Das Schweizer GwG fordert bei der Aufnahme von Geschäftsbeziehungen die Identifizierung der *Vertragspartei* (Art. 3 Abs. 1 S. 1 GwG) und differenziert bzw. fordert nicht – wie die deutsche Vorschrift – die Identifikation von Vertragspartner *und* wirtschaftlich Berechtigtem; vgl. hierzu bereits Ausführungen in Kapitel II. 5.3.7.1, Sorgfaltspflichten.

Sowohl die Schweizer Regelung als auch das deutsche Recht verbieten es dem Bankangestellten grundsätzlich, die Kunden über die Meldung zu informieren (Art. 10 Abs. 3 Schweizer GwG/§ 12 Abs. 1 S. 1 deutsches GWG). Da die Vermögenssperre nach Schweizer Recht jedoch grundsätzlich nur während der Fünftagefrist besteht (Art. 10 Abs. 2 Schweizer GwG), wird diese Regelung in der Praxis einfacher handhabbar sein als die deutsche Gesetzesvorgabe, der keine zeitliche Begrenzung zu entnehmen ist. Der Bankkunde, der von der Meldung keine Kenntnis besitzt und auch von der Sperre nichts weiß, wird bei einer zeitlichen Verzögerung der Transaktion von insgesamt fünf Tagen nur selten misstrauisch und begehrt demnach auch keine Erklärung von der beauftragten Bank.

Die Gegenüberstellung zeigt abschließend, dass nach den Schweizer Regelungen nur die Verletzung der (Verdachts-)Meldpflicht mit einer Geldbuße in Höhe von bis zu 200.000 Schweizer Franken (CHF) bestraft wird[476]. Gemäß § 17 Abs. 3 deutsches GWG wird hingegen sowohl die vorsätzliche als auch die leichtfertige Zuwiderhandlung gegen eine Vielzahl von Pflichten i. S. d. § 17 Abs. 1 und Abs. 2 deutsches GWG mit einer Geldbuße von bis zu 100.000 Euro geahndet[477]. Ein Pflichtenverstoß in bestimmten Bereichen kann für einen deutschen Finanzintermediär somit empfindlichere Konsequenzen haben[478].

Fazit: Im Vergleich zu den EU-Ländern – die dazu verpflichtet sind, sämtliche EU-Anti-Geldwäscherichtlinien umzusetzen – ergibt sich eine weitgehende

---

[476] Vgl. hierzu die Strafbestimmung des Art. 37 Schweizer GwG.

[477] So auch Hufnagel, Der Strafverteidiger unter dem Generalverdacht der Geldwäsche gemäß § 261 StGB, S. 76.

[478] Diese Neuerung – Bußgeld bei unterlassener Verdachtsanzeige – ist als außer-gewöhnlich zu beurteilen: In der Vergangenheit lehnte der deutsche Gesetzgeber eine Ahndung auf diese Art und Weise aufgrund der unscharfen Definition des Verdachtsbegriffs im GWG stets ab, da er Bedenken hinsichtlich der Bestimmtheit der Norm nach Art. 103 Abs. 2 GG hatte. Ob die Norm mit dem deutschen Verfassungsrecht in Einklang steht, bleibt abzuwarten; vgl. hierzu Löwe-Krahl, Das neue Geldwäschegesetz, in: PStR 2008, S. 285, m. Verw. a. BT-Drucks. 12/2747, S. 5.

Übereinstimmung mit wesentlichen Punkten der schweizerischen Gesetzgebung. Im Rahmen einer eingehenderen Untersuchung finden sich – wie man anhand der obigen Darstellung sieht – im Einzelnen jedoch bedeutsame Unterschiede[479]. Festzuhalten bleibt, dass die Schweiz durch einen vergleichbaren Entwicklungsstand im Bereich der Geldwäschereigesetzgebung die formellen Grundvoraussetzungen für eine funktionierende internationale Zusammenarbeit geschaffen hat, die auch die europäischen Richtlinienvorgaben umsetzt und einhält[480].

Insgesamt muss die Kombination aus VSB, Aufsichtsrecht und Strafrecht als **Schweizer Besonderheit**[481] angesehen werden, die sich in erster Linie aus der historischen Entwicklung erklären lässt und die ihre (vermeintliche) Stärke aus dem – von Schweizer Seite aus – behaupteten eingeübten Zusammenwirken aller Komponenten zieht. Ein solch tradiertes System erscheint – abgesehen von rein inhaltlichen Aspekten – nur bedingt tauglich für andere Länder. Diese Erkenntnis erklärt letztlich auch, warum in keinem europäischen Nachbarland der Schweiz das System der Selbstregulierung verwirklicht wurde. Aufgrund der immer wieder neu auftretenden Geldwäschereisachverhalte bei Schweizer Banken erscheint es auch wenig erstrebenswert, sich dem „Schweizer System" anzupassen, denn die Effektivität eines Systems zeigt sich vorliegend letztlich am ausbleibenden Eintritt des Ernstfalls.

---

[479] Es wird insoweit auf die Ausführungen bzw. Übersichten in Hoyer/Klos, Regelungen zur Bekämpfung der Geldwäsche und ihre Anwendung in der Praxis, verwiesen, die sich insbesondere mit den Ländern USA, Frankreich, Luxemburg, Liechtenstein, Österreich und Deutschland auseinandersetzen.

[480] So auch die Maßgabe von Krauskopf, Geldwäscherei und organisiertes Verbrechen als europäische Herausforderung, in: ZStR 108 (1991), S. 387 f.

[481] Im Zuge der Realisation des Schweizer Geldwäschereigesetzes hat sich eine Annäherung an die deutsche Konzeption der Geldwäschebekämpfung ergeben. Die Besonderheit der schweizerischen Kombination wird dadurch abgeschwächt.

6. Internationale Gremien und Instrumente der Geldwäschereibekämpfung

Bedeutend für die historische Entwicklung der Geldwäschereibekämpfung auf internationaler Ebene ist ferner das schweizerische Engagement in Bezug auf die Mitwirkung in internationalen Gremien.

Nachfolgend werden daher die einzelnen internationalen Institutionen der Geldwäschereibekämpfung sowie deren Funktion dargestellt, an denen sich die Schweiz aktiv beteiligt.

6.1 Financial Action Task Force (FATF)

Die Financial Action Task Force (kurz: FATF) fand ihren Ursprung in einer permanenten „Ad hoc[482]"-Gruppe, die von Seiten der großen G7-Staaten (USA, Großbritannien, Frankreich und Deutschland unter Einbeziehung der weiteren Staaten) im Jahr 1989 in Paris gegründet wurde[483]. Ziel der Initiative war es, Regelungen gegen die Annahme bemakelter Gelder an den weltweiten Finanzplätzen zusammenzuführen und diese zu vereinheitlichen[484]. Die Beweggründe der einzelnen Staaten für die Entstehung der „Ad hoc"-Gruppe waren dabei durchweg verschieden: Während die USA sich im „Kampf gegen Drogen" engagieren wollten, hatte sich Frankreich die Kontrolle über sog. „Offshore-Finanzplätze" als oberstes Ziel gesetzt[485]. Großbritannien wiederum strebte ein

---

[482] „Ad hoc" (lateinisch für „zu diesem", „hierfür") bedeutet „für diesen Augenblick gemacht" oder „zur Sache passend". Im übertragenen Sinne bezeichnet „ad hoc" auch improvisierte Handlungen sowie Dinge, die speziell für einen konkreten Zweck entworfen wurden oder spontan aus einer Situation heraus entstanden sind.
Zur Bildung einer „Ad hoc"-Gruppe siehe auch Gstöhl, Global Governance und die G8, S. 154.
[483] Herzog/Müllhausen/*Teichmann/Pieth*, GwHdb, § 4, Rn. 8, S. 43.
[484] Herzog/Müllhausen/*Teichmann/Pieth*, GwHdb, § 4, Rn. 8, S. 43.
[485] Pieth/Gemma, Anti-Money Laundering – Levelling the Playing Field, S. 22.

Vorgehen gegen die organisierte Kriminalität an, wollte allerdings gleichzeitig nicht die „Self Regulation" des eigenen Finanzplatzes behindern[486].

Kleinere Finanzplätze – wie beispielsweise die Schweiz, Österreich oder Luxemburg – sah man zu diesem Zeitpunkt primär als „Verursacher" der bestehenden Probleme an und lud sie (zunächst) ausschließlich aus diesen Gründen ein.

Die „Ad hoc"-Gruppe wandelte sich im Verlauf des G7-Gipfels in Paris im Jahr 1989 zur Financial Action Task Force (FATF)[487]. Die FATF ist als das wichtigste (unabhängige) Gremium der internationalen Zusammenarbeit gegen die Geldwäscherei anzusehen und umfasst mittlerweile 31 Mitglieder sowie zwei internationale Organisationen[488].

Zu den Aufgaben der FATF gehört es, Methoden der Geldwäscherei aufzudecken, Empfehlungen für wirksame Maßnahmen gegen die Geldwäscherei zu entwickeln und die Geldwäschereipolitik auf internationaler Ebene durch die Formulierung von internationalen Minimalstandards zu vereinheitlichen[489].

Die am 7. Februar 1990 erstmals verabschiedeten und im Juni 2003 letztmals umfassend geänderten 40 Empfehlungen[490] der FATF bilden heute einen inter-

---

[486] Pieth/Gemma, Anti-Money Laundering – Levelling the Playing Field, S. 22.

[487] Die FATF ist der OECD in Paris angegliedert; vgl. hierzu Financial Action Task Force (FATF); im Internet einsehbar unter http://www.paris-oecd.diplo.de/Vertretung/pari soecd/de/02/O__korruption__geldwaesche/Geldwaesche__FATF.html (Stand: Juli 2009).

[488] Die (mittlerweile) 34 Mitglieder und Regierungen der FATF sind: Argentinien, Australien, Österreich, Belgien, Brasilien, Kanada, Dänemark, Finnland, Frankreich, Deutschland, Griechenland, Hongkong und China, Island, Irland, Italien, Japan, Luxemburg, Mexiko, Niederlande, Neuseeland, Norwegen, Portugal, Russland, Singapur, Spanien, Südafrika, Schweden, Schweiz, Türkei, Großbritannien und die USA. Zwei internationale Organisationen sind ebenfalls Mitglieder der FATF: die Europäische Union und der Arabische Golfrat (Gulf Cooperation Council).

[489] Geldwäschereibekämpfung in der Schweiz: Internationale Entwicklungen im Kampf gegen die Geldwäscherei und die Rolle der Schweiz, Ziff. 2, S. 21.

[490] Das referierte Aktionsprogramm wurde innerhalb kürzester Zeit – d. h. von Oktober 1989 bis Februar 1990 – als „Empfehlung" verabschiedet.

nationalen Standard für Maßnahmen, die ein Land zur wirksamen Bekämpfung der Geldwäsche ergreifen muss[491].

Erscheinen die 40 Empfehlungen aus heutiger Sicht als Einheit, so sind sie doch nach dem „Patchwork-Prinzip" zustande gekommen:

Zum einen enthalten sie strafrechtlich geprägte Teile der UN-Konvention (Kriminalisierung der Geldwäscherei, Konfiskation und internationale Zusammenarbeit[492]), zum anderen steuerten einzelne Mitglieder der FATF präventive Elemente bei[493].

Inhaltlich definieren die Empfehlungen Minimalanforderungen für die Vortaten zur Geldwäscherei, die Identifizierung von Kunden und wirtschaftlich Berechtigten, die Behandlung von Kunden und Transaktionen mit besonderen Risiken, die Aufbewahrung von Unterlagen und die Meldung verdächtiger Kunden und Transaktionen (sog. „fünf Pflichten")[494].

Die besondere Stärke der FATF liegt insbesondere in dem Umstand, dass sie politischen Rückhalt von Seiten der Regierungen der G7-Staaten genießt und sie dadurch ihr Ziel – schnellstmögliche Umsetzung der Standards in den Mitgliedstaaten – verfolgen kann.

---

[491] Die im Juni 2003 zuletzt revidierten Empfehlungen (40 Recommendations) sind im Internet einsehbar unter http://www.fatf-gafi.org/document/28/0,3343,en_32250379_32236930 _33658140_1_1_1_1,00.html (Stand: Juli 2009).

[492] Empfehlungen 1-7, 30-40 FATF 40/1990.

[493] Von Großbritannien stammt die Meldepflicht bei suspekten Transaktionen, wobei bis 1996 nur ein alternatives System zwischen Melderecht oder Meldepflicht existierte (siehe Empfehlungen 16, 18 FATF 40/1990). Durch die USA (und Frankreich) wurden die Vorbehalte gegenüber Bargeld hinzugefügt (der Vorbehalt schlug sich vorerst nur indirekt in der Identifikationspflicht für Laufkunden nieder); von der Schweiz erhielten die Empfehlungen die Identifikationspflicht (Empfehlungen 12-14 FATF 40/1990) sowie die besondere Abklärungspflicht bei unüblichen Transaktionen (Empfehlung 15 FATF 40/1990); vgl. hierzu insgesamt Empfehlungen 8–22, 26–29 FATF 40/1990.

[494] Herzog/Mülhausen/*Pieth*, GwHdb § 4, Rn. 11, S. 43.

Im Jahr 1996 bedurfte es allerdings einer Revision der FATF-Empfehlungen[495]. Die bis zu diesem Zeitpunkt gemachten Erfahrungen zeigten, dass die Empfehlungen aus dem Jahr 1990 Defizite unterschiedlichster Natur aufwiesen: Zum einen kam es zu Wertungswidersprüchen in einigen Staaten, zum anderen hatte die bloße Ausrichtung der Empfehlungen auf Kreditinstitute zur Folge, dass sich Geldwäscher anderer Finanzintermediäre des Nichtbankensektors bedienten[496].

Dies war der Grund, warum im Zuge der Revision die Minimalanforderungen über die Finanzinstitute hinaus auf bestimmte, nicht im Finanzbereich liegende Berufe (Rechtsanwälte, Buchhalter, Immobilienhändler usw.), die Behandlung von Inhaberaktien und Trusts sowie die Aufsicht und die dafür verantwortlichen Behörden, die Befugnisse der Meldestelle und die internationale Rechts- und Amtshilfe ausgedehnt wurden[497]. Hinsichtlich des Vortatenkatalogs zum Straftatbestand der Geldwäscherei wurde es den Mitgliedstaaten weiterhin überlassen, die Delikte zu bestimmen, die sie als schwere Vortat einstufen[498].

Seit 1998 veröffentlicht die FATF zudem eine Liste der sog. NCCT-Länder (Non-cooperative Countries and Territories)[499]. Diese Länder erfüllen mit ihrer Gesetzgebung und ihren Geldwäschemaßnahmen (noch) nicht den internationalen, von der FATF festgesetzten Standard[500]. Banken waren daher dazu angehalten, Geldtransaktionen mit diesen Ländern besonders zu überwachen[501].

---

[495] Vgl. hierzu: The 40 Recommendations; im Internet einsehbar unter http://www.fatf-gafi.org/document/28/0,3343,en_32250379_32236930_33658140_1_1_1_1,00.html (Stand: Juli 2009).

[496] Vgl. hierzu ausführlich Herzog/Mülhausen/*Pieth*, GwHdb § 4, Rn. 21 ff., S. 45 f.

[497] Geldwäschereibekämpfung in der Schweiz: Internationale Entwicklungen im Kampf gegen die Geldwäscherei und die Rolle der Schweiz, Ziff. 2, S. 22.

[498] Empfehlung 4 FATF 40/1996.

[499] Siehe hierzu auch Winer, Globalization, Terrorist Finance and Global Conflict – Time for a White List?, *in:* EJLR 2002, S. 255, S. 280.

[500] Vgl. hierzu die aktuelle Liste (2006–2007); Annual Review of Non-Cooperative Countries and Territories 2006–2007: Eighth NCCT Review 12, October 2007; im Internet einsehbar unter http://www.fatf-gafi.org/dataoecd/14/11/39552632.pdf (Stand: Juli 2009).

[501] Die FATF publizierte hierzu am 14. Februar 2000 einen ersten Bericht, der 25 Kriterien zur Erkennung von Non-cooperative Countries and Territories definiert; vgl. hierzu FATF „Cur-

Welche genauen Konsequenzen die FATF für die Staaten, die sich auf der „schwarzen Liste" befanden, vorsah, wurde nicht mitgeteilt. Die Veröffentlichung der Liste übte jedoch einen solchen Druck auf die betroffenen Staaten aus, dass sich ein Großteil von ihnen bemühte, möglichst schnell die Landesgesetzgebung an die FATF-Standards anzupassen[502].

Im Kampf gegen die Geldwäscherei verabschiedete die FATF am 31. Oktober 2001 – veranlasst durch die Terroranschläge vom 11. September 2001 – acht (bzw. neun)[503] weitere Spezialempfehlungen[504] gegen die Terrorismusfinanzierung.

Da sich die strafrechtlichen Einziehungs- oder Verfallsnormen der Mitgliedstaaten jedoch nicht auf sämtliche Formen des organisierten Verbrechens – einschließlich Terrororganisationen – erstreckten, umging die FATF die Problematik im Wege einer sprachlichen Feinheit: Sie bezeichnete die Finanzierung von Terror (unabhängig davon, ob die Finanzierung aus legaler oder illegaler Quelle stammte) als „Geldwäsche"[505].

Insgesamt sehen die Spezialempfehlungen vor, dass alle der FATF zugehörigen Staaten die Terrorismusfinanzierungskonvention ratifizieren (unverzügliche

---

rent NCCT list"; im Internet einsehbar unter http://www.fatf-gafi.org/document/4/0,3343,en_32250379_32236992_33916420_1_1_1_1,00.html (Stand: Juli 2009).

[502] Russland bspw. konnte im Oktober 2002 von der Liste gestrichen werden und wurde 2003 sogar Mitglied der FATF; vgl. hierzu FATF Annual Report 2003–2004; im Internet einsehbar unter http://www.fatf-gafi.org/dataoecd/12/44/33622501.PDF (Stand: Juli 2009).

[503] Am 22. Oktober 2004 wurde eine weitere Spezialempfehlung hinzugefügt, so dass sich die Anzahl der Empfehlungen auf neun erhöhte; siehe hierzu Pressebericht vom 22. Oktober 2004; im Internet einsehbar unter http://www.fatf-gafi.org/dataoecd/8/5/34301987.pdf (Stand: Juli 2009).

[504] Die neun Spezialempfehlungen (Special Recommendations on Terrorist Financing) sind im Internet einsehbar unter http://www.fatf-gafi.org/dataoecd/8/17/34849466.pdf (Stand: Juli 2009).

[505] FATF, Guidance for Financial Institutions in Detecting Terrorist Financing vom 24.04.2002, Sources of terrorist funds § 11–14; FATF, Special Recommendations on Terrorist Financing vom 31.10.2001; im Internet einsehbar unter http://www.fatf-gafi.org/pages/0,3417,en_32250379_32236947_1_1_1_1,00.html (Stand: Juli 2009).

Umsetzung der Resolution der Vereinten Nationen gegen die Terrorismusfinanzierung), die Finanzierung des Terrorismus unter Strafe stellen und alle im Finanzsektor aktiven Institute verpflichtet werden, Anzeige bei Verdacht auf Terrorismusfinanzierung zu erstatten[506].

Im Juni 2003 unterzog die FATF die Empfehlungen einer (weiteren) Revision[507]. Auch diese Anpassungen waren auf die in den letzten Jahren auf internationaler Ebene gemachten Erfahrungen zurückzuführen. Auffällig war beispielsweise, dass sich Geldwäscher im Rahmen ihrer Vorgehensweise immer öfter juristischer Personen bedienten und sich Geldwäschereipraktiken immer mehr auf Berufsgruppen und Institutionen außerhalb des Finanzsektors ausdehnten[508].

Durch die revidierten Empfehlungen überträgt die FATF nunmehr den Finanzintermediären ein erhöhtes Maß an Eigenverantwortung[509]. Die Finanzintermediäre sind im Rahmen eines sog. Risikomanagements („Risk Management") daran gehalten, Risiken bestimmter Kundenbeziehungen sowie Dienstleistungen selbst aufzudecken und einzuschätzen, um entsprechende Maßnahmen zu ergreifen[510].

---

[506] Als ein Hilfsmittel zur Entdeckung von Verbindungen zu Terrorismusorganisationen und der Terrorismusfinanzierung veröffentlichte die FATF am 24. April 2002 entsprechende Weisungen (sog. „Guidance for Financial Institutions in Detecting Terrorist Financing"). Diese sind im Internet einsehbar unter http://www.fatf-gafi.org/dataoecd/39/21/34033955.pdf (Stand: Juli 2009).

[507] Die im Juni 2003 zuletzt revidierten Empfehlungen (40 Recommendations) sind im Internet einsehbar unter http://www.fatf-gafi.org/document/28/0,3343,en_32250379_32236930 _33658140_1_1_1_1,00.html (Stand: Juli 2009).

[508] Herzog/Mülhausen/*Pieth*, GwHdb § 6, Rn. 8, S. 53.

[509] Die FATF spricht insoweit vom sog. Risk-Based Approach, vgl. hierzu „ Guidance on the Risk-Based Approach to combating money laundering and terrorist finan-cing"; im Internet einsehbar unter http://www.fatf-gafi.org/dataoecd/43/46/38960576.pdf (Stand: Juli 2009).

[510] Diese sog. Customer due Diligence Standards (CDD) weichen inhaltlich kaum von den Bestimmungen des „Basel Comittee" und der „Wolfsberg AML-Principles" ab (teilweise bestehen sogar entsprechende Verweise); vgl. FATF 40/2003, Interpretative Notes 7 und 11 zu Empfehlung 5; im Internet einsehbar unter http://www.fatf-gafi. org/document/28/0,3343,en_32250379_32236920_33988956_1_1_1_1,00.html#Interpretativ e_Note_to_r_5 (Stand: Juli 2009).

Die Schweiz, die der FATF seit der Gründung im Jahr 1989 angehört, beteiligte sich aktiv an sämtlichen Revisionsarbeiten. Einige der neuen Regeln, namentlich diejenigen, welche die Identifikation des Kunden oder des wirtschaftlich Berechtigten sowie die Sorgfaltspflicht gegenüber „politisch exponierten Personen" betreffen, entstanden in Anlehnung an die Schweizer Gesetzgebung, so dass diese bereits weitgehend den revidierten FATF-Empfehlungen entspricht[511].

In der Schweizer Rechtsordnung wurden die Empfehlungen der FATF im Zuge der am 1. Oktober 2003 in Kraft getretenen Änderung des Strafgesetzbuches und weiterer Bundesgesetze[512] sowie in der neuen Geldwäschereiverordnung der EBK[513] und der Kontrollstelle für die Bekämpfung der Geldwäscherei[514] umgesetzt.

Einen weiteren Aufgabenbereich der FATF stellt die Durchführung sog. „Länderexamen" durch externe Fachleute dar. Die von der FATF durchgeführten Länderexamen überprüfen die konsequente Umsetzung der FATF-Empfehlungen in den jeweiligen Mitgliedstaaten sowie die unternommenen Anstrengungen im Bereich der Geldwäscherei-bekämpfung und -vermeidung[515]. In

---

[511] Vgl. hierzu die Medienmitteilung der Schweizer Eidgenossenschaft vom 20.06.2003; im Internet einsehbar unter: http://www.efd.admin.ch/dokumentation/medieninformatio nen/archiv/02991/index.html?lang=de (Stand: Juli 2009).

[512] Bundesgesetz über die Änderung des Strafgesetzbuches und des Bundesgesetzes betreffend die Überwachung des Post- und Fernmeldeverkehrs (Finanzierung des Terrorismus), Änderung vom 21. März 2003; im Internet einsehbar unter http://www.admin.ch/ch/d/as/2003/3043.pdf (Stand: Juli 2009).

[513] Geldwäschereibekämpfung in der Schweiz: Internationale Entwicklungen im Kampf gegen die Geldwäscherei und die Rolle der Schweiz/Kampf gegen Geldwäscherei: eine wichtige Aufgabe für die Eidg. Bankenkommission (EBK), Ziff. 5, S. 43 ff.

[514] Nach Art. 17 Schweizer GwG gehört die Kontrollstelle für die Bekämpfung der Geldwäscherei organisatorisch zur Eidgenössischen Finanzverwaltung. Die Aufsichtskompetenzen der Kontrollstelle ergeben sich vollumfänglich aus dem Geldwäschereigesetz (Art. 17 ff. Schweizer GwG) und umfassen die Aufsicht über die der Kontrollstelle direkt unterstellten Finanzintermediäre und über die von ihr anerkannten Selbstregulierungsorganisationen (SRO), die ihrerseits die ihnen angeschlossenen Finanzintermediäre überwachen.

[515] Die FATF-Empfehlungen sind völkerrechtlich nicht bindend. Deshalb prüft die Arbeitsgruppe regelmäßig, wie die Empfehlungen realisiert und angewendet werden; vgl. hierzu: Die Schweiz im Geldwäscherei-Examen, *in:* NZZ Online v. 13.10.2005.

der Schweiz wurde im Jahr 2005 zum dritten Mal ein Länderexamen durchgeführt[516]. Ziel der Überprüfung war es, den Stand der Umsetzung der 40 Empfehlungen sowie der Special Recommendations aus dem Jahr 2001 auf Seiten der Schweizer Behörden, Banken und sonstiger Finanzintermediäre zu ermitteln.

Der Länderbericht 2005 attestiert der Schweiz grundsätzlich ein gut funktionierendes System im Bereich der Geldwäschereibekämpfung und Terrorismusfinanzierung[517]. Kritik wurde jedoch an der Vereinbarung über die Sorgfaltspflichten der Banken (VSB) und der Verwaltungsrichtlinie der Eidgenössischen Bankenkommission (GwV EBK) geübt, da diese diverser Ergänzungen bedürften[518]. Im Vergleich zu anderen bereits überprüften Ländern liegt die Schweiz mit diesem Ergebnis im Mittelfeld[519].

Für die Schweiz ist das Ergebnis des Examens von Relevanz, da sie es sich als internationaler Finanzplatz nicht leisten kann, im Bereich der Geldwäschereibekämpfung (formelle) Lücken aufzuweisen[520].

Siehe hierzu auch den Bericht zur „Umsetzung der FATF/GAFI-Empfehlungen in anderen Ländern und wirtschaftliche Auswirkungen der Empfehlungen"; im Internet einsehbar unter: http://www.efd.admin.ch/dokumentation/zahlen/00578/01072/index.html?lang=de&download =M3wBUQCu/8ulmKDu36WenojQ1NTTjaXZnqWfVpzLhmfhnapmmc7Zi6rZnqCkkIN1e3eCb KbXrZ2lhtTN34al3p6YrY7P1oah162apo3X1cjYh2+hoJVn6w== (Stand: Juli 2009).

[516] Zuvor wurde die Schweiz bereits in den Jahren 1992 und 1997/98 überprüft.

[517] 3. FATF-Länderexamen der Schweiz 2005; im Internet einsehbar unter: http://www.fatf-gafi.org/dataoecd/29/11/35670903.pdf (Stand: Juli 2009).

[518] 3. FATF-Länderexamen der Schweiz 2005; im Internet einsehbar unter: http://www.fatf-gafi.org/dataoecd/29/11/35670903.pdf (Stand: Juli 2009). Siehe hierzu auch Kapitel II. 5.1 Die Vereinbarung über die Sorgfaltspflichten der Banken (VSB), sowie 5.2 Die (Verwaltungs-)Richtlinie der Eidgenössischen Bankenkommission.

[519] Dieses Ergebnis überrascht insoweit, da die Schweiz sich selbst an der Weltspitze bezüglich der Regulierung des Finanzsektors im Kampf gegen die Geldwäscherei sieht und positionieren würde, vgl. Die Schweiz im Geldwäscherei-Examen, *in:* NZZ Online v. 13.10.2005; im Internet einsehbar unter: http://www.nzz.ch/2005/10/13/wi/articleD85R5.html (Stand: Juli 2009).

[520] Vgl. hierzu: Die Schweiz im Geldwäscherei-Examen, *in:* NZZ Online v. 13.10.2005; im Internet einsehbar unter: http://www.nzz.ch/2005/10/13/wi/articleD85R5.html (Stand: Juli 2009).

6.2 Organisation für wirtschaftliche Zusammenarbeit und Entwicklung (OECD[521])

Die internationale Organisation für wirtschaftliche Zusammenarbeit und Entwicklung (OECD) mit gegenwärtig 30 Mitgliedstaaten und Sitz in Paris wurde 1948 als Organisation für europäische wirtschaftliche Zusammenarbeit (OEEC[522]) gegründet und 1961 in OECD unbenannt und überführt[523]. Die OEEC gestaltete in der Vergangenheit u. a. die Umsetzung und Einbeziehung der europäischen Länder in den Entscheidungsprozess über die Verwendung der zur Verfügung gestellten Gelder aus dem legendären Marshallplan[524].

Als oberstes Entscheidungsorgan der OECD fungiert der Rat, der sich aus je einem Vertreter der Mitgliedsländer und der Europäischen Kommission zusammensetzt[525].

Zielsetzung der OECD ist es, den ihr beigetretenen Regierungen einen vereinfachten Umgang mit den wirtschaftlichen, sozialen und umweltpolitischen Herausforderungen einer globalisierten Wirtschaft zu ermöglichen[526]. Hierfür bekennt sie sich zu Marktwirtschaft und Demokratie, vereint eine Vielzahl von Staaten als Mitglieder und arbeitet zudem mit über 70 Nichtmitgliedstaaten zu-

---

[521] Abkürzung für „Organisation for Economic Cooperation and Development".

[522] Abkürzung für „Organisation for European Economic Cooperation".

[523] Die OECD: Geschichte; im Internet einsehbar unter: http://www.oecd.org/document/16/0,3343,de_34968570_35009030_39992464_1_1_1_1,00.html (Stand: Juli 2009).

[524] Die OECD: Geschichte; im Internet einsehbar unter: http://www.oecd.org/document/16/0,3343,de_34968570_35009030_39992464_1_1_1_1,00.html (Stand: Juli 2009).

[525] Die OECD: Struktur; im Internet einsehbar unter: http://www.oecd.org/document/14/0,3343,de_34968570_35009030_39992334_1_1_1_1,00.html (Stand: Juli 2009).

[526] Siehe hierzu Art. 1 des Übereinkommens der OECD; im Internet einsehbar unter: http://www.oecd.org/document/25/0,3343,de_34968570_35009030_40215897_1_1_1_1,00.html (Stand: Juli 2009).

sammen[527]. Angesichts der deutlichen Verlagerung des internationalen Gleichgewichts der Wirtschaftsmächte sowie der Herausforderungen der Globalisierung strebt die OECD an, zu einer weltweiten Drehscheibe aufzusteigen[528].

Die Arbeit der OECD basiert auf einer kontinuierlichen Beobachtung der wirtschaftlichen, sozialen und umweltpolitischen Fortschritte in den Mitgliedsländern sowie außerhalb der OECD. Dazu gehören auch regelmäßige Projektionen zu kurz- und mittelfristigen wirtschaftlichen Entwicklungen. Das Sekretariat der OECD sammelt und analysiert hierfür Daten, die im Rahmen der Ausschüsse der OECD diskutiert werden. Auf der Grundlage der gesammelten Informationen trifft der Rat der OECD entsprechende Entscheidungen in Form von Empfehlungen, die wiederum von den dazugehörigen Regierungen umgesetzt werden können[529].

Die Schweiz gehört zu den Gründungsmitgliedern der OECD von 1961. Da sie weder den G7/8-Staaten noch der Gruppe der G20-Staaten, noch der Europäischen Union angehört, ist für sie die OECD eine bedeutende internationale Plattform, um Erfahrungen einzubringen und Interessenpolitik zu betreiben[530]. Insbesondere in den Bereichen Investition, Wettbewerb und Steuerfragen ist die Schweiz aktiv in die Arbeit der OECD eingebunden und führt zudem u. a. den

---

[527] Die OECD: Weltweite Partner; im Internet einsehbar unter: http://www.oecd.org/document/23/0,3343,de_34968570_35009030_40027095_1_1_1_1,00.html (Stand: Juli 2009).

[528] Aus diesem Grund hat sie im Mai 2007 beschlossen, mit der Russischen Föderation, Chile, Israel, Estland und Slowenien Beitrittsverhandlungen aufzunehmen und gleichzeitig durch ein verstärktes Engagement („Enhanced Engagement") vermehrt mit Brasilien, Indien, China, Südafrika und Indonesien zusammenzuarbeiten. Weiterhin will sie die Beziehungen zu strategischen Regionen wie Südostasien intensivieren.

[529] Die Arbeitsweise der OECD; im Internet einsehbar unter: http://www.oecd.org/document/42/0,3343,de_34968570_35009030_39992362_1_1_1_1,00.html (Stand: Juli 2009).

[530] Schweizerische Eidgenossenschaft, Internationale Organisationen, OECD; im Internet einsehbar unter: http://www.eda.admin.ch/eda/de/home/topics/intorg/oecd.html (Stand: Juli 2009).

Vorsitz in der Arbeitsgruppe „Korruption im Geschäftsverkehr"[531]. Zudem kann sie vom System des so genannten „Peer Learning"[532] profitieren und gleichzeitig zur Entwicklung gemeinsamer Standards beitragen. Hierfür nehmen zahlreiche Delegierte von Bund und Kantonen jedes Jahr an Sitzungen verschiedener Ausschüsse und Arbeitsgruppen der OECD teil.

Ein Bezug zur Geldwäschereibekämpfung besteht durch die Schwerpunktsetzung der OECD hinsichtlich der Bekämpfung von Bestechung und Korruption. Tochterorganisation der OECD ist die Financial Action Task Force (FATF). Im Jahr 1994 erarbeitete die OECD zunächst eine Empfehlung in Bezug auf die Bestechungsaktivitäten im internationalen Geschäftsverkehr[533], die die Mitgliedstaaten aufforderte, internationale Korruption unter Strafe zu stellen, effektive Maßnahmen gegen die Bestechung ausländischer Amtsträger einzuführen sowie Normen zur Begünstigung der Korruption, etwa durch steuerliche Abschreibungs-möglichkeiten[534], zu beseitigen. 1997 kam es zu einer Überarbeitung dieser Empfehlung. Nunmehr wurden die Mitgliedstaaten verpflichtet, entsprechende innerstaatliche Vorschriften bis Ende 1998 zu erlassen sowie ein OECD-Übereinkommen abzuschließen, das im Dezember 1997 als „Konvention über die Bestechung ausländischer Amtsträger im internationalen Geschäftsverkehr[535]" sowohl von den Mitgliedstaaten der OECD als auch von eini-

---

[531] Schweizerische Eidgenossenschaft, Internationale Organisationen, OECD; im Internet einsehbar unter: http://www.eda.admin.ch/eda/de/home/topics/intorg/oecd.html (Stand: Juli 2009).

[532] Sog. „gegenseitiges Lernen".

[533] Empfehlung über die Bestechung im internationalen Geschäftsverkehr; im Internet einsehbar unter: http://www.oecd.org/dataoecd/9/52/1952622.pdf (Stand: Juli 2009). Hierzu ferner Korte, Der Einsatz des Strafrechts zur Bekämpfung der internationalen Korruption, *in:* wistra 1999, S. 81, S. 85.

[534] Vgl. hierzu die eigenständige „Empfehlung zur steuerlichen Absetzbarkeit von Bestechungszahlungen"; im Internet einsehbar unter: http://www.oecd.org/document/46/0,3343,en_2649_34551_2048174_1_1_1_1,00.html (Stand: Juli 2009).

[535] Die Konvention vom Dezember 1997 ist im Internet einsehbar unter: http://www.oecd.org/document/21/0,3343,en_2649_34859_2017813_1_1_1_1,00.html (Stand: Juli 2009).

gen Nichtmitgliedern unterzeichnet wurde. Art. 7 der Konvention spricht im Kontext der Korruptionsbekämpfung auch die Geldwäscherei an[536].

Geldwäschereiregelungen sollen danach gezielt auch bei der Bestechung *ausländischer* Amtsträger Anwendung finden, sofern die Bestechung *innerstaatlicher* Amtsträger eine Vortat zur Geldwäscherei darstellt. Eine Weitertransferierung von Bestechungsgeldern durch den Empfänger unterliegt damit dem Straftatbestand der Geldwäscherei und weist einen eigenen Unrechtsgehalt auf, da die Bestechungsgelder als Ertrag aus einer Vortat anzusehen sind[537]. Durch eine solche Form der Kriminalisierung ausländischer Amtsträger im Rahmen des Geldwäschereitatbestands erhofft man sich letztlich bessere Verfolgungsmöglichkeiten in Bezug auf die Korruption.

Die Arbeitsgruppe Nr. 8 des Fiscal Komitees der OECD befasst sich darüber hinaus mit dem sog. „internationalen Informationsaustausch", insbesondere in Bezug auf Steuerumgehung und Steuerbetrug[538]. Art. 26 des OECD-Musterabkommens (OECD-MA)[539] regelt abschließend das Thema des sog. Informationsaustausches, das heißt, der Amtshilfe zwischen den Steuerbehörden der jeweiligen Vertragsstaaten. Das Musterabkommen wählt hierfür folgende Formulierung:

---

[536] Art. 7 Convention on Combating Bribery of Foreign Public Officials in International Business Transactions normiert insoweit zur Geldwäscherei (Money Laundering): "Each Party which has made bribery of its own public official a predicate offence for the purpose of the application of its money laundering legislation shall do so on the same terms for the bribery of a foreign public official, without regard to the place where the bribery occurred."

[537] Vgl. hierzu OECD, Commentaries on Combating Bribery of Foreign Public Officials in International Business Transactions, Art. 7.

[538] Reich/Bachmann, Internationale Amts- und Rechtshilfe in der Schweiz in Fiskalsachen, *in:* ZSIS 2003, V. Ausblick, 3. Projekte der OECD.

[539] Aktuelle Ausgabe des OECD-Musterabkommens vom 17. Juli 2008; im Internet einsehbar unter: http://www.oecd.org/dataoecd/14/32/41147804.pdf (Stand: Juli 2009).

Art. 26 Informationsaustausch

(1) Die zuständigen Behörden der Vertragsstaaten tauschen die Informationen aus, die zur Durchführung dieses Abkommens oder des innerstaatlichen Rechts betreffend Steuern jeder Art und Bezeichnung, die für Rechnung der Vertragsstaaten oder ihrer Gebietskörperschaften erhoben werden, erforderlich sind, soweit die diesem Recht entsprechende Besteuerung nicht dem Abkommen widerspricht. Der Informationsaustausch ist durch Artikel 1 und 2 nicht eingeschränkt. Alle Informationen, die ein Vertragsstaat erhalten hat, sind ebenso geheim zu halten wie die aufgrund des innerstaatlichen Rechts dieses Staates beschafften Informationen und dürfen nur den Personen oder Behörden (einschließlich der Gerichte und der Verwaltungsbehörden) zugänglich gemacht werden, die mit der Veranlagung oder Erhebung, der Vollstreckung oder Strafverfolgung oder mit der Entscheidung von Rechtsmitteln hinsichtlich der in Satz 1 genannten Steuern befasst sind. Diese Personen oder Behörden dürfen die Informationen nur für diese Zwecke verwenden. Sie dürfen die Informationen in einem öffentlichen Gerichtsverfahren oder in einer Gerichtsentscheidung offen legen.

(2) Absatz 1 ist nicht so auszulegen, als verpflichte er einen Vertragsstaat,

a) Verwaltungsmaßnahmen durchzuführen, die von den Gesetzen und der Verwaltungspraxis dieses oder des anderen Vertragsstaats abweichen;

b) Informationen zu erteilen, die nach den Gesetzen oder im üblichen Verwaltungsverfahren dieses oder des anderen Vertragsstaats nicht beschafft werden können;

c) Informationen zu erteilen, die ein Handels-, Industrie-, Gewerbe- oder Berufsgeheimnis oder ein Geschäftsverfahren preisgeben würden oder deren Erteilung dem ordre public (der öffentlichen Ordnung) widerspräche.

Staaten, die den Standard von Art. 26 OECD MA umgesetzt haben, wenden einen Informationsaustausch auf Anfrage an (es erfolgt kein automatischer Informationsaustausch). Der ersuchende Staat muss hierfür ein begründetes Gesuch stellen, in welchem er die betroffene steuerpflichtige Person und die einzelne Bank bezeichnet oder genügend präzise umschreibt[540].

Mit dem Informationsaustausch korrespondierend, verabschiedete das Fiskal-Komitee im April 2000 einen Bericht über den „Zugang zu Bankinformationen

---

[540] Schweizerische Bankiervereinigung, Verhandlungsangebot des Bundesrates hinsichtlich Amtshilfe in Steuerfragen vom 13. März 2009; im Internet einsehbar unter http://www.swissbanking.org/home/qa-090313.htm#qa090313-Anchor-2 (Stand: Juli 2009).

für steuerliche Zwecke"[541]. Hauptziel des Berichtes aus dem Jahr 2000 war es, einen uneingeschränkten Zugang zu Bankinformationen für steuerliche Zwecke auf internationaler Ebene herbeizuführen und dabei gleichzeitig die Bedeutung des Schutzes der Privatsphäre anzuerkennen[542]. Die Schweiz billigte diesen Bericht[543], obwohl er keine politisch verbindliche Empfehlung enthielt, und unterzog ihre Amtshilfepolitik einer Überprüfung. Vom Grundsatz her erklärte sie sich im Zuge dessen bereit, mit den OECD-Staaten im Rahmen der Doppelbesteuerungsabkommen (DBA) eine Amtshilfegewährung auch bei Betrugsdelikten zu vereinbaren[544]. Allerdings brachte die Schweiz gegenüber dem Inhalt von Art. 26 OECD-MA (ebenso wie Belgien, Luxemburg und Österreich) Vorbehalte an, da sie (bislang) nur bereit war, bei Steuerbetrug und dergleichen, nicht aber bei Steuerhinterziehung, die Amtshilfe zwischen den Steuerbehörden zu gewähren[545].

Im Zuge der globalen Wirtschafts- und Finanzkrise wurde der Druck der wichtigsten Wirtschaftsnationen (G20) auf Länder mit einem steuerlichen Bankkun-

---

[541] OECD, Fiscal Affaires Committee, Improving Access to Bank Information for Tax Purposes, April 2000.
Der Bericht wurde im Jahr 2007 an die internationalen Gegebenheiten angepasst. OECD, Fiscal Affaires Committee, Improving Access to Bank Information for Tax Purposes, The 2007 Progress Report; im Internet einsehbar unter http://www.oecd.org/dataoecd/24/63/39327984.pdf (Stand: Juli 2009).

[542] Der Bericht formulierte dieses Idealziel wie folgt: "All member countries should permit access to bank information, directly or indirectly, for all tax purposes so that tax authorities can fully discharge their revenue raising responsibilities and engage in effective exchange of information with their treaty partners."; vgl. hierzu OECD, Fiscal Affaires Committee, Improving Access to Bank Information for Tax Purposes, April 2000.

[543] Zu § 20 des Berichts brachte die Schweiz einen Vorbehalt an, indem sie auf ihren generellen Vorbehalt zu Art. 26 OECD-MA Bezug nahm; vgl. hierzu Commentary on Article 26, Concerning the Exchange of Information; im Internet einsehbar unter http://www.oecd.org/dataoecd/30/47/42362209.pdf (Stand: Juli 2009).

[544] Siehe hierzu Baumgartner, Harmful Tax Practices, in: FStR 2003, S. 114, sowie Hess, Die Möglichkeiten und Grenzen der Schweiz auf dem Gebiete der internationalen Zusammenarbeit in Steuersachen, in: ASA 71, S. 137.

[545] Vgl. hierzu Schweizerische Bankiervereinigung, Verhandlungsangebot des Bundesrates hinsichtlich Amtshilfe in Steuerfragen vom 13. März 2009; im Internet einsehbar unter http://www.swissbanking.org/home/qa-090313.htm#qa090313-Anchor-2 (Stand: Juli 2009).

dengeheimnis stetig höher, so dass sich der Schweizer Bundesrat nunmehr bereit erklärte, den OECD-Standard bei der Amtshilfe in Steuersachen gemäß Art. 26 des OECD-Musterabkommens als Basis für die Revision von Doppelbesteuerungsabkommen zu übernehmen[546].

Seit dem Jahr 1996 befasst sich die OECD ebenfalls mit der Steuerhinterziehung über sog. Offshore-Zentren[547]. Im Rahmen eines Projektes „Forum on Harmful Tax Practices[548]", das dem OECD-Steuerausschuss (CFA) zugeordnet ist und in dem Vertreter der Mitgliedstaaten aus Ministerien und der Steuerverwaltung zusammenarbeiten, werden schädliche Steuerpraktiken untersucht[549]. Danach erfüllen Staaten, die sich weigern, die für ein Besteuerungsverfahren erforderlichen Auskünfte zu erteilen, ganz besonders den Begriff der schädlichen Steuerpraktiken[550].

Nach Ansicht der OECD ermöglichen es dabei gerade „Steueroasen" den Steuerpflichtigen, in ihrem Heimatstaat einer Besteuerung zu entkommen und da-

---

[546] So Zitzelsberger, Europas Steuerparadiese schließen, in: Süddeutsche Zeitung v. 14./15.03.2009, S. 1, sowie Verhandlungsangebot des Bundesrates hinsichtlich Amtshilfe in Steuerfragen vom 13. März 2009; im Internet einsehbar unter: http://www.swissbanking.org/home/qa-090313.htm#qa090313-Anchor-2 (Stand: Juli 2009).

[547] Zum Begriff und Konstrukt sog. Offshore-Zentren, vgl. Kapitel III. 2.1 Die Rolle der Schweiz als Offshore-Finanzplatz.

[548] Die OECD hat im Jahr 1998 einen Bericht „Harmful Tac Competition – An Emerging Global Issue" mit einer Reihe von Kriterien in Bezug auf Steueroasen erarbeitet, den sie seither für ihre Arbeit verwendet; im Internet einsehbar unter http://www.oecd.org/dataoecd/33/1/1904184.pdf (Stand: Juli 2009).

[549] OECD, Auf welcher politischen Ebene wird die Arbeit der OECD unterstützt?; im Internet einsehbar unter http://www.oecd.org/document/37/0,3343,de_34968570_34968795_42362853_1_1_1_1,00.html#Frage7 (Stand: Juli 2009).

[550] Vgl. hierzu den Bericht „Harmful Tax Competition: An Emerging Global Issue" aus dem Jahr 1998; im Internet einsehbar unter http://www.oecd.org/topic/0,2686,en_2649_33745_1_1_1_1_37427,00.html (Stand: Juli 2009), sowie den Referentenentwurf der BRD zum „Gesetz zur Bekämpfung schädlicher Steuerpraktiken und der Steuerhinterziehung"; im Internet einsehbar unter: http://rsw.beck.de/rsw/upload/Beck_Aktuell/REF-E-BMF.pdf (Stand: Juli 2009).

durch Steuern zu hinterziehen[551]. Durch diese Möglichkeit werden dem Staat die finanziellen Mittel genommen, die er für Bereiche der Daseinsvorsorge – also für Schulen, Krankenhäuser etc. – und andere staatliche Aufgaben benötigt.

Gestützt auf einen Bericht mit konkreten Empfehlungen aus dem Jahr 1998[552], dem die Länder Schweiz und Luxemburg nicht zustimmten, hatte die OECD bereits zu diesem Zeitpunkt versucht, eine Liste von schädlichen Steuerregimes in den OECD-Ländern zu erstellen[553]. Darüber hinaus wurde in den vergangenen Jahren vor allem im Rahmen des „Global Forum on Taxation" gemeinsam mit Nicht-OECD-Mitgliedern an international tragfähigen Standards für Transparenz und zum Informationsaustausch gearbeitet. Ein auf diesen Ergebnissen basierendes Musterabkommen zum Austausch von Informationen in Steuersachen[554] wurde im Jahr 2002 erstellt und seither von den G7/G8-Staaten, den G20-Staaten, den Vereinten Nationen, der Europäischen Union und anderen internationalen Gremien und Ländern unterstützt oder übernommen[555]. Zielsetzung ist dabei, insbesondere im Zuge der Umsetzung der Standards des Musterabkommens (d. h. beispielsweise Förderung des Informationsaustauschs zwischen den einzelnen Staaten – Art. 26 OECD-MA, transparentere Steuerregelungen, Schaffung eines nicht-diskrimienierenden Steuerumfelds) den Industrie- und Entwicklungsländern eine effektivere und gerechtere Steuerpolitik zu ermöglichen. Zum jetzigen Zeitunkt haben insgesamt 38 Länder und Gebiete

---

[551] OECD, Warum sind Steueroasen ein Problem?; im Internet einsehbar unter: http://www.oecd.org/document/37/0,3343,de_34968570_34968795_42362853_1_1_1_1,00.html (Stand: Juli 2009).

[552] OECD, „Harmful Tac Competition – An Emerging Global Issue"; im Internet einsehbar unter http://www.oecd.org/dataoecd/33/1/1904184.pdf (Stand: Juli 2009).

[553] Vgl. hierzu den Vortrag durch Bundesrat K. Villiger, Die Zukunft des Finanzplatzes Schweiz v. 16. Mai 2003; im Internet einsehbar unter http://www.efd.admin.ch/dokumentation/reden/archiv/02979/index.html?lang=de (Stand: Juli 2009).

[554] OECD, „Agreement on exchange of information on tax matters"; im Internet einsehbar unter http://www.oecd.org/dataoecd/15/43/2082215.pdf (Stand: Juli 2009).

[555] OECD, Was unternimmt die OECD gegen Steueroasen?; im Internet einsehbar unter http://www.oecd.org/document/37/0,3343,de_34968570_34968795_42362853_1_1_1_1,00.html#Frage7 (Stand: Juli 2009). Siehe hierzu auch OECD, Forum on Tax Administration, Buidling Transparent Tax Compliance by Banks, May 2009, S.46f..

eine „formelle" Verpflichtung zur Umsetzung der OECD-Standards abgegeben[556].

Im Zuge der globalen Finanz- und Wirtschaftskrise und einiger bekannt gewordener Fälle von Steuerhinterziehung[557] verwirklichte die OECD nun auch im Rahmen ihrer Forderung nach Transparenz und Fairness im (internationalen) Steuersystem ihr Vorhaben hinsichtlich der Erstellung einer „Liste" mit Steueroasen: Seit mehreren Monaten arbeitet das OECD-Sekretariat – im Auftrag der G20-Staaten – an einer OECD-Liste, ohne allerdings den Rat der OECD einzubeziehen, denn darin haben alle Mitglieder – also auch die Schweiz, Luxemburg, Österreich und Belgien, denen ein Platz auf der „Liste" droht – ein Veto-Recht[558]. Die Steueroasen-Liste der OECD manifestiert die Umsetzung der OECD-Standards sowie die Bereitschaft zum steuerlichen Informationsaustausch durch entsprechende „Farbgebung", das heißt, die Liste wird in einen weißen Bereich (OECD-Standards wurden umgesetzt und ein Austausch findet statt), einen grauen Bereich (Umsetzung der OECD-Standards wurde zugesagt[559]) sowie einen schwarzen Bereich (OECD-Standards werden abgelehnt[560]) aufgeteilt. Ob sich ein Land im grauen oder im weißen Bereich der Lis-

---

[556] OECD, „Jurisdictions Committed to Improving Transparency and Establishing Effective Exchange of Information in Tax Matters"; im Internet einsehbar unter: http://www.oecd.org/document/19/0,3343,en_2649_33745_1903251_1_1_1_1,00.html (Stand: Juli 2009). Die Aufzählung umfasst nur 35 Länder, nunmehr sind auch die Schweiz, Liechtenstein und Andorra noch mit aufzunehmen; vgl. hierzu Übersicht, *in:* FAZ v. 04.04.2009, S. 11.

[557] Vgl. hierzu „Fall Zumwinkel und die Spur nach Vaduz", *in:* FAZ v. 15.02.2008, S. 3; „Amerikaner eröffnen neue Front gegen die UBS", *in:* FAZ v. 21.02.2009, S. 2.

[558] „Hongkong und Macao entgehen Steueroasen-Liste", *in:* FAZ v. 04.04.2009, S. 11.

[559] Die Schweiz ist derzeit auf der „grauen Liste" wiederzufinden, nachdem sie sich kompromissbereit zeigte; vgl. Bonse/Menzel/Riecke, Beim Bankgeheimnis zeichnet sich Lösung ab, *in:* Handelsblatt v. 09.03.2009, S. 3.

[560] Hierzu zählten im April 2009 noch die Länder Costa Rica, Malaysia, Philippinen und Uruguay; vgl. hierzu „Progress Report" der OECD v. 2. April 2009; im Internet einsehbar unter http://www.oecd.org/dataoecd/38/14/42497950.pdf (Stand: Juli 2009). Mittlerweile haben auch diese Länder den Auskunftsaustausch akzeptiert, sodass die „schwarze Liste" nunmehr leer ist; so Haarmann/Suttorp, Zustimmung des Kabinetts zum Steuerhinterziehungsbekämpfungsgesetz, *in:* BB 2009, S.1277.

te wiederfindet, hängt zusätzlich von der Zahl der bestehenden Steuerabkommen ab[561].

Durch einen begründeten Informationsaustausch erhofft sich die OECD Steuersysteme zu initiieren, die das wirtschaftliche Wachstum fördern und die Steuerlast gerecht verteilen, so dass sich für den Steuerpflichtigen die Kosten zur Einhaltung seiner Pflichten gering halten und gleichzeitig sichergestellt ist, dass Steuerbürger die richtige Summe zur richtigen Zeit und am richtigen Ort entrichten[562]. Der Austausch zwischen den Ländern soll auch nur in begründeten und konkreten Verdachtsfällen der Steuerhinterziehung und des Steuerbetrugs – und nicht pauschaliert – erfolgen.

In diesem Zusammenhang bleibt offen, welche direkten Auswirkungen ein sog. „Listing" im schwarzen bzw. grauen Bereich der OECD-Steueroasen-Liste der unkooperativen Länder mit sich bringt: Abgesehen von einem möglichen Reputationsschaden – der daraus resultiert, dass man Steuerbetrug und Steuerhinterziehung nicht bekämpft bzw. durch restriktives Verhalten sogar fördert –, bringt man durch den Platz auf der „schwarzen Liste" nur zum Ausdruck, die OECD-Standards zu verweigern. Grund für die Bemühungen, nicht auf der Liste im schwarzen oder grauen Bereich zu erscheinen, kann daher nur der zu erwartende Druck auf internationaler Ebene bei nicht-konformem Verhalten sein[563].

---

[561] Wer zwölf oder mehr Abkommen unterzeichnet, soll auf der „weißen Liste" stehen, so „Hongkong und Macao entgehen Steueroasen-Liste", in: FAZ v. 04.04.2009, S. 11.

[562] OECD, Ist die OECD gegen Steuerwettbewerb?; im Internet einsehbar unter: http://www.oecd.org/document/37/0,3343,de_34968570_34968795_42362853_1_1_1_1,00. html#Frage7 (Stand: Juli 2009).

[563] So versucht beispielsweise die BRD im Zuge der Einführung des sog. Steuerhinterziehungsbekämpfungsgesetzes die Umsetzung der OECD-Standards zu fördern, indem sie künftig erhöhte Nachweis- und Mitwirkungspflichten gegenüber den Finanzbehörden von Personen, die Geschäftsbeziehungen zu „unkooperativen Staaten" unterhalten, einfordert. Dies hätte zumindest mittelbar auch Auswirkung für den „unkooperativen Staat", insbesondere da das Gesetz vorsieht, dass, je mehr der jeweilige Staat kooperiert und für die Besteuerung notwendige Auskünfte erteilt, umso weniger Nachweise der betroffene Bürger selbst erbringen muss; siehe hierzu Bundesministerium für Finanzen, Steueroasen: Verbesserte Ermittlungsmöglichkeit; im Internet einsehbar unter: http://www.bundesfinanzministerium .de/nn_54/DE/Buergerinnen__und__Buerger/Arbeit__und__Steuererklaerung/Steuererkl_C3 _A4rung/220409__Regentw__Oasen__Ges.html?__nnn=true (Stand: Juli 2009) sowie

Insoweit erscheint es auch nachvollziehbar, dass die Schweiz mit allen Mitteln versucht, nicht auf der „schwarzen Liste" zu erscheinen und durch den immer stärker werdenden Druck aus dem Ausland letztlich der Umsetzung der OECD-Standards zustimmte[564].

Im Rahmen der zugesagten Umsetzung der OECD-Standards bleibt es für die Schweiz in Bezug auf die Geldwäschereibekämpfung auch überlegenswert, ob Steuerhinterziehung oder Steuerbetrug in den Kreis der Vortaten zur Geldwäscherei aufgenommen werden sollten. Dadurch könnte insbesondere klargestellt werden, dass das Waschen von Geldern aus einem Fiskaldelikt durch den Steuerpflichtigen auch für die Schweiz einen eigenen Unrechtsgehalt aufwiese. Diesen würde die Schweiz somit ausdrücklich – also im Wege einer gesetzlichen Erweiterung – anerkennen und sanktionieren. Der Unrechtsgehalt der Geldwäschereihandlung kann insoweit aus Sicht der OECD als evident gelten, da die Gelder den Ertrag aus einer Vortat, nämlich dem Steuerbetrug und der Steuerhinterziehung, bilden, die zweifelsfrei zu den „schädlichen Steuerpraktiken" zählen. Gelangen diese Gelder nämlich – nunmehr gewaschen – wieder in den Wirtschaftsverkehr und in das Bruttosozialprodukt eines Landes, bestehen errhebliche Gefahren für die Balance der internationalen Volkswirtschaft, da die Gesetze des Marktes manipuliert würden. Der Vorschlag lässt gleichzeitig eine deutliche Verbesserung der repressiven Verfolgung der Fiskaldelikte erwarten, gerade auch in Bezug auf die internationale Strafverfolgung.

"Fortgang des Gesetzgebungsverfahrens zum Steuerhinterziehungsbekämpfungsgesetz", *in:* GmbH Report 2009, R183.
Der Regierungsentwurf des Steuerhinterziehungsbekämpfungsgesetzes ist im Internet einsehbar unter: http://www.bundesfinanzministerium.de/nn_82/DE/BMF__Startseite/Aktuelles/ Aktuelle__Gesetze/Gesetzentwuerfe__Arbeitsfassungen/220409__Regentw__Oasen__anl,t emplateId=raw,property=publicationFile.pdf (Stand: Juli 2009).
[564] Vgl. hierzu insb. Zitzelsberger, Europas Steuerparadiese schließen, *in:* Süddeutsche Zeitung v. 14./15.03.2009, S. 1; Richter, Ende der Geheimnisse, *in:* Süddeutsche Zeitung v. 14./15.03.2009, S. 4.

6.3 Baseler Ausschuss für Bankenaufsicht

Der Baseler Ausschuss für Bankenaufsicht[565] wurde Ende 1974 von den Zentralbank-Gouverneuren der Zehnergruppe (G10-Länder) anlässlich der Septembertagung des Rates der Gouverneure der Bank für Internationalen Zahlungsausgleich (BIZ) in Basel gegründet[566].

Der Ausschuss tritt alle drei Monate bei der BIZ in Basel zusammen und befasst sich schwerpunktmäßig mit bankaufsichtsrechtlichen Fragestellungen[567]. Zu den Hauptaufgaben des Ausschusses zählt dabei insbesondere, einen Beitrag zur Einführung hoher sowie einheitlicher Standards zu leisten und somit die Qualität und das Verständnis von Bankenaufsicht weltweit zu verbessern. Hierfür erarbeitet der Baseler Ausschuss für Bankenaufsicht allgemeine Richtlinien und Aufsichtsstandards, auf die sich die Aufsichtsbehörden stützen können, er verfügt jedoch über keine supranationale Aufsichtsbefugnis[568]. Die Verlautbarungen des Ausschusses sind aufgrund ihrer Rechtsnatur folglich nicht rechtlich bindend, in der Regel werden sie allerdings in nationales Recht übernommen[569].

Bevor sich der Ausschuss mit dem Thema der Bekämpfung der Geldwäsche und der Sorgfaltspflichten der Banken bei der Feststellung der Kundenidentität beschäftigte, kam es zunächst zur Verabschiedung der sog. „Baseler

---

[565] Basel Committee on Banking Supervision.
Die ursprüngliche Bezeichnung des Baseler Ausschusses für Bankenaufsicht lautete „Committee on Banking Regulations and Supervisory Practices".

[566] Der Ausschuss setzt sich aus Vertretern der Zentralbanken und Bankaufsichtsbehörden folgender 13 Länder zusammen: Belgien, Deutschland, Frankreich, Italien, Japan, Kanada, Luxemburg, Niederlande, Schweden, Schweiz, Spanien, Vereinigtes Königreich und USA.

[567] Im Bereich der Bankenaufsicht bildet er ein Forum für die regelmäßige Zusammenarbeit seiner Mitgliedsländer.

[568] Zur Historie siehe: http://www.bis.org/bcbs/history.htm (Stand: Juli 2009).

[569] Auf europäischer Ebene kann die Umsetzung (beispielsweise) durch eine Richtlinie erfolgen.

Grundsatzerklärung"[570] im Dezember 1988. Adressat dieser Grundsatzerklärung war die Kreditwirtschaft, da gerade diese dazu aufgefordert wurde, *„ihre Geschäfte im Einklang mit hohen ethischen Standards zu führen"*[571]. Weitere Überlegungen zu den Mindestanforderungen an eine effektive Bankenaufsicht wurden im September 1997 vom Baseler Ausschuss für Bankenaufsicht in seinem Papier „Grundsätze für eine wirksame Bankenaufsicht" niedergelegt[572].

Ende 2001 verabschiedete der Baseler Ausschuss für Bankenaufsicht die von einer Arbeitsgruppe[573] formulierten Mindeststandards zur Kundenidentifizierung[574]. Diese stellen die neuesten internationalen Standards für die Sorgfaltspflicht von Banken dar und ergänzen die Grundsätze für eine wirksame Bankenaufsicht vom September 1997 (insbesondere Grundsatz 15, die Kundenidentifizierung betreffend)[575]. Ausschlaggebend für die Ausarbeitung dieser neuen Maßstäbe war die Feststellung, dass die bestehenden Vorschriften im Bereich der Kundenidentifizierung durch Banken als mangelhaft zu bewerten

---

[570] Die Grundsatzerklärung wurde von den Zentralbankgouverneuren der G7-Staaten verabschiedet und ist einsehbar in Fülbier/Aepfelbach/Langweg, GWG, Anhang I.; sowie Kaetzler *in:* Insam, Verdacht auf Geldwäsche – Reputation, der unterschätzte Faktor, S. 35. Zum wesentlichen Inhalt gehört eine Zusammenstellung grundlegender Maßnahmen zur Geldwäschereibekämpfung (insbesondere die Kundenidentifizierung sowie die Zusammenarbeit mit den zuständigen Behörden bei auffälligen Geldgeschäften).

[571] Fülbier/Aepfelbach/Langweg, GWG, Einleitung, Rn. 24.

[572] Hinsichtlich der Geldwäschereibekämpfung ist insbesondere Grundsatz 15 der insgesamt 25 Grundsätze bedeutsam, wonach sich die Bankenaufsichtsbehörden überzeugen müssen, *„dass die Banken über angemessene Geschäftsgrundsätze, Geschäftspraktiken und Verfahrensweisen verfügen, einschließlich strenger Vorschriften über die Kenntnis der Kundenidentität, die einen hohen ethischen und professionellen Standard im Finanzsektor fördern und verhindern, dass die Bank – wissentlich oder unwissentlich – von kriminellen Elementen benutzt wird"*; vgl. hierzu Grundsätze für eine wirksame Bankenaufsicht; im Internet einsehbar unter http://www.bis.org/publ/bcbs30ade.pdf?noframes=1 (Stand: Juli 2009).

[573] Working Group on Crossboarder Banking.

[574] Sog. „Customer Due Diligence Paper" (CDD), Sorgfaltspflicht der Banken bei der Feststellung der Kundenidentität, Oktober 2001; im Internet einsehbar unter http://www.bis.org/publ/bcbs85g.pdf (Stand: Juli 2009).

[575] EBK-Bulletin 33, S. 73 ff.

waren[576]. Der Ausschuss sah die Feststellung der Kundenidentität neben den aufsichtsrechtlichen Aspekten auch in engem Zusammenhang zur Geldwäschereibekämpfung[577].

Die Schweiz war maßgeblich an der Ausarbeitung dieser Standards beteiligt. Zudem ist es auf die Initiative der Schweiz zurückzuführen, dass Geschäftsbeziehungen mit politisch exponierten Personen (PEP) nur mit Zustimmung des obersten Geschäftsführungsorgans eingegangen werden dürfen[578]. Diese Regel wurde auch im Jahr 2003 in die Revision der 40 FATF-Empfehlungen aufgenommen[579].

Veranlasst durch die Terroranschläge vom 11. September 2001 verständigten sich die Rechtsexperten der G10-Staaten über die Notwendigkeit einer engeren Abstimmung und Zusammenarbeit im Rahmen der Bekämpfung der Terrorismusfinanzierung. Dazu sollte einerseits verstärkt unter den Aufsichtsbehörden zusammengearbeitet werden, andererseits strebte man die Einführung eines zentralisierten Risikomanagementsystems bei international tätigen Bankengruppen an[580]. Das „Consolidated KYC (*Know Your Customer*) Risk Managment Paper" des Baseler Ausschusses enthält im Einzelnen Ausführungen zu

---

[576] Vgl. Einleitung zum „Customer Due Diligence Paper" (CDD), Sorgfaltspflicht der Banken bei der Feststellung der Kundenidentität, Oktober 2001; im Internet einsehbar unter http://www.bis.org/publ/bcbs85g.pdf (Stand: Juli 2009).

[577] Hierzu erneut Einleitung zum „Customer Due Diligence Paper" (CDD), Sorgfaltspflicht der Banken bei der Feststellung der Kundenidentität, Oktober 2001; im Internet einsehbar unter http://www.bis.org/publ/bcbs85g.pdf (Stand: Juli 2009).

[578] „Customer Due Diligence Paper" (CDD), Rn. 41–44, Sorgfaltspflicht der Banken bei der Feststellung der Kundenidentität, Oktober 2001; im Internet einsehbar unter http://www.bis.org/publ/bcbs85g.pdf (Stand: Juli 2009).
Vgl. hierzu auch spätere Ausführungen in Kapitel II. 6.5 „Supervisors' PEP working paper 2001".

[579] Siehe Empfehlung 6 FATF 40/2003; im Internet einsehbar unter http://www.fatf-gafi.org/document/28/0,3343,en_32250379_32236930_33658140_1_1_1_1,00.html (Stand: Juli 2009).

[580] Sharing of financial records between jurisdictions in connection with the fight against terrorist financing, Summary of a meeting of representatives of Supervisors and Legal Experts of G10 Central Banks and Supervisory Authorities on 14th December 2001, Basel, Switzerland; im Internet einsehbar unter: http://www.bis.org/publ/bcbs89.pdf (Stand: Juli 2009).

den Anforderungen an ein solches Risikomanagementsystem und wurde im August 2003 zur Veröffentlichung freigegeben[581]. Durch einheitliche Sorgfaltsstandards innerhalb einer Finanzgruppe sowie entsprechendem Informationsfluss zwischen den zuständigen Organen von Mutter- und Tochtergesellschaft sollen Überwachung und Erfassung von konzernweiten Geschäftsbeziehungen mit Kunden, die ein erhöhtes Risikoprofil aufweisen, ermöglicht werden.

Mit der neuen Fassung der Geldwäschereiverordnung der EBK[582] wurden diese Standards in Schweizer Recht umgesetzt.

6.4 International Organisation of Securities Commissions (IOSCO)

Die International Organisation of Securities Commissions (IOSCO) wurde 1974 als internationale Vereinigung nationaler Börsenaufsichtsbehörden gegründet[583]. Als oberstes Organ agiert das sog. „Presidents Committee", das sämtliche Berichte, Standards und Resolutionen der IOSCO verabschiedet[584].

Die IOSCO nimmt eine führende Rolle bei der Aufstellung internationaler Standards auf dem Gebiet der Wertpapieraufsicht ein[585]. Dabei fördert sie insbesondere die Kooperation zwischen den Wertpapieraufsichtsbehörden. Mitgliedsbehörden tauschen Informationen aus und entwickeln Standards, um national und

---

[581] Im Internet einsehbar unter: http://www.bis.org/publ/bcbs101.pdf (Stand: Juli 2009).

[582] GwV EBK vom 18.12.2002 zur Verhinderung von Geldwäscherei und Terrorismusfinanzierung, in Kraft getreten am 01.07.2003, Fundstelle AS 2003 554.

[583] Seit 1983 ist die IOSCO für weltweite Mitgliedschaften offen. Derzeit besteht die IOSCO aus 192 Mitgliedern, bei welchen es sich um die im entsprechenden Bereich tätigen nationalen Regulatoren handelt.
Die momentanen Mitglieder der IOSCO sind im Internet einsehbar unter http://www.iosco.org/lists/index.cfm?section=general (Stand: Juli 2007). Größtes und derzeit bedeutendstes Mitglied ist die amerikanische „Securities und Exchange Commission" (SEC).

[584] Zur Struktur der Organisation siehe Internetauftritt der IOSCO unter http://www.iosco.org/about/index.cfm?section=structure (Stand: Juli 2009), sowie Abb. 1: Grundstruktur der IOSCO unter http://www.treuhaender.ch/getAttachment.axd?attaName=1778a07_0546.pdf (Stand: Juli 2009).

[585] Vgl. hierzu: http://www.bafin.de/cln_116/nn_722882/DE/BaFin/Internationales/InternationaleZusammenarbeit/IOSCO/iosco__node.html?__nnn=true (Stand: Juli 2009).

grenzüberschreitend die Aufsicht über den Wertpapierhandel und die Marktteilnehmer zu verbessern[586]. Ziel der IOSCO ist es daher, einen fairen und effizienten Wertpapierhandel, der auch die Anlegerinteressen berücksichtigt, zu ermöglichen[587].

Die Berichte, Standards und Resolutionen der IOSCO wenden sich einheitlich an alle IOSCO-Mitglieder. Berichte und Empfehlungen des Technischen Komitees (Technical Comittee[588]) oder des Komitees für Emerging Markets (Emerging Markets Committee[589]) entfalten gegenüber den in den Ausschüssen vertretenen Mitgliedern Bindungswirkung. Diese Gremien sind für die eigentliche Sacharbeit an Standards und Empfehlungen zuständig.

Im *„Technischen Komitee"* sind 15 Wertpapieraufsichtbehörden aus den großen, hoch entwickelten Finanzplätzen vertreten[590]; das Komitee der *„Emerging Markets"* setzt sich aus Behörden der schwächer entwickelten Finanzmärkte zusammen. Beide Komitees haben ständige Arbeitsgruppen mit Experten aus den Mitgliedsbehörden eingerichtet, die ausgewählte Themen bearbeiten.

Darüber hinaus werden zur Bearbeitung einzelner Themen Projektgruppen eingerichtet. So beschäftigte sich die Organisation in verschiedenen Berichten mit der Bekämpfung der Geldwäscherei und der Terrorismusfinanzierung durch internationale Wertpapieraufsichtsbehörden[591]. Im Jahr 1992 publizierte das

---

[586] Siehe Internetauftritt IOSCO unter: http://www.iosco.org/about/ (Stand: Juli 2009).

[587] Zur Zielsetzung vgl. http://www.bafin.de/cln_116/nn_722882/DE/BaFin/Internationa les/InternationaleZusammenarbeit/IOSCO/iosco__node.html?__nnn=true (Stand: Juli 2009).

[588] Zu den sog. Working Committees (Technical Committee) vgl. http://www.iosco. org/about/Index.cfm?section=workingcmts (Stand: Juli 2009).

[589] Zu den sog. Working Committees (Emerging Markets Committee) vgl. http://www.iosco.org/about/index.cfm?section=workingcmts (Stand: Juli 2009).

[590] Die Sacharbeit des Technischen Komitees und des Komitees der Emerging Markets gliedert sich in fünf große Themenschwerpunkte: multinationale Berichts- und Bilanzierungspflichten, Aufsicht über Sekundärmärkte, Aufsicht über Marktintermediäre, Verfolgung von Wertpapierhandelsdelikten und Austausch von Informationen sowie Aufsicht über den Bereich Investmentmanagment; vgl. hierzu: http://www.iosco.org/about/index.cfm?section =workingcmts (Stand: Juli 2009).

[591] Siehe zum historischen Hintergrund der IOSCO: http://www.iosco. org/about/index.cfm?section=history (Stand: Juli 2009).

„Technical Committee" der Organisation einen ersten Bericht (sog. „Report on Money Laundering")[592].

Im Jahr 2002 setzte die IOSCO eine Task Force ein, welche die in den verschiedenen Mitgliedstaaten anwendbaren Regeln zur Identifizierung von Kunden und wirtschaftlich Berechtigten im Effektenhandel untersuchen sollte[593]. Die Task Force berücksichtigte im Rahmen ihrer Arbeiten die revidierten 40 Empfehlungen sowie die acht Spezialempfehlungen der FATF.

Da die IOSCO eine weltumspannende Organisation ist, verfügt sie im Bereich der Finanzmarktregulierung über eine hohe Autorität. Die Empfehlungen der IOSCO prägen vielfach das Recht und die Marktstrukturen auf nationaler und EU-Ebene[594]. Eine aktive Mitarbeit in allen wichtigen Gremien der IOSCO und die Vertretung landesspezifischer Interessen sind von besonderer Bedeutung.

Die EBK ist seit 1996 Mitglied der IOSCO bzw. des Technical Committees[595]. Da in der Schweiz ein Teil der regulatorischen Verantwortung im Rahmen der Selbstregulierung vom Gesetzgeber an private Institutionen übertragen wurde, hat die EBK die Mitarbeit in diesen Untergruppen teilweise an Selbstregulierungsorganisationen vergeben[596].

---

[592] Siehe hierzu Report on Money Laundering, Report of the Technical Committee; im Internet einsehbar unter IOSCO Public Documents 1992: http://www.iosco.org/library/pubdocs/pdf/IOSCOPD26.pdf (Stand: Juli 2009).

[593] Geldwäschereibekämpfung in der Schweiz: Internationale Entwicklungen im Kampf gegen die Geldwäscherei und die Rolle der Schweiz, Ziff. 4, S. 24.
Vgl. in diesem Zusammenhang insb. auch „Initiatives by the BCBS, IAIS and ISOCO to combat money laundering and the financing of terrorism", Juni 2003; im Internet einsehbar unter http://www.iosco.org/library/pubdocs/pdf/IOSCOPD146.pdf (Stand: Juli 2009).

[594] Vgl. http://www.bafin.de/cln_116/nn_722882/DE/BaFin/Internationales/InternationaleZusammenarbeit/IOSCO/iosco__node.html?__nnn=true (Stand: Juli 2009).

[595] Vgl. zu den sog. Ordinary Members of IOSCO: http://www.iosco.org/lists/display_members.cfm?alpha=s&orderBy=jurSortName&memid=1 (Stand: Juli 2009).

[596] „IOSCO als globale Promoterin von IFRS"; im Internet einsehbar unter http://www.treuhaender.ch/getAttachment.axd?attaName=1778a07_0546.pdf (Stand: Juli 2009)

6.5 International Association of Insurance Supervisors (IAIS)

Die International Association of Insurance Supervisors (IAIS) wurde 1994 gegründet und stellt ein zentrales Forum für den Versicherungsbereich auf internationaler Ebene dar, indem sie Versicherungsregulierungs- und Aufsichtsbehörden von rund 190 Ländern sowie weitere Organisationen mit Beobachterstatus repräsentiert[597]. Sie ist als Verein nach Schweizer Recht ausgestaltet und hat ihren Sitz in Basel[598].

Die IAIS arbeitet eng mit anderen Finanzbranchen und Gremien zusammen, um die finanzielle Stabilität zu sichern und zu fördern. Hierfür werden Leitlinien und Prinzipien (insbesondere auch im Bereich Geldwäschereibekämpfung) entwickelt, um globale Probleme und Fragestellungen der Versicherungswirtschaft besser bewältigen zu können[599].

Im Jahr 2002 erließ die IAIS Leitlinien zur Geldwäschereibekämpfung für die Versicherungen und deren Aufsicht[600]. Die Leitlinien übernehmen weitgehend die Empfehlungen der FATF zu den Sorgfaltspflichten und zu der Zusammenarbeit von Aufsichts- und Strafverfolgungsbehörden.

---

[597] Dies entspricht ca. 97 % des internationalen Versicherungsmarktes bezogen auf das Prämienvolumen. Zur Historie der IAIS siehe: http://www.iaisweb.org/index.cfm?pageID=28 (Stand: Juli 2009); sowie in Bezug auf die internationale Zusammenarbeit: Information der Bundesanstalt für Finanzdienstleistungen (BaFin); im Internet einsehbar unter: http://www.bafin.de/cln_116/nn_722882/DE/BaFin/Internationales/InternationaleZusammenarbeit/IAIS/iais__node.html?__nnn=true (Stand: Juli 2009).

[598] Oberstes Entscheidungsorgan der IAIS ist das Executive Committee (Vorstand); vgl. hierzu Organisation Chart; im Internet einsehbar unter http://www.iaisweb.org/index.cfm?pageID=317 (Stand: Juli 2009).

[599] Die IAIS versteht sich in erster Linie als weltweiter Standardsetter im Bereich der Versicherungsaufsicht und kommt dieser Aufgabe durch die Entwicklung und Verabschiedung von fachspezifischen Principles, Standards und Guidance Papers nach; vgl. hierzu Information der BaFin; im Internet einsehbar unter: http://www.bafin.de/cln_116/nn_722882/DE/BaFin/Internationales/InternationaleZusammenarbeit/IAIS/iais__node.html?__nnn=true (Stand: Juli 2009).

[600] Sog. Kerngrundsätze der Versicherungsaufsicht (Insurance Core Principles); im Internet einsehbar unter: http://www.iaisweb.org/__temp/Insurance_core_principles_and_methodology.pdf (Stand: Juli 2009).

Die am 3. Oktober 2003 verabschiedeten revidierten Grundsätze zur Versicherungsaufsicht[601] beinhalten nunmehr auch Regeln zur Geldwäschereibekämpfung.

Ferner entwickelte die Vereinigung im Oktober 2004 (zuletzt geändert im März 2007) ein „Guidance Paper", das sich mit der Anfälligkeit der Versicherungswirtschaft in Bezug auf Geldwäscherei und Terrorismusfinanzierung auseinandersetzt[602]. Hierbei werden insbesondere Maßnahmen und Kontrollmöglichkeiten der Risiken in diesem Bereich dargestellt.

Sämtliche von der IAIS entwickelten Grundsätze („Paper") haben – ebenso wie die Grundsätze der vorgenannten Einrichtungen – keinen rechtsverbindlichen Charakter, so dass deren Umsetzung in nationales Recht nur den Mitgliedern empfohlen werden kann[603]. Trotz ihres unverbindlichen Rechtscharakters sind die Principles und Standards allerdings von erheblicher politischer Bedeutung: Sie werden von internationalen Organisationen wie beispielsweise dem IWF als Prüfungsmaßstab zur Beurteilung der Stabilität nationaler und internationaler Finanzmärkte herangezogen[604].

---

[601] „Insurance core principles and methodology", October 2003; im Internet einsehbar unter: http://www.iaisweb.org/__temp/Insurance_core_principles_and_methodology.pdf (Stand: April 2009); sowie das „Guidance paper on anti-money laundering and combating the financing of terrorism", October 2004; im Internet einsehbar unter: http://www.iaisweb.org/__temp/Guidance_paper_on_anti_money_laundering_and_combating_the_financing_of_terrorism.pdf (Stand: Juli 2009).

[602] Guidance papers; im Internet einsehbar unter: http://www.iaisweb.org/index.cfm?pageID=41 (Stand: Juli 2009).

[603] Vgl. hierzu Information der BaFin zur IAIS; im Internet einsehbar unter http://www.bafin.de/cln_116/nn_722882/DE/BaFin/Internationales/InternationaleZusammenarbeit/IAIS/iais__node.html?__nnn=true (Stand: Juli 2009).

[604] Vgl. auch hier http://www.bafin.de/cln_116/nn_722882/DE/BaFin/Internationales/InternationaleZusammenarbeit/IAIS/iais__node.html?__nnn=true (Stand: Juli 2009).

Die Schweiz ist personell in wichtigen Gremien – d. h. im Executive Committee und im Technical Committee (Vizepräsidentschaft) – der IAIS vertreten[605]. Sie besitzt demnach die Möglichkeit, bei der weiteren strategischen Entwicklung und im Standard Setting der IAIS gestaltend mitzuarbeiten[606].

Über die IAIS hat die Schweiz auch bei den vorbereitenden Eingaben für den G20-Gipfel vom 2. April 2009 in London mitgewirkt. Die Eingaben decken sich weitgehend mit den Positionen, welche die Schweiz bislang eingenommen hat, wobei in der Forderung nach regulatorischer Erfassung von bisher nicht regulierten Tätigkeiten – insbesondere im Kapitalmarktbereich – auch für die Schweiz weiterführende Impulse gewonnen werden[607].

6.6 „Supervisors' PEP working paper 2001"

Auf Initiative der Schweiz fand im November 2000 in Lausanne eine Tagung zum Umgang mit Geschäftsbeziehungen zu politisch exponierten Persönlichkeiten („Politically Exposed Persons", PEP) statt[608]. Vertreter von Justiz und Bankenaufsichtsorganen der G7-Staaten und der Schweiz nahmen daran teil, um

---

[605] Vgl. Medienmitteilung der Schweizerischen Eidgenossenschaft v. 31.10.2008; im Internet einsehbar unter http://www.efd.admin.ch/dokumentation/medieninformationen/00467/index.html?lang=de&msg-id=22358 (Stand: Juli 2009).

[606] Wertvolle Wechselwirkung zwischen nationalen und internationalen Aktivitäten zu Regulierung und Aufsicht im Versicherungsbereich; im Internet einsehbar unter http://www.finma.ch/d/aktuell/Documents/referat_maechler_mk_20090331_d.pdf (Stand: Juli 2009).

[607] Wertvolle Wechselwirkung zwischen nationalen und internationalen Aktivitäten zu Regulierung und Aufsicht im Versicherungsbereich; im Internet einsehbar unter http://www.finma.ch/d/aktuell/Documents/referat_maechler_mk_20090331_d.pdf (Stand: Juli 2009).

[608] Bericht der „Arbeitsgruppe KYC" zu Sorgfaltspflichten von Banken und Effektenhändler bei Geldwäscherei, Terrorismusfinanzierung und Beziehungen zu politisch exponierten Personen, Juni 2002; im Internet einsehbar unter http://www.finma.ch/archiv/ebk/d/archiv/2002/pdf/neu090702-02d.pdf (Stand: Juli 2009).

sich grundsätzlich mit der PEP-Problematik auseinanderzusetzen[609]. Nicht zuletzt aufgrund der internationalen Publizität des sog. Abacha-Falls[610] und der Marcos-Affäre[611] wurde die Problematik des Umgangs mit Geschäftsbeziehungen zu politisch exponierten Personen (PEP) dabei auch auf globaler Ebene als regelungsbedürftig erkannt.

Ziel des Treffens war insbesondere die Gegenüberstellung der Systeme – die je nach Land markante Unterschiede aufwiesen – sowie die bessere Erfassung der Vermögenswerte von Personen mit bedeutenden öffentlichen Aufgaben[612]. Die Möglichkeit, (ungewollte) Vermögenswerte auf einen benachbarten Finanzplatz verschieben zu können, sollte zukünftig nicht mehr bestehen.

Im Anschluss an das Treffen entschlossen sich die Aufsichtsbehörden mehrerer G7-Staaten und die Schweiz dazu, Empfehlungen zur Entgegennahme von Vermögenswerten von Personen mit bedeutenden öffentlichen Aufgaben zu verfassen. Das Ende 2001 verabschiedete Dokument („Supervisor's PEP working paper 2001") sollte als Grundlage für eine Reglementierung von Geschäftsbeziehungen zu PEP dienen und enthält im Wesentlichen folgende Regelungen[613]:

- eine Definition der Persönlichkeiten mit bedeutenden öffentlichen Aufgaben, die insbesondere Staatschefs, Regierungsmitglieder, hochrangige

---

[609] Siehe dazu S. 17 des Berichts und Antrags des Regierungsrats an den Kantonsrat; im Internet einsehbar unter http://www.kantonsrat.zh.ch/Geschaeft_Details.aspx?ID=1ec55a89-1832-4c9a-8fe4-1483a3e2b159#2 (Stand: Juli 2009).

[610] Vgl. Ausführungen in Kapital II. 4.4 Der Abacha-Fall, sowie Medienmitteilungen des Bundesamts für Justiz; im Internet einsehbar unter http://www.bj.admin.ch/bj/de/home/dokumentation/medieninformationen.html (Stand: Juli 2009).

[611] Vgl. hierzu Transparency International, Korruption und Korruptionsbekämpfung in der Schweiz, November 2003, sowie Ausführungen in Kapitel II. 4.3 Die Marcos-Affäre und die zögerliche Rückgabe von Potentatengeldern.

[612] Praxis der Eidgenössischen Bankenkommission und der Aufsichtsbehörde, Relevante Auszüge aus EBK-Jahresberichten; im Internet einsehbar unter http://www.pwc.ch/user_content/editor/files/publ_bank/pwc_gwg_149-188_d.pdf (Stand: Juli 2009).

[613] Im Internet einsehbar unter: http://www.finma.ch/archiv/ebk/f/archiv/2002/pdf/neu 090702-03f.pdf (Stand: Juli 2009).

Vertreter der Justiz und des Militärs sowie Familienangehörige und Nahestehende dieses Personenkreises umfasst;

- eine Aufzählung von Indizien, die auf die PEP-Eigenschaft einer Person hinweisen und bei denen Banken sensibilisiert sein müssen, wie beispielsweise bei einem wesentlichen Geldbetrag, der als Provisionszahlung bezeichnet wird oder von einer Zentralbank eingeht;

- die Verpflichtung der Banken, ihre als PEP identifizierten Kunden besonders zu überwachen und dabei insbesondere die öffentlich zugänglichen Quellen zu konsultieren;

- den Entscheid, eine Person mit bedeutenden öffentlichen Aufgaben als Kunden zu akzeptieren, nur auf der Direktionsebene zu fällen;

- die vertraglichen Beziehungen mit Personen mit bedeutenden öffentlichen Aufgaben regelmäßig von den oberen hierarchischen Stufen der Bank überprüfen zu lassen.

Obwohl das Dokument keine verpflichtende Wirkung entfaltet, kann davon ausgegangen werden, dass es in den Signaturstaaten die Grundlage für eine Reglementierung im Umgang mit Personen mit bedeutenden öffentlichen Aufgaben darstellt. Die Eidgenössische Bankenkommission hat diesem Umstand bereits bei der Revision der Geldwäschereiverordnung[614] Rechnung getragen. Die Grundsätze des Papiers sind auch in das 2001 verabschiedete Dokument des Baseler Ausschusses über die Sorgfaltspflicht der Banken bei der Kundenidentifizierung und -überwachung eingeflossen[615].

---

[614] Vgl. hierzu Teil D: Verordnung der Eidgenössischen Bankenkommission zur Verhinderung von Geldwäscherei mit EBK-Geldwäschereibericht; im Internet einsehbar unter http://www.pwc.ch/user_content/editor/files/publ_bank/pwc_gwg_41-100_d.pdf (Stand: Juli 2009).

[615] Baseler Ausschuss für Bankenaufsicht, „Sorgfaltspflicht der Banken bei der Feststellung der Kundenidentität", vom Oktober 2001:
Der Baseler Ausschuss zählt zu den *verstärkten Sorgfaltspflichten* (bei Eingehung einer Geschäftsbeziehung mit politisch exponierten Personen), die Entscheidung über die Eingehung einer Geschäftsbeziehung auf Stufe der Geschäftsleitung zu treffen (Tz. 42, 44), die

6.7 Internationaler Währungsfonds (IWF)

Der Internationale Währungsfonds (IWF) ist eine Sonderorganisation der Vereinten Nationen und hat seinen Sitz in Washington D.C./USA[616]. Der Fonds wurde 1944 durch eine internationale Übereinkunft gegründet und nahm erstmals im Jahr 1946 seine Tätigkeit auf[617]. Die Schweiz wurde am 29. Mai 1992 Mitglied des IWF und übernahm im Rahmen des Beitritts die Leitung einer neuen „Stimmrechtsgruppe" gemeinsam mit sechs weiteren Ländern[618]. Dadurch erhielt die Schweiz einen von 24 Sitzen im Führungsorgan des IWF, dem Exekutivrat. Die Stimmrechtsgruppe erlaubt ihr, aktiv im IWF mitzuwirken und seinen Kurs mitzubestimmen.

Die Hauptaufgaben des IWF sind die Förderung der internationalen Zusammenarbeit im Rahmen der Währungspolitik, Ausweitung des Welthandels, Stabilisierung von Wechselkursen, Kreditvergabe, Überwachung der Geldpolitik sowie technische Hilfe[619].

Im November 2001 publizierte der Internationale Währungs- und Finanzausschuss des Internationalen Währungsfonds einen Aktionsplan. Dieser sieht ins-

---

Feststellung der Eigenschaft der politischen Exponiertheit eines Kunden und eine jährliche Überprüfung, ob ein bedeutenderer Kunde im Laufe der Geschäftsbeziehung diese Exponiertheit erlangt hat (Tz. 43 f., 54), sowie die genaue Überprüfung der Identität von Personen, von denen eine politische Exponiertheit angenommen wird, und schließlich die Untersuchung der Herkunft der eingebrachten Mittel (Tz. 44).
Vgl. auch Ausführungen in „Praxis der Eidgenössischen Bankenkommission und der Aufsichtsbehörde", relevante Auszüge aus EBK-Jahresberichten; im Internet einsehbar unter http://www.pwc.ch/user_content/editor/files/publ_bank/pwc_gwg_149-188_d.pdf (Stand: Juli 2009).

[616] Der Internationale Währungsfonds hat derzeit 185 Mitglieder, deren Stimmrecht sich nach ihrer Kapitaleinlage richtet.

[617] Zur Historie des Internationalen Währungsfonds vgl. Wackerbeck, Der internationale Währungsfonds als Akteur internationaler Währungspolitik unter Berücksichtigung der Asienkrise 1997/98, S. 1, 3.

[618] Die Schweiz im Internationalen Währungsfonds (IWF); im Internet einsehbar unter http://www.efv.admin.ch/d/themen/iwf/index.php (Stand: Juli 2009).

[619] Vgl. Albers, Handwörterbuch der Wirtschaftswissenschaften (HdWW), S. 223.

besondere eine Ausweitung des IWF-Mandats im Hinblick auf die Bekämpfung der Geldwäscherei und der Terrorismusfinanzierung vor[620]. Ziel dieses Aktionsplans ist ein Verfahren zur Überprüfung der Einhaltung der internationalen Geldwäschereistandards in allen IWF-Mitgliedstaaten sowie die Ausarbeitung einer entsprechenden Prüfungsmethodologie[621].

Ein wichtiges Evaluationsverfahren ist das „Financial Sector Assessment Program" (FSAP)[622], in dessen Rahmen auch die Geldwäschereibestimmungen eines Landes geprüft werden. Im Jahr 2001 führte der IWF in der Schweiz das FSAP-Programm durch. Die Schweiz stellte sich für die Durchführung insbesondere zur Verfügung, um zu beweisen, dass sie *„kein Offshore-Finanzzentrum ist, sondern ein transparent und gut regulierter Finanz- und Werkplatz"*[623].

Die Bewertung durch den IWF im Rahmen eines umfassenden Berichts ergab, dass die Schweizer Regelungen zur Bekämpfung der Geldwäscherei im Bankensektor angemessen sind und im Einklang mit internationalen Standards stehen:

„Mit der Einführung des Geldwäschereigesetzes 1998 sind bei der Bekämpfung des Finanzmissbrauchs auf dem Schweizer Finanzplatz bedeutende Fortschritte erzielt worden. Das schweizerische Anti-Geldwäscherei-Dispositiv orientiert sich heute an höchsten internationalen Standards. Nennenswert ist namentlich

---

[620] Geldwäschereibekämpfung in der Schweiz: Internationale Entwicklungen im Kampf gegen die Geldwäscherei und die Rolle der Schweiz, Ziff. 4, S. 24.

[621] Aktionsplan gegen Terrorismus – Finanzierung, Meldung v. 18.11.2001; im Internet einsehbar unter http://www.news.ch/Aktionsplan+gegen+Terrorismus+Finanzierung/67225/detail.htm (Stand: Juli 2009).

[622] Primäres Ziel der FSAP ist jedoch zunächst einmal die Analyse und Stärkung der Finanzsystemstabilität auf nationaler und internationaler Ebene; vgl. hierzu Teilnahme der Schweiz am „Financial Sector Assessment Program" von IWF und Weltbank 23.10.2001; im Internet einsehbar unter http://www.admin.ch/cp/d/3BD7E6BE.447E4F14@gs-efd.admin.ch.html (Stand: Juli 2009).

[623] Arbeitsgemeinschaft alliance sud, „Weltwirtschaft & Entwicklung" Nr. 6, Juni 2002, Die EU und der Finanzplatz Schweiz, Tauziehen um das Bankgeheimnis; im Internet einsehbar unter http://www.alliancesud.ch/deutsch/pagesnav/framesE4.htm?T&T_StAvTs.htm (Stand: Juli 2009).

die Unterstellung des Parabankensektors unter dieselben Sorgfalts- und Meldepflichten wie sie schon zuvor für prudenziell beaufsichtigte Finanzintermediäre gegolten haben. Es gilt nun, die Implementierung des neuen Regelwerks vor allem in den neu erfassten Branchen voranzutreiben."[624] Kritisiert wurde, dass die Identifizierung des wirtschaftlich Berechtigten nicht routinemäßig erfolgen müsse[625].

Zu den zuvor dargestellten Financial Sector Assessment Programs (FSAPs) gehört auch die sog. Anti-Money-Laundering/Combating Financing-of-Terrorism-Methodology (FATF AML/CFT)[626]. Die Entwicklung der Methodologie ist auf die Zusammenarbeit des IWF, der Weltbank, der FATF sowie des Baseler Ausschusses, der IOSCO und der Egmont Group – einer internationalen Arbeitsgruppe – zurückzuführen.

Sie überprüft die Gleichwertigkeit der Geldwäschereisysteme der Länder und enthält Kriterien zur Beurteilung der Einhaltung sowie Umsetzung der geldwäschereirelevanten Bestimmungen[627].

---

[624] Vgl. Schlussbericht zur Schweizer Teilnahme; im Internet einsehbar unter http://www.admin.ch/cp/d/3CFB47E3.85161A0D@gs-efd.admin.ch.html (Stand: Juli 2009).

[625] Vgl. Schlussbericht zur Schweizer Teilnahme; im Internet einsehbar unter: http://www.admin.ch/cp/d/3CFB47E3.85161A0D@gs-efd.admin.ch.html (Stand: Juli 2009).

[626] Vgl. hierzu „What the IMF Does"; im Internet einsehbar unter http://www.imf.org/exter nal/np/leg/amlcft/eng/ (Stand: Juli 2009); sowie The Fund's involvement in AML/CFT; im Internet einsehbar unter http://www.imf.org/external/np/leg/amlcft/eng/aml1.htm (Stand: Juli 2009).

[627] „The Methodology is a key tool to assist assessors when they are preparing AML/CFT detailed assessment reports/mutual evaluation reports. It will assist them in identifying the systems and mechanisms developed by countries with diverse legal, regulatory and financial frameworks, in order to implement robust AML/CFT systems. The Methodology is also useful for countries that are reviewing their own systems, including in relation to technical assistance projects."; vgl. Methodology for Assessing Compliance with the FATF v. 27.02.2004; im Internet einsehbar unter http://www.fatf-gafi.org/dataoecd/16/54/40339628.pdf (Stand: Juli 2009).

Die Methodologie wurde Anfang Oktober 2002 vom Plenum der FATF verabschiedet und wird nun aufgrund der revidierten 40 Empfehlungen der FATF vollständig überarbeitet.

6.8 Die Wolfsberg-Gruppe – internationale Selbstregulierung

Im Jahr 2000 schuf ein Kreis weltweit führender Banken[628] ein eigenes Gremium, um globale Richtlinien zur Bekämpfung der Geldwäscherei im Private Banking zu entwickeln[629]. Ausschlaggebend für den Zusammenschluss waren auch in diesem Fall eine Reihe von Bankenskandalen und damit einhergehende Reputationsschäden der Finanzplätze[630]. Die Schweizer Großbanken beteiligen sich nach wie vor maßgeblich an sämtlichen internationalen Initiativen.

Die Entwicklung von selbstverpflichtenden Industriestandards (insbesondere des „Know-Your-Customer"-Prinzips) im Bereich der Bekämpfung der Geldwäsche sowie der Bekämpfung der Terrorismusfinanzierung war und ist immer noch die Zielsetzung der Wolfsberg-Gruppe[631]. Die Banken arbeiteten eng mit internationalen Geldwäschereiexperten und Transparency International[632] – einer im Bereich der Korruptionsbekämpfung tätigen, internationalen Nichtregierungsorganisation – zusammen. Aufgrund der länderspezifischen unterschiedlichen Gesetzgebung in Bezug auf die Geldwäschereibekämpfung versucht die

---

[628] Mitglieder sind die folgenden internationalen Bankengruppen: ABN Amro N. V., Banco Santander Central Hispano, S. A., Bank of Tokyo-Mitsubishi Ltd., Barclays Bank, Citigroup, Credit Suisse Group, Deutsche Bank AG, Goldman Sachs, HSBC, J. P. Morgan Chase, Société Générale und UBS AG.

[629] Das erste Treffen wurde auf Schloss Wolfsberg im Nordosten der Schweiz abgehalten, so dass die Namensgebung der Gruppe auf die erste Begegnungsstätte zurückzuführen ist.

[630] Jae-myong Koh, Supressing Terrorist Financing and Money Laundering, S. 147.

[631] Kaetzler, *in:* Insam, Verdacht auf Geldwäsche, Reputation – Der unterschätzte Faktor, S. 45.

[632] Anfang 2007 hat die Wolfsberg-Gruppe beispielsweise im Zusammenhang mit Transparency International und dem Baseler Institute on Governance eine Stellungnahme zur Bekämpfung von Korruption durch die Kreditwirtschaft abgegeben; siehe hierzu: Die Wolfsberg-Gruppe, Statement against Corruption; im Internet einsehbar unter: http://www.wolfsberg-principles.com/statement_against_corruption.html (Stand: Juli 2009).

Wolfsberg-Gruppe in erster Linie, identische Wettbewerbsbedingungen für international tätige Banken zu schaffen[633].

Im Zuge der zuvor erwähnten Initiative wurden im Oktober 2000 die sog. Wolfsberg-Prinzipien („Wolfsberg-AML-Grundsätze für das Private-Banking-Geschäft") in der Schweiz verabschiedet[634]. Diese befassen sich mit unterschiedlichsten Aspekten des „Know-Your-Customer"-Prinzips beim Verkehr zwischen vermögenden Privatkunden und Private-Banking-Abteilungen der Finanzinstitute sowie der Erkennung und Verfolgung ungewöhnlicher oder verdächtiger Aktivitäten. Die Prinzipien formulieren insbesondere bestimmte Indikatoren für den Kundenbetreuer, bei deren Vorliegen es ein zusätzliches Maß an Sorgfalt bedarf[635]. Geschäftsbeziehungen mit sog. PEP's werden von der Wolfsberg-Gruppe als besonders risikoreich angesehen[636].

Im Januar 2002 beschloss die Wolfsberg-Gruppe, die Prinzipien auf die Terrorismusbekämpfung auszudehnen: In einer Grundsatzerklärung („Wolfsberg Sta-

---

[633] Sog. „level playing field"; vgl. hierzu Pieth/Aiolfi, Private Sector becomes active: The Wolfsberg Process, S. 359.

[634] Sämtliche Wolfsberg-Standards (Wolfsberg-AML-Grundsätze für das Private-Banking-Geschäft, Wolfsberg-Erklärung zur Unterdrückung der Terrorismusfinanzierung, Wolfsberg-AML-Grundsätze für das Korrespondenzbankengeschäft, Wolfsberg-Erklärung Überwachung, Screening und Suchmechanismen) sind im Internet einsehbar unter http://www.wolfsberg-principles.com (Stand: Juli 2009), insbesondere unter http://www.wolfsberg-principles.com/pdf/private-german.pdf (Stand: Juli 2009).

[635] Wolfsberg-AML-Grundsätze für das Private-Banking-Geschäft, Abschnitt 2; im Internet einsehbar unter http://www.wolfsberg-principles.com/pdf/private-german.pdf (Stand: Juli 2009).

[636] Wolfsberg-AML-Grundsätze für das Private-Banking-Geschäft, Abschnitt 2.2; im Internet einsehbar unter http://www.wolfsberg-principles.com/pdf/private-german.pdf (Stand: Juli 2009).
Die Standards wurden aufgrund der Risikoeinstufung der Kundenbeziehungen zu PEP's durch eine Übersicht mit häufig gestellten Fragen (FAQ) zu politisch exponierten Personen ergänzt; vgl. hierzu http://www.wolfsberg-principles.com/pdf/PEP-FAQ-052008.pdf (Stand: Juli 2009).

tement on the Suppression of the Financing of Terrorism"[637]) bat die Gruppe der Banken die Behörden um Unterstützung bei der Erkennung von Terrorismusfinanzierungsaktivitäten und zeigte sich somit bereit, eng mit den staatlich zuständigen Stellen in der Terrorismusbekämpfung zusammenzuarbeiten. Sie formulierte diese Anliegen wie folgt: „*Finanzinstitute können Regierungen und ihren Behörden beim Kampf gegen Terrorismus behilflich sein. Sie können diese durch Prävention, Erkennung und Informationstausch unterstützen. Sie sollten sich zum Ziel setzen, den Zugriff terroristischer Organisationen auf ihre Finanzdienstleistungen zu unterbinden. Sie sollten ihre Regierungen in deren Bemühungen unterstützen, Fälle mutmaßlicher Terrorismusfinanzierung aufzuspüren und Behördenanfragen zu beantworten.*"[638]

Dieses Engagement sollte verdeutlichen, dass die Finanzinstitute sich darüber bewusst waren, durch Prävention, Erkennung und Informationsaustausch ihrerseits im Kampf gegen den Terrorismus mithelfen zu können[639].

Ende 2002 verabschiedete die Wolfsberg-Gruppe Prinzipien zu anwendbaren Sorgfaltspflichten zwischen Korrespondenzbanken („The Wolfsberg Anti-Money Laundering Principles for Correspondet Banking"[640]). Die Prinzipien beziehen sich auf alle Geschäftsbeziehungen, die ein Institut mit einem Kunden im sog. Korrespondenzbankengeschäft[641] unterhält, wobei den Prinzipien insoweit ein

---

[637] Wolfsberg Statement on the Suppression of the Financing of Terrorism, Januar 2002; im Internet einsehbar unter http://www.wolfsberg-principles.com/pdf/terrorism-german.pdf (Stand: Juli 2009).

[638] Wolfsberg Statement on the Suppression of the Financing of Terrorism, Abschnitt 2, Januar 2002; im Internet einsehbar unter http://www.wolfsberg-principles.com/pdf/terrorism-german.pdf (Stand: Juli 2009).

[639] Vgl. The Wolfsberg Group, Wolfsberg-Erklärung zur Unterdrückung der Terrorismusfinanzierung; im Internet einsehbar unter http://www.wolfsberg-principles.com/pdf/terrorism-german.pdf (Stand: Juli 2009).

[640] Wolfsberg-AML-Grundsätze für das Korrespondenzbankengeschäft; im Internet einsehbar unter http://www.wolfsberg-principles.com/pdf/correspondent-german. pdf (Stand: Juli 2009).

[641] Ein Kunde im Korrespondenzbankengeschäft ist ein Finanzdienstleister, der Kunde eines Kreditinstituts ist. Dieser Finanzdienstleister nutzt die Konten des Instituts, um damit Transaktionen für seine eigenen Kunden abzuwickeln. Hierzu zählen Banken, Börsenmakler, In-

risikoorientierter Ansatz zugrunde liegt. Das heißt, dass Kunden (im Korrespondenzbankengeschäft), die ein größeres Risiko mit sich bringen, auch dementsprechend einer erhöhten Sorgfaltspflicht unterliegen[642]. In welchem Maß der Kunde den Sorgfaltspflichten nachkommen muss, bestimmen sog. Risikoindikatoren[643]. Die Einhaltung der Vorschriften und Verfahren sowie die entsprechende Aufsicht über die Abläufe liegen auf Seiten des Instituts.

Um sämtliche Möglichkeiten der Informationstechnologie zu nutzen und diese effizient und wirkungsvoll in Verfahren und Systeme gegen Geldwäscherei einzubinden, veröffentlichte die Wolfsberg-Gruppe im Jahr 2003 eine „Erklärung zu Überwachung, Screening und Suchmechanismen"[644]. Nach Auffassung der Gruppe werden Geldwäscher und Terroristen jede ihnen zur Verfügung stehende Möglichkeit nutzen, Transaktionen und Konten zu tarnen, und ihnen den vermeintlichen Schein der Legitimität verleihen[645]. Die bestehenden Systeme bedürfen daher einer permanenten Effizienzüberprüfung. Dabei ist es insbesondere die Aufgabe der Finanzinstitute, angemessene Verfahren im Kampf gegen Geldwäscherei und Terrorismus anzuwenden und bei ungewöhnlichen Transaktionen die tatsächlichen Geldwäschereiaktivitäten ausfindig zu machen.

---

vestmentfondsgesellschaften, Risikofonds, Einführende Broker, Finanzdienstleister, Pensionsfonds, Kreditkartenanbieter, Handelskreditgesellschaften, Verbraucherkreditunternehmen, Hypothekenbanken, Bausparkassen und Leasinggesellschaften etc.
Die Liste wurde entnommen: The Wolfsberg Group, Wolfsberg-AML-Grundsätze für das Korrespondenzbankengeschäft; im Internet einsehbar unter http://www.wolfsberg-principles.com/pdf/correspondent-german.pdf (Stand: Juli 2009).

[642] The Wolfsberg Group, Wolfsberg-AML-Grundsätze für das Korrespondenzbankengeschäft, Abschnitt 4; im Internet einsehbar unter http://www.wolfsberg-principles.com/pdf/correspondent-german.pdf (Stand: Juli 2009).

[643] The Wolfsberg Group, Wolfsberg-AML-Grundsätze für das Korrespondenzbankengeschäft, Abschnitt 4; im Internet einsehbar unter http://www.wolfsberg-principles.com/pdf/correspondent-german.pdf (Stand: Juli 2009).

[644] Wolfsberg-Gruppe, Erklärung zu Überwachung, Screening und Suchmecha-nismen, Abschnitt 1; im Internet einsehbar unter http://www.wolfsberg-principles.com/pdf/monitoring-german.pdf (Stand: Juli 2009).

[645] Wolfsberg-Gruppe, Erklärung zu Überwachung, Screening und Suchmecha-nismen, Abschnitt 3; im Internet einsehbar unter http://www.wolfsberg-principles.com/pdf/monitoring-german.pdf (Stand: Juli 2009).

Dabei ist auch in diesem Bereich auf einen „risikoorientierten Ansatz" abzustellen[646]. Um eine Basis für die Anforderungen an die Finanzinstitute liefern zu können, entwickelte die Wolfsberg-Gruppe „Standards für eine risikoorientierte Transaktionsüberwachung"[647].

6.9 Vereinte Nationen

In Bezug auf die Bekämpfung der Geldwäscherei sind die Vereinten Nationen als Pioniere zu bezeichnen[648]. Im Kampf gegen die Geldwäscherei ist dabei ganz besonders das bereits zuvor skizzierte „Übereinkommen der Vereinten Nationen gegen den unerlaubten Verkehr mit Suchtstoffen und psychotropen Stoffen" vom 20. Dezember 1988 (Wiener Konvention)[649] als weitreichender Fortschritt hervorzuheben. Das Übereinkommen verpflichtete die unterzeichnenden Staaten (u. a.) zur strafrechtlichen Erfassung der Geldwäscherei (in Bezug auf Drogengelder) sowie zur Kriminalisierung des Drogenhandels[650].

---

[646] Wolfsberg-Gruppe, Erklärung zu Überwachung, Screening und Suchmechanismen, Abschnitt 4; im Internet einsehbar unter http://www.wolfsberg-principles.com/pdf/monitoring-german.pdf (Stand: Juli 2009).

[647] Wolfsberg-Gruppe, Erklärung zu Überwachung, Screening und Suchmecha-nismen, Abschnitt 5; im Internet einsehbar unter http://www.wolfsberg-principles.com/pdf/monitoring-german.pdf (Stand: Juli 2009).

[648] Hetzer, Bekämpfung der Organisierten Kriminalität durch Unterbindung der Geldwäsche, *in:* wistra 1993, S.286f.; Kaetzler, *in:* Insam, Verdacht auf Geldwäsche, Reputation – Der unterschätzte Faktor, S. 33 ff.

[649] Die Wiener Drogenkonvention baut auf internationale Drogenkontrollverträge der Vereinten Nationen über Suchtstoffe (1961) und über psychotrope Stoffe (1971) auf, die den Handel von Suchtstoffen und psychotropen Stoffen auf medizinische und wissenschaftliche Bedürfnisse einschränken.

[650] Hierzu zählte auch die Vorgabe, Maßnahmen zur Gewinnabschöpfung zu treffen. Eine (präventive) Vorgabe zur Kundenidentifizierung sucht man hingegen zu diesem Zeitpunkt vergebens; vgl. Häde, Initiative zur Bekämpfung der Geldwäsche, *in:* EuZW 1991, S. 553, S. 554.

Ende 1997 hatten 142 Vertragsstaaten – darunter auch die Schweiz – sowie die Europäische Union die Konvention unterzeichnet[651].

Die Übereinkommen der Vereinten Nationen (auch im Bereich der Terrorismusbekämpfung) sowie die Resolution des Sicherheitsrates bilden somit den völkerrechtlichen Rahmen für die Bekämpfung der Geldwäscherei und Terrorismusfinanzierung[652].

Nenneswert sind in diesem Kontext folgende signifikante Übereinkommen und Instrumentarien:

6.9.1 Terrorismusfinanzierungskonvention (Dezember 1999)

Das internationale Übereinkommen zur Bekämpfung der Finanzierung des Terrorismus vom 9. Dezember 1999[653] hat die Verstärkung der *„internationale(n) Zusammenarbeit zwischen den Staaten bei der Ausarbeitung und Annahme wirksamer Maßnahmen zur Verhütung der Finanzierung des Terrorismus sowie zu deren Bekämpfung durch die Strafverfolgung und die Bestrafung der Urheber*[654]*"* zum Ziel. Zu diesem Zweck wird die Terrorismusfinanzierung in Art. 2 des Übereinkommens als eigenständiges Delikt festgelegt[655]. Demzufolge

---

[651] Beachtlich ist, dass zunächst nur ca. 80 Staaten der UN der „Wiener Konvention" zustimmten. Vier Länder hatten erst fünf Jahre später das Abkommen unterzeichnet. Dies spricht für eine sehr träge Institutionalisierung der Geldwäschereibekämpfung; vgl. hierzu auch Hoyer/Klos, Regelungen zur Bekämpfung der Geldwäsche und ihre Anwendung in der Praxis.

[652] Vgl. hierzu auch Geldwäschereibekämpfung in der Schweiz: Internationale Entwicklungen im Kampf gegen die Geldwäscherei und die Rolle der Schweiz, Ziff. 9, S. 27 f.

[653] „International Convention for the Suppression of the Financing of Terrorism", A/RES/54/109; im Internet einsehbar unter http://www.un.org/Depts/dhl/resguide/r54.htm (Stand: Juli 2009).

[654] Zur Zielsetzung siehe „Internationales Übereinkommen zur Bekämpfung der Finanzierung des Terrorismus"; im Internet einsehbar unter http://www.admin.ch/ch/d/sr/0_353_22/index.html (Stand: Juli 2009).

[655] Vgl. Art. 2 des „Internationalen Übereinkommens zur Bekämpfung der Finanzierung des Terrorismus"; im Internet einsehbar unter http://www.admin.ch/ch/d/sr/0_353_22/a2.html (Stand: Juli 2009).

kann eine Bestrafung unabhängig davon erfolgen, ob der eigentliche Terrorakt tatsächlich ausgeführt wurde oder nicht[656].

Des Weiteren enthält das Übereinkommen Bestimmungen, welche die internationale Zusammenarbeit (bspw. Vorgaben zur Auslieferungs- und Rechtshilfe) erleichtern und die Vorbereitung sowie Durchführung finanzieller Aktivitäten zugunsten des Terrorismus vereiteln sollen (vgl. hierzu insbesondere Art. 18 des Übereinkommens)[657].

Um eine Umsetzung der Konvention zu gewährleisten, verlangte Art. 3 des Übereinkommens[658] von den Vertragsstaaten, die *Terrorismusfinanzierung* in ihrem innerstaatlichen Recht als Straftat zu normieren und diese mit angemessenen Strafen zu bedrohen, welche die Schwere der Tat berücksichtigen.

Die Schweiz ratifizierte die Terrorismusfinanzierungskonvention (wie auch das Internationale Übereinkommen zur Bekämpfung terroristischer Bombenanschläge vom 15. Dezember 1997[659]) am 23. September 2003. Die darauf basierenden notwendigen Änderungen des Strafgesetzbuches[660] wurden zum 1. Oktober 2003[661] in Kraft gesetzt.

---

[656] Im Wortlaut formuliert das Übereinkommen dies wie folgt: „[...] eine Straftat im Sinne dieses Übereinkommens begeht, wer, mit welchen Mitteln auch immer, unmittelbar oder mittelbar, widerrechtlich und vorsätzlich finanzielle Mittel zur Verfügung stellt oder sammelt in der Absicht oder im Wissen, dass sie ganz oder teilweise verwendet werden sollen [...]"; siehe Art. 2 des „Internationalen Übereinkommens zur Bekämpfung der Finanzierung des Terrorismus"; im Internet einsehbar unter http://www.admin.ch/ch/d/sr/0_353_22/a2.html (Stand: Juli 2009).

[657] „Internationales Übereinkommen zur Bekämpfung der Finanzierung des Terrorismus"; im Internet einsehbar unter http://www.admin.ch/ch/d/sr/0_353_22/a2.html (Stand: Juli 2009).

[658] Art. 3 des „Internationalen Übereinkommens zur Bekämpfung der Finanzierung des Terrorismus"; im Internet einsehbar unter http://www.admin.ch/ch/d/sr/0_353_22/a2.html (Stand: Juli 2009).

[659] „Internationales Übereinkommen zur Bekämpfung terroristischer Bombenanschläge vom 15. Dezember 1997"; im Internet einsehbar unter http://untreaty.un.org/ English/Terrorism/Conv11.pdf (Stand: Juli 2009).

[660] Vgl. hierzu die Botschaft betreffend die internationalen Übereinkommen zur Bekämpfung der Finanzierung des Terrorismus und zur Bekämpfung terroristischer Bombenanschläge sowie die Änderung des Strafgesetzbuches und die Anpassung weiterer Bundesgesetze v. 26.06.2002; im Internet einsehbar unter http://www.admin.ch/ch/d/ff/2002/5390.pdf (Stand:

6.9.2 Die UNO-Konvention gegen das länderübergreifende organisierte Verbrechen

Ein weiteres Rechtsinstrument auf dem Gebiet der Bekämpfung der Geldwäscherei ist die am 12. Dezember 2000 auf einer Konferenz in Palermo von insgesamt 121 Ländern verabschiedete und unterzeichnete „UNO-Konvention gegen das länderübergreifende organisierte Verbrechen[662]". Zu den Signaturstaaten gehörte auch die Schweiz.

Die Konvention verpflichtet die unterzeichnenden Staaten zur (soweit erforderlichen) Anpassung ihrer nationalen Gesetzgebungen dahingehend, dass die Mitgliedschaft in einer kriminellen Vereinigung, Geldwäsche, Korruption und Behinderung der Justiz als Straftatbestände normiert werden (vgl. insbesondere Art. 5 „Criminalization of Participation in an Organized Group" sowie Art. 7 „Measures to Combat Money-Laundering")[663]. Damit setzte die Konvention ein entscheidendes Signal im weltweiten Kampf gegen die international organisierte Kriminalität: Durch die von der Konvention gesetzten Vorgaben soll eine Harmonisierung des Strafrechts bezüglich der international organisierten Kriminalität, eine verstärkte internationale Zusammenarbeit von Polizei und Justiz sowie ein Austausch von Informationen und technischem Know-how ermöglicht werden[664]. Die weltweit durchzusetzenden Neuerungen im Bereich der Geldwä-

---

Juli 2009) sowie unter: http://www.ofj.admin.ch/bj/de/home/themen/sicher heit/gesetzgebung/abgeschlossene_projekte/terrorismus__uno_.html (Stand: Juli 2009).

[661] Vgl. hierzu Medienmitteilung der Schweizer Eidgenossenschaft v. 26.06.2003, Bundesrat bereitet die Ratifikation von zwei UNO-Übereinkommen vor; im Internet einsehbar unter http://www.bj.admin.ch/bj/de/home/dokumentation/medieninformationen/2003/36.html (Stand: Juli 2009).

[662] „United Nations Convention against transnational organized crime", 2000; im Internet einsehbar unter http://www.uncjin.org/Documents/Conventions/dcatoc/final_document s_2/convention_eng.pdf (Stand: Juli 2009).

[663] Vgl. Art. 5/Art. 7 der „United Nations Convention against transnational organized crime", 2000; im Internet einsehbar unter http://www.uncjin.org/Documents /Conventions/dcatoc/final_documents_2/convention_eng.pdf (Stand: Juli 2009).

[664] Die Prävention im Rahmen der Verbrechensbekämpfung ist insoweit vorrangig zu behandeln; vgl. Barthelmess, Transnationale organisierte Kriminalität: Ordnungspolitische Eingriffe auf internationaler Ebene und in der Schweiz, Bulletin 2002 zur Schweizerischen Sicherheitspolitik, S. 39; im Internet einsehbar unter http://se2.isn.ch/serviceengine/FileCon

schereibekämpfung ergaben sich dabei aus dem Umstand, dass zukünftig die kriminelle Vortat nicht nur auf den Drogenhandel beschränkt bleiben sollte, sondern auch andere illegale Tätigkeitsfelder erfasst wurden. Ferner wurden die sog. Sorgfaltspflichtverletzungen der in die Geldwäscherei involvierten Finanzintermediäre zu einer Straftat erklärt, wobei gegebenfalls sogar die Unternehmen strafrechtlich verfolgt werden könnten[665]. Damit einhergehend sollte das Recht der Strafverfolgungsbehörden zur Konfiszierung deliktischer Gelder manifestiert werden[666].

6.9.3 Europarat

Die Gründung des Europarates[667] im Jahr 1949 verfolgte das grundlegende Ziel, Demokratie, Menschenrechte sowie Rechtsstaatlichkeit zu schützen[668]. Die wesentliche Aufgabe des Europarates ist dabei, *„eine engere Verbindung zwischen seinen Mitgliedern zum Schutze und zur Förderung der Ideale und Grundsätze, die ihr gemeinsames Erbe bilden, herzustellen"*[669].

Im Juni 1980 wurden die Mitglieder des Rates (erstmals) dazu aufgefordert, den Banken Verpflichtungen zur Kundenidentifizierung und zur Einrichtung interner

---

tent?serviceID=10&fileid=96C1D02D-B3B6-4CBC-8E82-2A187EA57EE2&lng=de (Stand: Juli 2009).

[665] Vgl. Art. 7 „United Nations Convention against transnational organized crime", 2000; im Internet einsehbar unter http://www.uncjin.org/Documents/Conventions /dcatoc/final_documents_2/convention_eng.pdf (Stand: Juli 2009).

[666] Barthelmess, Transnationale organisierte Kriminalität: Ordnungspolitische Eingriffe auf internationaler Ebene und in der Schweiz, Bulletin 2002 zur Schweizerischen Sicherheitspolitik, S. 40; im Internet einsehbar unter http://se2.isn.ch/serviceengine/FileCon tent?serviceID=10&fileid=96C1D02D-B3B6-4CBC-8E82-2A187EA57EE2&lng=de (Stand: Juli 2009).

[667] Der Europarat besteht zurzeit aus 47 Mitgliedstaaten sowie einem Beitrittskandidat (Weißrussland); vgl. hierzu Internetauftritt des Europarates: http://www.coe.int/T/D/Com/Europa rat_kurz/ (Stand: Juli 2009).

[668] Londoner Vertrag v. 5. Mai 1949 zur Bildung des Europarates; vgl. hierzu Internetauftritt des Europarates: http://www.coe.int/DefaultDE.asp (Stand: Juli 2009). Zu den vier Entwicklungsphasen des Europarates vgl. Brummer, Der Europarat, S. 21.

[669] Siehe Art. 1 Abs. 1 der Satzung des Europarates vom 05.05.1949.

Sicherungsvorkehrungen aufzuerlegen (Empfehlung Nr. R (80) 10)[670]. Grund für die Aufforderung war die Erkenntnis, dass „[...] *das Bankensystem eine sehr wirksame Rolle bei der Verhütung spielen kann, und die Mitarbeit der Banken auch bei der Ahndung solcher Straftaten durch Gerichte und Polizei hilfreich ist*"[671].

Der Europarat verabschiedete ab diesem Zeitpunkt eine Reihe strafrechtlicher Konventionen: Im November 1990 kam es in diesem Zusammenhang zur Vereinbarung der „Konvention über Geldwäsche sowie Ermittlung, Beschlagnahme und Einziehung von Erträgen aus Straftaten[672]". Die Konvention enthielt in Art. 6 die Verpflichtung, einen eigenständigen Straftatbestand mit einem weiten Vortatenkatalog[673] der Geldwäsche zu schaffen, und machte in Art. 7 Vorgaben zur

---

[670] So Füllbier/Aepfelbach/Langweg, GWG, Einleitung Rn. 22.

[671] Maßnahmen gegen die Überweisung und Verwahrung von Geldern krimineller Herkunft. Empfehlung Nr. R (80)10 des Ministerausschusses des Europarats vom 27. Juni 1980.

[672] „Übereinkommen des Europarates über Geldwäsche sowie Ermittlung, Beschlagnahme und Einziehung von Erträgen aus Straftaten" vom 8. November 1990, in Kraft getreten am 1. September 1993 (Convention on Laundering, Search, Seizure and Confiscation of the Proceeds from Crime, E.T.S., No. 141); *in:* Hoyer/Klos, Regelungen zur Bekämpfung der Geldwäsche und ihre Anwendung in der Praxis, S. 491 ff.
Zum Inhalt: Das Übereinkommen ist in vier Kapitel unterteilt, wobei das erste Kapitel wichtige Definitionen enthält. Das zweite Kapitel behandelt Maßnahmen, die auf nationaler Ebene zu treffen sind. Die Bedeutung liegt bei dieser Bestimmung in ihrem Harmonisierungseffekt hinsichtlich der nationalen Rechte, welche die Beschlagnahme von Vermögenswerten regeln, sowie der die Geldwäscherei betreffenden nationalen Gesetze. Kapitel drei regelt die internationale Zusammenarbeit und ist in mehrere Unterabschnitte unterteilt, die Bereiche der Untersuchungshilfe, der Beschlagnahme etc. sowie formale Fragen regeln. Kapitel vier enthält schließlich die Schlussbestimmungen. Abschließend erscheint noch erwähnenswert, dass gemäß Art. 37 des Übereinkommens auch Nichtmitgliedstaaten dem Übereinkommen beitreten können.

[673] Art. 6 des Übereinkommens nimmt insoweit eine zentrale Bedeutung ein: Die Vertragsstaaten haben demnach die Geldwäscherei unter Strafe zu stellen (Art. 6 bietet auch eine Definition der Geldwäscherei, die mit der der „Wiener Konvention" nahezu identisch ist). Der Vortatenkatalog sollte über den Bereich der Betäubungsmitteldelikte auf alle Straftaten ausgedehnt werden; vgl. hierzu Hecker, Europäisches Strafrecht, S. 180; sowie Kaetzler, *in:* Insam, Verdacht auf Geldwäsche, Reputation – Der unterschätzte Faktor.

internationalen Zusammenarbeit[674]. Darüber hinaus sind dem Übereinkommen Rechtshilferegelungen für die jeweiligen Phasen der Ermittlung und zur vorläufigen Sicherung und definitiven Einziehung von Tatwerkzeugen sowie deliktisch erlangten Vermögensgegenständen zu entnehmen[675]. Das Übereinkommen bietet damit ein umfangreiches Instrumentarium für alle Stufen des Verfahrens von der ursprünglichen Untersuchung bis hin zum Vollzug einer Beschlagnahme, das aufgrund seiner Rechtsnatur noch der Umsetzung in staatliches Recht bedarf.

Die Schweiz ratifizierte im März 1993 das Übereinkommen des Europarates[676] und erhielt so die Möglichkeit, im Wege des Übereinkommens eine effiziente internationale Zusammenarbeit im Kampf gegen das grenzüberschreitende Verbrechen aufzunehmen.

Im Bereich der Rechtshilfe besteht seit dem 20. April 1959 das „Übereinkommen des Europarates über die Rechtshilfe in Strafsachen[677]". Die Bestimmungen des Übereinkommens verpflichten die Vertragsparteien, so weit wie möglich Rechtshilfe in allen Verfahren hinsichtlich strafbarer Handlungen zu leisten, für deren Verfolgung die Justizbehörden der Beitrittsstaaten zuständig sind[678].

---

[674] Vgl. Art. 7 des „Übereinkommens des Europarates über Geldwäsche sowie Ermittlung, Beschlagnahme und Einziehung von Erträgen aus Straftaten" vom 8. November 1990.

[675] Vgl. „Übereinkommen des Europarates über Geldwäsche sowie Ermittlung, Beschlagnahme und Einziehung von Erträgen aus Straftaten" vom 8. November 1990.

[676] Schmid/Arzt/Ackermann, § 5/StGB 305bis, Rn. 28, S. 373.
Auch die Europäische Gemeinschaft nahm die Bekämpfung der Geldwäsche in den Fokus. Sie veröffentlichte am 10.06.1991 die 1. EU-Anti-Geldwäscherichtlinie (Richtlinie 91/308/EWG des Rates vom 10. Juni 1991 zur Verhinderung der Nutzung des Finanzsystems zum Zwecke der Geldwäsche, ABl. L 166/77). Diese hatte neben der Eindämmung der Erträge aus Betäubungsmittelstraftaten das Ziel, eine einheitliche Regelung im gesamten Binnenmarkt zu schaffen.

[677] Übereinkommen des Europarates vom 20. April 1959; im Internet einsehbar unter http://conventions.coe.int/Treaty/ger/Treaties/Html/030.htm (Stand: Juli 2009).

[678] Vgl. hierzu insb. Art. 1 des Übereinkommens des Europarates vom 20. April 1959; im Internet einsehbar unter http://conventions.coe.int/Treaty/ger/Treaties/ Html/030.htm (Stand: Juli 2009).

Das Übereinkommen wurde am 20. Dezember 1966 auf Schweizer Seite ratifiziert und trat am 20. März 1967 in Kraft[679].

Die Schweiz gewährt zudem Rechtshilfe in Strafsachen auf der Grundlage bilateraler Rechtshilfeverträge oder aufgrund entsprechend ausgehandelter Rechtshilfeverträge, die es den Justiz- und Verwaltungsbehörden ermöglicht, unmittelbar an die zuständige Behörde ein Rechtshilfegesuch zu stellen[680].

6.10 Fazit

An der Vielzahl der zuvor dargestellten Gremien und Institutionen, sowohl auf nationaler und insbesondere auch auf internationaler Ebene, kann man erkennen, welch hohen Stellenwert das aktive Mitwirken im Kampf gegen die Geldwäscherei in der Schweiz hat. Zumindest formal ist die Schweiz bemüht, sämtliche sich bietende Möglichkeiten zu nutzen. Zweifelsohne bringt ihr dieses Engagement eine – zumindest quantitative – Vorreiterstellung im Kampf gegen die Geldwäscherei ein und lässt sie – insbesondere im internationalen Vergleich – als insoweit „vorbildlich" erscheinen.

Dennoch ist auffallend, dass trotz vielfältiger gesetzlicher Regelungen und einem äußerst aufwendigen Meldewesen kein anderes europäisches Land so regelmäßig mit eklatanten Geldwäschereisachverhalten im weitesten Sinne

---

[679] Schweizerische Eidgenossenschaft, SR 0.351.1; im Internet einsehbar unter http://www.admin.ch/ch/d/sr/0_351_1/index.html (Stand: Juli 2009).

[680] Für die Rechtshilfe zwischen der BRD und der Schweiz sind in erster Linie die Bestimmungen des Europäischen Übereinkommens v. 20. April 1959 (EUeR, SR 0.351.1), dem beide Staaten beigetreten sind, und der zwischen ihnen abgeschlossene Zusatzvertrag vom 13. November 1969 (SR 0.351.913.61) maßgebend. Anwendbar ist ferner das Übereinkommen Nr. 141 über Geldwäscherei sowie Ermittlung, Beschlagnahme und Einziehung von Erträgen aus Straftaten vom 8. November 1990 (Geldwäschereiübereinkommen; GwÜ; SR 0.311.53), das für die Schweiz am 1. September 1993 und für Deutschland am 1. Januar 1999 in Kraft getreten ist. Soweit diese Staatsverträge bestimmte Fragen nicht abschließend regeln, kommt das schweizerische Landesrecht – namentlich das Bundesgesetz über internationale Rechtshilfe in Strafsachen vom 20. März 1981 (IRSG, SR 351.1) und die dazugehörige Verordnung (IRSV, SR 351.11) – zur Anwendung (Art. 1 Abs. 1 IRSG). Vgl. hierzu auch spätere Ausführungen in Kapitel III. 3.2 Die Gewährung von Rechtshilfe.

konfrontiert wird, wie die Schweiz. Es bedarf demnach einer kritischen Hinterfragung der Verantwortlichkeit im Verhältnis Staat zu Kreditinstitut. Der Staat setzt in der Schweiz die Rahmenbedingungen und gibt damit den Handlungsspielraum vor. Dieser ist geprägt durch ein immer wieder hervorgehobenes konsequentes Bankgeheimnis, das Sicherheit gibt. Die in den Kreditinstituten jeweils Handelnden werden allerdings offenbar dazu verleitet, den Handlungsspielraum über den legalen Rahmen hinaus auszunutzen, in der Erwartung, dem staatlichen Schutz zu unterliegen, da in die Schweiz verbrachte oder akquirierte Vermögenswerte die Volkswirtschaft stärken und den Wohlstand des Landes mehren.

Ob diese Einschätzung tatsächlich die Motivation und Handlungsweise der Schweiz trifft, muss zum jetzigen Stand der Ausführungen offen bleiben. Sie wird im dritten Kapitel dieser Arbeit nochmals aufgegriffen und methodisch untersucht.

III. Das „Schweizer" Bankgeheimnis

Seit Jahrzehnten wird dem Schweizer Bankgeheimnis attestiert, es stehe im Widerspruch zur Bekämpfung des Terrorismus, der organisierten Kriminalität, der Geldwäscherei, der Steuerflucht und der Betrügerei, da es für diese verbrecherischen Aktivitäten einen besonders geeigneten Schutz biete. Es gibt kaum einen anderen Aspekt des Schweizer Bankwesens, der mehr Mythen und kontroverse Diskussionen hervorgebracht hat, als die Verpflichtung Schweizer Bankangestellten, die finanziellen Angelegenheiten ihrer Kunden auf der Grundlage des Bankgeheimnisses vertraulich zu behandeln. Frei nach dem Grundsatz

„... über Geld spricht man nicht, Geld hat man"

wird sowohl auf Kunden- als auch auf Bankenseite besonderer Wert auf die Einhaltung der absoluten Verschwiegenheit gelegt[681].

Vom positiven Effekt des Schweizer Bankgeheimnisses scheint insbesondere die Schweiz selbst zu profitieren. Die in der Schweiz deponierten Vermögenswerte sind Grundlage für Erträge, Gewinne, Schaffung und Erhaltung von Arbeitsplätzen, Wirtschaftswachstum sowie Steueraufkommen im Vermögensverwaltungsgeschäft[682]. Die weltweit agierenden 330 Schweizer Banken[683] sind in den meisten Segmenten der internationalen Finanzmärkte aktiv und zählen zu den „Global Players". Zudem haben die größten Schweizer Banken und Versicherungskonzerne ihre Präsenz im Ausland in den letzten Jahren

---

[681] Wieland, Zinsbesteuerung und Bankgeheimnis, *in:* JZ 2000, S. 272.

[682] Bernet, Bankgeheimnis: Sieg im Rückzugsgefecht, *in:* St. Galler Tagblatt v. 25.01.2003, S. 2, der das Bankgeheimnis als einen der wenigen Standortvorteile der Schweiz ansieht.

[683] Anzahl im Jahr 2007; Quelle: Eidgenössisches Finanzdepartment EFD, Kennzahlen zum Finanzstandort Schweiz, Dezember 2008; im Internet einsehbar unter: http://www.efv.admin.ch/d/dokumentation/downloads/publikationen/Kennzahlen_d.pdf (Stand: Juli 2009).

konsequent ausgebaut[684]. Der Finanzplatz ist für die Schweiz der größte Arbeitgeber und generiert die höchste Wertschöpfung. Die nachfolgenden Kennzahlen[685] zum Finanzplatz Schweiz verdeutlichen dies: Der Schweizer Finanzsektor

- verwaltet ein Drittel der weltweit grenzüberschreitenden Privatvermögen;
- erwirtschaftet 12 % der Wertschöpfung der schweizerischen Volkswirtschaft. Der nominale Vergleich des Beobachtungszeitraum 2005–2007[686] ergibt Folgendes:

Wertschöpfung des Finanzsektors (zu laufenden Preisen) in **Mio. CHF**

	2005	**2006**	**2007**
Finanzunternehmen	37.286	40.748	k. A.
Versicherungen/ Pensionskassen	14.792	16.717	k. A.
Finanzintermediäre gesamt	52.249	57.451	61.457
Wertschöpfung in % des BIP	11,3	11,8	12,0
BIP Schweiz	463.139	487.041	512.142

Quelle: Eidgenössisches Finanzdepartment EFD/BFS, volkswirtschaftliche Gesamtrechnung

---

[684] Ausländer können so ihr Vermögen bei Auslandsfilialen der Schweizer Banken im eigenen Land anlegen; vgl. hierzu Schweizer Banken vor Umbruch, swissinfo v. 10.02.2008; im Internet einsehbar unter: http://www.swissinfo.org/ger/politik_schweiz/fuenfte_schweiz/Schweizer_Bankenbranche_vor_Umbruch.html?siteSect=1681&sid=8721849&cKey=1202637295000&ty=st (Stand: Juli 2009).

[685] Quelle: Eidgenössisches Finanzdepartment EFD, Kennzahlen zum Finanzstandort Schweiz, Dezember 2008; periodisch aktualisiert einsehbar im Internet unter: http://www.efv.admin.ch/d/dokumentation/downloads/publikationen/Kennzahlen_d.pdf (Stand: Juli 2009) sowie Finanzplatz und Finanzmarktpolitik Schweiz, im Internet einsehbar unter http://www.efd.admin.ch/themen/00796/00917/index.html?lang=de (Stand: Juli 2009).

[686] Spätere Erhebungen liegen bislang nicht vor.

- verwaltet über 4.900 Milliarden CHF Wertschriften in Kundendepots;
- hat einen Anteil von 10–15 Milliarden CHF an den Finanzen der öffentlichen Hände;
- beschäftigt rund 6 % der Schweizer Arbeitskräfte[687], das entspricht ca. 195.600 Arbeitsstellen.

Die Einkommen- und Unternehmenssteuern des Finanzsektors betragen – konservativ geschätzt – rund 10 % des gesamten Steueraufkommens[688].

Bereits der Anteil von 12 % der Wertschöpfungen der Finanzintermediäre am Bruttoinlandsprodukt zeigt, wie abhängig die Volkswirtschaft der Schweiz vom schweizerischen Finanzsystem ist. Der Hauptanteil der Leistungen des Bankensektors – das Vermögensverwaltungsgeschäft – ist dabei eine besonders profitable Einheit. In ihrer Broschüre „Wealth Management"[689] kommentiert die Schweizerische Bankiervereinigung diese ertragsreiche Geschäftssparte wie folgt:

„Die Bruttomargen der Schweizer Vermögensverwalter haben sich trotz der internationalen Konkurrenz als erstaunlich widerstandsfähig erwiesen. Sie schwankten in den vergangenen Jahren zwischen 80 und 120 Basispunkten (0,8 bis 1,2 Prozent). Die Margen sind bei den Ultra-High-Networth Individuals (Anleger mit 10 Millionen Fr. und mehr) wegen der Verhandlungsmacht dieser Kundschaft tendenziell niedriger. Im Off-Shore-Geschäft sind sie hingegen höher, weil dort die Preisintensivität nicht so ausgeprägt ist. (…) Unabhängig von

---

[687] Ohne Berücksichtigung der indirekten Beschäftigungswirkung auf die übrigen Sektoren.

[688] Quelle: Eidgenössisches Finanzdepartment EFD, Kennzahlen zum Finanzstandort Schweiz, Dezember 2008; periodisch aktualisiert einsehbar im Internet unter: http://www.efv.admin.ch/d/dokumentation/downloads/publikationen/Kennzahlen_d.pdf (Stand: Juli 2009) mit Verweis auf SNB-Publikation: Die Banken in der Schweiz, Tabelle 40.2, Erfolgsrechnung, sowie BFS, BPV, EFV.

[689] Swiss Banking, Wealth Management in Switzerland: Industry Trends und Strategies, Januar 2007; im Internet einsehbar unter: http://www.swissbanking.org/20061222-3000-browealthmanagement2006_sdo_komplett-jre.pdf#xml=http://192.168.231.116:81/texis.exe/webinator/search_swissbanking/pdfhi.txt?query=wealth+management&pr=swissbanking_de&prox=page&rorder=500&rprox=500&rdfreq=500&rwfreq=500&rlead=500&rdepth=0&sufs=0&order=r&cq=&id=45ac4dc72a (Stand: Juli 2009).

der Art des Geschäftsmodells sind Bruttogewinnmargen von 50 Prozent oder mehr erreichbar, was qualitativ gute und stabile Gewinne generiert." Insbesondere ausländische Anleger sind – entsprechend der Aussage der Schweizerischen Bankiervereinigung – bereit, die hochpreisigen Dienstleistungen der Schweizer Banken im Offshore-Geschäft zu vergüten. Warum diese Bereitschaft von Seiten ausländischer Anleger besteht, kann nur vermutet werden: Bei einer Geldanlage in der Schweiz, unter gleichzeitiger Umgehung des heimischen Fiskus, kommt es für den Anleger auf die Höhe der zu zahlenden Kommission nicht an. Die im Vergleich zum (nichtschweizerischen) Heimatland angebotenen teureren Anlagemodelle schweizerischer Banken werden dann lohnend, wenn dadurch der heimische Steuerabzug umgangen wird. Werden Einkünfte unversteuert, also brutto, angelegt, fällt der Ertragswert entsprechend größer aus. Die Teuerung durch das „höherpreisige" Anlagemodell wirkt sich daher per Saldo nicht negativ aus.

Im Zuge der dargestellten (für den Vermögensverwaltungsstandort Schweiz signifikanten) Kennzahlen und der erzielbaren Gewinnmargen im Bereich der Vermögensverwaltung gewinnt das Schweizer Bankgeheimnis an Bedeutung. Das Festhalten am strengen Bankgeheimnis – entgegen internationaler Forderungen[690] – könnte demnach als Schutzmechanismus für den Schweizer Finanzplatz ausgelegt werden.

Ob der Standort Schweiz tatsächlich in starker Abhängig zum Bankgeheimnis steht oder ob er nicht doch in erster Linie vom Know-how der Schweizer Banken und der politischen Stabilität des Landes profitiert, gilt es im Weiteren zu untersuchen. In diesem Zusammenhang bedarf es zunächst der Analyse der (rechtlichen) Grundlagen sowie der historischen Entwicklung des Bankgeheimnisses.

---

[690] Vgl. hierzu insbesondere die Ausführungen in Kapitel II. 6.2 Organisation für wirtschaftliche Zusammenarbeit und Entwicklung (OECD).

1. Begriff, Grundlage und Herkunft des Schweizer Bankgeheimnisses

Um sich der gesetzlichen bzw. rechtlichen Grundlagen sowie Herkunft des Schweizer Bankgeheimnisses nähern zu können, bedarf es zunächst einer genaueren Bestimmung des Begriffs „Bankgeheimnis" an sich. Eine Legaldefinition für den Begriff „Bankgeheimnis" existiert nicht[691]. Die Bedeutung des Ausdrucks muss daher auf andere Weise ergründet werden. Begrifflich handelt es sich hinsichtlich des Bankgeheimnisses um eine Zusammensetzung der Worte Bank und Geheimnis. Eine genaue Definition des Begriffs „Bank" findet sich – ähnlich wie im deutschen Kreditwesengesetz (§ 1 Abs. 1 KWG) – auch in Schweizer Gesetzen[692]. Art. 1 Schweizer Bankengesetz (BankG)[693] zählt insoweit solche Institute auf, die dem Bankengesetz unterstellt sind[694]. Eine umschreibende Definition einer „Bank" kann Art. 2a Bankenverordnung (BankV) entnommen werden. Dort werden Banken i. S. v. Art. 1 BankG definiert *„als Unternehmen, die hauptsächlich im Finanzbereich tätig sind und insbesondere gewerbsmäßig Publikumseinlagen entgegennehmen oder sich öffentlich dafür anbieten oder sich in erheblichem Umfang bei mehreren nicht maßgebend an ihnen beteiligten Banken refinanzieren, um damit auf eigene Rechnung eine unbestimmte Zahl von Personen oder Unternehmen, mit denen sie keine wirtschaftliche Einheit bilden, auf irgendwelche Art zu finanzieren"*.

---

[691] Bilsdorfer, Das Bankgeheimnis, *in:* DStR 1984, S. 499.

[692] Im DUDEN wird „Bank" wie folgt definiert: Der Begriff kommt aus dem mittelalterlichen Italien, wo die Geldwechsler auf den Märkten einen Tisch (banca) aufstellten; DUDEN, Das Herkunftswörterbuch, Die Etymologie der deutschen Sprache, Band 7, Mannheim/Wien/Zürich 1963, S. 48.
Der Begriff „Bank" oder „Bankier" darf in der Schweiz nur von einem Unternehmen verwendet werden, das eine Bewilligung der Eidg. Finanzmarktaufsicht (FINMA) - i. S. d. Art. 3 BankG – als Bank erhalten hat; vgl. hierzu Art. 1 Abs. 4 BankG.

[693] Bundesgesetz über die Banken und Sparkassen (Bankengesetz, BankG), SR 952.0 vom 8. November 1934, BRB vom 26. Febr. 1935 (AS 51 137), Datum des Inkrafttretens: 1. März 1935, (Stand 1. Januar 2009).

[694] Es werden Banken, Privatbankiers (Einzelfirmen, Kollektiv- und Kommanditgesellschaften) und Sparkassen genannt.

Der Ausdruck „Geheimnis", umfasst Tatsachen, die nur einer oder wenigen Personen bekannt sind und die anderen Personen auch nicht bekannt werden sollen[695]. Es muss demnach sowohl ein *Geheimhaltungsinteresse* auf Seiten des Geheimnisträgers als auch ein *Geheimnisherr* vorliegen[696].

Verknüpft man nunmehr die Begriffe „Bank" und „Geheimnis" miteinander und stellt sie so in einen Gesamtzusammenhang, hat dies zur Folge, dass man unter „Bankgeheimnis" die Geheimhaltungspflicht einer Bank in Bezug auf sämtliche Informationen, die diese im Zuge der Geschäftsbeziehung zum Bankkunden erhält, verstehen kann[697]. Zu diesen Informationen zählen alle der Bank im Zusammenhang mit der Begründung des Vertragsverhältnisses bekannt gewordenen Daten, und zwar unabhängig davon, ob sich diese auf die Person, die Vermögenssituation (beispielsweise Bonität) oder die Einkommensverhältnisse des Kunden beziehen[698]. Unter die Geheimhaltungspflicht fällt hierbei bereits der Umstand, dass eine konkrete Person Kunde einer bestimmten Bank ist und bei dieser ein Konto besitzt[699]. Um die Verschwiegenheitspflicht zu begründen, genügt demnach bereits eine innere Verknüpfung zwischen Geschäftsbeziehung und Kundendaten[700]. Unerheblich ist, auf welchem Wege die Bank – das heißt, ob durch den Kunden selbst, durch Dritte oder durch selbst gewonnene Eindrücke – Informationen über den Kunden erhält[701].

---

[695] Grill/Perczynski, Wirtschaftslehre des Kreditwesens, S. 91.

[696] Huhmann, Die verfassungsrechtliche Dimension des Bankgeheimnisses, S. 29.

[697] Bereits der vorvertragliche Kontakt oder eine einmalige geschäftliche Verbindung wird von der Verschwiegenheitspflicht der Banken aufgedeckt. Die Diskretion reicht dabei über die Beendigung des jeweiligen Vertragsverhältnisses hinaus; vgl. hierzu Carl/Klos, Das Bankgeheimnis, Neue Entwicklungen im Bereich des Zivil-, Steuer- und Strafrechts, *in:* StB 1994, S. 135, 136.

[698] Becker, Der Bankenerlass, S. 123 f.; Schamberger, Verwertung steuerrelevanter Ermittlungsergebnisse bei Banken, S. 37.

[699] Sichtermann/Kirchherr, Bankgeheimnis und Bankauskunft in der Bundesrepublik Deutschland sowie wichtigen ausländischen Staaten, S. 127.

[700] Carl/Klos, Das Bankgeheimnis, Neue Entwicklungen im Bereich des Zivil-, Steuer- und Strafrechts, *in:* StB 1994, S. 135, 136.

[701] Clausen, Bank- und Börsenrecht, S. 102.

Entsprechend dieser inhaltlichen Ausgestaltung kann der Begriff „Bankgeheimnis" als *„eine Verpflichtung der Bank, über die im Rahmen der Geschäftsverbindung bekannt gewordenen Tatsachen und Verhältnisse eines Kunden Stillschweigen zu bewahren, diese somit nicht unbefugt zu offenbaren"*[702], präzisiert werden.

Die gesetzlichen und rechtlichen Grundlagen des Schweizer Bankgeheimnisses basieren auf mehreren Ursprüngen, die in keinem Alternativverhältnis zueinander stehen, sondern vielmehr in Kombination zueinander zu sehen sind:

Dem Bankgeheimnis wird zunächst Schutz im Wege des zwischen Bank und Kunden geschlossenen schuldrechtlichen Vertrages zuerkannt[703]. Mit Begründung des Vertragsverhältnisses zwischen Kunde und Bank wird auch das Bankgeheimnis Bestandteil des Vertrages und gilt als vertragliche Nebenpflicht

---

[702] So Huhmann, Die verfassungsrechtliche Dimension des Bankgeheimnisses, S. 30 m. Verw. a. Clausen, Bank- und Börsenrecht, S. 102 f.; Weber, Das deutsche Bankgeheimnis, *in:* Die Bank 1996, S. 84 (u. a.).
Treffend ist auch die gewählte Umschreibung des Bankgeheimnisses von Koch, die wie folgt ausfällt: „Das Bankgeheimnis ist Berufs- und Geschäftsgeheimnis im Kreditgewerbe. Es umfasst zum einen die Verpflichtung des Kreditinstitutes, Stillschweigen über die vermögensmäßigen und sonstigen Belange eines Kunden, ggf. auch eines Nichtkunden, zu wahren, von denen das Kreditinstitut im Rahmen oder bei Gelegenheit seiner geschäftlichen Tätigkeit Kenntnis erlangt hat. Zum anderen umfasst es das Recht, entsprechend dieser Geheimhaltungspflicht Auskünfte gegenüber jedermann zu verweigern, sofern nicht ausnahmsweise eine ausdrückliche gesetzliche Offenbarungspflicht besteht oder das Kreditinstitut aus sonstigen Gründen von seiner Verschwiegenheitspflicht entbunden ist."; Koch, Bankgeheimnis im Online- und Internet-Banking, *in:* MMR 2002, S. 504, 505 m. Verw. a. Sichtermann/Feuerborn, Bankgeheimnis und Bankauskunft in der Bundesrepublik Deutschland sowie wichtiger ausländischer Staaten, S. 38 sowie Aubert/Kernen/Schönle, Das Schweizerische Bankgeheimnis, S. 840.

[703] Das Schweizer Recht kennt keinen einheitlichen Bankvertrag; dieser setzt sich vielmehr aus den jeweils abgeschlossenen Einzelverträgen zwischen Kunde und Bank zusammen; so de Capitani, Bankgeheimnis und Geldwäscherei, *in:* Hadding u. a. (Hrsg.), Basel II: Folgen für Kreditinstitute und ihre Kunden. Bankgeheimnis und Bekämpfung der Geldwäsche, S. 126 f.

des abgeschlossenen Bankvertrages[704]. Durch die ausdrückliche Normierung in Art. 47 des Bundesgesetzes über die Banken und Sparkassen hat das Bankgeheimnis eine Kodifizierung erfahren[705]. Die Pflicht zur Verschwiegenheit leitet sich ferner aus Bestimmungen des Auftragsrechts ab. Gemäß Art. 398 Abs. 2 Schweizerisches Obligationenrecht (OR) ist der Bankier ebenfalls zur getreuen und sorgfältigen Ausführung des ihm übertragenen Geschäftes verpflichtet[706]. Die Schweigepflicht des Bankiers wird zudem als allgemeine, dem Schutz der Beteiligten dienende und aus dem Gebot des Handels nach Treu und Glauben – Art. 2 Abs. 1 Schweizer Zivilgesetzbuch (ZGB) – abzuleitende Verhaltenspflicht betrachtet[707], da die Geheimhaltungspflicht auch dann gelten soll, wenn ein Vertrag (aus welchen Gründen auch immer) nicht zustande kommt oder

---

[704] BBl 1970 I 1161; Bodmer/Kleiner/Lutz, Kommentar zum schweizerischen Bankgesetz, § 47, Rn. 2; a. A. Berger, Outsourcing vs. Geheimnisschutz im Bankgeschäft, *in:* recht 2000, 182, 184 II lit.c.; vgl. zur Problematik des allgemeinen Bankvertrages im Zusammenspiel mit der dogmatischen Begründung des Bankgeheimnisses im deutschen Recht die Ausführungen bei Petersen, Der Bankvertrag, *in:* Jura 2004, 627, 629 f.

[705] Art. 47 Nr.1 des Bundesgesetzes über die Banken und Sparkassen lautet dabei wie folgt: „Mit Freiheitsstrafe bis zu drei Jahren oder Geldstrafe wird bestraft, wer vorsätzlich: a. ein Geheimnis offenbart, das ihm in seiner Eigenschaft als Organ, Angestellter, Beauftragter oder Liquidator einer Bank, als Organ oder Angestellter einer Prüfgesellschaft anvertraut worden ist oder das er in dieser Eigenschaft wahrgenommen hat; b. zu einer solchen Verletzung des Berufsgeheimnisses zu verleiten sucht."
Das Bankgeheimnis ist in *Österreich* als verfassungsrechtlich geschütztes und strafrechtlich bewährtes Verbot in § 38 Bankwesengesetz geregelt; vgl. hierzu Ausführungen in Lanser, Österreichische Rechtshilfe in Strafsachen, insbesondere im Zusammenhang mit dem Bankgeheimnis, *in:* wistra 1999, 213.
Eine solche gesetzliche Verankerung des Bankgeheimnisses ist in *Deutschland* nicht zu finden. Das zivilrechtliche Institut des Bankgeheimnisses fußt auf dem Vertragsverhältnis zwischen Kreditinstitut und Bankkunde; lediglich im öffentlichen Recht normiert § 30a Abgabenordnung den „Schutz des Bankkunden". Diese Vorschrift wird somit von Teilen der Literatur und Rechtsprechung als abgabenrechtliche Anerkennung des Bankgeheimnisses interpretiert; vgl. hierzu insgesamt BFH FR 1998, 112, 116 sowie BGH 27, 241, 246; 60, 221, 224.

[706] Die Treuepflicht schließt insoweit die Verschwiegenheitspflicht mit ein; so Fellmann, Berner Kommentar, Bd. VI: Obligationenrecht, 2. Abteilung, Art. 398 OR, Rn. 40 ff.; sowie Thalmann, Die Sorgfaltspflicht der Bank im Privatrecht, *in:* ZSR 1994 II 127 f.

[707] Zulauf, Bankgeheimnis und Publikation nachrichtenloser Vermögenswerte, Rn. 31; Berger, Outsourcing vs. Geheimnisschutz im Bankgeschäft, *in:* recht 2000, 182, 185 ff. lit.e.

rückabgewickelt wird[708]. Das Bankgeheimnis ist aufgrund der vertraglichen Geschäftsverbindung somit ein Recht des Kunden (deshalb eigentlich als „Bank*kunden*geheimnis" zu bezeichnen) und eine Pflicht der Bank[709]. Aufgrund der rechtlichen Stellung ist Adressat der Geheimhaltungspflicht ausschließlich der Kunde und nicht die Bank selbst[710]. Da Schweizer Bankbeschäftigte als Berufsgeheimnisträger zu strikter Geheimhaltung verpflichtet sind, steht die Verletzung des Bankgeheimnis sowohl gemäß Art. 47 des Bundesgesetzes über die Banken und Sparkassen als auch gemäß Art. 43 des Bundesgesetzes über die Börsen und den Effektenhandel unter Strafe[711].

Neben der vertraglichen Pflicht zur Wahrung der Verschwiegenheit wird der Ursprung des Bankgeheimnisses teilweise auch im sog. Gewohnheitsrecht gesehen[712]. Als Rechtsquelle ist Gewohnheitsrecht als gleichberechtigt zum Gesetzesrecht einzustufen[713]. Um zu einer gewohnheitsrechtlichen Anerkennung zu gelangen, wird vorausgesetzt, dass eine *„langandauernde Übung und die Überzeugung, dass es sich dabei um Recht – nicht etwa bloß um Sitte – handle, das allgemeinverbindlich sei (opinio necessitatis)"*[714]. Der gewohnheitsrechtlichen Herleitung ist in Bezug auf das Schweizer Bankgeheimnis allerdings keine allzu große Bedeutung beizumessen, da es in der Schweiz gesetzlich kodifi-

---

[708] Honsell, Basler Kommentar zum ZGB, Art. 2 ZGB, Rn. 16 f.

[709] Sog. „Doppeldeutigkeit des Bankgeheimnisses"; vgl. Petersen, Das Bankgeheimnis zwischen Individualschutz und Institutionsschutz, S. 22; Koller, Bankgeheimnis und Datenschutz im Bankkonzern, S. 11.

[710] *Kleiner*/Hauser/Höhn, Das Schweizerische Bankgeheimnis, S. 11; Vogler, Das Schweizer Bankgeheimnis: Entstehung, Bedeutung, Mythos, S. 5.

[711] In einem schweren Fall der Verletzung des Bankgeheimnisses kann die eidgenössische Bankenkommission als Aufsichtsbehörde der Bank die Bewilligung zur Geschäftstätigkeit entziehen (Art. 23^{quinquies} BankG; zudem ist sie in der Lage, der Bank eine Rüge zu erteilen oder die Entfernung des verantwortlichen leitenden Mitarbeiters zu verlangen; vgl. hierzu Koller, Bankgeheimnis und Datenschutz im Bankkonzern, S. 13.

[712] Sichtermann, Enzyklopädisches Lexikon für das Geld-, Bank- und Börsenwesen, S. 154; Schwintowski, Bankrecht, S. 24.

[713] Hubmann, Entstehung und Außerkrafttreten von Gewohnheitsrecht, *in:* JuS 1968, S. 63.

[714] So Hubmann, Entstehung und Außerkrafttreten von Gewohnheitsrecht, *in:* JuS 1968, S. 63.

ziert und dem Strafrecht unterstellt wurde (vgl. Art. 47 des Bundesgesetzes über die Banken und Sparkassen)[715].

Schließlich ist das Bankgeheimnis über das bankvertragliche und gewohnheitsrechtliche Fundament noch verfassungsrechtlich verankert und genießt – insbesonders in der Schweiz – einen besonderen Schutz. Als „Teil des Persönlichkeitsschutzes" ist das Schweizer Bankgeheimnis in Art. 13 Schweizer Bundesverfassung (BV) verankert[716]. Jede Person hat demnach einen Anspruch auf Achtung ihres Privatlebens und auf Schutz vor Missbrauch ihrer persönlichen Daten. In Art. 35 Abs. 1 BV findet der Schutz der Privatsphäre (u. a.) unmittelbaren Ausdruck in den Bestimmungen des Schweizerischen Zivilgesetzbuches (ZGB) über den Schutz der Persönlichkeit (Art. 27 ff.)[717]. Zu den geschützten Persönlichkeitsrechten gehört der Anspruch auf Wahrung der Geheim- und Privatsphäre, wobei Bankkundendaten unter die Privatsphäre zu subsumieren sind[718].

Im Zuge einer Volksinitiative[719] „*Verteidigen wir die Schweiz! Das Bankgeheimnis muss in die Bundesverfassung*" vom 6. März 2009 wird nunmehr gefordert,

---

[715] Das bedeutet im Umkehrschluss allerdings nicht, dass das Bankgeheimnis mit Art. 47 BankG steht und fällt. Die Schweigepflicht des Bankmitarbeiters resultiert gerade (auch) aus dem geschlossenen Vertrag mit dem Kunden. Art. 47 BankG führt insoweit nur zu einer Verstärkung der Schweigepflicht, indem zu den privatrechtlichen Sanktionen strafrechtliche hinzutreten; so Kleiner/Hauser/Höhn, Das Schweizerische Bankgeheimnis, S. 14; sowie Ulmer, Finanzplatzkommunikation, S. 124.

[716] Heller, Das Bankkundengeheimnis als conditio sine qua non einer liberalen wirtschaftspolitischen Ordnung, *in:* Im Brennpunkt 2002, S. 1.

[717] Das Bankgeheimnis ist ebenso wie die übrigen Berufsgeheimnisse kein Grundrecht; gemäß Art. 35 Abs. 3 BV haben Schweizer Behörden allerdings dafür Sorge zu tragen, dass „*Grundrechte ... auch unter Privaten wirksam werden*"; so de Capitani, Bankgeheimnis und Geldwäscherei, *in:* Hadding u. a. (Hrsg.), Basel II: Folgen für Kreditinstitute und ihre Kunden. Bankgeheimnis und Bekämpfung der Geldwäsche, S. 126.

[718] Bodmer/Kleiner/Lutz, Kommentar zum schweizerischen Bankgesetz, § 47, Rn. 2, 7; Art. 47 BankG stellt dabei eine Verstärkung des privatrechtlichen Schutzes dar, indem die widerrechtliche Verletzung des Bankgeheimnisses mit Strafe bedroht wird.

[719] Bei einer eidgenössischen Volksinitiative verlangen Schweizer Staatsbürger mit Stimmrecht eine Total- oder Teilrevision der Bundesverfassung. Damit eine Volksinitiative auf Bundes-

neben dem Schutz der Privatsphäre auch die Garantie des Bankgeheimnisses explizit in Art. 13 BV aufzunehmen[720]. Art. 13 BV würde bei Erfolg der Initiative drei neue Absätze erhalten, die sich wie folgt gestalten[721]:

Art. 13 Abs. 3–5 BV
Schutz der Privatsphäre und Garantie des Bankgeheimnisses

[3] Jede Person hat das Recht auf Geheimhaltung ihrer Geschäftsbeziehungen mit zum Geschäftsbetrieb in der Schweiz zugelassenen Banken. Informationen dürfen nur mit ihrer Zustimmung an eine ausländische Stelle oder an eine Bundesbehörde, die nicht an das Bankgeheimnis gebunden ist, weitergegeben werden.

[4] Das Bankgeheimnis deckt keine kriminellen Handlungen wie Terrorismus, organisiertes Verbrechen, Geldwäscherei; die Schweiz gewährt ausländischen Behörden Hilfe, wenn die verfolgte Handlung in der Schweiz auch strafbar ist (Grundsatz der beidseitigen Strafbarkeit).

[5] Das Gesetz sieht Massnahmen vor, die verhindern, dass das Bankgeheimnis bei Ermittlungen in Steuersachen umgangen wird. Die richterliche Behörde kann die rechtliche Beurteilung der Tat, die der um Hilfe ersuchende Staat vorgenommen hat, überprüfen.

Im Zuge einer verfassungsrechtlichen Änderung in der oben dargestellten Formulierung hätte das Bankgeheimnis Verfassungsrang. Aus Sicht der Initiatoren würde die Änderung der Achtung der Privatsphäre und des Privateigentums der Bürger – als ein zentraler Grundpfeiler des demokratischen Rechtsstaates –

---

ebene zustande kommt, müssen innerhalb von 18 Monaten 100.000 Unterschriften von Stimmberechtigten gesammelt werden. Ist dies erreicht, kann – zumeist zwei bis drei Jahre später – das gesamte Schweizer Stimmvolk zur entsprechenden Vorlage Stellung nehmen. Wie jede Verfassungsänderung erfordert auch die Annahme einer eidgenössischen Volksinitiative – nebst der Zustimmung der Mehrheit der Abstimmenden – ebenfalls die Mehrheit der Kantone (sog. Ständemehr); vgl. hierzu Bauer/Huber/Sommermann, Demokratie in Europa, S. 115 ff.

[720] Vgl. hierzu Schweizerische Eidgenossenschaft, Chronologie Volksinitiativen, im Internet einsehbar unter: http://www.admin.ch/ch/d/ff/2009/2127.pdf (Stand: Juli 2009).

[721] Die am 6. März 2009 eingereichte Unterschriftenliste zu einer eidgenössischen Volksinitiative entspricht den gesetzlichen Formen. Die Gültigkeit der Initiative wird erst nach ihrem Zustandekommen durch die Bundesversammlung geprüft; siehe hierzu auch Schweizerische Eidgenossenschaft, Chronologie Volksinitiativen, im Internet einsehbar unter: http://www.admin.ch/ch/d/pore/vi/vis369t.html (Stand: Juli 2009).

mehr Ausdruck verleihen[722]. Ferner erhofft man sich durch eine besondere Garantie der Schweizer Diskretion, den Finanzplatz Schweiz trotz globaler Wirtschaftskrise weiterhin attraktiv für die private Vermögensanlage zu gestalten[723]. Bei entsprechender Umsetzung glaubt man eine gestärkte Position im Rahmen bilateraler Verhandlungen zu haben[724]. Aufgrund der aktuellen Forderungen von Seiten der OECD – insbesondere die Umsetzung eines internationalen Informationsaustauschs i. S. v. Art. 26 OECD-MA[725] –, denen die Schweiz zustimmte, dürfte die angestrebte Verfassungsänderung allerdings kaum durchführbar sein. Die Sicherung des Bankgeheimnisses bei Ermittlung in Fiskaldelikten wird – ohne den weiteren Untersuchungen im Bereich der Schweizer Amts- und Rechtshilfe hier vorgreifen zu wollen – mit den geplanten Änderungen der Schweizer Doppelbesteuerungsabkommen unvereinbar sein[726].

Historisch betrachtet, kann man feststellen, dass es bis 1935 keine nationale Bankgesetzgebung und damit auch kein kodifiziertes Bankgeheimnis in der Schweiz gab[727]. Das ausgeprägte Treueverhältnis wurde vor 1935 – wie bereits dargestellt – auch in der Schweiz als ungeschriebenes Gesetz zur Gepflogen-

---

[722] Das Bankkundengeheimnis schützt gerade diese Privatsphäre des Bankkunden, ein für die schweizerische Demokratie selbstverständliches Rechtsgut; vgl. hierzu Schwager, Das schweizerische Bankgeheimnis, S. 5.

[723] Hierzu bereits Wachter, Sicherheit des Finanzplatzes Schweiz, in: NZZ v. 08.04. 2004, S. 73.

[724] Bankgeheimnis in Verfassung, Kommission für harte Haltung, in: NZZ v. 19.11. 2002, S. 14.

[725] Das Bankgeheimnis ist derzeit – anders als in Art. 26 OECD-MA – der Geheimnisklausel des Art. 27 Abs. 1 S. 3 des DBA Deutschland-Schweiz speziell hinzugefügt. Ziel dieser expliziten Nennung ist es, dem Bankgeheimnis im Rahmen der im Abkommen zum Ausdruck gebrachten Auskunftsverpflichtung zusätzlich Wirkung zu verleihen; vgl. hierzu eingehend Flick/Wassermeyer/Kempermann, Art. 27 DBA Deutschland-Schweiz, Anm. 124 ff. sowie Ausführungen in Kapitel II. 6.2, Organisation für wirtschaftliche Zusammenarbeit und Entwicklung.

[726] So auch Tarolli Schmidt, Schweizer Amts- und Rechtshilfe in Steuersachen – Status quo und Ausblick, in: Praxis Internationale Steuerberatung 2009, S. 173. Vgl. zudem Ausführungen in Kapitel III. 3.2 Die Gewährung von Amts- und Rechtshilfe.

[727] Zum Erlass des Bankengesetzes im Jahre 1934 siehe Regul/Wolf/Abraham, Das Bankwesen im größeren Europa, S. 488.

heit im Verhältnis zwischen Kreditinstitut und Kunden angesehen[728]. Das Bankgeheimnis bestand faktisch also bereits seit langem, während seine Kodifizierung erst zu einem späteren Zeitpunkt erfolgte[729].

Welche historischen Ereignisse überhaupt zur Begründung des Schweizer Bankgeheimnisses führten, ist umstritten. Der Schweizer Historiker *Guex* ging davon aus, dass der Erlass des Schweizer Bankgeheimnisses zum Schutz jüdischer Gelder im Zuge des Zweiten Weltkrieges erfolgte[730]. Hierauf basierend, begründete auch die Wochenzeitschrift DIE ZEIT im Jahre 1984[731] die Einführung des Schweizer Bankgeheimnisses:

> „*Das Schweizer Bankgeheimnis sei im Rahmen des ‚Bundesgesetzes über die Banken und Sparkassen' von 1934 mit ehrenswerten Absichten, sozusagen aus ‚humanem Mitgefühl' begründet worden und ‚Kernstück ist der berühmte Artikel 47 über die Einführung anonymer Chiffrekonten'. Damit sollte Nazi-Spitzeln der Zugriff auf jüdisches Vermögen in der Schweiz verwehrt werden.*"

Da das Bankgeheimnis schon vor 1935 in Form von Gewohnheitsrecht existierte, kann der Nationalsozialismus in Deutschland nicht Auslöser oder Motiv für die Einführung des Bankgeheimnisses gewesen sein[732]. Die Entstehung des

---

[728] Insoweit vergleichbar mit dem Anwalts-, Arzt- oder Priestergeheimnis; vgl. hierzu Ausführungen *in:* Vogler, Das Schweizer Bankgeheimnis: Entstehung, Bedeutung, Mythos, S. 5.

[729] Heute ist die vertragliche Geheimhaltungspflicht des Bankangestellten in allen Ländern der freien Welt, die über ein traditionelles Bankwesen verfügen, anerkannt; vgl. hierzu Sichtermann, Bankgeheimnis und Bankauskunft, S. 51, 53 ff.

[730] Sébastien Guex: The Origins of the Swiss Banking Secrecy Law and Its Repercussions for Swiss Federal Policy *in* Business History Review 74, S. 237–266, 2000; der Historiker Peter Hug untersucht ferner die Umstände, wie die Legende des antinazistischen Ursprungs des Bankgeheimnisses zustande gekommen ist: Hug, Steuerflucht und die Legende vom antinazistischen Ursprung des Bankgeheimnisses. Funktion und Risiko der moralischen Überhöhung des Finanzplatzes Schweiz, *in:* Tanner/Weigel (Hrsg.), Gedächtnis, Geld und Gesetz. Vom Umgang mit der Vergangenheit des Zweiten Weltkrieges, S. 269–321.

[731] So Vogler, Das Schweizer Bankgeheimnis: Entstehung, Bedeutung, Mythos, S. 7 m. Verw. a. DIE ZEIT, Hamburg, 27. April 1984.

[732] Vogler, Das Schweizer Bankgeheimnis: Entstehung, Bedeutung, Mythos, S. 30.

Schweizer Bankgeheimnisses ist daher vielmehr auf folgende im Alternativverhältnis zueinander stehende Gegebenheiten zurückzuführen:

Nach der Ansicht Voglers[733] waren eine mit der Weltwirtschaftskrise einhergehende Bankenkrise im Jahre 1931 und die daraus resultierende Schieflage der Schweizerischen Volksbank im Jahre 1933 Ursache für die Einführung einer Bankengesetzgebung[734]. Das Bankgeheimnis wurde dabei als „Nebenprodukt" einbezogen. Das Inkrafttreten des Gesetzes über die Banken und Sparkassen am 1. März 1935 war somit auch die Geburtsstunde des gesetzlich normierten Schweizer Bankgeheimnisses[735].

Der Geschichtswissenschaftler Hug[736] vertritt die Meinung, die „tatsächliche" Entstehungsgeschichte sei auf anders gelagerte historische Umstände zurückzuführen: Die Stärke des Schweizer Frankens in den 30er Jahren des vorherigen Jahrhunderts, die politisch stabile Lage der Schweiz und ihre Neutralität zu dieser Zeit führten zu einer stark zunehmenden Anzahl ausländischer (insbesondere deutscher und französischer) Anleger[737]. Im Zuge dieser vermehrten Geldanlage bei Schweizer Banken erfolgten seitens deutscher und französischer Steuerbehörden entsprechende Nachforschungen, die Nachteile für den

---

[733] Hierzu erneut Vogler, Das Schweizer Bankgeheimnis: Entstehung, Bedeutung, Mythos, S. 26 ff.

[734] Motive dieser Art, im Zuge dessen es zu einer Bankgesetzgebung kam, finden sich in fast allen Ländern, in denen Banken in massive Schwierigkeiten gerieten. Die im Auslandsgeschäft tätigen schweizerischen Großbanken wurden stark durch die deutsche Bankenkrise von 1931 in Mitleidenschaft gezogen. Im Rahmen des sog. Bankenmoratoriums in Deutschland blieben mehr als 1 Milliarde Schweizer Franken eingefroren und konnten aufgrund der schwierigen Devisenlage nicht transferiert werden; vgl. hierzu Deutsches Bundesarchiv Berlin, R 3102/2598, Tabelle „Deutschlands Auslandsschulden per 29. Februar 1932" sowie Born, Geld und Banken im 19. und 20. Jahrhundert, S. 249.

[735] Vgl. zur Verabschiedung des Bankengesetzes: Amtliches stenographisches Bulletin der schweizerischen Bundesversammlung (AstB), 1934, S. 446 und 841.

[736] Hug, Funktion und Risiko der moralischen Überhöhung des Finanzplatzes Schweiz, in: Tanner/Weigel (Hrsg.), Gedächtnis, Geld und Gesetz. Vom Umgang mit der Vergangenheit des Zweiten Weltkrieges, S. 269 ff.

[737] Vgl. hierzu Finanzplatz-Konferenz am ersten Schweizer Sozialforum v. 21./22.Septemebr 2003 in Freiburg; im Internet einsehbar unter: http://www.evb.ch/cm_data/public/Kurzstatement_Peter_Hug.pdf (Stand: Juli 2009).

Schweizer Finanzplatz mit sich brachten. Durch diese Vorkommnisse wurde das bereits 1934 bestehende „Berufsgeheimnis" zusätzlich mit einem strafrechtlichen Schutz versehen, wodurch die Verschwiegenheitspflicht erstmals normiert wurde[738].

Unabhängig davon, welchem historischen Forschungsansatz man vorliegend folgt, eine Übereinstimmung ergibt sich zumindest insoweit, dass die Idee, das Bankgeheimnis hätte einen humanitären Hintergrund und gehe auf den Schutz jüdischer Gelder während des Nationalsozialismus zurück, historisch nicht belegbar ist[739].

Das Bankgeheimnis per se ist ferner auch keine Schweizer Errungenschaft. Es zählt vielmehr zu den traditionellen Werten des europäischen Bankwesens, das wiederum seine entscheidenden Grundlagen aus dem bereits im 12. Jahrhundert bestehenden Bankwesen (Nord-) Italiens erhielt[740]. Schon die Bank des heiligen Ambrosius zu Mailand – gegründet im Jahre 1593 – kannte in ihren Statuten Regelungen zu einer Geheimhaltungspflicht[741]. Auch im deutschen Bankwesen wurde es bereits im 17. Jahrhundert als selbstverständlich angesehen, dass der Bankier einer besonderen Verpflichtung zur Verschwiegenheit unterliegt[742].

---

[738] Dieser zusätzliche strafrechtliche Schutz machte den Verrat von Bankkundendaten sowie die Anstiftung zum Verrat dieser Daten zum Offizialdelikt und versah es mit einer hohen Strafandrohung; vgl. hierzu Reschiglian/Oldani, Das Schweizerische Bankgeheimnis und die Geldwäscherei, *in:* CH-D Wirtschaft 3/03, S. 6.

[739] Zur Mythenbildung rund um das Bankgeheimnis vgl. auch Guex, The Origins of the Swiss Banking Secrecy Law and its Repercussions for Swiss Federal Policy, *in:* Business History Review 74, S. 237–266, 2000.
Zu diesem Ergebnis kam auch die „Unabhängige Expertenkommission Schweiz – Zweiter Weltkrieg" (sog. Bergier-Kommission); vgl. hierzu auch de Capitani, Bankgeheimnis und historische Forschung, Rechtsgutachten, S. 10 ff.

[740] Sichtermann/Kirchherr, Bankgeheimnis und Bankauskunft in der Bundesrepublik Deutschland sowie wichtigen ausländischen Staaten, S. 70 ff.

[741] Sichtermann, Bankgeheimnis und Bankauskunft, S. 51; Weber, Das deutsche Bankgeheimnis, *in:* Die Bank, 1996, S. 84.

[742] Die deutsche Bankgeschichte, und mit ihr die des Bankgeheimnisses in Deutschland, beginnt im Jahr 1619, als Hamburger Kaufleute die „Hamburger Bank" gründeten; vgl. Sichtermann, Bankgeheimnis und Bankauskunft, S. 51 sowie Ruppelt, Das Bankgeheimnis, S. 15.

In einigen Ländern hielt die vertragliche Pflicht auch Einzug in das Gesetz, wie beispielsweise in Schweden (Bankgesetz Art. 192), in Frankreich für die nationalisierten Banken (loi du 2.12.45, art. 19) oder in Mexiko (Gesetz über die Kreditinstitute, Art. 105)[743]. Ferner gibt es zusätzlich in zahlreichen Ländern strafrechtliche Sanktionen im Falle der Verletzung des Bankgeheimnisses: so zum Beispiel in Singapur mit Strafen bis zu 3 Jahren Gefängnis (Banking Act, sec. 42 und 52), in Panama mit Bußgeldern (Kabinettsverfügung No. 73, Art. 74 und 101), auf den Bahamas mit Strafen bis zu einem Jahr Gefängnis (Banks Act., ch. 132) oder im Libanon ebenfalls mit Strafen bis zu einem Jahr Gefängnis (Banking secrecy law Art. 8).

2. Bedeutung des Bankgeheimnisses für den Finanzplatz Schweiz

Die positive Entwicklung des Finanzplatzes Schweiz begann vor etwa hundert Jahren. Im Verlauf der letzten fünfzig Jahre entwickelte sich aus einer bescheidenen internationalen Position eine sehr bedeutende. Aufgrund der geografischen Lage im Zentrum Europas sowie im Schnittpunkt wichtiger europäischer Handelsbeziehungen war die Schweiz seit jeher gut vernetzt. Schon frühzeitig trafen sich Schweizer Handelsherren mit Handelspartnern aus Italien, Deutschland, aus den Niederlanden oder aus Frankreich auf international ausgerichteten Schweizer Messen[744]. Durch den Austausch von Waren etablierte sich ein Zahlungssystem, das den Grundstein für das Bankwesen legte[745]. Die geringe Größe des Landes und das Fehlen von Rohstoffen kompensierte die Schweiz mit Erfindungsgeist, Know-how und Qualitätsbewusstsein, insbesondere im Bereich von Bank- und Finanzgeschäften[746].

---

[743] Kleiner/Hauser/Höhn, Das Schweizerische Bankgeheimnis, S. 22.

[744] So Schweizerische Bankiervereinigung, Die Schweiz und ihr Finanzplatz, S. 4.

[745] So Schweizerische Bankiervereinigung, Die Schweiz und ihr Finanzplatz, S. 4.

[746] SBVg – Journalistenseminar 5./06.03, Referat von Prof. Dr. Mark Pieth, Geldwäschereibekämpfung im internationalen Vergleich, S. 4.

Für den Erfolg des Schweizer Finanzplatzes wird vielfach das Bankgeheimnis als unabdingbare Voraussetzung angesehen[747]. Die Gewährleistung eines hohen Maßes an Diskretion und Vertraulichkeit ist für den Gläubiger eine wichtige Voraussetzung dafür, Vermögenswerte einem Kreditinstitut anzuvertrauen[748]. Bei näherer Betrachtung gibt es neben dem Bankgeheimnis allerdings auch andere Faktoren, die für den Aufbau eines erfolgreichen Finanzplatzes in der Schweiz von Bedeutung sind. Hervorzuheben ist hierbei eine langfristige optimale Rechtssicherheit in Verbindung mit vorteilhaften wirtschaftlichen und politischen Rahmenbedingungen sowie einer andauernden währungspolitischen Stabilität[749]. Diese gesicherten Rahmenbedingungen, verbunden mit der politischen Neutralität der Schweiz, waren schließlich auch der Grund, warum die Schweiz bereits in den dreißiger Jahren als Zufluchtsort für das Vermögen von Europäern gewählt wurde[750]. Auch während und nach dem Zweiten Weltkrieg hat sich hieran nichts geändert[751]. Die Tatsache, dass die Schweiz im 20. Jahrhundert von zwei Weltkriegen verschont blieb, hat ebenfalls dazu beigetragen,

---

[747] Badura, Die besten Steueroasen für Ihr Geld weltweit, S. 177 ff.; Kattke, Schwarzgeld – was tun?, S. 221 ff.

[748] Schmidt, Das neue Kontenabrufverfahren auf dem Prüfstand, *in:* BB 2005, S. 2163; Carl/Klos, Das Bankgeheimnis, Neue Entwicklungen im Bereich des Zivil-, Steuer- und Strafrechts, *in:* StB 1994, S. 135.

[749] Werner, Bekämpfung der Geldwäsche in der Kreditwirtschaft, § 11, S. 268; Vogler, Das Schweizer Bankgeheimnis: Entstehung, Bedeutung, Mythos, S. 76.

[750] Die neutrale Schweiz war als einziger Nachbar des Deutschen Reiches von Adolf Hitler verschont geblieben. Neben dem Dollar war der Schweizer Franken zudem die einzige Währung, die in den Kriegsjahren weltweit frei gehandelt wurde; so Schumacher, Finanzplatz Schweiz: Wo sind die Vermögen der Nazi-Opfer, *in:* DIE ZEIT, Ausgabe 38 aus dem Jahr 1996.
Hinsichtlich Historie und geschichtliche Entwicklung ist soweit vertiefend auf die Zusammenfassung von Vogler, Das Schweizer Bankgeheimnis: Entstehung, Bedeutung, Mythos, S. 75 ff. zu verweisen.

[751] In diesem Zusammenhang ist insbesondere die Einsetzung der Bergier-Kommission erwähnenswert (unabhängige Expertenkommission Schweiz, Zweiter Weltkrieg). Diese sollte Umfang und Schicksal von nachrichtenlosem Vermögen von Nazi-Opfern untersuchen, das in die Schweiz gelangt war; de Capitani, Bankgeheimnis und historische Forschung, Rechtsgutachten, S. 10 ff.

dass sie sich als (politisch) neutraler Standort für die Vermögensverwaltung mit einer internationalen Kundschaft etablieren und behaupten konnte.

Mit den folgenden Ausführungen soll untersucht werden, welchen Erfolgsbeitrag das Bankgeheimnis – neben den bereits dargestellten Faktoren – für den Finanzplatz Schweiz hat.

2.1 Die Rolle der Schweiz als Offshore-Finanzplatz

Seit den achtziger Jahren konkurrieren sog. internationale Offshore-Finanzplätze mit den schweizer Vermögensverwaltern und Banken auf dem lukrativen Gebiet der globalen privaten Vermögensverwaltung. In diesem Zusammenhang stellt sich zunächst die Frage, was eigentlich genau unter Offshore-Finanzplätzen – die synonym auch oftmals als „Tax Havens" oder „Steueroasen" bezeichnet werden – zu verstehen ist. Eine anerkannte Definition des Begriffs „Offshore-Finanzzentrum" existiert bis heute nicht. Verallgemeinernd können jedoch als Offshore-Finanzzentren all jene Finanzplätze bezeichnet werden, die eine Vielzahl ausländischer Kunden betreuen und deren Transaktionen (zum Großteil) außerhalb des Inlandsmarktes in einer fremden Währung abgewickelt werden[752].

Verschiedene internationale Organisationen, die sich mit sog. Steueroasen auseinandersetzen – insbesondere die OECD[753], der International Monetary Fund (IMF)[754] sowie das „Offshore-Forum" der UNO[755] – beurteilen die Offshore-Finanzplätze aus ihrer eigenen Perspektive. Die OECD erstellte im Rahmen einer Studie aus dem Jahr 1998 zum schädlichen Steuerwettbewerb erstmals

---

[752] Ackermann, Geldwäscherei – Money Laundering, S. 57; Schwander-Auckenthaler, Missbrauch von Bankgeschäften zu Zwecken der Geldwäscherei, S. 36.

[753] OECD, Studie „Harmful Tax Competiton – An Emerging Global Issue", 1998 im Internet einsehbar unter: http://www.oecd.org/dataoecd/33/0/1904176.pdf (Stand: Juli 2009).

[754] IMF, Offshore Financial Centers, IMF Background Paper, 2000; im Internet einsehbar unter: http://www.imf.org/external/np/mae/oshore/2000/eng/back.htm#I (Stand: Juli 2009).

[755] United Nations Offshore Forum; im Internet einsehbar unter: http://www.imolin.org/imolin/unof.html#unof (Stand: Juli 2009).

eine Liste mit 37 Ländern und Territorien[756] (sog. Offshore-Zentren), die als geldwäschereigefährdet bezeichnet werden konnten, und erarbeitete Kriterien, die eine Steueroase kennzeichnen bzw. empirisch folgende Eigenschaften aufweisen[757]:

- Voraussetzungen für ein kundenorientiertes Bankgeheimnis liegen vor;
- der Finanzplatz bietet attraktive Produkte und Dienstleistungen;
- attraktive steuerrechtliche Rahmenbedingungen werden geboten, das heißt Einkommen und Gewinne aus Unternehmensaktivitäten/Finanzgeschäften unterliegen keinen oder nur geringen Steuern;
- einfache Zulassungs- und Niederlassungsbestimmungen;
- Offshore-Geschäfte bilden einen wichtigen Anteil an der Gesamtwirtschaft des Landes;
- geringe oder sogar fehlende staatliche Überwachung;
- Gesetzgebungslücken im Kampf gegen Geldwäscherei;

---

[756] Auf der Liste einschlägig bekannter Offshore-Zentren standen zum damaligen Zeitpunkt neben der Schweiz ferner einzelne Staaten der Karibik wie Panama, die Bermudas, die British Virgin Islands, die Cayman Islands oder die Niederländischen Antillen, in geringer Zahl Länder Afrikas sowie des Nahen, Mittleren und Fernen Ostens, so die Vereinigten Arabischen Emirate, Liberia, Singapur und Hongkong. Aber auch in Europa gibt es – v. a. im Hinblick auf Firmengründungen und restriktionsfreien Kapitaltransfer bevorzugte Plätze, etwa Großbritannien, insbesondere Gibraltar, die Isle of Man oder die Channel-Islands (Jersey, Guernsey, Alderney, Sark), aber auch Liechtenstein, Montserrat, Luxemburg und die Niederlande. Es gilt zu beachten, dass es sich dabei nur um eine Momentaufnahme handelt, da sich die Liste laufend verändern kann.

Zusätzlich zu dieser Liste von Offshore-Finanzplätzen publiziert die FATF auf ihrer Homepage im Internet unter http://www.fatf-gafi.org (Stand: Juli 2009) unter dem Stichwort NCCT eine laufend aktualisierte Liste („black-list") mit Territorien und Ländern, die bei der Geldwäschereiabwehr sowie Amts- und Rechtshilfe jegliche Art von Kooperation verweigern, sog. Non-Cooperative Countries and Territories (NCCTs).

[757] OECD, Studie „Harmful Tax Competiton – An Emerging Global Issue", 1998; im Internet einsehbar unter: http://www.oecd.org/dataoecd/33/0/1904176.pdf (Stand: Juli 2009). Zu weiteren möglichen Kriterien siehe auch Offshore-Zentren, in: NZZ v. 24.09.2006, S. 41; ein Vergleich der europäischen Offshore- Zentren findet sich auch in: NZZ v. 26./27.01.2002, S. 21 ff.

- mangelnde internationale Kooperation zwischen Strafverfolgungsbehörden und Amtsstellen;
- die zugelassenen Finanzinstitute benötigen keine physische Präsenz am entsprechenden Finanzplatz.

Zwar müssen Staaten, die die zuvor genannten von der OECD entwickelten Merkmale aufweisen, nicht zwingend Geldwäschereihandlungen begünstigen, allzu häufig ist dies jedoch (aufgrund von Schwächen in den straf- und verwaltungsrechtlichen Strukturen) der Fall[758]. Je größer dabei die rechtlichen Freiräume sind, umso stärker muss damit gerechnet werden, dass es keinerlei Kontrolle mehr über Identität und Aktivität der sich dort niederlassenden Gesellschaft gibt[759].

Damit die konkrete Geldwäschereianfälligkeit eines Finanzplatzes ermittelt werden kann, wurden durch die „Financial Stability Forum's Working Group on Offshore Financial Centers" (FSF)[760] im Jahr 2000 drei Gruppen von Finanzplätzen unterschieden[761]:

Zur **ersten Gruppe** zählten Finanzzentren, die nach Ansicht der FSF Working Group einen rechtlichen Rahmen mit entsprechenden Überwachungsverfahren gewährleisten. Mitglieder dieser ersten Gruppe zeichneten sich dabei durch eine qualitativ hochwertige Zusammenarbeit aus, die fast immer den internationalen Anforderungen entspricht. Unter diese Gruppierung fielen in erster Linie

---

[758] Höreth, Die Bekämpfung der Geldwäsche, S. 17; Ackermann, Geldwäscherei – Money Laundering, S. 58.

[759] Graber, Geldwäscherei, S. 61.

[760] Vgl. zum Financial Stability Forum: OECD, Glossary of Statistical Terms, FSF; im Internet einsehbar unter: http://stats.oecd.org/glossary/detail.asp?ID=6203 (Stand: Juli 2009) sowie IMF, Offshore Financial Centers, IMF Background Paper, 2000; im Internet einsehbar unter: http://www.imf.org/external/np/mae/oshore/2000/eng/back.htm#II_B (Stand: Juli 2009).

[761] FSF, Report of the Working Group on Offshore Centres, 2000; im Internet einsehbar unter: http://www.fsforum.org/publications/r_0004b.pdf?noframes=1 (Stand: Juli 2009). Siehe hierzu den Vergleich der europäischen Offshore–Zentren, *in:* NZZ v. 26./27.01.2002, S. 21 ff.

Hongkong, Luxemburg, Singapur und die Schweiz (sowie mit gewissen Einschränkungen Dublin (Irland), Guernsey, Isle of Man und Jersey).

Die **zweite Gruppe** umfasste Finanzplätze, die eine gewisse Infrastruktur mit entsprechenden rechtlichen Rahmenbedingungen aufweisen und grundsätzlich auch zur internationalen Zusammenarbeit bereit waren, jedoch in weitaus geringerem Umfang als Gruppe eins. Zu dieser Gruppe zählten nach Ansicht der FSF zum damaligen Zeitpunkt Andorra, Bahrain, Barbados, Bermuda, Gibraltar, Labuan (Malaysia), Macao, Malta und Monaco.

Die **dritte Gruppe** war das Sammelbecken all derer, die nur über eine ungenügende Infrastruktur und Aufsicht verfügten und bei denen es an einer generellen internationalen Zusammenarbeit fehlte. Ferner zeichnete sich diese Gruppierung durch mangelhafte rechtliche Rahmenbedingungen aus. Das FSF fasste unter diese Gruppierung: Anguilla, Antigua sowie Babuda, ferner Aruba, Belize, British Virgin Islands, Cayman Islands, Cook Islands, Costa Rica, Zypern, Libanon, Liechtenstein, Marshall Islands, Mauritius, Nauru, Niederländische Antillen, Niue, Panama, St. Kitts and Nevis, St. Lucia, St. Vincent und Grenadien, Samoa, Seychellen, Bahamas, Turks- und Caicosinseln, Vanuatu.

Trotz einer Zugehörigkeit zur ersten Gruppe war und ist die Schweiz kein typisches Offshore-Bankenzentrum. Schweizer Banken nutzen vielmehr Offshore-Einrichtungen – die beispielsweise von den Kanalinseln oder Liechtenstein angeboten werden –, um die „Bedürfnisse" ihrer Kunden im Rahmen der jeweiligen Vermögensplanung zu befriedigen[762]. Durch diese Art der Vermögensverwaltung verwahrt die Schweiz etwa ein Drittel des weltweiten Offshore-Vermögens, also des Vermögens, das außerhalb des Herkunftslandes des Kunden verwaltet wird[763]. Je nach Methode und Berechnungsart kann davon

---

[762] Hierbei handelt es sich oftmals um sog. steueroptimierte Vermögensanlagen; vgl. Doggart/Schönwitz, Steuerparadiese und wie man sie nutzt, S. 236.

[763] Der Marktanteil der Schweiz beläuft sich auf 30 %. Damit ist die Schweiz der wichtigste Finanzplatz für die Offshore-Vermögensverwaltung; vgl. Offshore-Zentren, *in:* NZZ v. 24.09.2006, S. 41, sowie Bernet, Der wahre Wert des Bankgeheimnisses, *in:* St. Galler Tagblatt v. 19. Juni 2002, S. 2;

ausgegangen werden, dass etwa 3.000 bis 3.500 Milliarden Schweizer Franken als Offshore-Kapital bei Schweizer Vermögensverwaltern deponiert sind[764]. Da die Schweiz eines der ersten Länder der Welt war, das Vermögensverwaltungstätigkeiten international ausrichtete, wurde sie zum Prototyp der grenzüberschreitenden Geldanlage[765]. Dem globalen Schweizer Referenzmodell folgten als Erste die Bahamas, wo im Jahre 1936 die erste Treuhandgesellschaft etabliert wurde[766]. Es schlossen sich eine Vielzahl von Klein-, Insel- und Stadtstaaten sowie Städten rund um die Welt, darunter die Cayman Islands, Liechtenstein, Luxemburg, Singapur, Dubai, an. Jeder dieser neuen Finanzplätze entwickelte seine ganz speziellen Feinheiten in Bezug auf die Ausgestaltung des Bankgeheimnisses, im Hinblick auf Doppelbesteuerungsabkommen oder die Erteilung von Rechtshilfe sowie die Vorkehrungen im Bereich der Geldwäschereiprävention etc.. Für jeden Anlegertyp findet sich somit das passende Modell im Bereich der grenzüberschreitenden Vermögensanlage.

Von den sog. Offshore-Finanzzentren sind sog. Offshore-Sitzgesellschaften zu unterscheiden. Unter Sitz- oder Domizilgesellschaften (Briefkastenfirmen) sind juristische Einheiten zu verstehen, die am Firmensitz selbst keine eigentlichen

---

Die Schweiz ist zudem insbesondere als vorübergehende Geldsammelstelle für Kapitalanlagebetrüger bevorzugt; vgl. hierzu Suendorf, Geldwäsche, Eine kriminologische Untersuchung, S. 225.

[764] Gemäß einer aktuellen Studie von Merrill Lynch und Capgemini (World Wealth Report) betrug das weltweite Vermögen von 8.700 „High Net Worth Individuals" im Jahr 2008 40.700 Mrd. US $, ein Drittel davon wird Offshore verwaltet – also 13.500 Mrd. US $ – der Weltmarktanteil der Schweiz am Offshore Private Banking ergäbe somit eine Summe von 4.500 Mrd. US $; die Studie ist im Internet einsehbar unter: http://www.ml.com/media/100472.pdf (Stand: Juli 2009); gemäß einer Schätzung der Boston Consulting Group für das Jahr 2007 beläuft sich der Offshore Private Banking Markt im engeren Sinn auf 7300 Mrd. $, berechnet man hiervon ein Drittel für den Marktanteil der Schweiz, ergibt dies einen Betrag von 2.400 Mrd. $; vgl. hierzu Reuters, Offshore under scrutiny but secrecy to survive v. 15.10.2008; im Internet einsehbar unter: http://www.reuters.com/article/WealthManagement08/idUST RE49E41S20081015 (Stand: Juli 2009) sowie Off-shore-Zentren, in: NZZ v. 24.09.2006, S. 41.

[765] So Parma/Vontobel, Schurkenstaat Schweiz?, S. 55.

[766] Ungefehr, Tourismus und Offshore-Banking auf den Bahamas, S. 279.

geschäftlichen Aktivitäten entfalten[767]. Gesellschaften dieser Prägung werden einerseits aus steuerrechtlichen Gründen, andererseits auch wegen gesellschaftsrechtlicher und registerrechtlicher Vorteile errichtet: In der Schweiz besteht die Möglichkeit, ausländische Domizilgesellschaften insbesondere von Steuerreduzierungen auf kantonaler oder kommunaler Ebene profitieren zu lassen[768]; je nach Kanton, in dem die Gesellschaft ansässig ist, unterliegen die erzielten Unternehmensgewinne Steuerbelastungen zwischen 10 und 30 Prozent[769], der Rest ist steuerbefreit[770]. Die größte Anzahl an Domizilgesellschaften ist allerdings auf den Cayman Islands[771] zu verzeichnen. Insgesamt 70.000 dieser Gesellschaften – davon mehr als 18.000 allein in einem einzigen Bürogebäude (dem sog. „Ugland House") – haben ihren Sitz in der Hauptstadt Georgetown/ Cayman Islands[772]. Aufgrund dieser Fakten und der auf den Cayman Islands „günstigen" steuerlichen Rahmenbedingungen für Unternehmen vermuten insbesondere US-amerikanische Behörden, dass es sich um Scheinniederlassungen mit dem Primärziel der Steuerhinterziehung handelt[773]. Ein US-amerikanisches Rechtshilfegesuch – das eine Durchsuchung des „Ugland-House" zum Gegenstand haben sollte – verweigerten die Cayman Islands, weil nach ihrer Ansicht hierfür konkrete Anhaltspunkte fehlten[774].

---

[767] Miller, Geopolitische Vermögenssteuerung, S. 291.

[768] Die Domizilgesellschaft genießt in 17 Schweizer Kantonen ein sog. „Domizilprivileg", das reduzierte oder keinerlei Ertragsteuern vorsieht; so Merten, Steueroasen, Ausgabe 2009, S. 265 ff.

[769] Vgl. hierzu die Studie der KPMG, Corporate and Indirekt Tax Survey, S. 26; im Internet einsehbar unter: http://www.kpmg.com/SiteCollectionDocuments/Corporate-and-Indirect-Tax-Rate-Survey-2008v2.pdf (Stand: Juli 2009).

[770] So Doggart/Schönwitz, Steuerparadiese und wie man sie nutzt, S. 234.

[771] Die Cayman Islands gelten mittlerweile als anerkanntes Finanz- und weltweit siebtgrößtes Bankenzentrum; so Die Welt der Steuerparadiese, in: DIE ZEIT v. 26.02.2009, S. 23.

[772] Hutt, Das Planschbecken der Finanzhaie, in: Park Avenue Dezember 2008, S. 52, 56; ebenso Merten, Steueroasen Ausgabe 2009, S. 324.

[773] Parma/Vontobel, Schurkenstaat Schweiz?, S. 58.

[774] Mit der Europäischen Union kooperieren die Cayman Islands besser: Sie schlossen sich der EU-Zinsrechtlinie an und entschieden sich sogar für den automatischen Informationsaustausch; hierzu insgesamt Merten, Steueroasen Ausgabe 2009, S. 326, sowie Parma/Vontobel, Schurkenstaat Schweiz?, S. 58.

Wegen ihrer Anonymität eignen sich Domizilgesellschaften für Geldwäschereizwecke[775] und unterstehen aufgrund des besonderen Profils dem Schweizer Geldwäschereigesetz[776] (vgl. Art. 4 Abs. 1 lit.b. Schweizer GwG sowie Praxis der Kontrollstelle betreffend Sitzgesellschaften v. 18.01.2002).

Gemäß der Schweizer Regelungen in Art. 4 VSB 08 sowie in Art. 3 GwV KSt zählen zu den Sitzgesellschaften organisierte Vermögenseinheiten bzw. Personenzusammenschlüsse mit folgenden Merkmalen:

- Eigene Geschäftsräume sind nicht vorhanden oder
- es erfolgt keinerlei Beschäftigung von eigenem Personal bzw. falls Personal vorhanden sein sollte, erfüllt es keine administrativen Aufgaben, oder
- es existiert kein Handelsbetrieb, Betrieb der Fabrikation oder ein anderes nach kaufmännischer Art geführtes Gewerbe.

Aufgrund der möglichen Erteilung von Generalvollmachten, Schaffung von Inhaberaktien und fiduziarischen Verwaltungsräten, die die Gesellschaft treuhänderisch verwalten, verhelfen Sitzgesellschaften dem eigentlich wirtschaftlich

---

[775] Es finden sich zahlreiche Beispiele für einen Einsatz einer Offshore-Gesellschaft zu Geldwäschereizwecken, teilweise sparen sich die Geldwäscher sogar die Kosten und Mühen einer Eintragung der Gesellschaft, so dass lediglich eine rein fiktive Gesellschaft besteht; vgl. hierzu Pieth, Die Praxis der Geldwäscherei, S. 18 sowie Geiger, Organisationsmängel als Anknüpfungspunkt im Unternehmensstrafrecht, S. 43 u. a. m. Verw. a. Ackermann, Geldwäscherei – Money Laundering, S. 58, Fn. 4 u. S. 62 ff., sowie Graber, Geldwäscherei, S. 63 ff.

[776] Um diese „Anfälligkeit" zu verdeutlichen, folgender Beispielsfall (entnommen aus Pieth, Die Praxis der Geldwäscherei, S. 17 f.): Für einen Betrag von 300 $ können zwei mündige Personen gleich welcher Nationalität in Panama bei einem Notar eine Domizilgesellschaft gründen. Es erfolgt (binnen eines Tages) eine Eintragung in ein Gesellschaftsregister, jedoch besteht keinerlei Verpflichtung, Bilanzen zu hinterlegen, Verwaltungsratssitzungen abzuhalten oder das Grundkapital zu liberieren. Eine staatliche Aufsicht ist damit nicht existent. Die Gesellschaft kann ferner auch auf eine „Nominee" eingetragen werden, um anschließend über sie durch Übertragung von Inhaberaktien zu verfügen. Dadurch kann eine vollständige Anonymisierung des wirtschaftlich Berechtigten erreicht werden.
In Panama geht man momentan von etwa 100.000 Sitzgesellschaften aus, die für legale wie für illegale Zwecke genutzt werden.

Berechtigten zur Anonymität[777]. Soweit noch unzureichende Identifizierungspflichten hinzutreten, bietet diese Art von Gesellschaften beste Voraussetzungen für die Verschleierung und Integration von Geldern mit verbrecherischer und illegaler Herkunft[778]. Weitere Vorzüge sind der geringe Kapitaleinsatz bei der Gesellschaftsgründung, erschwerte Bedingungen für die Erteilung von Rechtshilfe an Offshore-Orten sowie keinerlei Verpflichtungen zur Buchführung und Hinterlegung von Bilanzen[779].

Die Jahresberichte 2002 und 2003 der Meldestelle (MROS) dokumentieren, dass Geldwäschereiverdachtsmeldungen in der Schweiz auffallend oft Sitzgesellschaften mit Domizil in Liechtenstein, auf den Bahamas, den Cayman Islands oder der Isle of Man betreffen[780]. Aufgrund der bestehenden Identifizierungspflichten (insbesondere der Regelungen in Art. 4 Abs. 1 lit.b. GwG zur Vertragspartei einer Sitzgesellschaft) ist die Schweiz selbst für die Gründung sog. Sitzgesellschaften ungeeignet. Andererseits ist jedoch bei Geldwäschereifällen mit Bezug zur Schweiz eine Tendenz zur Einschaltung ausländischer Offshore-Gesellschaften nachweisbar[781].

Fazit: Die Existenz von Offshore-Zentren sowie sog. Offshore-Sitzgesellschaften begünstigen die Geldwäscherei und bereiten ausländischen Strafverfolgungsbehörden im Rahmen ihrer Ermittlungen erhebliche Hindernisse. Bemakelte Gelder können in Offshore-Zentren unkomplizierter transferiert

---

[777] Insbesondere aufgrund der fehlenden Pflicht zur Identifizierung des wirtschaftlich Berechtigten; vgl. Ausführungen bei Geiger, Organisationsmängel als Anknüpfungspunkt im Unternehmensstrafrecht, S. 43 m. weiteren Verw.

[778] Bernasconi, Offshore-Domizilgesellschaften, S. 354 ff.; Ackermann, Geldwäscherei – Money Laundering, S. 59 f.

[779] Pieth, Die Praxis der Geldwäscherei, S. 18; Höreth, Die Bekämpfung der Geldwäsche, S. 17.

[780] Vgl. MROS, Jahresbericht 2003, S. 26 u. 28; Jahresbericht 2002, S. 25 u. 27; Jahresbericht 2001, S. 23 u. 24; in den Jahren 2002 und 2003 konzentrierten sich die Verdachtsmeldungen an die Meldestelle jedoch auf sog. BVI- bzw. Panama-Gesellschaften sowie Gesellschaften mit Sitz in Liechtenstein, d. h. im Gegensatz zu vorangegangenen Jahren gingen fast keine Verdachtsmeldungen mehr bei der Meldestelle ein, welche Sitzgesellschaften mit Domizil auf den Bahamas, Cayman Islands oder Isle of Man betrafen.

[781] Pieth, Die Praxis der Geldwäscherei, S. 19.

werden, da regelmäßig nur unzureichende Justizstrukturen und keine Rechtshilfeabkommen bestehen, keine Bankenkontrolle stattfindet und der Geldverkehr keiner Aufsicht unterliegt. Geldwäscher können durch ein strenges Bankgeheimnis ihre Anonymität wahren. Die Strukturen von Offshore-Zentren werden zwar nicht zwingend für Geldwäschereizwecke genutzt, die Eigenschaften eines Offshore-Finanzplatzes weisen allerdings Indizien auf, die Geldwäschereihandlungen Vorteile bieten.

Auch wenn es sich bei dieser speziellen Art von Bankenplätzen keinesfalls um Untergrund- oder Schwarzmärkte handelt, sondern vielmehr um einen wesentlichen Teil des legalen Finanzmarktes, bedarf es (zumindest) der konsequenten Beseitigung von Ermittlungshindernissen, um im Kampf gegen die Geldwäscherei weiterhin erfolgreich zu sein. Für die Schweiz führt dieser Weg über eine weitere internationale Einbindung und direkte bi- oder multilaterale Staatsverträge sowie ein weniger strenges Bankgeheimnis. Im Zuge des G-20-Finanzgipfels in London im April 2009 beschlossen die 20 größten Industrie- und Schwellenländer, dass die Zeit des grenzenlosen Bankgeheimnisses der Vergangenheit angehört, und man einigte sich auf ein verstärktes Vorgehen gegen sog. Steueroasen oder Gebiete, von denen aus Geldwäscherei ermöglicht wird[782]. Da der Schweiz eine Aufnahme auf die „schwarze Liste" der OECD[783] drohte, erklärte sie sich bereit, das sog. „steuerliche" Bankkundengeheimnis – das bisher darin bestand, dass die Schweiz keinen Informationsaustausch für Bankunterlagen im Zusammenhang mit Steuerhinterziehung gewährleistete – zu lockern und einem internationalen Informationsaustausch i. S. d. Art. 26 OECD-MA Folge zu leisten[784]. Da Art. 26 OECD-MA keine direkte An-

---

[782] OECD, Forum on Tax Administration, Building Transparent Tax Compliance by Banks, May 2009, S. 46 f., sowie BMF, Der 2. Weltfinanzgipfel in London, im Internet einsehbar unter: http://www.bundesfinanzministerium.de/nn_53848/sid_DD6592A99D22F6029A6562EF9134 76FC/DE/BMF__Startseite/Aktuelles/Monatsbericht__des__BMF/2009/04/analysen-und-ber ichte/b03-weltfinanzgipfel/Weltfinanzgipfel-in-London.html?__nnn=true (Stand: Juli 2009).

[783] Siehe hierzu Ausführungen in Kapitel II. 6.2 Organisation für wirtschaftliche Zusammenarbeit und Entwicklung (OECD).

[784] Tarolli Schmidt, Schweizer Amts- und Rechtshilfe in Steuersachen – Status quo und Ausblick, in: Praxis Internationale Steuerberatung 2009, S. 177, sowie Ausführungen in Kapitel II. 6.2 Organisation für wirtschaftliche Zusammenarbeit und Entwicklung.

wendung findet, sondern erst über eine entsprechende Änderung der bestehenden Doppelbesteuerungsabkommen (DBA) der Schweiz mit anderen Ländern in Kraft tritt, bleibt abzuwarten, wie zügig Verhandlungen diesbezüglich aufgenommen werden und zu welchen Bedingungen die Schweiz künftig Informationsgesuchen entspricht.[785] Das Bankkundengeheimnis, wie es seit 1934 in Art. 47 des Bundesgesetzes über die Banken und Sparkassen geregelt ist, bleibt trotz des Zugeständnisses von Schweizer Seite aus unberührt.

2.2 Aufhebung des Bankgeheimnisses: Funktion und Auswirkungen

Die Einschränkung oder Aufhebung des strengen Schweizer Bankgeheimnisses ist seit vielen Jahren Ziel internationaler Bemühungen[786]. Die Gründe hierfür liegen in der Globalisierung der Finanzmärkte und den damit einhergehenden Koordinationsbestrebungen zur Besteuerung im internationalen Rahmen, die von OECD und Europäischer Union forciert und aufgrund der seit Herbst 2008 eingetretenen weltweiten Finanz- und Wirtschaftskrise beschleunigt werden. Daraus ergibt sich ein gewichtiger politischer Druck auf das Schweizer Bankgeheimnis, das nunmehr als ein internationales Thema bezeichnet werden kann.

Die weiteren Auswirkungen, die sich im Zuge einer tatsächlichen Einschränkung oder Aufhebung des Bankgeheimnisses für den Finanzplatz Schweiz ergeben könnten, bleiben unklar. Dies gilt auch für die Frage, welche Vorteile sich für die druckausübenden Staaten oder die Transparenz der internationalen Kapitalmärkte ergeben. Das Schweizer Bankgeheimnis ist grundsätzlich zwar als streng anzusehen, es darf aber nicht als absolut verstanden werden. Es beste-

---

[785] Die Schweiz und die USA einigten sich bereits auf eine Ausweitung der Amtshilfe auf Fälle der Steuerhinterziehung und paraphierten ein entsprechendes Doppelbesteuerungsabkommen (DBA). Weitere Vereinbarungen dieser Art wurden mit Frankreich, Dänemark, Norwegen und Mexiko sowie einem weiteren, nicht öffentlich genannten Land geschlossen. Es handelt sich hierbei allerdings erst um Einigungen der Verhandlungsdelegationen; die Abkommen müssen noch vom Schweizer Bundesrat genehmigt und von den jeweils beteiligten Vertragsstaaten unterzeichnet sowie vom Parlament ratifiziert werden; siehe hierzu Dunsch, Schweizer Bankgeheimnis wird löchriger, *in:* FAZ v. 22.06.2009, S. 13.

[786] Seit 75 Jahren gibt es Versuche das Schweier Bankgeheimnis „totzusagen"; so Pöhner, Schweizer Mythos, *in:* DIE ZEIT v. 26.02.2009, S. 23.

hen vielmehr verschiedene gesetzlich definierte Grenzen des Bankgeheimnisses:

Im Zuge der Einführung der Geldwäschereitatbestände in das Schweizer Strafgesetzbuch (Art. 305bis und Art. 305ter Abs. 1 Schweizer StGB) im Jahr 1990 ergab sich für das Schweizer Bankgeheimnis eine (erste) Einschränkung[787]. Die Straftatbestände zur Geldwäscherei sind als Vergehen klassifiziert und werden im ordentlichen Strafverfahren verfolgt. In diesem sind Bankmitarbeiter zur Aussage verpflichtet[788].

Im Jahr 1998 traten sodann die Regelungen des Schweizer Geldwäschereigesetz (GwG) in Kraft, nach dessen Vorgaben alle Finanzintermediäre – also nicht nur Banken – ihre Kunden zu identifizieren bzw. den wirtschaftlich Berechtigten der Vermögenswerte festzustellen haben („Know Your Customer")[789]. Besteht ein begründeter Verdacht auf Geldwäscherei, müssen die Finanzintermediäre der zuständigen Meldestelle für Geldwäscherei (MROS) gemäß Art. 9 GwG Meldung erstatten und verdächtige Vermögenswerte sperren. Durch die Verpflichtung zur Offenlegung von Kundendaten kam es zu einer weiteren Durchbrechung des Bankgeheimnisses, da erstmals von dem Grundsatz abgewichen wurde, dass Privatpersonen zur Erstattung von Strafanzeigen keine Verpflichtung trifft. Im Interesse der Bekämpfung des organisierten Verbrechens wurden demnach gleich zwei Schweizer Grundprinzipien aufgegeben.

---

[787] So auch Bosshard, *in:* Verdacht auf Geldwäsche, Geldwäschebekämpfung in der Schweiz, S. 240.

[788] Art. 47 Ziff. 4 BankG räumt den prozessualen Zeugnis- und Auskunftspflichten den Vorrang ein. Keine der etwa 30 Strafprozessordnungen des Bundes und der Kantone gesteht dem Bankier ein Zeugnisverweigerungsrecht zu; so Bodmer/ Kleiner/Lutz, Art. 47 BankG, Rn. 39 ff.; de Capitani, Bankgeheimnis und Geldwäscherei, *in:* Hadding u. a. (Hrsg.), Basel II: Folgen für Kreditinstitute und ihre Kunden. Bankgeheimnis und Bekämpfung der Geldwäsche, S. 128.

[789] Wegweisend für den Inhalt des Geldwäschereigesetzes war die Selbstregulierung, denn bereits die Sorgfaltspflichten (VSB) von 1977 kannten die Anforderungen des „Know Your Customer".

Trotz bestehender Einschränkungsmöglichkeiten übt das Bankgeheimnis nach wie vor eine große Anziehungskraft gerade auf unerwünschte Kunden aus. Der sog. Abacha-Fall[790] dokumentierte, dass die Schweiz zukünftig mit einem ganz neuen Klientel – den sog. politisch exponierten Personen (PEP) – konfrontiert wird. Aufgrund dieser neuen Problematik initiierte und erarbeitete die Schweiz im Jahr 2001 zusammen mit den G7-Staaten eine detaillierte obligatorische Regelung über die Behandlung von Vermögenswerten von PEPs (sog. „Supervisors' PEP working paper 2001")[791]. Daneben gibt es eine ganze Reihe weiterer Vereinbarungen, Empfehlungen und Richtlinien, die alle dem gleichen Zweck dienen, nämlich der Verhinderung des Missbrauchs der Banken – und im Speziellen des Bankgeheimnisses – durch kriminelle und verbrecherische Organisationen im weitesten Sinne. Das Bankgeheimnis besitzt entsprechend dieser Ausführungen keine absolute Gültigkeit (mehr), sondern verliert seine Schutzfunktion in begründeten Fällen. Solche begründeten Fälle sind, neben der Verletzung einer strafrechtlichen Norm, auch dann gegeben, wenn Amts- oder Rechtshilfe verlangt werden kann[792].

---

[790] Vgl. hierzu Ausführungen in Kapitel II. 4.4 Der Abacha-Fall (1999).
[791] Vgl. Ausführungen in Kapitel II. 6.6 „Supervisors' PEP working paper 2001".
[792] Flick/Wassermeyer/Kempermann, Art. 27 DBA Deutschland-Schweiz, Anm. 129.

Eine Einschränkung erfährt das Bankgeheimnis ferner auf **nationaler Ebene** durch folgende Regelungen[793]:

- Normen des Strafprozessrechts: Zur Abklärung von Straftatbeständen des StGB kann von den Strafverfolgungsbehörden die Aufhebung des Bankgeheimnisses verlangt werden.

- Normen des Privatrechts (ZGB, OR): Auskunftspflicht der Bank gegenüber Familienmitgliedern (Familienrecht), Erben (Erbrecht), Vormund, Bürgen, Gesellschaftern (Gesellschafts- und Vertragsrecht).

- Normen des Zivilprozessrechts: Auf Bundesebene kann eine Interessenabwägung zwischen Zeugen und Beweisführern über die Offenbarung des Bankgeheimnisses durch den Richter erfolgen, d. h. es wird von Fall zu Fall entschieden[794]. Auf kantonaler Ebene ist die Zeugnispflicht unterschiedlich geregelt.

- Normen des Schuldbeitreibungs- und Konkursrechts: Es besteht eine der Kompetenz der Vollstreckungsorgane entsprechende Auskunftspflicht.

- Auskunftspflicht gegenüber der Nationalbank: Zum Zwecke der Erfüllung ihrer Aufgaben (gemäß Art. 2 des Bundesgesetzes über die Nationalbank vom 23. Dezember 1953) kann die Nationalbank neben den Auskünften über die einzureichenden Bilanzen auch weitere Informationen verlangen.

  Die Nationalbank untersteht ihrerseits der Geheimhaltungspflicht (vgl. Art. 7 BaG sowie Art. 9 Abs. 1 BaG).

- Auskunftspflicht gegenüber der Eidg. Bankenkommission (EBK): Die EBK kann gemäß Art. 23bis Abs. 2 BaG von den Banken alle Auskünfte

---

[793] Die folgende Aufzählung wurde weitgehend den Ausführungen *in:* Schwander-Auckenthaler, Missbrauch von Bankgeschäften zu Zwecken der Geldwäscherei, S. 152 f., m. Verw. a. Hirszowicz, Schweizer Bankpolitik, S. 174 ff. übernommen.
Hinsichtlich der Bestimmungen über die Zeugnis- und Auskunftspflicht vgl. auch de Capitani, Bankgeheimnis und Geldwäscherei, *in:* Hadding u. a. (Hrsg.), Basel II: Folgen für Kreditinstitute und ihre Kunden. Bankgeheimnis und Bekämpfung der Geldwäsche, S. 128.

[794] Nobel, Praxis zum öffentlichen und privaten Bankrecht in der Schweiz, S. 204.

und Unterlagen verlangen, die sie zur Erfüllung ihrer Aufgaben benötigt. Die Mitglieder der Bankenkommission unterliegen der Schweigepflicht nach Art. 320 StGB (Verletzung des Amtsgeheimnisses).

Normen des **Steuerrechts** ermöglichen in der Schweiz unverändert nur bedingt eine Durchbrechung des Bankgeheimnisses. Im Veranlagungsverfahren, bei einfachen Steuerzuwiderhandlungen und bei Steuerhinterziehung (ungenügende oder unrichtige Deklaration) bleibt das Bankgeheimnis uneingeschränkt gewahrt[795]. Die Steuerhinterziehung wird insoweit als „Übertretung" angesehen und strafrechtlich nicht verfolgt[796]. Die Finanzbehörden dürfen sich in diesem Fall nicht an die Bank, sondern nur an den Steuerpflichtigen selbst wenden, um Einsicht in seine Bankbelege zu erhalten. Es liegt damit allein im Ermessen des Steuerpflichtigen, welche Unterlagen er dem Fiskus zur Verfügung stellt. Kann dem Steuerpflichtigen die Steuerhinterziehung nachgewiesen werden, muss er die Differenz nachentrichten und zusätzlich eine „Strafsteuer" in gleicher Höhe zahlen[797].

Liegt hingegen ein Abgabe- oder Steuerbetrug vor, ist die Bank sowohl auf kantonaler als auch auf Bundesebene zur Auskunft verpflichtet[798]. Die Ermittlungs-

---

[795] Siehe hierzu insbesondere Bodmer/Kleiner/Lutz, Abschnitt 14, S. 49 ff.

[796] Kottke, Schwarzgeld – was tun?, S. 230; Bosshard, in: Verdacht auf Geldwäsche, Geldwäschebekämpfung in der Schweiz, S. 241.

[797] Steuerhinterziehungen können in der Schweiz bis zu 15 Jahre rückwirkend geahndet werden. Der Steuersünder muss das „vergessene" Geld nachversteuern, einschließlich derzeit 3,5 Prozent Zinsen pro Jahr, und zusätzlich eine Buße bezahlen; so Flick/Wassermeyer/Kempermann, Art. 27 DBA Deutschland-Schweiz, Anm. 130; Dunsch, Auch die Schweiz packt ihre Steuersünder hart an, in: FAZ v. 25.04.2008, S. 26; sowie Badura, Die besten Steueroasen für Ihr Geld weltweit, S. 182.

[798] Hesse, Die Schweiz leistet Amtshilfe für Betrugsdelikte, die nach dem 01.01.2004 begangen wurden, in: ZFN 2004, S. 149 m. Verw. a. Art. 27 DBA Schweiz; sowie Binder, OFD Münster, Gewährung von Rechtshilfe in Steuerstrafsachen durch die Schweiz, in: ZFN 1995, S. 10.

tätigkeit fällt in einem solchen Fall in die Zuständigkeit der Strafverfolgungsbehören, die weit stärkere Befugnisse haben als die Steuerbehörden[799].

Auf **internationaler Ebene** können Schweizer Banken im Wege der (internationalen) Amts- und Rechtshilfe dazu aufgefordert werden, Dokumente zu Beweiszwecken auszuhändigen, Auskünfte zu erteilen, Gegenstände oder Vermögenswerte herauszugeben oder sonstige Handlungen vorzunehmen[800]. Art. 47 Abs. 4 des schweizerischen Bundesgesetzes über die Banken und Sparkassen sieht – ebenso wie auf nationaler Ebene – eine Aufhebung des Bankgeheimnisses vor, soweit dies höherrangige private oder öffentliche Interessen erfordern[801].

2.2.1 Der (Stellen-)Wert des Bankgeheimnisses - volkswirtschaftliche Auswirkungen und bankbetriebliche Sichtweise -

Hinsichtlich des Bankgeheimnisses handelt es sich nicht nur um eine Angelegenheit der Bank oder der Privatsphäre des Bankkunden, sondern ganz besonders um ein Interesse der Öffentlichkeit an einem gesicherten Ablauf des wirtschaftlichen Geschehens. Das Bankgeheimnis stellt demnach auch ein Interesse der Volkswirtschaft dar, denn diese verlangt insbesondere eine funktionsfähige Kreditwirtschaft.

---

[799] In schweren Fällen kann eine Durchsuchung oder die Beschlagnahmung von Unterlagen angeordnet werden. Ferner sind die Banken verpflichtet, Auskunft zu erteilen; so Badura, Die besten Steueroasen für Ihr Geld weltweit, S. 182.

[800] Mit Ausnahme der Regelungen zur Rechtshilfe mit den USA, können nur Verfahren, die einen Steuer- oder Abgabebetrug zum Gegenstand haben, das Bankgeheimnis unter den entsprechenden Voraussetzungen außer Kraft setzen und damit verbundene Rechtshandlungen erlauben; hierzu auch Flick/Wassermeyer/Kemperrmann, Art. 27 DBA Deutschland-Schweiz, Anm. 131 sowie Natterer, Working Paper: Internationale Rechtshilfe der Schweiz, *in:* Strafsachen, 4. Internationale Rechtshilfe und Bankgeheimnis.

[801] Natterer, Working Paper: Internationale Rechtshilfe der Schweiz in Strafsachen, 4. Internationale Rechtshilfe und Bankgeheimnis.

Eine der wesentlichen Funktionen des Kreditapparates ist es, die Kapitalbildung (also die „Ersparnisse der Volkswirtschaft") zu fördern[802]. Hierfür bedarf es einer entsprechenden Rücksichtnahme auf die Vorstellungen und die Interessen der Kapitalgeber. Die Beweggründe für die Kapitalbildung liegen dabei fast immer in dem Ziel, Ressourcen für ungewisse und unsichere Zeiten in der Zukunft zu schaffen. Müsste der Kapitalgeber befürchten, dass die Bank das Vertrauensverhältnis und damit die Geheimsphäre nicht wahrt, würde er Gelder dem Kreditinstitut nicht mehr anvertrauen, was einen Kapitalentzug im Wirtschaftskreislauf zur Folge hätte[803]. Dies wiederum würde dazu führen, dass der Kreditapparat nicht genügend Gelder erhält und somit seiner Funktion – Versorgung der Volkswirtschaft mit Kapital – nicht mehr gerecht werden könnte.

Kreditinstitute sind, um ihre Geschäftstätigkeit auszuführen und damit ihre Aufgaben erfüllen zu können, von Fremdkapital abhängig[804]. Der Zufluss dieses Kapitals steht wiederum im Wesentlichen in Bezug zum Verhältnis zwischen Kunde (Kapitalgeber) und Bank. Aber nicht nur die Kreditwirtschaft ist in einem erheblichen Maße auf den Erhalt von Fremdkapital angewiesen, auch Unternehmen sind in einer (modernen) Volkswirtschaft regelmäßig davon abhängig, Kapital in Form von Bankkrediten in Anspruch nehmen zu können. Mittelbar hat somit auch auf diese Unternehmen das Vertrauensverhältnis von Kunde und Bank Auswirkung.

Soweit es tatsächlich zu einer Störung im Vertrauensverhältnis zwischen Bank und Kunden kommt, ist davon auszugehen, dass der Bankkunde nicht nur das ihm zur Verfügung stehende Kapital dem Wirtschaftskreislauf entzieht, sondern sich auch andere Investitionsmöglichkeiten sucht[805]. In einer solchen Situation

---

[802] Milewski, Die Aufhebung des Bankgeheimnisses, S. 64; Achleitner, Rechtliche und wirtschaftliche Beurteilung des Bankgeheimnisses in Österreich, Deutschland und der Schweiz, S. 64.

[803] Achleitner spricht insoweit von „Matratzengeld"; vgl. hierzu Achleitner, Rechtliche und wirtschaftliche Beurteilung des Bankgeheimnisses in Österreich, Deutschland und der Schweiz, S. 66.

[804] So Milewski, Die Aufhebung des Bankgeheimnisses, S. 65 mit dem Hinweis, dass in Deutschland die Versorgung der Volkswirtschaft und Zahlungsbereitschaft durch § 11 S. 1 KWG normiert wird.

[805] Milewski, Die Aufhebung des Bankgeheimnisses, S. 66.

gewinnen ausländische Bankenplätze und neue Investitionsmöglichkeiten an Attraktivität für den Bankkunden. Kapitalfluchtbewegungen in Richtung Ausland bedeuten für jede Volkswirtschaft Kapitalverlust, was zu negativen Veränderungen am Kapitalmarkt führen kann[806].

Zusammenfassend ist daher festzustellen, dass die Aufhebung des Bankgeheimnisses mehr oder weniger große Auswirkungen auf die Volkswirtschaft des betroffenen Landes – insbesondere im Hinblick auf die Kapitalversorgung – haben kann. Hiervon können auch Kreditinstitute und Unternehmen beispielsweise durch fehlenden Liquiditätszufluss betroffen sein[807]. Der Staat ist somit vom „Good Will" des Bürgers abhängig und muss daher – soweit das Geld im Inland investiert und angelegt werden soll – das Vertrauensverhältnis achten und wahren. Bei einer Aushöhlung oder sogar Abschaffung des Bankgeheimnisses sollten somit stets die Auswirkungen auf die Volkswirtschaft mit den Vorteilen einer Einschränkung/Aufhebung im Auge behalten werden.

Neben der zuvor aufgezeigten grundlegenden Bedeutung des Bankgeheimnisses für die Volkswirtschaft ist, der Vollständigkeit wegen, auch die betriebswirtschaftliche bzw. bankbetriebliche Seite zu erörtern:

Vorauszuschicken ist dabei, dass das Bankgeheimnis als historisch gewachsener Teil des Bankbetriebs angesehen werden muss und somit eine Führungs-

---

[806] Kapitalflucht muss allerdings nicht zwangsläufig unmittelbare negative Folgen für den Kapitalmarkt haben: So hat beispielsweise die Einführung des Zinsabschlags in Deutschland aufgrund des starken Kapitalrückflusses zunächst keine negativen Folgen für den Kapitalmarkt mit sich gebracht. Der damit einhergehende Steuerausfall lässt jedoch mittelbare nachteilige Auswirkungen der Kapitalflucht feststellen; vgl. Untersuchung und Analyse von Hoppe, Das Erhebungsdefizit im Bereich der Besteuerung von Zinseinkünften, S. 87 ff.

[807] Die aktuell bestehende Finanzkrise zeigt, wie wichtig eine ausreichende Kapitalversorgung für das Bestehen und den Erfolg eines Kreditinstituts ist. Die Schweizer Großbank UBS „verspielte" fast 40 Milliarden Dollar im US-amerikanischen Hypothekenmarkt – mehr als jede amerikanische Bank – und musste als weltweit führende Vermögensverwalterin im Zuge dessen einen neuen Rekordverlust bekannt geben. Als eines der solidesten Geldhäuser der Welt ist gerade die UBS stets auf frisches Kapital in Milliardenhöhe angewiesen; vgl. hierzu Hässig, Größte Bank Europas im freien Fall, *in:* ZEIT Online v. 08.04.2008.

aufgabe der jeweiligen Unternehmensleitung darstellt[808]. Das Bankgeheimnis ist demzufolge in den Bereich Unternehmenspolitik einzuordnen, der die oberste Führungsstufe darstellt und sich mit grundlegenden Zielvorstellungen und Verhaltensnormen des Unternehmens beschäftigt[809]. Dabei geht es in erster Linie darum, das Vertrauen des Kunden zu gewinnen und es zu erhalten.

Zeitgleich stellt die Sicherung der Geheimsphäre für das Unternehmen eine Organisationsaufgabe dar. Das heißt, sämtliche Mitarbeiter[810] sind zur Verschwiegenheit zu verpflichten und zur Einhaltung des Bankgeheimnisses – insbesondere im Rahmen des Arbeitsablaufes – anzuhalten[811]. Die Verschwiegenheitspflicht des Bankmitarbeiters ist insoweit als Teil des Dienstvertrages anzusehen. Wie wichtig diese organisatorische Aufgabe ist, zeigen die jüngst eingetretenen Ereignisse in Liechtenstein[812].

Der Stellenwert der im Bankvertrag zwischen Kreditinstitut und Bankkunde vereinbarten Pflicht zur Verschwiegenheit belegt die Entscheidung des Bundesge-

---

[808] Achleitner, Rechtliche und wirtschaftliche Beurteilung des Bankgeheimnisses in Österreich, Deutschland und der Schweiz, S. 68.

[809] Für diese Einordnung kann man sich an den sog. „Führungswürfel" des St. Galler Management-Modells halten; vgl. Ulrich/Krieg, Das St. Galler Management-Modell, St. Gallen 1974, S. 29 ff.

[810] Hierbei sollte beispielsweise auch das externe Servicepersonal von Computerfirmen nicht außer Acht gelassen werden.

[811] Regelung von Informationsströmen, Fragen der räumlichen Gliederung oder auch Zugriffsmöglichkeiten auf Akten und Daten stellen dabei Aufgabenbereiche der Organisation in Sachen Bankgeheimnis dar; vgl. hierzu Achleitner, Rechtliche und wirtschaftliche Beurteilung des Bankgeheimnisses in Österreich, Deutschland und der Schweiz, S. 71.

[812] Vgl. hierzu den „Fall Zumwinkel und die Spur nach Vaduz", in: FAZ v. 15.02.2008, S. 3; dem deutschen Fiskus fiel 2003 eine CD-ROM mit Einzelheiten zu Hunderten sog. Familienstiftungen in die Hände, diese stammte von einem Mitarbeiter des in Verruf gekommenen Liechtensteiner Traditionstreuhänders Batliner. Der Mitarbeiter versuchte Batliner zu erpressen und wurde daraufhin verurteilt; die deutschen Behörden erhielten die Datensammlung nach eigenen Angaben per anonymem Brief. Auch die Liechtensteiner Landesbank bestätigte, seit Jahren erpresst worden zu sein: Ein Mitarbeiter hatte „interne Belege" über deutsche Kunden gesammelt und wurde wegen Erpressung zu einer Haftstrafe verurteilt. Über Kontakte gelangten auch diese Materialen an einen Deutschen, der die Bank weiter erpresste und im Herbst 2007 mit großen Mengen Bargeld verhaftet wurde.

richtshofs[813] vom 24.01.2006 (Schadensersatzprozess „Kirch/Breuer"): Der Vorstandssprecher der Deutsche Bank AG hatte auf die Frage des Fernsehsenders TV-Bloomberg, ob ein bestimmter Kunde (die Kirch-Gruppe) mit weiteren Krediten rechnen könne, geantwortet: *„Das halte ich für relativ fragwürdig. Was alles man darüber lesen und hören kann, ist ja, dass der Finanzsektor nicht bereit ist, auf unveränderter Basis noch weitere Fremd- oder gar Eigenmittel zur Verfügung zu stellen. Es können also nur Dritte sein, die sich gegebenenfalls für eine – wie Sie sagen – Stützung interessieren."* Wenige Wochen nach dieser Interviewäußerung meldete die KirchMedia GmbH & Co. KGaG Insolvenz an und verlangte – aufgrund der getätigten Aussage – von der Deutsche Bank AG sowie dem damaligen Vorstandssprecher Breuer persönlich Schadensersatz[814]. Aus dieser Entscheidung lässt sich demnach folgern, dass ein Bankkunde seine Einlagen und finanziellen Angelegenheiten kaum einer Bank anvertrauen würde, wenn nicht (die vereinbarte und notwendige) Vertraulichkeit gewährleistet wäre.

---

[813] Urteil des 11. Zivilsenats des BGH v. 24.01.2006, Az. XI ZR 384/03.

[814] Das OLG München (Berufungsinstanz) sprach dem Kläger gegen die Deutsche Bank AG einen vertraglichen Anspruch gemäß § 280 Abs. 1 BGB zu, da der Vorstandssprecher in zurechenbarer Weise das Bankgeheimnis verletzt habe. Als Zurechnungsnorm wendeten sowohl das OLG als auch die Vorinstanz § 31 BGB an; vgl. OLG München NJW 2004, S. 224 ff.

Der BGH hingegen verneinte eine schadensersatzpflichtige Verletzung des Bankgeheimnisses; er sah den Anspruch aus § 280 Abs. 1 BGB (positive Vertragsverletzung) vielmehr aufgrund einer Verletzung der Interessenwahrungs-, Schutz, und Loyalitätspflicht aus dem (abgetretenen) Darlehensvertrag als gegeben an. Nach Ansicht des BGH ergibt sich aus dem Darlehensvertrag für die kreditgebende Bank die Nebenpflicht, die Kreditwürdigkeit des Darlehensnehmers weder durch Tatsachenbehauptung – auch wenn sie wahr sind – noch durch Werturteile oder Meinungsäußerungen zu gefährden; so BGH Urteil des 11. Zivilsenats v. 24.01.2006, Az. XI ZR 384/03 (Leitsatz).

Durch das Urteil wurde u. a. die Problematik, ob und unter welchen Voraussetzungen das Bankgeheimnis Schutzwirkung für Dritte entfaltet und wer als „Dritter" in diesem Zusammenhang anzusehen ist, in den Mittelpunkt gerückt; vgl. hierzu kritisch Canaris, Bankgeheimnis und Schutzwirkung für Dritte im Konzern, *in:* ZIP 2004, S. 1781 ff., der bereits die Erfordernis von Leistungs- sowie Gläubigernähe im konkreten Fall als nicht gegeben ansieht und so zum gleichen Ergebnis wie die höchstrichterliche Rechtsprechung kommt.

Schließlich stellt auch die im Jahre 2003 in Kraft getretene und zuletzt im Dezember 2007 geänderte Geldwäschereiverordnung der Eidgenössischen Bankenkommission (GwV EBK) neue Anforderungen an die Kreditinstitute. Gemäß dieser Verordnung sind die Kreditinstitute in folgenden Bereichen zur Mitarbeit angehalten: Identifikation und Überwachung von Kunden und Aktivitäten mit erhöhtem Risiko, Schaffung der internen Voraussetzungen, Kompetenzen und Abläufe, rasche Verfügbarkeit aller relevanten Kundeninformationen sowie Untersuchungen und revisionskonforme Dokumentation verdächtiger Fälle[815].

Über die festgelegten Muss-Kriterien hinaus liegt es weitgehend im Entscheidungsspielraum der einzelnen Bank, welche Mittel zur Identifikation von Verdachtsmomenten zum Einsatz kommen sollen. Durch diesen Spielraum sind die Erfolgschancen im Bereich der Aufdeckung von Geldwäschereifällen demnach stark vom Engagement und Ideenreichtum des Einzelnen geprägt und abhängig (je definierter und ausgereifter ein Identifikationssystem ist, desto zahlreicher fallen natürlich auch – eventuell unbegründete – Verdachtsmomente aus).

Das Engagement im Kampf gegen die Geldwäscherei bedeutet einen enormen Arbeitsaufwand auf Seiten der Kreditinstitute und stellt sie vor herausfordernde Optimierungsstrategien: Zum einen sollen möglichst wenige Geldwäschereivorfälle durch das formulierte Raster fallen, zum anderen soll gleichzeitig der interne Arbeitsaufwand gering gehalten werden[816]. Letztlich muss der neue, differenziertere Aufgabenbereich der Kreditinstitute auch mit der Einhaltung der Verschwiegenheitspflicht und des Bankengeheimnisses durch selbige bei *unbegründeten* Verdachtsmomenten harmonieren.

---

[815] Schweizerische Bankiervereinigung, Seminar „Revision der Geldwäschereiverordnung der EBK und Vereinbarung über die Standesregeln zur Sorgfaltspflicht der Banken, VSB 08"; im Internet einsehbar unter: http://www.swissbanking.org/20080429-3610-pra-seminar_zh_cwe.pdf (Stand: Juli 2009).

[816] Kunz/Peter, Hohe Eigenverantwortung der Banken, Implikation der neuen EBK – Geldwäschereiverantwortung, *in:* NZZ v. 16.06.2003, S. 15.

2.2.2 Rechtliche und wirtschaftliche Auswirkungen

Vom strengen Schweizer Bankgeheimnis profitieren Staat und Finanzunternehmen gleichermaßen. Die großen Vermögensverwaltungszentren Zürich und Genf sind besonders begünstigt[817]. Es ist daher nachvollziehbar, dass Schweizer Bankmanager sich zu der nachfolgenden Aussage hinreißen lassen

„Das Bankgeheimnis ist unser Aushängeschild, ich würde bis zum letzten kämpfen, damit es erhalten bleibt."[818]

und damit den hohen Stellenwert des Bankgeheimnisses für die Schweiz öffentlich auf den Punkt bringen. Bereits hieran zeigt sich, wie stark die Bewertung des Bankgeheimnisses von der jeweiligen Interessenlage geprägt ist[819]. Die Dominanz eines Finanzplatzes ist ein wesentlicher Faktor für eine problemfreie und kostengünstige Kapitalversorgung der Wirtschaft. Je stärker das Bankensystem in einem Land ist, umso günstiger erfolgt die Kapitalversorgung. Da ein Drittel des weltweiten grenzüberschreitenden Vermögensverwaltungsgeschäfts über die Schweiz abgewickelt wird, hat dies konkrete realwirtschaftliche Auswirkungen[820]. Durch eine substanzielle Reduktion von Vermögenswerten ergeben sich messbare Verluste für die Schweizer Vermögensverwaltung. Konservativen Berechnungen zufolge dürfte sich hieraus ein jährlicher volkswirtschaftlicher Schaden in einer Größenordnung von 15 bis 18 Milliarden Franken ergeben[821].

---

[817] Vgl. hierzu Jost, Der Reiz ist dahin, *in:* Die Welt v. 24.03.2009, S. 10; sowie Dunsch, Scharfer Ritt auf die Geldburgen, *in:* FAZ v. 21.03.2009, S. 13.

[818] Fehr, Ein politischer Banker, Swissfirst-Chef Thomas Matter mag das Bankgeheimnis und kämpft gegen Schengen, *in:* NZZ v. 08.05.2005, S. 39.

[819] Ungereimtheiten im Markt und deren Verbreitung durch die Weltpresse werden medial zu Klischees verarbeitet und schaden dem „Finanzplatz Schweiz" als Marke in der Finanzwelt nachhaltig; so Insam, Verdacht auf Geldwäsche, Reputation – Der unterschätzte Faktor, S. 278.

[820] Forster, Wer profitiert vom starken Finanzplatz? Unterschätzte Wechselwirkungen auf den Werkplatz, *in:* NZZ v. 19.06.2002, S. 27.

[821] Vgl. dazu auch Bernet, Der wahre Wert des Bankgeheimnisses, *in:* St. Galler Tagblatt v. 19. Juni 2002, S. 2.

Im Rahmen der Bandbreite möglicher Auswirkungen ist weiter hervorzuheben, dass auch der Bankenstandort Schweiz von einer Lockerung des strikten Bankgeheimnisses betroffen wäre. Bestandteil des schweizerischen Bankensektors sind auch die sog. Auslandsbanken, also in der Schweiz niedergelassene Zweigstellen ausländischer Finanzinstitute. Grund für die Standortwahl sind neben den gesetzlichen Rahmenbedingungen auch das Schweizer Bankgeheimnis[822]. Eine Einschränkung des Bankgeheimnisses würde sich unwillkürlich auch auf die Präsenz (sowie den künftigen Zuzug neuer Banken) auswirken. Dies wiederum hätte mittelbare Auswirkungen auf die Beschäftigungssituation im Bankensektor. Die Interessenlage ist damit eindeutig, was nichts daran ändert, dass es zu weiteren Einschränkungen des Bankgeheimnisses kommen muss.

Studien von *Gärtner*[823] belegen, welchen nachweisbaren Einfluss das Schweizer Bankgeheimnis auf den internationalen Steuerwettbewerb hat. Im Rahmen des internationalen steuerlichen Wettbewerbs schade das Schweizer Bankgeheimnis – nach Ansicht von *Gärtner* – in hohem Maße den europäischen Ländern ohne vergleichbares Bankgeheimnis und führe spiegelbildlich der Schweizer Volkswirtschaft und damit seinen Bürgern einen entsprechenden steuerlichen und wirtschaftlichen Nutzen zu[824]:

Als Folge des strengen Bankgeheimnisses sei die direkte Einkommensteuer in der Schweiz um 50 Prozent niedriger, was in Ländern ohne Bankgeheimnis zu

---

[822] So auch Gysi, Wachsende Bedeutung der Auslandsbanken, *in:* NZZ v. 10.09.2002, S. 69; sowie Dunsch, Commerzbank plant Rückzug aus der Schweiz, *in:* FAZ v. 19.06.2009, S. 16.

[823] Gärtner/Brevik, Macroeconomic effects of bank secrecy when tax evasion is endogenous, May 2006 Discussion Paper no. 10-2006, Universität St. Gallen sowie Can tax evasion tame Leviathan governments?, July 2006, Discussion Paper no. 19-2006, Universität St. Gallen; im Internet einsehbar unter: http://www.fgn.unisg.ch/gaertner/f-pub.htm (Stand: Juli 2009).

[824] Die nachfolgenden Werte sind der Studie von Gärtner/Brevik, Macroeconomic effects of bank secrecy when tax evasion is endogenous, May 2006 Discussion Paper no. 10-2006, Universität St. Gallen, 5 Discussion and Conclusion, S. 20 ff. entnommen.
Gärtner sieht die im Wege der Studie erhaltenen Zahlen nur als grobe Anhaltspunkte. Im Vordergrund steht vielmehr die Erkenntnis an sich über mögliche Auswirkungen des Bankgeheimnisses.

einer Steigerung der Einkommensteuersätze prozentual von durchschnittlich 53,6 auf 54,5 Prozent führe. Das Lohnniveau in der Schweiz erhöhe sich durch das bestehende Bankgeheimnis um 17 Prozent. Dies habe für die Länder ohne Pflicht zur Verschwiegenheit einen Rückgang im Lohnbereich in Höhe von durchschnittlich 2 Prozent zur Folge. Bezogen auf einen Lebenszeitraum stehe Schweizer Bürgern so etwa 34 Prozent mehr für Konsumzwecke zur Verfügung bzw. alternativ ergäben sich Auswirkungen auf das Sparverhalten. Für Staaten ohne Bankgeheimnis ergebe sich eine Reduktion des Konsums um etwa 2 Prozent. Schließlich sei ein Anstieg im Bereich der Kapitalerträge in der Schweiz um 19 Prozent zu verzeichnen. Dies bedinge eine Senkung um 1,3 Prozent in den Ländern, die auf ein strenges Bankgeheimnis verzichten. Die vielfältigen Wechselwirkungen belegen, welchen enormen volkswirtschaftlichen und steuerlichen Nutzen die Schweiz mit dem Bankgeheimnis zu Lasten anderer Länder generiert.

Unterstellt man, der Vermögenstransfer aus den EU-Ländern fließe aufgrund des Schweizer Bankgeheimnisses unversteuert dem Finanzplatz Schweiz zu, so ist die Studie von *Gärtner* nachvollziehbar und erscheint plausibel. Die gewählte Prämisse ist jedoch weder wissenschaftlich noch empirisch belegbar. Demnach gibt das Ergebnis der Studie lediglich Anhaltspunkte dafür, welche Partizipation das Modell Steuergeheimnis schafft.

Da auch Zinserträge als Kapitaleinkünfte in der Schweiz einer Quellensteuer[825] unterliegen, wird ein Teil der in die Schweiz transferierten Vermögensanlagen und der sich daraus ergebenden Zinserträge versteuert und – nach langen Verhandlungen nunmehr auch – an das Herkunftsland abgeführt[826]. Dieser Steuerrückfluss muss zur Berechnung des Steuerausfallschadens ebenso wie die Steuerflucht Berücksichtigung finden. Der Steuerausfallschaden wird bei unver-

---

[825] Sog. Zinsbesteuerungsabkommen (Bilaterale II) v. 26.10.2004; vgl. hierzu Hild/ Hild, Im Fadenkreuz der Steuerfahnder, S. 209; Holenstein, Schweiz: Grenzüberschreitender Informationsaustausch nach In-Kraft-Treten der „Bilaterale II", *in:* Praxis Steuerstrafrecht 2005, S. 118 ff.

[826] Die Bundesrepublik Deutschland erhielt im Jahr 2007 aus dem Zinsbesteuerungsabkommen mehr als 80 Millionen Franken (52 Millionen Euro); so sehen Schweizer Banken keinen Grund für Panik, *in:* FAZ v. 19. März 2009, S. 19.

steuert in die Schweiz abgeflossenem Kapital höher sein, als wenn das Kapital zuvor im Herkunftsland einer Besteuerung unterworfen wäre; die Steuer wirkt sich auf das Privatvermögen regelmäßig schmälernd aus.

Nach *Gärtners* These[827] kann die Schweiz die Steuersätze senken, wodurch sie auch weiterhin attraktiv für (neue potenzielle) Anleger bleibt. Fraglich ist, wie der Staat, aus dem die Liquidität abfließt, reagiert. Insoweit bestehen zwei Handlungsalternativen im benachteiligten Staat: Entweder senkt dieser selbst den Steuersatz auf Kapitalerträge, um den Anreiz für die Steuerflucht in die Schweiz zu verringern (soweit es sich um Schwarzgeld handelt, wird der Anleger allerdings weiterhin den Weg in die Schweiz wählen). Dies hätte zur Folge, dass – aufgrund der Senkung des Steuersatzes im Bereich der Kapitalerträge – es in anderen Bereichen (etwa im Bereich Arbeitseinkommen und Löhne) zu einer Anhebung des Steuersatzes kommen müsste, um das Steueraufkommen nicht zu verringern. Alternativ dazu könnte der betroffene Staat auch untätig bleiben und versuchen, die Ursachen zu bekämpfen, also gegen das Bankgeheimnis selbst vorzugehen.

Die Auswirkungen für die Bevölkerung im benachteiligten Staat sind im Falle einer Anpassung der Steuersätze unterschiedlich[828]: Verfügt der Steuerpflichtige lediglich über geringe oder überhaupt keine Kapitaleinkünfte, wird der positive Effekt einer Steuersenkung im Bereich der Kapitaleinkünfte kaum spürbar. Durch einen höheren Steuerabzug im Bereich des Arbeitseinkommens wird der Steuerpflichtige in diesem Bereich stärker belastet. (Ältere) Generationen – wie beispielsweise Rentner und Pensionäre – mit inländischem Kapitalvermögen profitieren hingegen von den Steueranpassungen. Sie zahlen weniger Kapitalertragsteuer und sind von Erhöhungen im Rahmen der Versteuerung von Arbeitseinkommen nicht (mehr) betroffen.

---

[827] Gärtner/Brevik, Macroeconomic effects of bank secrecy when tax evasion is endogenous, May 2006 Discussion Paper no. 10-2006, Universität St. Gallen, 5 Discussion and Conclusion, S. 20 f.

[828] So auch Gärtner/Brevik, Can tax evasion tame Leviathan governments?, July 2006, Discussion Paper no. 19-2006, Universität St. Gallen, 3.1.2 Generational Dynamics, S. 13.

Neben den steuerlichen Auswirkungen ergeben sich Anpassungen am gesamten Kapitalmarkt. Mit der Steuerflucht (in die Schweiz) ist in den betroffenen Ländern eine Kapitalvermögensminderung zu verzeichnen. Tendenziell steigt hierdurch das Zinsniveau, da durch die Verknappung von Kapital eine Teuerung im Kapitalbereich eintritt. Will der einzelne Steuerbürger seinen Lebensstandard trotz Steuererhöhung beibehalten, muss er sich zusätzliche Einkommensquellen schaffen oder Steuersparmöglichkeiten nutzen.

Während *Gärtner* sich äußerst kritisch mit dem Schweizer Bankgeheimnis auseinandersetzt, gibt es auch zahlreiche Befürworter der strikten Geheimhaltung. Die Gründe für die Zurückhaltung im Bereich des (begründeten) Informationsaustauschs sind vielfältig: Aufgrund des bestehenden Steuerwettbewerbs und der damit einhergehenden Konkurrentenstellung ist die Schweiz nicht bereit, einem anderen Land in fiskalischen Angelegenheiten – unabhängig ob direkt oder indirekt – bei der Erhebung oder Eintreibung seiner Steuern Hilfestellung zu leisten[829]. Die Bereitschaft fehlt um so mehr, je mehr sie mit einer Schwächung des Schweizer Finanzplatzes einhergehen könnte, was wiederum gerade durch einen (begründeten) Informationsaustausch und einer damit verbundenen Lockerung des Bankgeheimnisses denkbar erscheint.

Das Hauptmotiv der Schweizer Position liegt im Verständnis, das ausländischen Steuerflüchtlingen in der Schweiz entgegengebracht wird, wenn diese wegen der im Ausland zu hoch erachteten Steuerbelastung versuchen auszuweichen[830]. Diese Auffassung ist geprägt von „*einem Abwehrreflex gegen die Allmacht des Staates*[831]", der mit Steuermitteln oft genug verschwenderisch umgeht und Staatsausgaben tätigt, die den Bürgern nichts nutzen[832]. In diesem

---

[829] Frei, Die Rechtshilfe bei Abgabebetrug gemäß Art. 3 Abs. 3 des neuen Rechtshilfegesetzes, *in:* ASA 50 (1981/82), S. 339.

[830] Reich/Bachmann, Internationale Amts- und Rechtshilfe in der Schweiz in Fiskalsachen, *in:* Zeitschrift für Schweizerisches und Internationales Steuerrecht (ZSIS) 2003, 2 Gründe der Zurückhaltung.

[831] Frei, Die Rechtshilfe bei Abgabebetrug gemäß Art. 3 Abs. 3 des neuen Rechtshilfegesetzes, *in:* ASA 50 (1981/82), S. 339.

[832] Parma/Vontobel, Schurkenstaat Schweiz?, S. 165.

Zusammenhang wird ferner darauf hingewiesen, dass es vor allem Hochsteuerländer seien, wie beispielsweise die BRD[833], die sich für einen umfangreichen Informationsaustausch (insbesondere im Bereich fiskalischer Angelegenheiten) stark machen; als wirkungsvollste Vorgehensweise wird deshalb die Konzeption einer entsprechenden Steuerordnung in den informationsbegehrenden Ländern selbst vorgeschlagen[834].

Da in den letzten Jahren die „*fiskalische Legitimität*"[835] des Staates ebenso wie der Ausbau staatlicher Leistungen gleichermaßen anstieg, erscheinen die Ansichten und Argumente der Befürworter eines strikten Bankgeheimnisses nicht haltbar. Mit dieser einseitigen Position zwecks Wahrung des strengen Bankgeheimnisses und einer damit einhergehenden Auskunftsverweigerung gegenüber begründeten Auskunftsersuchen stellt sich die Schweiz im Bereich der Fiskaldelikte beharrlich auf die Seite des Unrechts und nimmt damit auch die Schwächung der Leistungsfähigkeit anderer Staaten in Kauf. Vor dem Hintergrund der weltweiten Finanz- und Wirtschaftskrise sowie im Zuge der Globalisierung der Finanzmärkte hat auch die Schweiz die Verantwortung, auf internationaler Ebene eine Zusammenarbeit (insbesondere im Steuerbereich) zu ermöglichen und eine Einschränkung des Bankgeheimnisses zuzulassen.

Fazit: Unter dem Aspekt der Stärke und der Wettbewerbsfähigkeit der Schweizer Wirtschaft – gerade auch im steuerlichen Bereich – ist nachvollziehbar, dass hinter einer Schwächung des Schweizer Bankgeheimnisses handfeste wirtschaftliche und damit protektionistische Interessen stehen: Wird der Finanzplatz (auch durch Assoziierung mit Kriminalität) geschwächt, schadet dies der schweizerischen Gesamtwirtschaft; fließt Vermögen ab, profitieren andere Fi-

---

[833] Vgl. zum „Steuerstreit" zwischen Schweiz und BRD Jost, Ein anderes Staatsverständnis, *in:* Welt am Sonntag v. 22.03.2009, S. 26.

[834] von Siebenthal, Ausländische Reaktionen auf die neue Rechtshilfepraxis bei Abgabenbetrug, *in:* StR 1985, S. 330; Zuppinger, Probleme der internationalen Amts- und Rechtshilfe in Steuer-, insbesondere in Fiskalstrafsachen, *in:* ASA 50, S37 ff.

[835] So Popp, Grundzüge der internationalen Rechtshilfe in Strafsachen, S. 116.

nanzplätze[836]. Es liegt demzufolge im Interesse aller involvierten Partner, den Finanzplatz hinsichtlich seiner Reputation „sauber zu halten" und das Vertrauen des Kunden in die Bank durch ein konsequentes Bankgeheimnis zu stärken.

Aufgrund der Sorge vor möglichen wirtschaftlichen Auswirkungen und der damit verbundenen anhaltenden Stärkung des Bankgeheimnisses nimmt die Schweiz jedoch auch – zumindest in indirekter Form – die Anlage bemakelter Gelder in Kauf. Auch diese Geldbeträge – teilweise in Millionenhöhe – führen schließlich zu dem erfolgreichen Ergebnis, das die Schweiz im Wirtschaftssektor erzielt[837].

Wäre die Schweiz tatsächlich nur an „sauberen" Investitionen interessiert, hätte sie keine Angst vor einer partiellen Aufweichung des Bankgeheimnisses. Gerade für redliche Kunden ist das Bankgeheimnis nicht der einzige Faktor, den diese bei einer Geldanlage in der Schweiz schätzen. Der Schweiz kann demnach nur empfohlen werden, sich auf ihre „verbleibenden" Erfolgsfaktoren zu verlassen und diese verstärkt in das Licht der Öffentlichkeit zu rücken[838]. Ein krampfhaftes Festhalten am strengen Bankgeheimnis wäre dann – in der momentan gelebten Form – nicht mehr notwendig.

---

[836] Forster, Wer profitiert vom starken Finanzplatz? Unterschätzte Wechselwirkungen auf den Werkplatz, *in:* NZZ v. 19.06.2002, S. 27; Zier, Das schweizerische Bankgeheimnis und seine Auswirkungen auf die deutsche Wirtschaft, S. 111 f.

[837] *Villiger* sieht insoweit keinen Zusammenhang zum Wohlstand der Schweiz; Villiger, Eine Willensnation muss wollen, S. 50 ff.

[838] So auch Bernet, Quo vadis, Swiss Banking, *in:* NZZ 2002, S. 27, der zu einer Neupositionierung des Schweizer Bankenplatzes im Zeitpunkt einer starken Stellung auf dem Weltmarkt aufruft.

2.2.3 Schutzfunktion des Bankgeheimnisses: Der „gläserne" Bankkunde?

Sowohl in- als auch ausländische Investoren nehmen für die Anlage ihrer Finanzwerte aus den unterschiedlichsten Gründen die Verschwiegenheit schweizerischer Bankiers in Anspruch. Hintergrund einer Geldanlage in der Schweiz unter dem Schutz des Bankgeheimnisses können dabei nicht nur eine mögliche Steuerflucht, sondern auch soziale und politische Aspekte, sowie erb- und eherechtliche Überlegungen sein. Für eine umfassende und effiziente Kundenberatung im Bereich der Vermögensverwaltung – insbesondere auch unter steuerrechtlichen Gesichtspunkten – muss ein Bankkunde oftmals viele Details seiner Einkommens- und Vermögensverhältnisse preisgeben[839]. Diesem Informationsverlangen entspricht ein Kunde nur, wenn er sich auf die Schweigepflicht seiner Bank verlassen kann[840]. Bankgeschäfte sind demzufolge Vertrauensgeschäfte. Die Bank muss im Rahmen der Geschäftsbeziehung zum Kunden stets als vertrauensvoller und integerer Partner wirken[841]. Das Engagement jedes einzelnen Bankmitarbeiters ist insoweit gefragt, denn dieser ist Teil des Kreditinstitutes. Der Kundenbetreuer selbst muss die richtige Gewichtung von Geschäftskunden- und Bankeninteresse finden und eine genaue Bewertung des Risikopotenzials[842] des Kunden vornehmen. Vom Bankangestellten sind im Rahmen des Vertragsverhältnisses zum Kunden diverse Parameter[843] zu beachten, aufgrund

---

[839] Gerade bei sehr wohlhabenden Bankkunden sind steuerrechtliche Aspekte oftmals ausschlaggebend für die Wahl des Bankenstandortes und der dort angestrebten Investition. Beispielhaft ist in diesem Zusammenhang der „Fall Zumwinkel" zu nennen, der hohe Geldbeträge – u. a. auch aus steuerrechtlichen Gründen – in einer sog. Familienstiftung am deutschen Fiskus vorbei, anlegte; vgl. „Fall Zumwinkel und die Spur nach Vaduz", in: FAZ v. 15.02.2008, S. 3.

[840] Junker, Aktuelle Rechtsfragen zum Bankgeheimnis und zur Bankauskunft, in: DStR 1996, S. 225.

[841] Insam, in: Verdacht auf Geldwäsche, Reputation – Der unterschätzte Faktor, S. 277.

[842] „Kenne deinen Kunden" (Know Your Customer -KYC-).

[843] Zu diesen Parametern zählen (u. a.) die Höhe der eingebrachten Vermögenswerte, der Sitz oder Wohnsitz der Vertragspartei (bzw. des wirtschaftlich Berechtigten), die Staatsangehörigkeit des (Neu-)Kunden, Höhe und Herkunft der Zu- und Abflüsse von Vermögenswerten;

derer das Risikopotenzial der Geschäftsbeziehungen zu definieren ist. Der Beruf des Bankers ist durch diese neue Schwerpunktsetzung in den letzten Jahren anspruchsvoller geworden und unterliegt einem veränderten Risikoprofil[844].

Die Parteien des Vertrauensverhältnisses – also Bankkunde und Bankmitarbeiter – mit der jeweiligen Aufgabenverteilung stehen damit fest. Offen ist die Frage, was genau Gegenstand des Vertrauensverhältnisses im Sinn des Bankgeheimnisses ist. Hierfür bedarf es einer Abgrenzung des persönlichen Bereichs des Bankkunden, der auch als Privat- und Geheimnissphäre bezeichnet wird. Unter die sog. Privatsphäre sind Lebensumstände zu fassen, die nicht für die Öffentlichkeit bestimmt und dort auch nicht Gegenstand sind[845]. In Abgrenzung dazu gehören zur sog. Geheimsphäre solche Lebenssachverhalte, die, aufgrund der Willensentscheidung eines Menschen, nur Personen mitgeteilt werden sollen, denen unmittelbar Vertrauen geschenkt wird[846]. Der Lebensalltag spielt sich allerdings nicht nur in völliger Abgeschiedenheit ab, das heißt eine

---

vgl. hierzu Ausführungen von Insam, *in:* Verdacht auf Geldwäsche, Reputation – Der unterschätzte Faktor, S. 279.

[844] Der Kundenberater muss jeden seiner Schritte stets dokumentieren, nicht nur um seine Sorgfalt beweisen zu können, sondern auch um ggf. den Strafverfolgungsbehörden das notwendige Material zur Verfügung zu stellen. Dabei kommt es auf den Vertrauensaufbau zum Kunden, also letztlich die Beratungsqualität des Bankmitarbeiters an; so auch Nagl, Banken werben um Privatkunden, *in:* Handelsblatt v. 09.03.2009, S. 30.

[845] Die Privatsphäre im engeren Sinn stellen solche Lebensumstände dar, „die sich in der Gemeinschaft einer bestimmten Gruppe von Mitmenschen (Eltern, Kinder, Freunde) in der Abgeschlossenheit zum Beispiel in Gärten Wohnungen u. a., abspielen und nach dem Willen des Berechtigten nur ihnen bekannt sein sollen".; vgl. hierzu Schwager, Das schweizerische Bankgeheimnis, S. 7.

[846] Diese Tatsachen und Handlungen sind zwar nicht für die Öffentlichkeit bestimmt, spielen sich jedoch dort ab; vgl. hierzu erneut Schwager, Das schweizerische Bankgeheimnis, S. 7 f., m. Verw. a. Giesker, Das Recht des Privaten an der eigenen Geheimsphäre, S. 1, der den Begriff der Geheimsphäre etwas ausführlicher definiert:
„Die Geheimsphäre einer Person ist der Inbegriff all derjenigen nicht allgemein bekannten oder wahrnehmbaren Tatsachen, die die Person für sich, oder bestimmungsgemäß für diese Person ein Dritter so disponiert hat, dass sie der allgemeinen Wahrnehmbarkeit entzogen sind, soweit jede Verkörperung solcher Tatsachen, die ein Dritter der allgemeinen Wahrnehmbarkeit entzieht, solange die Person diesen Zustand der Geheimheit erhalten wissen will, und solange er tatsächlich besteht ."

gewisse Kenntnisvermittlung und Kenntniserlangung[847] durch die Außenwelt ist nicht auszuschließen. Zur menschlichen Natur gehört das Sich-Mitteilen ebenso wie die Verschwiegenheit. Soweit jemand auf „natürlichem Wege" über bestimmte Umstände Kenntnis erlangt, kann von einer Verletzung der Geheimsphäre folglich nicht die Rede sein.

Der Schutz der Privatsphäre erfolgt in der Schweiz in verschiedenen Rechtsbereichen. Im Kapitel über die Grundrechte garantiert die Schweizer Bundesverfassung in Art. 13 BV unter dem Titel Schutz der Privatsphäre jeder Person den Anspruch auf Achtung ihres Privatlebens und auf Schutz vor Missbrauch ihrer persönlichen Daten[848]. Grundrechte bedürfen auf Gesetzesstufe einer Konkretisierung (Art. 35 Abs. 1 BV). Unmittelbaren Ausdruck findet der Schutz der Privatsphäre in den Bestimmungen des Zivilgesetzbuches (ZGB) über den Schutz der Persönlichkeit (Art. 27 ff. ZGB). Zu den geschützten Persönlichkeitsrechten gehört der Anspruch auf Wahrung der Geheimsphäre. Ihr zuzuordnen sind auch Bankkundendaten[849]. Ferner stellt Art. 28 ZGB in Verbindung mit Art. 49 schweizerisches Obligationenrecht (OR) sowohl die natürliche als auch die juristische Persönlichkeit vor der Verletzung ihrer persönlichen Verhältnisse unter Schutz. Eine unbefugte Verletzung persönlicher Verhältnisse tritt ein, wenn die Kenntniserlangung einer geheimen Tatsachenausforschung gleichkommt und damit eine das Recht, die Sitte oder den Anstand verletzende Intensität erreicht[850]. Mit einem Teilaspekt des Schutzes der Privatsphäre – nämlich mit der Bearbeitung von Personendaten – befasst sich schließlich auch das Schweizer Datenschutzgesetz (DSG)[851].

---

[847] Art. 27 Abs. 2 Schweizerisches Zivilgesetzbuch (ZGB).

[848] Siehe hierzu bereits Ausführungen in Kapitel III. 1. Begriff, Grundlage und Herkunft des Schweizer Bankgeheimnisses.

[849] Koller, Bankgeheimnis und Datenschutz im Bankkonzern, S. 12.

[850] Schwager, Das schweizerische Bankgeheimnis, S. 11 f.

[851] Das DSG schützt – analog dem Bankgeheimnis – Daten von natürlichen und juristischen Personen (Art. 3 lit.b DSG); hierzu ausführlich Koller, Bankgeheimnis und Datenschutz im Bankkonzern, S. 18 f.; Zulauf, Bankgeheimnis und Publikation nachrichtenloser Vermögenswerte, Rn. 33.

Den gesteigerten Anstrengungen der Schweiz zugunsten der Wahrung der Privatsphäre eines Bankkunden ist grundsätzlich entgegenzuhalten, dass ein Kunde, der nichts zu verbergen hat und sich an Recht und Gesetz hält, im Ergebnis im Falle einer auf Interessenabwägung herrührenden Reduktion des Bankgeheimnisses nichts zu befürchten hat. Es stellt sich deshalb die Frage, an welcher Stelle das Recht der Allgemeinheit zur Verhinderung von Kriminalität begrenzt werden soll und ab wann das Recht des Einzelnen auf Schutz seiner Finanzdaten beginnt. Ziel der Geldwäschereibekämpfung muss es sein, diejenigen Kunden und Transaktionen herauszufiltern, die eine Einschleusung bemakelter Gelder zum Ziel haben. Doch bereits diese „Überwachungsmechanismen" der Finanzintermediäre ist rechtlich gesehen bereits eine *„Indienstnahme Privater für Zwecke der staatlichen Strafverfolgung"*[852]. Gleichzeitig ist der sensible Bereich des Grundrechts auf informationelle Selbstbestimmung betroffen, das jedem Menschen grundsätzlich selbst die Entscheidung überlässt, ob und wem er personenbezogene Daten preisgibt[853]. Ein Eingriff in diese Sphäre unterliegt daher rechtsstaatlichen Voraussetzungen und Begrenzungen. Das heißt, der Staat darf diesen Bereich nicht total überwachen, sondern muss für jeden Eingriff Verdachtsgründe benennen können und hierbei den Grundsatz der Verhältnismäßigkeit beachten[854].

Seinen Durchbruch und eine damit einhergehende allgemeine Anerkennung verdankt das Grundrecht auf informationelle Selbstbestimmung in der Bundesrepublik Deutschland[855] dem Bundesverfassungsgericht, das im Zuge des Volkszählungsurteils aus dem Jahre 1983[856] die allgemeinen Voraussetzungen

---

[852] So Herzog, Gläserne Konten – Big Brother is watching us, *in:* BB 2002, Heft 20, I.

[853] Hierzu auch Buchner, Informationelle Selbstbestimmung im Privatrecht, S. 41 f.; Huhmann, Die verfassungsrechtliche Dimension des Bankgeheimnisses, S. 112.

[854] Göres, Zur Rechtmäßigkeit des automatisierten Abrufs von Kontoinformationen, *in:* NJW 2005, S. 256.

[855] Beim Recht auf informationelle Selbstbestimmung handelt es sich um einen *„Teilaspekt des allgemeinen Persönlichkeitsrechts";* so Huhmann, Die verfassungsrechtliche Dimension des Bankgeheimnisses, S. 112.

[856] BVerfGE 65, 1, 41 ff. = WM 1984, 98.

für eine zulässige Einschränkung des Grundrechts auf informationelle Selbstbestimmung wie folgt formuliert:

„Diese Beschränkungen dürfen nach Art. 2 Abs. 1 GG – wie in § 6 Abs. 1 des Bundesstatistikgesetzes auch zutreffend anerkannt worden ist – einer (verfassungsmäßigen) gesetzlichen Grundlage, aus der sich die Voraussetzungen und der Umfang der Beschränkung klar und für den Bürger erkennbar ergeben und die damit dem rechtsstaatlichen Gebot der Normenklarheit entspricht (BverfGE 45, 400 (420)) mwN). Bei seinen Regelungen hat der Gesetzgeber ferner den Grundsatz der Verhältnismäßigkeit zu beachten. Dieser mit Verfassungsrang ausgestattete Grundsatz folgt bereits aus dem Wesen der Grundrechte selbst, die als Ausdruck des allgemeinen Freiheitsanspruchs des Bürgers gegenüber dem Staat von der öffentlichen Verwaltung jeweils nur soweit beschränkt werden dürfen, als er zum Schutz öffentlicher Interessen unerlässlich ist (BverfGE 19, 342 (348); st. Rspr.). Angesichts der bereits dargelegten Gefährdung durch die Nutzung der automatischen Datenverarbeitung hat der Gesetzgeber mehr als früher auch organisatorische und verfahrensrechtliche Vorkehrungen zu treffen, welche der Gefahr einer Verletzung des Persönlichkeitsrechts entgegenwirken (...)."[857]

Das Recht auf informationelle Selbstbestimmung kann aufgrund der Entscheidung des Bundesverfassungsgerichts somit nur im „überwiegenden Allgemein-

---

Das Bundesverfassungsgericht hat seine Ansichten zum „Recht auf informationelle Selbstbestimmung" in weiteren nach dem Volkszählungsurteil ergangenen Entscheidungen bekräftigt; vgl. BVerfGE 76, 363, 388; 78, 77, 84; 80, 367, 373.

In einer seiner Entscheidungen hat das Bundesverfassungsgericht dabei den Anspruch auf Geheimhaltung personenbezogener Daten (Steuergeheimnis § 30 AO) mittelbar aus dem Recht auf informationelle Selbstbestimmung hergeleitet, (wörtlich: *„Das Recht auf Wahrung des in § 30 AO gesetzlich umschriebenen Steuergeheimnisses ist als solches kein Grundrecht. Die Geheimhaltung bestimmter steuerlicher Angaben und Verhältnisse, deren Weitergabe einen Bezug auf den Steuerpflichtigen oder private Dritte erkennbar werden lässt, kann indessen durch eine Reihe grundrechtlicher Verbürgerungen, insbesondere durch Art. 2 Abs. 1 in Verbindung mit Art. 19 Abs. 3 GG geboten sein."*; vgl. BVerfGE 67, 100, 142, 143).

[857] BVerfGE 65, 1, 44.

interesse[858]" eingeschränkt werden[859]. Auf diesem Wege knüpft das Bundesverfassungsgericht an frühere Entscheidungen[860] an und zeigt damit auf, dass das Recht auf informationelle Selbstbestimmung nicht schrankenlos gewährt wird.

Von dieser Grundkonstellation (Erhebung persönlicher Daten) ist der Spezialfall zu unterscheiden, in dem der Bürger zur Angabe von Daten (Datenerhebung zu statistischen Zwecken) aufgefordert wird[861]. Für diese spezielle Form der Datenerhebung müssen nach der Ansicht des Bundesverfassungsgerichts weitere (einschränkende) Voraussetzungen erfüllt werden[862]. Diese Voraussetzungen formulierte das Bundesverfassungsgericht in seiner Entscheidung aus dem Jahre 1983[863] wie folgt:

„(...) Zu entscheiden ist nur über die Tragweite dieses Rechts für Eingriffe, durch welche der Staat die Angabe personenbezogener Daten vom Bürger verlangen kann. Dabei kann nicht allein auf die Art der Angaben abgestellt werden. Entscheidend sind ihre Nutzbarkeit und Verwendungsmöglichkeit. Diese hängen einerseits von dem Zweck, dem die Erhebung dient, und andererseits von den der Informationstechnologie eigenen Verarbeitungs- und Verknüpfungsmöglichkeiten ab. Dadurch kann ein für sich gesehen bangloses Datum einen neuen Stellenwert bekommen; insoweit gibt es unter den Bedingungen der automatisierten Datenverarbeitung kein ‚bangloses' Datum mehr.

---

[858] Überwiegende Interessen der Allgemeinheit stellen beispielsweise die Abwehr von Gefahren für die Volksgesundheit, die Bekämpfung allgemeiner Unruhe, die Sicherung der gleichmäßigen Besteuerung der Bürger dar; vgl. BverfGE 27, 344, 351 f. (Scheidungsakten); BverfGE 32, 373, 379 f. (Arztkarteikarten).

[859] Lerche, Bankgeheimnis – verfassungsrechtliche Rechtsgrundlagen, in: ZHR 149 (1985), S. 165 ff., 173; Göres, Zur Rechtmäßigkeit des automatisierten Abrufs von Kontoinformationen, in: NJW 2005, S. 256.

[860] Zum „Schutz des Gemeinschaftsinteresses" vgl. insoweit bereits BVerfG 4, 7, 15 f. (Investitionshilfe); BVerfGE 7, 377, 402 ff. (Apothekenurteil).

[861] Samson/Langrock, Der „gläserne" Bankkunde?, Automatisierter Abruf von Konteninformationen und Grundrecht auf informationelle Selbstbestimmung, S. 36.

[862] Vgl. hierzu BVerfGE 53, 30, 64; 63, 131, 143; 65, 1, 44.

[863] BVerfG 65, 1, 44.

Wie weit Informationen sensibel sind, kann hiernach nicht allein davon abhängen, ob sie intime Vorgänge betreffen. Vielmehr bedarf es zur Feststellung der persönlichkeitsrechtlichen Bedeutung eines Datums der Kenntnis seines Verwendungszusammenhangs: Erst wenn Klarheit darüber besteht, zu welchem Zweck Angaben verlangt werden und welche Verknüpfungs- und Verwendungsmöglichkeiten bestehen, lässt sich die Frage einer zulässigen Beschränkung des Rechts auf informationelle Selbstbestimmung beantworten. Dabei ist zu unterscheiden zwischen personenbezogenen Daten, die in individualisierter, nicht anonymisierter Form erhoben und verarbeitet werden (dazu unter a), und solchen, die für statistische Zwecke bestimmt sind (dazu unter b)."

Im Unterschied zur Erhebung persönlicher Daten beinhaltet eine Datenerhebung zu statistischen Zwecken ausschließlich Daten in anonymisierter Form. Soweit eine Anonymisierung nicht rückgängig gemacht werden kann – beispielsweise durch eine Entschlüsselung –, ist die Datenerhebung zu statistischen Zwecken als unbedenklich anzusehen[864]. Es gelten demnach nicht die aufgezeigten Beschränkungen, die für die Erhebung und Verarbeitung personenbezogener Daten aufgezeigt wurden.

Vorliegend betrifft das Recht des Einzelnen auf den Schutz seiner Bankdaten nur den Bereich personenbezogener Daten, die erhoben und verarbeitet werden. Es kommt somit auf die Bedingungen an, die das Bundesverfassungsgericht für diese Alternative aufgestellt hat.

Wörtlich nennt das Bundesverfassungsgericht (*unter a*)[865] folgende Voraussetzungen für die Erhebung von Daten im sog. „Verwaltungsvollzug":

„a) Schon bislang ist anerkannt, dass die zwangsweise Erhebung personenbezogener Daten nicht unbeschränkt statthaft ist, namentlich dann, wenn solche Daten für den Verwaltungsvollzug (etwa bei der Besteuerung oder der Gewähr von Sozialleistungen) verwendet werden sollen. Insoweit hat der Gesetzgeber bereits verschiedenartige Maßnahmen

---

[864] BverfGE 65, 1, 51.
[865] „Personenbezogene Daten, die in individualisierter, nicht anonymisierter Form erhoben und verarbeitet werden (dazu unter a)"; so BVerfGE 65, 1, 45.

zum Schutz des Betroffenen vorgesehen, die in die verfassungsrechtlich gebotene Richtung weisen (vgl. beispielsweise die Regelungen in den Datenschutzgesetzen des Bundes und der Länder; §§ 30, 31 Abgabenordnung – AO; § 35 des 1. Buches des Sozialgesetzbuches – SGB 1 – i. V. m. §§ 67 – 86 SGB X). Wie weit das Recht auf informationelle Selbstbestimmung und im Zusammenhang damit der Grundsatz der Verhältnismäßigkeit sowie die Pflicht zu verfahrensrechtlichen Vorkehrungen dem Gesetzgeber zu diesen Regelungen von Verfassungswegen zwingen, hängt von Art, Umfang und denkbaren Verwendungen der erhobenen Daten sowie der Gefahr ihres Missbrauchs ab (...).

Ein überwiegendes Allgemeininteresse wird regelmäßig überhaupt nur an Daten mit Sozialbezug bestehen unter Ausschluss unzumutbarer intimer Angaben und von Selbstbezichtigungen."

Im Zusammenhang mit diesen Ausführungen kommt das Bundesverfassungsgericht[866] zu folgendem Ergebnis:

„Nach dem bisherigen Erkenntnis- und Erfahrungsstand erscheinen vor allem folgende Maßnahmen bedeutsam:

Ein Zwang zur Angabe personenbezogener Daten setzt voraus, dass der Gesetzgeber den Verwendungszweck bereichsspezifisch und präzise bestimmt und dass die Angaben für diesen Zweck geeignet und erforderlich sind. Damit wäre die Sammlung nicht anonymisierter Daten auf Vorrat zu unbestimmten oder noch nicht bestimmbaren Zwecken nicht zu vereinbaren. Auch werden sich alle Stellen, die zur Erfüllung ihrer Aufgaben personenbezogene Daten sammeln, auf das zum Erreichen des angegebenen Ziels erforderliche Minimum beschränken müssen.

Die Verwendung der Daten ist auf den gesetzlich bestimmten Zweck begrenzt. Schon angesichts der Gefahren der automatischen Datenverarbeitung ist ein – amtshilfefester – Schutz gegen Zweckentfremdung durch Weitergabe- und Verwertungsverbote erforderlich. Als weitere ver-

---

[866] Vgl. BverfGE 65, 1, 46.

fahrensrechtliche Schutzvorkehrung sind Aufklärungs-, Auskunfts- und Löschungspflichten wesentlich.

Wegen der für den Bürger bestehenden Undurchsichtigkeit der Speicherung und Verwendung von Daten, unter den Bedingungen der automatischen Datenverarbeitung und auch im Interesse eines vorgezogenen Rechtsschutzes durch rechtzeitige Vorkehrungen, ist die Beteiligung unabhängiger Datenschutzbeauftragten von erheblicher Bedeutung für einen effektiven Schutz des Rechts auf informationelle Selbstbestimmung."

Die Anforderungen, die das Bundesverfassungsgericht an einen zulässigen Eingriff in das Grundrecht auf informationelle Selbstbestimmung stellt, lassen sich wie folgt zusammenfassen[867]:

- Der Verwendungszweck der erhobenen Daten muss bereichsspezifisch und präzise bestimmt worden sein.
- Die erhobenen Angaben müssen für die Erreichung dieses Zwecks erforderlich und geeignet sein.
- Soweit Daten gesammelt werden, muss dies auf ein zur Zweckerreichung erforderliches Minimum beschränkt werden.
- Persönliche Daten dürfen nicht auf Vorrat zu unbestimmten oder noch nicht bestimmbaren Zwecken erhoben werden.
- Das Gesetz muss einen „amtshilfefesten Schutz" gegen Zweckentfremdung der Daten durch Weitergabeverbote und Verwertungsverbote vorsehen.
- Es ist ein verfahrensrechtlicher Schutz vorzusehen, der Aufklärungs-, Auskunfts- und Löschungspflichten gesetzlich regelt.
- Die Einschaltung von sog. Datenschutzbeauftragten ist vorzusehen.

---

[867] Die Zusammenstellung wurde Samson/Langrock, Der „gläserne" Bankkunde?, Automatisierter Abruf von Konteninformationen und Grundrecht auf informationelle Selbstbestimmung, S. 46, entnommen.

Angesichts der zuvor dargestellten Eckpunkte des Rechts auf informationelle Selbstbestimmung fällt eine Zuordnung dieses Rechts auf den Bankkunden nicht schwer. Je nach Umfang der Geschäftsbeziehung erhält die Bank eine Vielzahl von Daten und Informationen über ihren Kunden. Der Kunde selbst hat sich zuvor freiwillig für die Informationsweitergabe an seine Bank entschieden. Die persönlichen Datenangabe erfolgt dabei meist mit einer bestimmten Zwecksetzung; diese begründet sich im Bankbereich zum Beispiel in der Eröffnung eines Kontos, in der Beantragung eines Kredits oder in der Durchführung von Wertpapiergeschäften. Der Kunde handelt insoweit in dem Bewusstsein, dass diese Daten bei der Bank gespeichert werden. Im Zuge einer Datenspeicherung geht das Eigentum an den Daten allerdings nicht auf die Bank über; der Kunde bleibt vielmehr stets „Herr seiner Daten" und damit Eigentümer. Im Falle einer Preisgabe der Daten von Seiten der Bank erfolgt gemäß der Grundsätze des Volkszählungsurteils des Bundesverfassungsgerichts[868] ein Eingriff in das Persönlichkeitsrecht des Bankkunden, der am überwiegenden Allgemeininteresse zu messen ist. Ebenso bedarf es im Vorfeld bereits einer bereichsspezifischen und präzisen Bestimmung des Verwendungszwecks bezüglich der erhobenen Daten. Wurden diese Voraussetzungen nicht eingehalten, ist eine Verletzung des Rechts auf informationelle Selbstbestimmung auf Seiten des Bankkunden zu bejahen.

Ausgehend von diesen Anforderungen ist die Botschaft des Volkszählungsurteils im Ergebnis wie folgt zu formulieren: Im Verhältnis von Bürgerfreiheiten und staatlichen Eingriffsbefugnissen ist an traditionell grundlegenden Prinzipien festzuhalten, um diese in einem zweiten Schritt zu modernisieren und als Abwehrrecht gegen zunehmendes staatliches Informationsbegehren beibehalten zu können[869].

Neben den von der höchstrichterlichen Rechtsprechung gesetzten Anforderungen ist es ein zentrales rechtsstaatliches Anliegen, nicht jeden seiner Bürger

---

[868] BVerfGE 65, 1, 41 ff. = WM 1984, 98.
[869] So auch Herzog, Geldwäschebekämpfung – quo vadis?, *in:* WM 1999, S. 1905.

wie „*verdächtigte Straftäter*[870]" zu behandeln[871]. Sicherheit im Rechtsstaat bedeutet nach Ansicht von *Herzog*[872], als Bürger vor der umfassenden Ausforschung durch den Staat und damit in den bürgerlichen Rechten und Freiheiten sicher zu sein. Das heißt, der Bürger eines freiheitlichen Staates hat ein Recht auf Geheimnisse. Eine der wichtigsten Aufgaben des Rechts ist es, die Freiheit der Person zu schützen[873]. Den Kunden als eine „gläserne" Persönlichkeit zu deklarieren und zu einer solchen zu degradieren ist als Mittel daher ungeeignet, um den Ursprung und Verlauf krimineller Gelder oder der Terrorismusfinanzierung zu erfassen. Eine solche Vorgehensweise beschädigt den Datenschutz und generiert Misstrauen der Bürger in den Respekt des Staates vor ihrer Privatsphäre. Die Gefahr, die der Verlust von grundlegender Freiheit mit sich bringt, erkannte bereits *Benjamin Franklin* und drückte dies mit den folgenden Worten aus:

> „*Wer die Freiheit aufgibt, um Sicherheit zu gewinnen, wird am Ende beides verlieren.*[874]"

---

[870] Ermittlungstätigkeiten, die überhaupt erst einen Anfangsverdacht bezüglich einer Straftat erzeugen sollen, erfolgen nicht im Rahmen einer durch die Strafprozessordnung gedeckten Ermittlung, sondern sind aufgrund der verletzten Grundrechte des Betroffenen vielmehr als „verfassungswidrige Willkürmaßnahmen" anzusehen; so Herzog, Das Bankgeheimnis – eine Schranke staatlicher und staatlich veranlasster Ermittlungen?, Vortrag auf dem Bankrechtstag am 4. Juli 2003 in Düsseldorf, in Bezug auf fragwürdige Bankdurchsuchungen gestützt auf §§ 102, 103 StPO.

[871] Insbesondere im Zuge der Erkenntnisse über die Tätigkeiten des Ministeriums für Staatssicherheit (Stasi) in der ehemaligen DDR ist die Überwachung unschuldiger Staatsbürger in privaten Bereichen als höchst bedenklich einzustufen; so Herzog, Der Banker als Fahnder, *in:* WM 1996, S. 1753, 1763.

[872] Herzog, Gläserne Konten – Big Brother is watching us, *in:* BB 2002, Heft 20, I.

[873] Dieser Schutz kommt dem Individuum kraft seiner Existenz zu. Bereits im Jahre 1811 konnte man § 16 des AGBGB entnehmen: „Der Mensch hat angeborene schon durch die Vernunft einleuchtende Rechte und ist daher als Person zu betrachten."; vgl. hierzu ausführlich Schwager, Das schweizerische Bankgeheimnis, S. 1.

[874] Diese Aussage geht auf Benjamin Franklin zurück und lautet im englischen Originaltext wie folgt: "Those who would give up essential Liberty, to purchase a little temporary safety, deserve neither Liberty nor safety."; vgl. Labaree (Hrsg.), The Papers of Benjamin Franklin, Vol. 6, April 1, 1755 through September 30, 1756, Titelblatt, New Haven, Connecticut: Yale University Press 1963.

In Deutschland ist der sog. „gläserne Bürger" bereits in vielen Bereichen zur Realität geworden[875]. Spätestens mit der Einführung der sog. lebenslänglich vergebenen Steuer-Identifikationsnummer[876] sind die Grundlagen dafür gelegt, dass dem deutschen Fiskus zukünftig nichts mehr entgehen soll: Die Identifikationsnummer ist ein weiterer Schritt auf dem Weg zu intensiveren Kontrollen des Steuerbürgers und zu noch mehr Transparenz. Die Einkünfte eines jeden Bürgers werden so transparent wie nie zuvor, denn die neue ID-Nummer muss künftig auch bei ausländischen Bankverbindungen angegeben werden[877].

Nachdem die Finanzämter bereits seit dem 1. April 2005 durch die sog. Kontenabfrage[878] überprüfen können, bei welcher Bank der Steuerzahler seine Konten unterhält und welche Kontenbewegungen sowie Kontostände beste-

---

[875] So auch Kerscher, Wogen des Misstrauens, *in:* Süddeutsche Zeitung v. 23./24.05.2009, S. 6. Nach Ansicht des Datenschutzbeauftragten des Landes Hessen, Michael Ronellenfitsch, ist der Bürger durchsichtiger geworden; vgl. hierzu insgesamt Finsterbusch, Der Verlust der Privatsphäre, *in:* FAZ v. 23.08.2008, S. 14.

[876] Die Identifikationsnummer wird in den kommenden Monaten jedem deutschen Staatsbürger – vom Säugling bis zum Greis – durch das Bundeszentralamt für Steuern zugeteilt. Der Steuerzahler muss diese Nummer dann bei allen Anträgen, Erträgen oder Mitteilungen an die Finanzbehörde künftig angeben; vgl. hierzu BMF, Informationsbroschüre, Bundeseinheitliche Identifikationsnummer für Steuerpflichtige; im Internet einsehbar unter: http://www.bundesfinanzministerium.de/nn_41542/DE/Wirtschaft__und__Verwaltung/Steuer n/Steueridentifikationsnummer/021__anl1,templateId=raw,property=publicationFile.pdf (Stand: Juli 2009).

[877] So Brandstetter, Dem Fiskus entgeht bald nichts mehr, *in:* Welt am Sonntag v. 10.08.2008, S. 41; sowie Merten, Kapitalanlage in Steueroasen 2009, S. 67 ff.

[878] Hierzu ausführlich Apitz, EU-weite Risiken einer Kontenabfrage, *in:* Die steuerliche Betriebsprüfung 2006, S. 333 ff., sowie Göres zur Rechtmäßigkeit des automatisierten Abrufs von Kontoinformationen, *in:* NJW 2005, S. 253 ff.

hen[879], ergeben sich durch die Einführung der Identifikationsnummer ganz neue Kontrollmöglichkeiten auf staatlicher Seite[880].

Im Zuge der Umsetzung der EU-Zinsrichtlinie[881] können Mitgliedstaaten der Europäischen Union Informationen über bestimmte Zinserträge von Personen eines EU-Mitgliedstaates erhalten, die diese in einem anderen Mitgliedstaat erzielt haben. Die Bundesrepublik Deutschland hat die Richtlinie im Wege der sog. Zinsinformationsverordnung[882] umgesetzt. Seitdem werden Kontrollmitteilungen an das Bundesamt für Finanzen (BZSt) von 24 EU-Staaten übermittelt, die Kapitalerträge des jeweiligen Steuerpflichtigen beinhalten[883]. Über das BZSt gelangen die Informationen an die jeweiligen Länderverwaltungen, die die Mitteilungen an die zuständigen Wohnsitzfinanzämter weiterleiten. Die EU-Länder Österreich, Belgien und Luxemburg weigern sich bislang, Mitteilungen dieser qualifizierten Art zu verschicken[884]. Ähnlich wie die Schweiz und Liechtenstein

---

[879] Die Datenabfrage erfolgt ohne Kenntnis des Kreditinstituts (§ 24c Abs. 1 S. 6 KWG). Dem Steuerpflichtigen wird zunächst die Möglichkeit gegeben, Auskunft über seine Konten und Depots zu erteilen, wobei er bereits in diesem Zusammenhang formlos darauf hingewiesen wird, dass die Finanzbehörde einen Kontenabruf durchführen lassen kann; hierzu ausführlich Cöster/Intemann, Rechtsschutzmöglichkeiten beim behördlichen Kontenabruf nach § 93 Abs. 7 und 8 AO, *in:* DStR 2005, S. 1249 f.

[880] Seiler/Lohr, Ausländische Zinseinkünfte von EU-Bürgern sind kein (Bank-) Geheimnis mehr, *in:* DStR 2005, S. 537, nach denen die „(...) *ZinsRL...ein weiterer Schritt zum gläsernen EU-Steuerbürger ... ist* (...)".

[881] Richtlinie 2003/48/EG des Rates v. 03.06.2003 im Bereich der Besteuerung von Zinserträgen, Abl. EU L 157 v. 26.03.2003, S. 38.

[882] Verordnung zur Umsetzung der Richtlinie 2003/48/EG des Rates vom 03.06.2003 im Bereich der Besteuerung von Zinserträgen v. 26.01.2004, BStBl. 2004 I, S. 297; Zweite Verordnung zur Änderung der Zinsinformationsverordnung v. 05.11.2007, BGBl. I 2007, S. 2562; BMF v. 30.01.2008, IV C 1 – S 2402-a/0, Anwendungsschreiben zur Zinsinformationsverordnung (ZIV).

[883] Mithilfe der Identifikationsnummer lassen sich Kontrollmitteilungen über Kapitaleinkünfte aus dem europäischen Ausland unkomplizierter dem jeweiligen Steuerpflichtigen zuordnen. Danach kann kein Bürger mehr die Angabe bestimmter Erträge in seiner Steuererklärung „vergessen"; hierzu Hild/Hild, Im Fadenkreuz der Steuerfahnder, S. 198 f.

[884] Apitz, EU-weite Risiken einer Kontenabfrage, *in:* Die steuerliche Betriebsprüfung 2006, S. 341; Hild/Hild, Im Fadenkreuz der Steuerfahnder, S. 199.

erheben diese Ländern anonym eine Zinssteuer von 20 Prozent (ab 1. Juli 2008)[885].

Im Zuge der Überwachung des grenzüberschreitenden Bargeldverkehrs ergeben sich auch für Reisende in der Europäischen Union Einschränkungen, da größere Bargeldbeträge (Summen ab 10.000 Euro) nicht mehr unangemeldet eingeführt werden können (vgl. § 12a Abs. 2 Zollverwaltungsgesetz – ZollVG). Seit dem 15. Juni 2007 bedarf es einer schriftlichen Anmeldung der Bargeldbeträge, so dass – abweichend von der früheren Regelung – nicht erst auf Nachfrage der Zollbeamten die Geldsumme angegeben werden muss[886]. Da der Zoll eine Befugnis zur Weiterleitung seiner gewonnen Erkenntnisse an die Finanzämter besitzt und auch praktiziert, ergibt sich ein geschlossenes System, womit die „Maschen der Fangnetze der Finanzbehörden" immer enger um den unehrlichen (deutschen) Kapitalanleger gelegt werden[887].

Durch Kontenabruf, Kontrollmitteilungen der EU-Länder und der Finanzämter[888] sowie Bargeldkontrollen wird der deutsche Bürger immer mehr zum gläsernen

---

[885] Die Quellensteuer erhöht sich ab dem 1. Juli 2011 auf 35 %. Die einbehaltenen Beträge werden auf die Einkommensteuer der Steuerbürger im jeweiligen Wohnsitzstaat angerechnet. Zur Abgeltung des Verwaltungsaufwandes erhalten die Staaten jeweils 25 % der einbehaltenen Beträge; vgl. hierzu Lübke/Müller/Bonenberger, Steuerfahndung, S. 137.

[886] Entsprechend der Verordnung (EG) Nr.1889/2005 des Europäischen Parlament und des Rates v. 26. Oktober 2005 über die Überwachung von Barmitteln, die in die Gemeinschaft oder aus der Gemeinschaft verbracht werden, Abl. EU Nr. L 309 v. 25.11.2005, S. 9; siehe hierzu auch Pressemitteilung des BMF vom 14.06.2007, Nr.66/2007.

[887] So Apitz, EU-weite Risiken einer Kontenabfrage, in: Die steuerliche Betriebsprüfung 2006, S. 341.

[888] Kontrollmitteilungen sind Maßnahmen, die der Steuerverwaltung für die Informationsgewinnung in Bezug auf steuerlich relevante Sachverhalte dienen. Sie kommen sowohl im regulären Besteuerungsverfahren als auch bei Ermittlungen durch die Steuerfahndung, Betriebsprüfung oder insbesondere im Bereich der Bankenprüfung zum Einsatz. Ausfertigung und Auswertung solcher Mitteilungen stellen interne Verwaltungsmaßnahmen dar. Rechtsschutzmöglichkeiten bestehen demnach nur dann, wenn die Kontrollmitteilungen – beispielsweise durch Eingang in die Steuerfestsetzung – Außenwirkung erlangen; vgl. hierzu ausführlich Weinreuter/Braun, Bankgeheimnis und Maßnahmen der Finanzverwaltung, in: DStZ 2001, S. 185, 188 ff.

Steuerbürger[889]. Die Kontrollmöglichkeiten durch Zugriff auf den Datenpool werden dabei immer stärker von Finanzämtern und Sozialbehörden genutzt[890]. Jeder Mausklick, jedes Passwort, jede Transaktion, jeder Aufenthaltsort eines Bürgers kann so ermittelt werden[891]. Nach Ansicht von Datenschützern[892] sind die neuerdings vorhandenen Möglichkeiten des Datenzugriffs als zu weitläufig einzustufen[893].

---

[889] In den letzten Jahren gab es immer häufiger Eingriffe in die Privatsphäre der Bürger: Im Februar 2008 gelang es den Finanzbehörden, über Geheimdienste Schwarzgeldbestände wohlhabender Bürger aus der Steueroase Lichtenstein aufzuspüren und diese öffentlich darzubieten. Kurze Zeit später erlangte die Öffentlichkeit Kenntnis über die Praktiken des Lebensmittelhändlers Lidl, der in einigen Filialen Mitarbeiter und Kunden systematisch überwachte. Bereits vier Jahre vor diesen Ereignissen hatte die Gerling-Versicherung Kommunikationsdaten von Mitarbeitern ausgewertet, um undichte Stellen in der Telekommunikation und somit in der Informationsweitergabe ausfindig zu machen. Manager von Siemens sollen ferner jahrelang Betriebsräte bespitzelt haben. Nach Staat, Industrie und Handel werden bald schon neue Akteure im Bereich der Datenausspähung ins Licht rücken; vgl. hierzu ausführlich Finsterbusch, Der Verlust der Privatsphäre, *in:* FAZ v. 23.08.2008, S. 14.
Zuletzt erregte die „Daten-Affäre" bei der Deutschen Bahn das öffentliche Aufsehen; so Steinkühler, BB-Forum: Kein Datenproblem bei der Deutschen Bahn AG? Mitnichten!, *in:* BB 2009, S. 1294 f., sowie Doll/Grabitz/Dalan, An sich selbst gescheitert: *in:* Die Welt v. 31.03.2009, S. 3.

[890] Die Gesamtanzahl der Kontenkontrollen stieg beispielsweise von 81.156 (Jahr 2006) auf 93.560 (Jahr 2007) an (Quelle: Bundesanstalt für Finanzdienstleistungsaufsicht -BaFin-).
Die Bundesregierung hat die Ausweitung der technischen Voraussetzungen für 50.000 Abrufe täglich verlangt, was auf etwa 18 Millionen Abrufe jährlich hinausliefe; so Schmidt, Das neue Kontenabrufverfahren auf dem Prüfstand in BB 2005, S. 2160.

[891] Beim Einkaufen, Arbeiten und Telefonieren hinterlässt der Mensch Daten. Anhand dieser erfährt die Welt mehr über den Einzelnen, als dieser Person lieb ist; vgl. hierzu Peer/Bernau, Die große Entblößung, *in:* Frankfurter Allgemeine Sonntagszeitung v. 24.08.2008, S. 51.

[892] Der Bundesbeauftragte für den Datenschutz – Joachim Jacob – warnte bereits im Rahmen seines Tätigkeitsberichts vor ausufernden Eingriffsmöglichkeiten in das Bankgeheimnis; Jacob, Tätigkeitsbericht 2001 und 2002 des Bundesbeauftragten für den Datenschutz,19. Tätigkeitsbericht, S. 19.

[893] Bundesfinanzminister Peer Steinbrück (SPD) erhielt daher auch im Jahr 2007 den „Big Brother Award", mit dem die Datenschützer die „Daten-Sammel-Leidenschaft" des Ministers anprangern; so „Big-Brother-Award", *in:* Welt online v. 12.10.2007; im Internet einsehbar unter http://www.welt.de/politik/article1260263/SPD_Minister_bekommen_Preis_den_keiner_will.html (Stand: Juli 2009).

Auch eine neuere Entscheidung des Bundesfinanzhofs (BFH)[894] weicht das deutsche Bankgeheimnis weiter auf. Bankkunden müssen danach künftig häufiger mit einer Kontrolle ihrer Konten durch die Finanzbehörden rechnen. Der BFH[895] befasste sich mit der Frage, inwieweit das Bankgeheimnis einer Verwertung von im Rahmen einer Bankenprüfung erlangter kundenbezogener Daten hindert. Nach Ansicht der höchstrichterlichen Rechtsprechung ist § 30 a AO kein generelles und ausnahmsloses Verbot von Ausschreibung von Kontrollmitteilungen, anlässlich einer Bankenprüfung zu entnehmen[896]. Handelt es sich um sog. legitimationsgeprüfte Konten und Depots[897], sind Kontrollmitteilungen zulässig und rechtmäßig, wenn im Einzelfall ein hinreichender Anlass für die Annahme besteht, dass weitere Ermittlungen zu Aufdeckung steuererheblicher Tatsachen führen können[898].

In diesem Spannungsfeld zwischen Sicherheit und Freiheit hält die Schweiz an ihrem Bankgeheimnis fest. Im Kampf gegen die Geldwäscherei ist nicht damit zu rechnen, dass das Bankgeheimnis völlig abgeschafft wird. Dies würde einer Aufgabe der eigenen Sicherheit, Freiheit und Privatsphäre gleichkommen. Gegenüber dem wissbegierigen Staat, der immer mehr Informationen über seine Bürger begehrt, ist das Recht des Bürgers auf informationelle Selbstbestimmung zu stärken und zu verteidigen. Dies gilt jedoch nicht dort, wo begründete Anhaltspunkte für steuerstrafrechtliche Sachverhalte vorliegen. In diesem Zusammenhang darf die Schweiz und damit das Bankgeheimnis keinen Schutz

---

[894] Urteil des BFH v. 09.12.2008, Az. VII R 47/07, DStRE 2009, 451; hierzu auch Leisner, Hinreichende Veranlassung einer Kontrollmitteilung gem. § 30a AO, in: NWB 24/2009, S. 1835 ff.

[895] Vgl. Leitsatz der Entscheidung des BFH v. 09.12.2008, Az. VII R 47/07.

[896] Urteil des BFH v. 09.12.2008, Az. VII R 47/07, DStRE 2009, 451.

[897] Die im Rahmen einer Außenprüfung des Finanzamtes bei einem Kreditinstitut versandten „Kontrollmitteilungen" an die jeweiligen Wohnsitzfinanzämter der Bankkunden sind zulässig, wenn kein legitimationsgeprüftes Konto oder Depot (§ 154 Abs. 2 AO) dem Anlass zugrunde liegt. Zu der Kategorie „kein legitimationsgeprüftes Konto oder Depot" zählen auch bankinterne Aufwandskonten; so Urteil des BFH v. 09.12.2008, Az. VII R 47/07.

[898] Siehe hierzu die Entscheidungsgründe des Urteils des BFH v. 09.12.2008, Az. VII R 47/07 sowie Leisner, Hinreichende Veranlassung einer Kontrollmitteilung gem. § 30a AO, in: NWB 24/2009, S. 1836 f.

gewähren, auch wenn die eigene wirtschaftliche Prosperität hierdurch Rückschläge erleidet.

Fazit: *„Wo gläserne Konten drohen, ist das Bankkundengeheimnis in schlechter Verfassung."*[899]

Eine Durchbrechung bzw. Auflockerung des Bankgeheimnisses zum Zwecke einer effektiven Geldwäschereibekämpfung in der Schweiz kann nur unter Wahrung des Rechts auf informationelle Selbstbestimmung und unter Beachtung der betroffenen finanziellen Privatsphäre erfolgen. Eine Vorgehensweise – vergleichbar mit deutschen Strukturen – ist dabei nicht empfehlenswert, denn aufgrund der stetig tiefer gehenden Zugriffsmöglichkeiten der Finanzbehörden ist das Bankgeheimnis in der Bundesrepublik kaum noch existent. Umfangreichere Kontrollmöglichkeiten des Staates bieten zwar eine bestmögliche Überwachung des einzelnen Bürgers und erhöhen somit die Erfolgschancen für die Aufdeckung von Straftaten im Vermögensbereich, jedoch geht dabei eine Komponente des menschlichen Zusammenlebens verloren: das Vertrauen zwischen dem Staat und seinen Bürgern.

Das Handeln des deutschen Staates getreu dem Motto:

„Vertrauen ist gut, Kontrolle ist besser."[900]

bietet für die Schweiz somit keine Alternative, sondern würde vielmehr einen Wechsel von einem Extrem zum anderen herbeiführen. Es bedarf somit einer

---

[899] Herzog, Das Bankgeheimnis – eine Schranke staatlicher und staatlich veranlasster Ermittlungen?, *in:* Hadding u. a. (Hrsg.), Basel II: Folgen für Kreditinstitute und ihre Kunden. Bankgeheimnis und Bekämpfung der Geldwäsche, S. 78.

[900] Der Satz ist „die schlagworthafte Verkürzung einer Überzeugung, wie sie Vladimir Iljitsch Uljanov, genannt Lenin, mehrfach geäußert hat"; „Dowjerjaj, no prowjerjaj." „Vertraue, aber prüfe nach". Es ist anzunehmen, dass dieses Sprichwort in Übersetzung seiner Texte gelegentlich abgewandelt (russisch „prowerit" kann auch mit „kontrollieren" wiedergegeben werden) und dann als neue Formulierung mit leninscher Prägung angesehen wurde; vgl. hierzu DUDEN, Zitate und Aussprüche, Band 12, Mannheim/Leipzig/Wien/Zürich 1998, Teil I, S. 486.

Kompromissfindung, bei der alle Interessen in Einklang miteinander stehen und ein Vertrauensverhältnis nicht gänzlich aufgegeben wird. Hierbei sollte insbesondere das Verantwortungsbewusstsein des einzelnen Bürgers, nämlich redlich zu handeln, gestärkt werden.

Lässt man ausufernde Kontrollmöglichkeiten des Staates zu, verkommt dieser zu einem „Überwachungs-" und „Schnüffelstaat", in dem die Menschen nicht aufgrund ihrer inneren Einstellung und den Idealen der freiheitlichen Grundordnung, sondern aus Angst vor rechtlichen Sanktionen handeln. Verfolgt man diesen Ansatz weiter, so sollten nicht die Kontrollmechanismen des Staates weiterentwickelt, sondern vielmehr Anreize für den Bürger, sich gesetzgetreu zu verhalten, geschaffen werden. Ehrlichkeit sollte belohnt und nicht durch staatliches Handeln erzwungen werden. Das Ziel lautet daher, dem sukzessiven Verlust der Privatsphäre entgegenzuwirken und das Vertrauensverhältnis zwischen Staat und Bürger zu stärken.

3. Vereinbarkeit von Bankgeheimnis und konsequenter Geldwäschereibekämpfung

Die Schweiz muss sich im Zusammenhang von Bankgeheimnis und Geldwäscherei immer wieder mit der (pauschalen) Kritik auseinandersetzen, die Schweizer Diskretion biete ideale Schlupflöcher für Gelder mit krimineller Herkunft. Das Hauptproblem stelle dabei das als streng zu bezeichnende Bankgeheimnis dar[901]. Vielfach wird sogar behauptet, dieser „Kundendienst" ermögliche Diebstahl am Volksvermögen ausländischer Staaten[902].

---

[901] In diesem Zusammenhang führte bspw. die Australien Cash Transaktion Reports Agency im Jahre 1989 u. a. die Schweiz an, die wegen ihres ausgeprägten Bankgeheimnisses als Geldwäscher- oder Steuerparadies galt; vgl. hierzu Bukov, Die Bekämpfung der Geldwäsche in der Europäischen Union, S. 7, m. Verw. a. Austl. CTR Agency, Information Circular No.1, 6.1 (1989).

[902] Wachter, Sicherheit des Finanzplatzes Schweiz, *in:* NZZ v. 08.04.2004, S. 73.

Diesem Vorwurf ist zunächst einmal entgegenzusetzen, dass der Schweiz – eigenen offiziellen Stellungnahmen zufolge – an Kundenbeziehungen mit kriminellem Ursprung jegliches Interesse fehlt[903]. Der Imageschaden, den eine solche Beziehung verursachen könnte, sei für den Finanzplatz Schweiz und für die Reputation des betroffenen Instituts weitaus größer als der wirtschaftliche Nutzen aus dieser Kundenbeziehung[904]. Aus Sicht der Schweiz könne zudem kein noch so ausgeklügeltes Regelwerk letztlich ausschließen, dass unerwünschte Gelder auf den Finanzplatz gelangen[905].

Fakt ist jedoch, dass das Schweizer Bankgeheimnis durch professionelle Geldwäscherei immer wieder missbraucht wird. Terroristen, Rauschgifthändler, Steuerhinterzieher und Wirtschaftsstraftäter suchen dahinter Schutz und *„denunzieren es somit als Schutzwall"*[906]. Ob dies heute immer noch der Fall ist, kann nur spekulativ bzw. rückblickend festgestellt werden.

Inwieweit ein strenges Bankgeheimnis und eine effiziente Geldwäschereibekämpfung tatsächlich miteinander vereinbar sind, soll Gegenstand der nachfolgenden Ausführungen sein.

---

[903] So Schweizer Bankiervereinigung, Die Schweiz und ihr Finanzplatz, 2007, S. 9; im Internet einsehbar unter: http://shop.sba.ch/169170_d.pdf (Stand: Juli 2009) sowie Eidgenössisches Department für auswärtige Angelegenheiten (EDA)/Eidgenössisches Finanzdepartment (EFD), Finanzplatz Schweiz, Eine Dokumentation, Juli 2001, im Internet einsehbar unter: http://www.taxjustice.net/cms/upload/pdf/Finanzplatz.ch_2001.pdf (Stand: Juli 2009).

[904] Beste Beispiele sind die bereits weiter oben dargestellten Krisen, mit denen der Schweizer Bankenplatz sich in der Vergangenheit auseinandersetzen musste und die die Reputation in der Vergangenheit prägten; vgl. hierzu ferner Pieth, Potentatengelder als Reputationsrisiko für den Finanzplatz Schweiz, Drohendes Debakel im Fall Duvalier, *in:* NZZ v. 06.06.2007, S. 27.

[905] Vergleichbar mit einem Fußgängerüberweg, der auch nicht „die absolute Garantie für ein sicheres Überqueren der Straßen" gibt, so Gysi, Wachsende Bedeutung der Auslandsbanken, *in:* NZZ v. 10.09.2002, S. 69.

[906] So Herzog, Das Bankgeheimnis – eine Schranke staatlicher und staatlich veranlasster Ermittlungen?, *in:* Hadding u. a. (Hrsg.), Basel II: Folgen für Kreditinstitute und ihre Kunden. Bankgeheimnis und Bekämpfung der Geldwäsche, S. 47 f.

3.1 Ambivalenz

Die Schweiz agiert in Bezug auf die Bekämpfung der Geldwäscherei mit starkem Engagement. Trotzdem bestehen Zweifel, ob die Bemühungen einer wirksamen Bekämpfung der Geldwäscherei nicht stets durch das Festhalten am strikten Bankgeheimnis blockiert werden. Das als streng geltende Schweizer Bankgeheimnis entfaltet, trotz der Bemühungen im Bereich der Geldwäschereibekämpfung, nach wie vor eine gewisse Anziehungskraft auf Gelder krimineller Ursprungs[907]. In Kenntnis dieser vom Bankgeheimnis ausgehenden Wirkung wird der Schutz des Privateigentums und der Privatsphäre trotzdem den Eckpfeilern der helvetischen Staatsordnung zugeordnet und das Bankgeheimnis als tragendes Element dieser Privatsphäre angesehen[908]. Eine Lockerung des Bankgeheimnisses wird nur bei entsprechendem internationalen Druck[909] in Erwägung gezogen, denn hinter einem strengen Bankgeheimnisses stehen – wie bereits aufgezeigt[910] – handfeste wirtschaftliche Interessen.

Der Tenor der Schweizer Politik lautet daher stets:

„*Zusammenarbeit mit der Europäischen Union ja, Abstriche beim Bankgeheimnis nein.*"[911]

Es lässt sich demzufolge die These aufstellen, dass sich die Schweiz zwar im Hinblick auf den (unaufhörlichen) Kampf gegen die Geldwäscherei immer an vorderster Front befindet, allerdings das Bankgeheimnis als unantastbar deklariert und es tendenziell sogar stärkt[912]. Um dem Verhalten der Schweiz eine Symbolik zu verleihen, kann dieses nach näherer Betrachtung als janusköp-

---

[907] de Capitani, Bankgeheimnis und Geldwäsche, *in:* Hadding u. a. (Hrsg.), Basel II: Folgen für Kreditinstitute und ihre Kunden. Bankgeheimnis und Bekämpfung der Geldwäsche, S. 133. *De Capitani* ist der Ansicht, dass mit weiteren spektakulären Fällen (ähnlich dem sog. „Abacha-Fall") zu rechnen ist.

[908] Zier, Das schweizerische Bankgeheimnis und seine Auswirkungen auf die deutsche Wirtschaft, S. 110.

[909] So *Missbach*, Finanzexperte der Entwicklungshilfe-Organisation „Erklärung von Bern", „Da wird auf Zeit gespielt", *in:* DIE ZEIT v. 26.03.2009, S. 32.

[910] Siehe hierzu Ausführungen in Kapitel III. 2.2.3 Rechtliche und Wirtschaftliche Auswirkungen.

[911] So Hollenstein, Villigers Kampf für das Bankgeheimnis, *in:* NZZ v. 21.04.2002, S. 27.

[912] Bern plant Abstimmung über Bankgeheimnis, *in:* FAZ v. 09.04.2009, Wirtschaft, S. 12.

fig[913] umschrieben werden. Genauso wie der Januskopf hat die Geldwäschereibekämpfung im Zusammenspiel mit dem Bankgeheimnis zwei Gesichter und damit auch eine negative Kehrseite. Das Vorgehen und Verhalten der Schweiz lässt sich veranschaulichend mit den Worten *Jherings* beschreiben:

> „... *ein Januskopf mit einem Doppelantlitz; einigen kehrt er bloß die eine Seite, anderen bloß die andere Seite zu, daher die völlige Verschiedenheit des Bildes, das beide von ihm empfangen.*"[914]

In Anlehnung an diese Formulierung und im Zuge einer tiefer gehenden Betrachtungsweise stellt sich die Situation in der Schweiz wie folgt dar:

Die Taktik der Schweizer Politik ist es, der Geldwäscherei in der Öffentlichkeit den Kampf anzusagen und sich im Zuge dessen sämtlichen Gremien und Institutionen anzuschließen, die sich für die Geldwäschereibekämpfung engagieren. Gleichzeitig hält man am unbedingten Vertrauensverhältnis zum Bankkunden fest und behindert so die Aufdeckung bemakelter Gelder. Dieser Vorwurf lässt sich anhand der schweizerischen Vorgehensweise im Bereich der Fiskaldelikte präzisieren: Die sog. Steuerhinterziehung als Ordnungswidrigkeit ist aufgrund ihres Unrechtsgehalts nicht als Straftat im Sinne des schweizerischen Strafrechts ausgestaltet und stellt damit keine Vortat i. S. d. Geldwäschereitatbe-

---

[913] Etwas ist „janusköpfig" = etwas ist „zwiespältig". Der Januskopf wird dabei oft als Sinnbild des Zwiespalts verwand; vgl. Der Große Duden, Fremdwörterbuch, Band 5, Mannheim 1960, S. 293.
Der Gott Janus (auch Ianus) gehört zu den ältesten römischen Gottheiten und zur ursprünglichen römischen Mythologie. Er ist ein rein römischer Gott, der Gott des Anfangs und des Endes, des Eingangs und des Ausgangs, der Türen und der Tore. Alle Kalenderdaten, die Anfänge symbolisieren (Tage, Monate, Jahre) waren ihm gewidmet. Er wurde auch als Erfinder des bürgerlichen Gesetzbuches, gottesdienstlicher Bräuche und des Ackerbaus angesehen. Der Monat Januar trägt seinen Namen. Entsprechend des mythologischen Hintergrundes ist sein Symbol die bärtige Doppelgesichtigkeit, Zeichen für die Gegenwart des Anfangs und des Endes aller Dinge; vgl. hierzu Köster, Eigennamen im deutschen Wortschatz, S. 80.

[914] Jhering, Der Kampf ums Recht, S. 6.

standes Art. 305bis Schweizer StGB dar[915]. Ebenso weist auch der Abgabe- oder Steuerbetrug in der Schweiz nicht den notwendigen Verbrechenscharakter auf[916]. Hinterzogene Steuergelder, die bei Schweizer Finanzintermediären angelegt werden, lösen damit – bei entsprechender Kenntnis des Bankmitarbeiters – keinen Verdacht auf Geldwäscherei aus. Durch diese Vorgehensweise werden Schweizer Banken zum „Hort der Steuerflucht"; für die Schweiz ein lukratives Geschäft:

Das deutsche Bundesministerium der Finanzen (BMF) stellte im Januar 2003 fest, dass die in der Schweiz, Liechtenstein und Luxemburg angelegten deutschen Steuerfluchtgelder auf 450 bis 550 Milliarden Euro zu schätzen sind (das entspricht einem Viertel des BIP der BRD)[917]. Der Europäischen Union entgehen nach Schätzungen der EU-Kommission aus dem Jahre 2006 durch Steuerbetrug und Steuerhinterziehung jährlich Steuereinnahmen in Höhe von 200 bis 250 Milliarden Euro[918]. Die Banca d'Italia schätzt die aus Italien unversteuert ins Ausland verbrachten Geldbeträge auf 500 Milliarden Euro[919]. Als Italien 2003 eine Steueramnestie durchführte, wurden rund 70 Milliarden Euro nach Italien zurücktransferiert; davon kamen fast 60 Prozent der Gelder von Konten Schweizer Kreditinstitute[920].

---

[915] Pieth, BSK StGB II Vor Art. 305bis, Rn. 13, Ackermann, Geldwäscherei – Money Laundering, S. 222.

[916] Zur sog. Steuerhinterziehung vgl. Artikel 175.1 Bundesgesetz über die direkte Bundessteuer (DGB), sowie zum sog. Steuerbetrug Artikel 186.1 Bundesgesetz über die direkte Bundessteuer (DBG).
Inwieweit sich zukünftig Änderungen auch für den Geldwäschereitatbestand des Schweizer Strafgesetzbuchs ergeben können, ist zum jetzigen Zeitpunkt offen; vgl. zur aktuellen Diskussion in Bezug auf eine weltweite Kooperation aller Steuerbehörden (insb. auch der Schweiz) Bonse/Menzel/Riecke, Beim Bankgeheimnis zeichnet sich Lösung ab, in: Handelsblatt v. 09.03.2009, S. 3. Zur rechtlichen Einordnung ferner Köppel, Steuerhinterziehung ist kein Schwerverbrechen, in: Welt Online v. 17.03.2008.

[917] So Giegold, Steueroasen: trockenlegen, S. 33.

[918] Introductory remarks of László Kovács, Press conference on the adoption of the communication on fraud, Bruxelles, 31. Mai 2006, S. 1; im Internet einsehbar unter: http://www.nob.net/files/European%20Tax%20Report%202006-09.pdf (Stand: Juli 2009).

[919] Breu, Abgeflossene Gelder kommen zurück, in: Tages Anzeiger, 25.10.03, Seite 25.

[920] Breu, Abgeflossene Gelder kommen zurück, in: Tages Anzeiger, 25.10.03, Seite 25.

In Bezug auf Entwicklungsländer schätzt die englische Entwicklungsorganisation Oxfam[921], dass diesen allein jährlich 15 Milliarden Dollar Steuern auf Vermögenserträge – d. h. die Besteuerung der Vermögen ist noch nicht berücksichtigt – entgehen. Geht man davon aus, dass etwa 28 Prozent der „offshore" angelegten Vermögenswerte von Privatpersonen weltweit in der Schweiz angelegt werden[922], wäre die Schweiz, wenn man denselben prozentualen Anteil auch für Entwicklungsländer zugrunde legt, mitverantwortlich für den Verlust von etwa vier Milliarden Steuereinnahmen in diesen Ländern.

Mittels noch auszuhandelnder bilateraler Doppelbesteuerungsabkommen[923] wird den Schweizer Behörden zwar künftig im Bereich der internationalen Amtshilfe bei Fiskaldelikten eine erhöhte Nachweis- und Mitwirkungspflicht auferlegt[924], diese neue Verpflichtung ändert jedoch nichts an dem geringen Unrechtsgehalt, den die Schweiz Fiskaldelikten beimisst. Der Grund für diese Zurückhaltung ergibt sich aus dem zuvor dargestellten Zahlenmaterial, woraus deutlich wird, dass die Schweiz durch die Anlage von unversteuerten Geldbeträgen („Schwarzgeld") doppelt profitiert. Würden Fiskaldelikte im Zuge einer Aufstufung zum Verbrechen in den Bereich der Vortat zur Geldwäscherei fallen, wäre der Schweizer Bankangestellte bei jeder neuen Geldanlage aus dem Ausland verpflichtet, die Versteuerung im Herkunftsland zu hinterfragen. Bei korrekter Umsetzung seiner Pflichten nach dem Schweizer GwG würde Schweizer Banken eine Vielzahl von Geldanlagen entgehen, sie müssten die Gelder viel-

---

[921] Oxfam, Briefing paper, Tax Havens: Releasing the Hidden Billions for Poverty Eradication, Juni 2000; im Internet einsehbar unter: http://publications.oxfam.org.uk/oxfam/display.asp?K=002P0036&aub=Oxfam&sort=sort_date/d&m=99&dc=113 (Stand: Juli 2009).

[922] Das „Tax Justice Network" schätzte die Summe der Offshore-Vermögen auf ca. 11.500 Milliarden Dollar; vgl. hierzu tax justice network, Oxfam produces new tax haven data v. 13.03.2009; im Internet einsehbar unter http://taxjustice.blogspot.com/2009/03/oxfam-produces-new-tax-haven-data.html (Stand: Juli 2009).
Bei einer unterstellten Rendite von 5 Prozent und einem Steuersatz von 30 Prozent für diese Einkünfte beträgt der Steuerverlust rund 172 Milliarden Dollar.

[923] Vgl. zum derzeitigen Stand der Verhandlungen „Schweiz und USA einigen sich auf Steuer-Amtshilfe", *in:* Die Welt v. 20.06.2009, S. 11.

[924] Siehe hierzu nachfolgende Ausführungen in Kapitel III. 3.2 Die Gewährung von Amts- und Rechtshilfe.

mehr einer Vermögenssperre unterziehen und den Verdacht auf Geldwäscherei melden. Geht man davon aus, dass schon allein deutsche Staatsbürger insgesamt Vermögenswerte von 480 Milliarden Euro im Ausland – davon ca. 172 Milliarden bei Schweizer Banken – deponiert haben[925], ist die formelle Einstufung der Steuerhinterziehung als bloße Ordnungswidrigkeit eine gewollte Ausbeutung der deutschen Volkswirtschaft. Die Aufnahme der Fiskaldelikte in den Vortatenkatalog wäre – abgesehen von den fiskalischen Auswirkungen im Besteuerungsstaat – bereits aufgrund des enormen Ausmaßes der Steuerhinziehung zwingend geboten.

Da das Hauptinteresse der Schweiz in der Stärkung und dem Schutz des schweizerischen Finanzplatzes liegt[926], ist mit einer baldigen Anpassung und Umqualifizierung der Fiskaldelikte zukünftig nicht zu rechnen. Um sich vor internationalen Forderungen in diesem Bereich zu schützen, ist davon auszugehen, dass die Schweiz weiterhin versucht, die gute Reputation[927] im Bereich der Geldwäschereibekämpfung aufrecht zu erhalten. Mit diesem Lösungsansatz zeigt die Schweiz zwei sich widersprechende Seiten, die nicht miteinander vereinbar sind: Die Schweizer Methode der Geldwäschereibekämpfung im Zusammenspiel mit dem strengen Bankgeheimnis hat daher mehr symbolischen Charakter als effektive Durchschlagskraft. Macht man sich die unterschiedlichen Interessenlagen, denen die Schweiz gerecht zu werden versucht, bewusst, erkennt man das janusköpfige und zugleich opportunistische Handeln der Schweiz zugunsten der Reputation des Finanzplatzes. Letztlich wird die Schweiz gegen diese These – *„das Bankgeheimnis sei unantastbar"* – stets einwenden, dass dieses dann keine absolute Gültigkeit mehr besitzt, sondern

---

[925] Quelle: Groos/Müller/Wolf, Diskretion, „Nur noch unbescholtene Kunden sicher", *in:* Focus Money v. 01.04.2009, S. 68 m. Verw. a. BBW-Studie, „Kapitalanlage im Ausland 2008" (Finanzdienstleistungsstudie der BBW Marketing Dr. Vossen und Partner, Kapitalanlagen Vermögender, Jahrgang 2008).

[926] So auch Forster, Wer profitiert vom starken Finanzplatz? Unterschätzte Wechselwirkung auf dem Werkplatz, *in:* NZZ v. 19.06.2002, S. 27.

[927] „Die Reputation des Finanzplatzes Schweiz ist und bleibt ein öffentliches Gut, für das es Sorge zu tragen gilt"; so Krayer, ehemaliger Präsident der Schweizer Bankiervereinigung im Vorwort zum Tätigkeitsbericht 2001/2002, S. 6; im Internet einsehbar: http://www.swissbanking.org/tb_2001-2002.pdf (Stand: Juli 2009).

seine Schutzfunktion aufgibt, wenn in „begründeten" Fällen Rechts- oder Amtshilfe verlangt werden kann und wenn strafrechtliche Bestimmungen verletzt wurden[928]. Zudem könne dem Bankgeheimnis nur ermittlungshemmende Wirkung allenfalls außerhalb eines Strafverfahrens zugesprochen werden[929]. Und selbst dort wird das Bankgeheimnis an sich kein Faktor für die Stagnation der Ermittlungen sein, sondern vielmehr der Grundsatz gelten, dass ohne konkreten Tatverdacht Ermittlungsmaßnahmen mit Eingriffscharakter nicht eingeleitet werden dürfen[930]. Doch auch hiergegen bleibt einzuwenden, dass zum jetzigen Zeitpunkt ausländische Strafverfolgungsbehörden – aufgrund der im Anschluss noch darzustellenden Amts- und Rechtshilfesituation – oftmals gar nicht handeln können. Ermittlungen enden somit an der Grenze zur Schweiz. Da auch das Bankgeheimnis im Rechtshilfeverfahren Beachtung findet, bleibt es bei den bereits belegten Feststellungen.

Im internationalen Wettbewerb positioniert sich die Schweiz – insbesondere im „Private Banking"-Bereich – an der Spitze der erfolgreichsten und größten Bankenplätze weltweit[931]. Hierbei stellt sich natürlich die Frage, was die Alpenrepublik als Bankenstandort so attraktiv gestaltet. Hinterfragt man die Position der Schweiz kritisch, so fällt auf, dass die Schweiz im Hinblick auf ihre Reputation eine geschickte „janusköpfige" Politik praktiziert: Einerseits wirkt sie aktiv an der

---

[928] Demnach gilt das Schweizer Bankgeheimnis – ebenso wie auch sein deutsches Pendant – im Strafverfahren nicht; vgl. hierzu Bodmer/Kleiner/Lutz, Art. 47 BankG, Rn. 39 ff.

[929] Die prozessualen Zeugnis- und Auskunftspflichten haben Vorrang vor der Schweigepflicht des Bankmitarbeiters, das heißt die Strafprozessordnung räumt dem Bankier kein Zeugnisverweigerungsrecht ein; vgl. de Capitani, Bankgeheimnis und Geldwäscherei, in: Hadding u. a. (Hrsg.), Basel II: Folgen für Kreditinstitute und ihre Kunden. Bankgeheimnis und Bekämpfung der Geldwäsche, S. 128 m. Verw. a. Bodmer/Kleiner/Lutz, BankG 47, Rn. 43.

[930] Werner, Bekämpfung der Geldwäsche in der Kreditwirtschaft, § 12, S. 298.

[931] Vgl. bereits das im Rahmen der Einleitung – Einführung in das Thema –vorgestellte Zahlenmaterial:
Die Schweiz besitzt im Bereich der internationalen Privatvermögensverwaltung einen Marktanteil von 31,20 % und steht damit in diesem Bereich an der Spitze (auf Platz zwei ist die Karibik mit 15,60 % vertreten, London und Luxemburg folgen auf Platz drei mit 11,40 %), Forum Finanzplatz Schweiz, Ausgabe Nr.1/05, Zürich einsehbar im Internet unter http://www.forumfinanzplatz.ch/newsletter_d_05_1.pdf mit Verweis auf Boston Consulting Group 2004 (Stand: Juli 2009).

Gestaltung der Geldwäschereibekämpfung – an allen Fronten – mit, zum anderen bietet sie durch ihr strenges Bankgeheimnis den größtmöglichen Schutz der Privatsphäre ihrer Bankkunden. Gerade die Vorschriften des schweizerischen Geldwäschereigesetzes gestalten sich als eine Art Ideallösung, da nach außen der Eindruck entschlossener und ernsthafter Geldwäschereibekämpfung erweckt wird, im Innenverhältnis sich hingegen die Strafbarkeitsrisiken für internationale Bankkunden und insbesondere für Bankmitarbeiter in überschaubarem Maß hält[932]. Diese taktisch geschickte Kombination verleiht der Schweiz den Erfolg, den auch andere Bankenstandorte – wie beispielsweise die Cayman Islands[933] – für sich verbuchen können, allerdings *ohne* den Malus, sich illegalen Geschäften hinzugeben. Im Gegensatz zu anderen existenten Offshore-Finanzplätzen verbindet man den Schweizer Finanzplatz mit Werten wie Diskretion, Professionalität, Produktvielfalt, Servicequalität sowie effizienten Banksystemen und nicht mit der „pauschalen Kritik", denen andere Bankenplätze ausgesetzt sind.

Im Ergebnis schützt das „Schweizer Modell" das Bankgeheimnis und wahrt den persönlichen Datenschutz. Dieser Ansatz trägt allerdings nicht zu einer effektiven Bekämpfung der Geldwäscherei bei, sondern bietet lediglich eine Lösung für den Spezialfall des Finanzplatzes Schweiz. Es erscheint zunächst legitim, sich mit Nachdruck für die Interessen der eigenen Wirtschaft einzusetzen und das Bankkundengeheimnis als nicht verhandelbar zu deklarieren. Schließlich wird dabei „nur" der Versuch unternommen, Wohlstand zu verteidigen sowie Arbeitsplätze zu erhalten und weitere zu schaffen.

Dies geschieht jedoch auf Kosten anderer Länder und dadurch, dass die Schweiz mit Steuerhinterziehern aus aller Welt bewusst paktiert. Die Schweiz weiß um ihre delikate Situation. Auch wenn sich in den vergangenen Jahren bemüht wurde, (formell) den Finanzplatz Schweiz zu stärken und die Geldwäschereibekämpfung voranzutreiben, so schützt das Bankgeheimnis doch letzt-

---

[932] Prittwitz, Die Geldwäsche und ihre strafrechtliche Bekämpfung – oder: Zum Einzug des Lobbyismus in die Kriminalpolitik, *in:* StV 1993, 498, 499.
[933] Hierzu vgl. Ausführungen in Parma/Vontobel, Schurkenstaat Schweiz?, S. 58.

lich diejenigen, die keines Schutzes bedürfen und es schon gar nicht verdient haben, staatliche Unterstützung zu erhalten. Letztlich sind und bleiben die Bekämpfung der Geldwäscherei und die Erhaltung des Schweizer Bankgeheimnisses „*zwei Seiten einer Medaille*[934]": Während sich das Engagement in der Geldwäschereibekämpfung auf der oben aufliegenden, gut sichtbaren, vom Licht angestrahlten und der Öffentlichkeit zugewandten Seite befindet, verbleibt das Bankgeheimnis auf der unteren, verdeckten und dunklen Seite. Je mehr der oberen Seite Beachtung geschenkt wird, umso profitabler für die Schweiz – glauben sie doch unverändert auf diese Weise, sozusagen im Schatten ihrer Selbstdarstellung, weiterhin an dem Erfolgsfaktor – dem Bankgeheimnis – zu Lasten anderer Länder festhalten zu können.

3.2 Die Gewährung von Amts- und Rechtshilfe

Da die Zuständigkeit der Untersuchungs- und Ermittlungsbehörden an der jeweiligen Staatsgrenze endet und Souveränitätsgründe eine direkte Beweismittelbeschaffung im Ausland verhindern, bedarf es für eine wirksame Geldwäschereibekämpfung eines effektiven und schnellen Informationsaustausches zwischen den Strafverfolgungsbehörden (Rechtshilfe) der involvierten Staaten[935]. Der Begriff der sog. Rechtshilfe ist von der internationalen Amtshilfe zu

---

[934] Redensart, die soviel bedeutet, wie „Vor- und Nachteil desselben Sachverhaltes zu sein". Die Tatsache, dass Medaillen manchmal nur eine Bildseite haben, hat zu dieser Redensart geführt.

[935] Jeder Staat übt in unabhängiger Art und Weise sowie im Rahmen der völkerrechtlich anerkannten Grenzen seine staatlichen Funktionen aus (sog. Souveränitätsprinzip); vgl. hierzu Müller/Wildhaber, Praxis des Völkerrechts, S. 415, 425.
Hoheitshandlungen innerhalb eines Hoheitsgebietes eines fremden Staates dürfen demnach – weder mittel- noch unmittelbar – durch staatsfremde, unzuständige Personen nicht durchgeführt werden. Das schweizerische Strafgesetzbuch (StGB 271) verbietet insoweit auch die selbstständige Vornahme von Hoheitsakten irgendwelcher Natur für einen fremden Staat auf Schweizer Territorium. Hierzu würden insbesondere Untersuchungen, Verhaftungen oder verdeckte Auslieferungen zählen.
Soweit ein Staat zugunsten eines anderen Staates in die Hilfeleistung einwilligt, schränkt er damit auch seine eigene Souveränität ein.

unterscheiden. Zwar fehlt es an einer eindeutigen Definition der Begriffe[936], eine weit verbreitete Ansicht versteht jedoch unter dem Begriff der Rechtshilfe die zwischenstaatliche Zusammenarbeit zwischen Gerichts- und Justizbehörden, während die internationale Amtshilfe die Beistandsleistung von Verwaltungsbehörden zweier Staaten betrifft[937]. Das schweizerische Bundesgericht[938] führte zum Begriff der strafrechtlichen Rechtshilfe aus, dass hierunter die Auslieferung des Angeschuldigten, die Urteilsvollstreckung und die Rechtshilfe im engeren Sinn zu verstehen ist; unter Letzterer sei die gesamte, neben Vollstreckung und Auslieferung, verbleibende Strafrechtshilfe zu subsumieren.

Soweit hinsichtlich des Begriffs der Amtshilfe auf die beteiligten Behörden im Rahmen der Begriffsbestimmung abgestellt wird, führt dies nicht zu einer durchweg schlüssigen Abgrenzung[939]. Im Rahmen einer ausländischen Administrativuntersuchung kann durchaus auch Rechtshilfe durch das Bundesamt für Justiz – das ebenfalls eine Verwaltungsbehörde darstellt – gewährt werden[940]. Als Unterscheidungskriterium ist daher die Art des Verfahrens, für wel-

---

[936] Zuppinger, Probleme der internationalen Amts- und Rechtshilfe in Steuer-, insbesondere in Fiskalstrafsachen, S. 8 ff., sowie Glaser Tomasone, Amtshilfe und Bankgeheimnis, S. 10 ff., 20 ff.

[937] Für den Begriff der *Rechtshilfe* Beilstein, Stand der Rechtshilfe und der internationalen Zusammenarbeit in Steuersachen, *in:* SZW 1995, S. 105 f., sowie Locher, Internationale Zusammenarbeit in Fiskalsachen in Schweizerischer Sicht, *in:* ASA 50, S. 98 f.
Für die Begriffe *Amts- und Rechtshilfe* siehe Pieper, Rechts- und Amtshilfe in Steuerangelegenheiten durch die Schweiz insbesondere im Hinblick auf das schweizerische Bankgeheimnis, S. 4 f., sowie Locher, Einführung in das internationale Steuerrecht der Schweiz, S. 577.

[938] Entscheidung des Schweizer Bundesgerichtes v. 20.Mai 1959, BGE 85 I 103, 106.
Teilweise wird in diesem Kontext die Rechtshilfe als internationaler Beistand seitens der Gerichte und der Verwaltung verstanden; vgl. Bosshardt, Die neue zürcherische Einkommens- und Vermögenssteuer, S. 227.

[939] Auf eine rein organbezogene Betrachtungsweise stützen sich weder das Europäische Übereinkommen über die Rechtshilfe in Strafsachen v. 20. April 1959 noch das Bundesgesetz über internationale Rechtshilfe in Strafsachen v. 20. März 1981 (IRSG).

[940] Vgl. hierzu Bundesamt für Justiz, Die internationale Rechtshilfe in Strafsachen, Wegleitung, S. 3.

ches Unterstützung verlangt wird, vorzugswürdig[941]. Demzufolge wird im Ergebnis Rechtshilfe zur Unterstützung eines Justizverfahrens gewährt, wohingegen Amtshilfe in erster Linie auf die Unterstützung fremden Verwaltungshandelns abzielt[942]. Für den Fiskalbereich im Speziellen stellt demnach die Mitwirkung bei der Strafverfolgung und -vollstreckung Rechtshilfe und die Hilfeleistung bei der Steuerveranlagung Amtshilfe dar.

Amts- und Rechtshilfe bedürfen einer hinreichenden gesetzlichen Grundlage. Dieser Grundsatz ergibt sich zum einen aus dem sog. Legalitätsprinzip[943] sowie zum anderen aus dem notwendigen Schutz der sog. Amtsgeheimnisse, unter die als spezielle Form auch das Steuergeheimnis[944] fällt. Die Gewährung basiert international auf innerstaatlichen Gesetzen oder erfolgt aufgrund bi- bzw. multilateraler Abkommen, die in nationales Recht umgewandelt werden[945]. Beachtlich ist dabei, dass der Vorrang des Völkerrechts gegenüber innerstaatlichen Normen sowohl von der schweizerischen bundesgerichtlichen Rechtsprechung[946] als auch von der Lehre[947] fast einheitlich anerkannt wird.

---

[941] Flubacher nimmt eine Unterscheidung der Begriffe anhand Art und Inhalt der Handlung vor; siehe Flubacher, Amts- und Rechtshilfe im interkantonalen und internationalen Steuerrecht der Schweiz, S. 55.

[942] So auch Carl/Klos, Leitfaden zur internationalen Amts- und Rechtshilfe in Steuersachen, S. 67 ff.

[943] Unter dem Legalitätsprinzip versteht man nach der deutschen Strafprozessordnung – § 152 StPO – den sog. Verfolgungszwang, sowie, wenn die entsprechenden Voraussetzungen vorliegen, auch den sog. Anklagezwang; so Meyer-Goßner, § 152 StPO, Rn. 2.

[944] Insbesondere das Steuergeheimnis steht unter dem Schutz von Art. 320 Schweizerisches Gesetzbuch v. 21.12.1937, SR 311.0.

[945] Die internationale Zusammenarbeit ist folglich in Staatsverträgen festgehalten, welche die Rechte und Pflichten der beteiligten Länder regelt.; vgl. Dreßler, Rechtshilfe in Steuersachen durch die Schweiz, S. 162.

[946] Vgl. Entscheidung des Schweizer Bundesgerichts v. 16. April 1996, BGE 122 II 140, E. 2.

[947] So bspw. Zimmermann, La coopération judiciaire internationale en matière pénale, Rn. 105.

Die Amtshilfe (zwischen der Schweiz und der Bundesrepublik Deutschland) ist seit langem in bilateralen Doppelbesteuerungsabkommen (DBA)[948] geregelt und findet sich zudem in den letzten Jahren vermehrt in Abkommen zwischen der Schweiz und der EU[949].

Für die Rechtshilfe zwischen der Bundesrepublik Deutschland und der Schweiz sind in erster Linie die Bestimmungen des Europäischen Rechtshilfeübereinkommens vom 20. April 1959 (EUeR, SR 0.351.1), dem beide Staaten beigetreten sind, und der zwischen ihnen abgeschlossene Zusatzvertrag vom 13. November 1969 (SR 0.351.913.61) maßgebend. Anwendbar ist ferner das Übereinkommen Nr. 141 über Geldwäscherei sowie Ermittlung, Beschlagnahmung und Einziehung von Erträgen aus Straftaten vom 8. November 1990 (Geldwäschereiübereinkommen; GwÜ; SR 0.311.53), das für die Schweiz am 1. September 1993 und für Deutschland am 1. Januar 1999 in Kraft getreten ist. Soweit diese Staatsverträge bestimmte Fragen nicht abschließend regeln, kommt das schweizerische Landesrecht – namentlich das Bundesgesetz über internationale Rechtshilfe in Strafsachen vom 20. März 1981 (IRSG, SR 351.1 111) und die dazugehörige Verordnung (IRSV, SR 351.11) – zur Anwendung (Art. 1 Abs. 1 IRSG).

---

[948] Doppelbesteuerung tritt auf, wenn Steueransprüche verschiedener Staaten sich überschneiden. Durch internationale Verträge – sog. Doppelbesteuerungsabkommen – wird versucht, die sich gegenseitig überschneidenden nationalen Besteuerungsansprüche aufeinander abzustimmen und dadurch Doppelbesteuerung zu vermeiden; vgl. hierzu Birk, Steuerrecht, Rn. 203 f., S. 69 f.
Die DBA zwischen der BRD und der Schweizerischen Eidgenossenschaft gehören zu den kompliziertesten Abkommen, die Deutschland abgeschlossen hat. Beide Abkommen enthalten bedeutsame und somit auch auslegungsbedürftige Abweichungen von dem jeweiligen OECD-Musterabkommen. Diese Einstufung gilt sowohl für das Abkommen auf dem Gebiet der Steuern vom Einkommen und vom Vermögen vom 11.08.1971 als auch für das Erbschaftsteuerabkommen vom 30.11.1978; so Schmidt, Doppelbesteuerungsabkommen Deutschland Schweiz 1971 & 1978 Steuern vom Einkommen und Vermögen, Nachlass- und Erbschaftsteuern Textausgabe und Praxis beider Staaten, in: IstR 2009, S. III.

[949] Beispielsweise im Zinsbesteuerungsabkommen (ZBStA) und im Betrugsbekämpfungsabkommen (BBA).

Die behördliche Zuständigkeit im Rahmen der internationalen Zusammenarbeit wird allerdings in der Regel vom inländischen Recht und nicht durch die völkerrechtlichen Regelungen bestimmt[950]. Die Zuständigkeit der jeweils handelnden Behörden im Bereich der internationalen Amts- und Rechtshilfe bezüglich Einziehung, krimineller Organisationen sowie Geldwäscherei lässt sich am besten an der nachfolgenden Übersicht[951] verdeutlichen:

	Einziehung	**Kriminelle Organisation**	**Geldwäscherei**
Amtshilfe	Im Bereich der Einziehung ist bisher keine Amtshilfe vorgesehen	**Bundesbehörde** Bundesamt für Polizei; Oberzolldirektion	**Bundesbehörden** Meldestelle für Geldwäscherei Kontrollstelle zur Bekämpfung der Geldwäscherei Spezialgesetzliche Aufsichtsbehörde
Rechtshilfe	**Bundesbehörden** Bundesamt für Justiz (je nach Grundlage als Zentralstelle mit unterschiedlichen Aufgaben) Bundesanwaltschaft (im Rahmen von StGB 340bis) Oberzolldirektion **Kantonale Behörde** (je nach Grundlage im direkten Verkehr oder über eine Bundesbehörde, eventuell als Zentralstelle)		

---

[950] Bilaterale Verträge, die Zentralbehörden für die Umsetzung vorsehen, stellen insoweit eine Ausnahme dar.

[951] Die Übersicht wurde übernommen aus: Bernasconi, Internationale Amts- und Rechtshilfe, *in:* Schmid (Hrsg.), Kommentar Einziehung, organisiertes Verbrechen und Geldwäscherei, Bd. 2, § 7, Rn. 29, S. 173.

Entsprechend dieser Übersicht sind verschiedene Behörden aufgrund unterschiedlicher Rechtsgrundlagen zur Hilfeleistung an ausländische Behörden befugt. Nennenswert sind – im Bereich der Geldwäschereibekämpfung – insbesondere folgende rechtliche Grundlagen:

- Die zuständigen Schweizer Behörden leisten aufgrund der Einführung des Tatbestandes der Geldwäscherei in das schweizerische Strafgesetzbuch (Art. 305bis, Art. 305ter, Art. 58–60 und Art. 260ter StGB) ausländischen Strafverfolgungsbehörden bezüglich dieser Straftaten Rechtshilfe.
- Die im Zuge der Geldwäschereigesetzgebung am 01.04.1989 eingeführte Meldestelle für Geldwäscherei (MROS) leistet ausländischen (Strafverfolgungs-)Behörden, die die Geldwäscherei bekämpfen, Amtshilfe.
- Ausländischen Finanzmarktaufsichtsbehörden wird Amtshilfe durch die am 1.8.1998 geschaffene Kontrollstelle zur Bekämpfung der Geldwäscherei gewährt.
- Die Eidgenössische Bankenkommission leistet ausländischen Bank- und Finanzmarktaufsichtbehörden und ausländischen Aufsichtbehörden über Anlagefonds bzw. über Börsen- und Effektenhändler Amtshilfe.
- Ferner besteht eine Möglichkeit zur amtshilfeweisen Zusammenarbeit zwischen dem Bundesamt für Privatversicherung und der jeweils zuständigen ausländischen Behörde.
- Seit dem Jahr 2000 kann schließlich auch die Eidgenössische Spielbankenkommission ausländischen Behörden im Bereich des Vollzugs der Glücksspielgesetzgebung Amtshilfe gewähren.

Wie sich das schweizerische System der internationalen Amts- und Rechtshilfe zur Abwehr der Geldwäscherei im Detail gestaltet, soll die nachfolgende Übersicht[952] verdeutlichen:

Rechtshilfe	Amtshilfe			
Strafrechtliche Verfolgung von Geldwäscherei (d. h. von Verstößen gegen Art. 305bis und 305ter StGB)	Verwaltungsrechtliche Verfolgung von Geldwäscherei (d. h. von Verstößen gegen das GwG und spezifischen Richtlinien der einzelnen Aufsichtsbehörden)			
	Im Privatversicherungsbereich	Im Banken-, Anlagefonds- und Börsenbereich	Im Spielbankenbereich	Im übrigen Finanzmarkt gemäß Art. 2 Abs. 3 GwG
Strafverfolgungsbehörden von Bund und Kantonen	**Bundesamt für Privatversicherung**	**Eidgenössische Bankenkommission**	**Eidgenössische Spielbankenkommission**	**Kontrollstelle zur Bekämpfung der Geldwäscherei**
	Relais-, Filter und Informationsaufgaben gemäß GwG und ZentG			
	Meldestelle für Geldwäscherei			
Betrifft sämtliche in Frage kommenden Täter im Sinne von Art. 305bis und 305ter StGB	*Betrifft die Finanzintermediäre im Sinne des GwG*			

Die Schweiz kommt einem Rechtshilfegesuch immer nur dann nach, wenn der Grundsatz der beiderseitigen Strafbarkeit und das Prinzip der Gegenseitigkeit erfüllt sind. Demzufolge dürfen gemäß Art. 64 Abs. 1 IRSG (Bundesgesetz für internationale Rechtshilfe) prozessuale Zwangsmaßnahmen nur dann angeordnet werden, „*wenn aus der Darstellung des Sachverhaltes hervorgeht, dass die im Ausland verfolgte Handlung die objektiven Merkmale eines nach schweizerischem Recht strafbaren Tatbestandes aufweist*"[953]. Die Schweiz wirkt damit bei

---

[952] Die Übersicht wurde übernommen aus: P. Bernasconi, Internationale Amts- und Rechtshilfe, *in:* Schmid (Hrsg.), Kommentar Einziehung, organisiertes Verbrechen und Geldwäscherei, Bd. 2, §7, S. 428.

[953] Würde eine Zusammenarbeit bezüglich eines Verfahrens gewährt werden, bezüglich dessen im ersuchten Staat kein Verfahren eröffnet werden könnte, so käme eine solche Vorge-

keiner Strafverfolgung mit, die sie nicht selbst bestrafen würde (die Tat muss in der Schweiz „unter Strafe gestellt" sein). Ferner gebietet das in Art. 8 Abs. 1 IRSG Prinzip der Gegenseitigkeit, einem Rechtshilfeersuchen nur zu entsprechen, wenn der anfragende Staat einem gleichartigen Ersuchen auch nachkommen würde und damit Gegenrechte gewährt[954].

Art. 67 Abs. 1 IRSG verlangt darüber hinaus, dem Grundsatz der Spezialität entsprechend, dass die durch Rechtshilfe erhaltenen Auskünfte und Schriftstücke in Verfahren wegen Taten, bei welchen Rechtshilfe ausgeschlossen ist, weder für Ermittlungen genutzt noch als Beweismittel Verwendung finden. Anwendungsfälle der Spezialität finden sich oft bei einem Zusammentreffen eines Delikts mit einem der Rechtshilfe nicht zugänglichen Fiskaldelikt: In solchen Fällen wird Rechtshilfe zwar gewährt, jedoch nur unter der Bedingung, dass der Verfolgte für das mitverwirklichte Fiskaldelikt nicht bestraft wird (unabhängig, ob in einem eigenen Verfahren oder in Form einer Strafschärfung)[955]. In diesem Zusammenhang stellt sich auch die Frage, ob Informationen, die der ersuchende Staat in einem Rechtshilfeverfahren wegen Abgabebetrugs erhalten hat, für die Steuerveranlagung des zuständigen Finanzamtes Verwendung finden darf. Das Bundesgericht verneint diese Möglichkeit, indem es urteilte: *„... die Rechtshilfe in Strafsachen soll der Verbrechensbekämpfung dienen und nicht der ersuchenden Behörde ermöglichen, ihre fiskalischen Interessen wahrzunehmen."*[956].

---

hensweise einem Verstoß gegen die öffentliche Ordnung gleich; vgl. hierzu Ausführungen bei Bernasconi, Internationale Amts- und Rechtshilfe, *in:* Schmid (Hrsg.), Kommentar Einziehung, organisiertes Verbrechen und Geldwäscherei, Bd. 2, § 7, Rn. 53, S. 185.
Art. 64 Abs. 2 IRSG normiert hierzu eine Ausnahme, indem er statuiert, dass zur Entlastung eines Verfolgten Zwangsmaßnahmen auch zulässig sind, wenn die im Ausland verfolgte Tat in der Schweiz straflos ist; dazu auch Entscheidung des Schweizer Bundesgerichtes v. 30. Juni 1987, BGE 113 Ib 67, E. 4a.

[954] In Art. 8 Abs. 2 IRSG wird der Verzicht auf das Gegenrecht in bestimmten Situationen statuiert.

[955] Popp, Grundzüge der internationalen Rechtshilfe in Strafsachen, S. 204 ff.; Pieper, Rechts- und Amtshilfe in Steuerangelegenheiten durch die Schweiz insbesondere im Hinblick auf das schweizerische Bankgeheimnis, S. 53 f.

[956] Entscheidung des Schweizer Bundesgerichts v. 6. Dezember 1989, BGE 115 Ib 373, E. 8.

Schließlich muss das Tätigwerden bei einem Rechtshilfegesuch auch in einem verhältnismäßigen Zusammenhang zu dem von der Behörde verfolgten Ziel stehen. Jede behördliche Verfügung muss sich i. S. d. *Verhältnismäßigkeitsgrundsatzes* auf das Erforderliche und Notwendige beschränken (vgl. hierzu insbesondere Art. 4 IRSG). Dies heißt allerdings nicht, dass die internationale Zusammenarbeit als subsidiär anzusehen ist und somit erst eingreifen würde, wenn alle innerstaatlichen Untersuchungsmöglichkeiten ausgeschöpft sind. Nach der neueren bundesgerichtlichen Rechtsprechung ist die potenzielle Erheblichkeit der ersuchten Maßnahme nunmehr ausschlaggebend[957].

Im Fall von Geldwäscherei ist der Grundsatz der Verhältnismäßigkeit per se gewahrt. Zum einen handelt es sich bei der jeweiligen Tat um eine schwere Straftat, zum anderen bezwecken die Täter ja gerade, die Spuren des bemakelten Geldes zu beseitigen, wobei insbesondere die Möglichkeiten des Finanzmarktes ausgenutzt werden[958]. Für die Ermittlungen im Geldwäschereifall bedarf es somit eines erheblichen Aufwands, um an Beweismittel zu gelangen, welche die komplizierten und eng verflochtenen Ausführungsschritte der Geldwäscher (sog. paper tracing) nachweisen können.

Ein Rechts- bzw. Amtshilfegesuch steht oftmals dem Recht des jeweils betroffenen Rechtssubjekts auf Wahrung der Privatsphäre entgegen. Zwar ist der Schutz der Privatsphäre im Rahmen internationaler Zusammenarbeit anerkannt[959], die Gewährung von Rechts- und Amtshilfe hat allerdings in der Regel Auswirkungen auf das bestehende strikte Bankgeheimnis in der Schweiz.

---

[957] Beweismittel sind demnach nicht an einen ausländischen Staat herauszugeben, wenn eine Erheblichkeit für das ausländische Strafverfahren mit Sicherheit nicht gegeben ist. Der Betroffene hat demzufolge die Möglichkeit, darzustellen, welche Auskünfte und Beweismittel keinen Nutzen für das Verfahren mit sich bringen; vgl. Entscheidung des Schweizer Bundesgerichts v. 19. August 1996, BGE 122 II 367 E. 2c, 2d.

[958] Bernasconi, Internationale Amts- und Rechtshilfe, *in:* Schmid (Hrsg.), Kommentar Einziehung, organisiertes Verbrechen und Geldwäscherei, Bd. 2, § 7, Rn. 720, S. 438.

[959] Der Schutz der Privatsphäre ist im Staatsvertrag vom 25. Mai 1973 zwischen der Schweizerischen Eidgenossenschaft und den Vereinigten Staaten von Amerika über gegenseitige Rechtshilfe in Strafsachen (RVUS 3 Abs. 1 lit.a i. V. m. BG-RVUS 20), im Europäischen Abkommen Nr.100 (Art. 7 Abs. 1 lit.c des Abkommens Nr.100 des Europarats über den Erhalt im Ausland von Informationen und Beweismitteln in Verwaltungsangelegenheiten vom 15.

Dieses wird auf internationaler Ebene durch folgende Regelungen aufgehoben:

- Bundesgesetz über internationale Rechtshilfe in Strafsachen vom 20. März 1981 (IRSG)[960], in Kraft seit 1. Januar 1983;
- Staatsvertrag der Schweiz mit den Vereinigten Staaten von Amerika über die gegenseitige Rechtshilfe in Strafsachen vom 25. März 1973 (RVUS)[961];
- Europäisches Übereinkommen über die Rechtshilfe in Strafsachen (EüR) vom 20. April 1959 unter 13 Staaten, welches von der Schweiz 1967 ratifiziert wurde[962].

März 1978), bislang allerdings noch nicht durch die Schweiz ratifiziert; im Ingress des Europäischen Abkommens Nr. 127 (Art. 21 Ziff. 2 lit.d. des Abkommens Nr. 127 des Europarats betreffend die gegenseitige Amtshilfe in Steuerangelegenheiten vom 25. Januar 1988; allerdings ist die Schweiz diesem Abkommen nicht beigetreten), im Abkommen EG-CH über Amtshilfe im Zollbereich (Art. 9 Abs. 1 lit.d) sowie in den Übereinkommen betreffend polizeilicher Kooperation erwähnt.

[960] Der Bundesrat formulierte den Gesetzeszweck, in der den IRSG-Entwurf begleitenden Botschaft vom 8.3.1976, wie folgt: „Erleichterung der Zusammenarbeit im Bereich der internationalen Rechtshilfe in Strafsachen sowie Verbesserung der Rechtssicherheit und des Rechtsschutzes der betroffenen Personen."

[961] Ausgangspunkt für dieses Rechtshilfeabkommen war das amerikanische Interesse an internationaler Unterstützung im Kampf gegen das organisierte Verbrechen (insb. gegen die Mafia). Auf dieses Anliegen reagierte die Schweiz sehr zurückhaltend und lehnte das Rechtshilfegesuch unter Berufung auf das „Prinzip der gegenseitigen Strafbarkeit" zunächst ab. Schweizer Behörden befürchteten, dass das Hauptziel der USA die Durchbrechung der schweizerischen Rechtsgrundsätze – insbesondere des Bankgeheimnisses – sei. Die Schweiz sagte daher zunächst nur die Rechtshilfe bei reinen Kriminaldelikten zu (dies entsprach den bereits zum damaligen Zeitpunkt bestehenden Rechtshilfeabkommen mit Deutschland und Italien).
Aufgrund des immer stärker werdenden politischen Drucks seitens der USA willigte die Schweiz schließlich ein, auch bei Fiskaldelikten Auskunft zu erteilen. Dieses Zugeständnis stellte eine erhebliche Ausweitung im Bereich der schweizerischen Gewährung von Rechtshilfe dar, da die Schweiz zum ersten Mal in Fällen, in denen nur beim ersuchenden Staat eine Straftat vorlag, Auskunft erteilte und somit vom Prinzip der gegenseitigen Strafbarkeit abwich; vgl. hierzu ausführlich Zier, Das schweizerische Bankgeheimnis und seine Auswirkungen auf die deutsche Wirtschaft S. 115 f.

Prüfung und Einhaltung der zuvor genannten Regelungen wird mit großer Sorgfalt vorgenommen, so dass ein Verfahren auf dem Rechtshilfeweg auch mehrere Monate andauern kann[963]. Die jeweils handelnde Behörde muss bei jedem einzelnen Rechtshilfegesuch abwägen, ob dem Schutz der internationalen Gemeinschaft vor dem Verbrechen oder dem öffentlichen Interesse des Schutzes der persönlichen Freiheit der Vorzug zu geben ist[964].

Für die angemessene Vorgehensweise der Schweizer Rechtshilfebehörden enthält insbesondere das IRSG (Bundesgesetz für internationale Rechtshilfe in Strafsachen, SR 351.1)[965] genaue Vorgaben[966]. Die für die Praxis am häufigsten verwendeten Regelungen lauten wie folgt[967]:

---

[962] Das Schengener Durchführungsübereinkommen von 1990 erweitert dieses Übereinkommen und vereinfacht die Zusammenarbeit; siehe hierzu auch die Neuerungen im Rahmen des Zinsbesteuerungs-, Betrugsbekämpfungs- und Schengen/Dublin-Abkommens, dazu insb. Holenstein, Schweiz: Grenzüberschreitender Informationsaustausch nach In-Kraft-Treten der „Bilateralen II", *in:* Praxis Steuerstrafrecht 2005, S. 118.

[963] Hierzu ist kritisch anzumerken, dass aufgrund dieser langen Verfahrensdauer ein zügiges Einschreiten gegen die organisierte Kriminalität kaum möglich ist und somit der jeweiligen ausländischen Behörde eine zeitnahe Erledigung sowie eine Umgehung der Gefahr der Strafvereitelung des Falls verwehrt bleibt. Inwieweit diese Zeitspanne auch Auswirkungen auf die Erfolgsquote hat, soll hier dahinstehen; vgl. hierzu auch Müller, Geldwäscherei, Motive – Formen – Abwehr, S. 152 f.
Wegen der Internationalisierung der Kriminalität ist ferner eine starke Zunahme der Rechtshilfegesuche zu verzeichnen, was – insbesondere wegen der genauen Prüfungspflichten des jeweiligen Rechtshilfegesuchs – zu einer Überlastung der zuständigen eidgenössischen und kantonalen Stellen führt.

[964] Auch diese Abwägung erfolgt unter Beachtung des Grundsatzes der Verhältnismäßigkeit; vgl. im Detail Bernasconi, Finanzunterwelt, S. 118.

[965] Die Formen der internationalen Rechtshilfe in Strafsachen werden ferner von Art. 1 Abs. 1 IRSG abschließend umschrieben.

[966] Zu diesen Vorgaben gehört auch ein umfangreiches Instrumentarium durch das der Einzelne seine legitimen Rechte wahren kann, das heißt, wer von einem ausländischen Rechtshilfegesuch betroffen wird, kann gegen dieses Beschwerde (Art. 25 IRSG) einlegen. Diese Befugnis steht dabei nicht nur dem Beschuldigten selbst, sondern auch Zeugen, Opfern oder Dritten, die in die Untersuchungen eingezogen werden, zu. Erstinstanzlich entscheidet über die Berufung das kantonale Appellationsgericht (Obergericht des Kantons); im weiteren Ver-

1. Art. 1 Abs. 3 IRSG (Rechtshilfefähigkeit): Im Interesse von Zivil-, Verwaltungs-, Vollstreckungs- und Steuerverfahren werden die Mittel des Rechtshilfegesetzes nicht gewährt. Das heißt, rechtshilfefähig sind ausschließlich Strafsachen, in denen – entsprechend der Gesetzgebung des jeweiligen Landes – der Richter angerufen werden kann, zumindest in letzter Instanz.

2. Art. 1 a IRSG[968] (Beachtung der Hoheitsrechte, der Sicherheit, der öffentlichen Ordnung oder andere wesentliche Interessen der Schweiz): Gemäß dieser Regelung wird die Zusammenarbeit im Rahmen eines Gesuchs begrenzt, wenn (beispielsweise) die Preisgabe von Fabrikations- oder Geschäftsgeheimnissen – worunter auch das *Bankgeheimnis* fällt – sowohl in quantitativer als auch in qualitativer Hinsicht die Existenz eines Wirtschaftszweiges oder einer einzelnen Unternehmung des Landes gefährden würde.

3. Art. 2 IRSG (Beachtung der Verfahrensgrundsätze der Europäischen Menschenrechtskonvention -EMRK-): Einem Rechtshilfegesuch wird nicht entsprochen, wenn das Verfahren im Ausland den Verfahrensgrundsätzen der EMRK vom 04.11.1950 zuwider läuft bzw. die Durchführung des Verfahrens auf der Verfolgung oder Bestrafung einer Person aufgrund ihrer Rasse, Religion, Volkszugehörigkeit, politischer Anschauung oder Zugehörigkeit zu einer bestimmten Gruppe beruht, ferner wenn das Verfahren andere schwere Mängel aufweist.

4. Art. 5 IRSG (Erlöschen des Strafanspruchs): Einem Gesuch wird nicht entsprochen, wenn in der Schweiz oder im jeweiligen Tatortstaat der Richter aufgrund materiell-rechtlicher Gründe den Verfolgten freigesprochen oder das Verfahren eingestellt hat bzw. auf eine Sanktion verzichtet

---

lauf kann das Bundesgericht angerufen werden; vgl. hierzu ausführlich Bundesamt für Justiz, Die internationale Rechtshilfe in Strafsachen, Wegleitung, 3.3.4 Rechtsmittel und Beschwerdegründe, S. 33.

[967] Stand: 1. Februar 2009; vgl. hierzu auch Ausführungen in Bernasconi, Finanzunterwelt, S. 116 f., die zum Großteil übernommen wurden.

[968] Eingefügt durch Ziff. I des BG vom 4. Oktober 1996, in Kraft seit 1. Februar 1997 (AS 1997 114 130; BBl 1995 III 1); ursprünglich geregelt in Art. 1 Abs. 2 IRSG.

oder einstweilen davon abgesehen hat. Ferner wird dem Gesuch nicht Folge geleistet, wenn die Sanktion vollzogen wurde oder nach dem Recht des Urteilsstaates nicht vollziehbar ist.

5. Art. 64 Abs. 1 IRSG (Prozessuale Zwangsmaßnahmen): Prozessuale Zwangsmaßnahmen – beispielsweise Beschlagnahme, Zeugenbefragung, Hausdurchsuchung etc. – können nur zur Ausführung eines Rechtshilfegesuchs angeordnet werden, wenn die im Ausland verfolgte Tat die objektiven Merkmale eines nach schweizerischem Recht strafbaren Tatbestandes aufweist[969]. Eine Zwangsmaßnahme kann somit nicht durchgeführt werden, wenn sie *„im Interesse eines zur Verfolgung der in Italien verpönten Zugehörigkeit zu einer Mafiaorganisation oder der in den USA verpönten Form der kriminellen Vereinigung (conspiracy) geführten Verfahrens beantragt wird"*[970].

Unter Beachtung sämtlicher Rechtshilfenormen und der Einhaltung der entsprechenden Voraussetzungen können im Rahmen eines Rechtshilfegesuchs folgende Auskünfte und Unterlagen von einer Bank erlangt werden[971]:

Da der Name jedes Kunden dem Kreditinstitut bekannt sein muss, können Auskünfte über Kontoinhaber, Mitinhaber und Bevollmächtigte – sowohl von natürlichen als auch juristischen Personen – eingeholt werden[972]. Ferner kann die

---

[969] Gleichzeitig darf die anfragende ausländische Behörde nicht über weitgehendere Untersuchungs- und Zwangsmittel verfügen als diejenigen, die der schweizerischen Behörde nach internem Recht zugestanden werden. Eine solche Vorgehensweise wäre mit der öffentlichen Ordnung in der Schweiz nicht vereinbar.
Auf diesen Grundsatz stützt sich die Schweiz insbesondere bei Verfahren wegen Steuerdelikten im Zusammenspiel mit dem Bankgeheimnis: In dieser Konstellation könnte die ausländische Behörde im Rahmen ihres Rechtshilfegesuchs tatsächlich in den Besitz von Beweismittel kommen, die der Schweizer Behörde nicht zugänglich wären; vgl. hierzu auch Bundesamt für Justiz, Die internationale Rechtshilfe in Strafsachen, Wegleitung, 2.3 Anwendung von Zwangsmaßnahmen, S. 12 f.

[970] Vgl. Ausführungen in Bernasconi, Finanzunterwelt, S. 117.

[971] Hierzu erneut Bernasconi, Finanzunterwelt, S. 119.

[972] Dies gilt auch für Nummernkonten; vgl. hierzu Doggart/Schönwitz, Steuerparadiese und wie man sie nutzt, S. 238.

Übergabe von Dokumenten wie beispielsweise Kontoauszüge, Belege, Kundenkorrespondenz, Dokumente mit Unterschriftennachweisen der Verfügungsberechtigten usw. verlangt werden[973]. Schließlich ist auch die Beschlagnahme von Vermögenswerten möglich (hierunter fallen u. a. Wertpapiere, Edelmetalle, Devisen), wobei die Form der Hinterlegung keine Rolle spielt, so dass auch auf Schließfächer, Treuhandkonten o. ä. Zugriff gewährt wird[974].

Bei alledem darf nicht verkannt werden, dass zwar durch die Erteilung von Auskünften eine Durchbrechung des Bankgeheimnisses gegeben ist, Richter, Polizei und deren Mitarbeiter allerdings an ein strenges Amtsgeheimnis gebunden bleiben[975].

Der Bereich der Gewährung von Rechtshilfe (und Amtshilfe) ist in den letzten Jahren von einem stetigen Wandel und einer Vielzahl von Neuerungen geprägt. Die Schweiz ist hierbei an verschiedenen Fronten international unter zum Teil „kritischer Beobachtung" und wird schon deshalb in der Zukunft weitere Zugeständnisse machen. Signifikant sind insbesondere folgende Entwicklungen:

Im Rahmen bilateraler Verhandlungen zwischen der Schweiz und der Europäischen Union im Juni 2001 wurden von der EU Dossiers zur Zinsbesteuerung und zur Betrugsbekämpfung eingebracht. Das schweizerische Parlament genehmigte am 17.12.2004 das im Sprachgebrauch als „Bilaterale II" bezeichnete und aus acht Abkommen bestehende Vertragspaket mit der Europäischen Union. Insbesondere zwei dieser am 26.10.2004 in Luxemburg unterzeichneten –

---

[973] Flick/Wassermeyer/Kempermann, Art. 27 DBA Deutschland-Schweiz, Anm.131.

[974] Die Beschlagnahmung von Vermögenswerten kann allerdings nur erfolgen, wenn begründete Indizien vorliegen, wonach es sich bei dem jeweiligen Gut um Beweismittel handelt. Ein entsprechender Ermessensspielraum wird dabei der Untersuchungsbehörde und nicht dem (zuständigen) Bankmitarbeiter eingeräumt; vgl. hierzu auch Natterer, Working Paper: Internationale Rechtshilfe der Schweiz in Strafsachen, 4. Internationale Rechtshilfe und Bankgeheimnis, sowie Flick/Wassermeyer/Kempermann, Art. 27 DBA Deutschland-Schweiz, Anm.131.

[975] Für Partei und Verteidiger – also Dritte –, die Zugang zu den Strafakten haben, gilt dies natürlich nicht.

nachfolgend darzustellenden – Verträge haben Auswirkung auf den grenzüberschreitenden Informationsaustausch:

In der EU gibt es seit 1989 Bestrebungen, die steuerliche Erfassung von Zinseinkünften innerhalb des Gemeinschaftsgebietes zu gewährleisten und zu vereinheitlichen. Den von der EU zunächst angestrebten Informationsaustausch (sog. EG-Zinsrechtlinie 2003/48/EG[976]) sah die Schweiz allerdings mit ihrem Bankgeheimnis als nicht vereinbar an[977]. Um den Forderungen der EU letztlich Folge leisten zu können und gleichzeitig die Aufhebung des Bankgeheimnisses zu umgehen, entschied sich die Schweiz für die sog. Steuerrückbehaltslösung und schloss mit der EU ein separates Abkommen über die Besteuerung von Zinserträgen[978], das zum 1. Juli 2005 in Kraft trat. Der Steuerrückbehalt beträgt für den Zeitraum 1.7.2005 – 30.6.2005 15 v. H. und erhöht sich sodann v. 1.7.2008 – 30.6.2011 auf 20 v. H. und danach auf 35 v. H.[979]. Die im Rahmen des Steuerrückbehalts zum Zuge kommende „Verrechnungssteuer" (VST) ist eine Quellensteuer, die auf Zinserträge von Konten, Darlehen, Aktien und Obligationen erhoben wird (ausgenommen Dividendenerträge aus Aktien)[980].

Das Zinsbesteuerungsabkommen (ZBStA) enthält eine Amtshilfeklausel, die sich ausschließlich auf die Besteuerung der unter das Zinsbesteuerungsabkommen fallenden Einkünfte bezieht. Die Schweiz leistet demnach den EU-

---

[976] Richtlinie 2003/48/EG des Rates der Europäischen Union v. 3. Juni 2003 im Bereich der Besteuerung von Zinserträgen, Nr. 157/38.

[977] Reich/Bachmann, Internationale Amts- und Rechtshilfe in der Schweiz in Fiskalsachen, in: Zeitschrift für Schweizerisches und Internationales Steuerrecht (ZSIS) 2003, 2.1 Dossier Zinsbesteuerung.

[978] Siehe hierzu Schweizer Eidgenossenschaft, Zinsbesteuerung mit der EU; im Internet einsehbar unter http://www.efd.admin.ch/dokumentation/zahlen/00579/00608/00634/index.html?lang=de (Stand: Juli 2009).

[979] Das genaue Verfahren ist im Bundesgesetz vom 17.12.2004 zum Zinsbesteuerungsabkommen mit der EG geregelt. Siehe hierzu Schweizer Eidgenossenschaft, Zinsbesteuerung mit der EU; im Internet einsehbar unter http://www.efd.admin.ch/dokumentation/zahlen/00579/00608/00634/index.html?lang=de (Stand: Juli 2009).

[980] Gibt der Steuerpflichtige seine Kapitaleinkünfte im Rahmen der Steuererklärung an, so erhält er die Verrechnungssteuer zurück; vgl. hierzu Hild/Hild, Im Fadenkreuz der Steuerfahnder, S. 199.

Mitgliedsstaaten Amtshilfe, wenn eine natürliche Person Einkünfte, die unter das Abkommen fallen, in seinem Ansässigkeitsstaat im Wege eines Steuerbetruges (oder eines ähnlichen Deliktes[981]) der Besteuerung vorenthält[982]. Die Fallkonstellationen, die entsprechend des jeweiligen steuerlichen Veranlagungsverfahrens der betreffenden Staaten[983] als „ähnliche Delikte" gelten, sind im Rahmen eines „Einvernehmlichen Memorandums[984]" zu definieren.

Seit den neunziger Jahren kooperiert die Schweiz verstärkt mit der EU im Zollbereich zwecks Verhütung, Aufdeckung und Ermittlung von Schmuggeltätigkeiten. In diesem Zusammenhang wird seit 1. Juli 1997 zwischen der Europäischen Gemeinschaft und der Schweiz das Zusatzprotokoll zum Freihandelsabkommen v. 22. Juli 1972 über gegenseitige Amtshilfe in Zollsachen angewendet. Da das Abkommen nicht den nötigen Erfolg erzielte, verabschiedete der EU-Ministerrat zu Händen der EU-Kommission ein Mandat, dass Verhandlungen mit der Schweiz zwecks Abschlusses eines Kooperationsabkommens im Bereich der Betrugsbekämpfung vorsah[985]. Anknüpfend an dieses Vorhaben schloss die Schweiz im Zuge der „Bilateralen II" das sog. Betrugsbekämpfungs-

---

[981] Hierunter fallen Delikte, die nach der Rechtsordnung der ersuchenden Staaten denselben Unrechtsgehalt aufweisen wie der Steuerbetrug.

[982] Holenstein, Schweiz: Grenzüberschreitender Informationsaustausch nach In-Kraft-Treten der „Bilateralen II", *in:* Praxis Steuerstrafrecht, 2005, S. 119.

[983] Das zwischen der Schweiz und der BRD am 12.03.2002 abgeschlossene Revisionsprotokoll zum Doppelbesteuerungsabkommen (BGBl. 2003 Teil II, S. 67 ff.; BStBl. 2003 Teil I S. 165 ff.) enthält eine auf Betrugsdelikte beschränkte erweiterte Amtshilfeklausel; so Holenstein, Amtshilfe der Schweiz in Steuerstrafsachen, *in:* Praxis Steuerstrafrecht 2005, S. 67 ff.

[984] Das „Einvernehmliche Memorandum" verpflichtet die Schweiz, mit den einzelnen Staaten in Verhandlung über erweiterte Amtshilfeklauseln in Bezug auf Steuerbetrug und ähnliche Delikte zu treten, die Eingang in die jeweiligen Doppelbesteuerungsabkommen finden sollen; so Holenstein, Schweiz: Grenzüberschreitender Informationsaustausch nach In-Kraft-Treten der „Bilateralen II", *in:* Praxis Steuerstrafrecht, 2005, S. 119.

[985] Sog. „Kooperationsabkommen zur Bekämpfung des Betruges und anderer Straftaten zum Schaden der finanziellen Interessen der Europäischen Gemeinschaften, ihrer Mitgliedstaaten und der Schweiz".

abkommen (BBA)[986], das wesentliche Neuregelungen im Bereich der grenzüberschreitenden Zusammenarbeit in Steuersachen enthält[987]. Anwendbar ist das Abkommen nur auf die Amts- und Rechtshilfe bei den sog. *indirekten* Steuern (Mehrwertsteuer, Zollabgaben und Verbrauchssteuern)[988]. Eine „Opt-out"-Klausel gibt der Schweiz zusätzlich auf unbegrenzte Zeit das Recht, einseitig jede Übernahme künftiger Entwicklungen des EU-Rechts im Rahmen des sog. Schengen Acquis zu verweigern, soweit diese den Wegfall des Grundsatzes der beidseitigen Strafbarkeit bei *direkten* Steuern herbeiführen würde[989].

Die Schweiz stellt für die Amts- und Rechtshilfe bei den sog. *indirekten* Steuern den Behörden der EU und ihrer Mitgliedstaaten die gleichen Instrumente zur Verfügung, über die sie im Rahmen der schweizerischen Verfahren aufgrund schweizerischer Gesetze verfügt. Als Voraussetzung für den Vollzug von Zwangsmaßnahmen (bspw. einer Durchsuchung von Räumen sowie der Beschlagnahme von Akten und Gegenständen) ist nicht mehr ein Abgabebetrug, sondern nur noch eine erhebliche Abgabenhinterziehung[990] erforderlich. Sind die Voraussetzungen für den Vollzug von Zwangsmaßnahmen erfüllt, werden

---

[986] „Abkommen über die Zusammenarbeit zwischen der Schweizerischen Eidgenossenschaft einerseits und der EG und ihrer Mitgliedstaaten andererseits zur Bekämpfung von Betrug und sonstigen rechtswidrigen Handlungen, die ihre finanziellen Interessen beeinträchtigen."

[987] Das Abkommen tritt erst in Kraft, nachdem die Europäische Gemeinschaft, sämtliche der 25 Mitgliedstaaten und die Schweiz das Abkommen nach ihrem innerstaatlichen Verfahren ratifiziert haben. Das Verfahren in der Schweiz bei Amtshilfe ergibt sich aus dem Verhandlungsprotokoll v. 07.12.2011, Tz.2.I. (BStBl. 2003 Teil I S. 168 ff.). Das Verfahren auf deutscher Seite richtet sich nach dem Merkblatt zur zwischenstaatlichen Amtshilfe durch Auskunftsaustausch in Steuersachen vom 03.02.1999, BStBl. I 1999, 228 ff. und 974 (Verhandlungsprotokoll, Tz.2 II).

[988] Das Abkommen findet nur bei Delikten im Bereich der indirekten Steuern Anwendung, die mindestens 6 Monate nach Unterzeichnung begangen werden (sog. „old money" ist damit geschützt); vgl. hierzu insg. Economiesuisse, Bilaterale II: Betrugsbekämpfung, *in:* dossierpolitik v. 18. Oktober 2004, S. 1, 3.

[989] Integrationsbüro, Eidg. Department für auswärtige Angelegenheiten (EDA), Bilaterales Abkommen II Schweiz- EU: Vernehmlassung; im Internet einsehbar unter: http://www.swissbanking.org/vernehmlassung_3_9_04_bilateral_II.pdf (Stand: Juli 2009).

[990] Die Deliktssumme müsste bei einer erheblichen Abgabenhinterziehung über 25.000 Euro liegen.

auf entsprechendes Ersuchen hin auch Informationen über Bankkonten und Finanztransaktionen geliefert, was jedoch keine grundsätzliche Neuerung darstellt.

Die Parteien des Abkommens leisten ferner für Geldwäscherei Rechtshilfe, soweit die Vermögenswerte aus einem schweren Abgabebetrug oder aus einem gewerbsmäßigen Schmuggel stammen[991]. Dies bedeutet eine Ausdehnung der Rechtshilfe im Rahmen der Geldwäscherei, die jedoch nicht mit einer Veränderung des Geldwäschereibegriffs oder einer neuen Meldepflicht einhergeht[992].

Schließlich ist das Abkommen zur Betrugsbekämpfung nur auf konkrete Verdachtsmomente anwendbar, so dass einem generellen Ausforschungsbegehren (sog. „Fishing Expedition") nicht Folge geleistet wird[993]. Auch gilt weiterhin das sog. Spezialitätsprinzip, durch das die Unantastbarkeit des Schweizer Bankgeheimnisses erhalten bleibt, da die übermittelten Informationen nur für Zwecke verwendet werden, die unter den Anwendungsbereich des Abkommens fallen[994].

Weitere Entwicklungen im Bereich der Gewährung von Amts- und Rechtshilfe werden sich zukünftig auch durch die verschiedenen Projekte der OECD[995] ergeben. In der jüngsten Vergangenheit erklärte sich die Schweiz unter zunehmendem internationalem Druck bereit, ihre Vorbehalte gegenüber dem internationalen Informationsaustausch i. S. v. Art. 26 OECD-Musterabkommen (OECD-MA) aufzugeben, um zur „großen Amtshilfe" überzugehen[996].

---

[991] Holenstein, Schweiz: Grenzüberschreitender Informationsaustausch nach In-Kraft-Treten der „Bilateralen II", *in:* Praxis Steuerstrafrecht, 2005, S. 120.

[992] Economiesuisse, Bilaterale II: Betrugsbekämpfung, *in:* dossierpolitik v. 18. Oktober 2004, S. 1 f.

[993] Siehe hierzu Artikel VI 3. Zu Artikel 27 a) des Revisionsprotokolls v. 12. März 2002, BGBl. 2003 II, S. 67 ff.

[994] Eine Verletzung des Prinzips von Seiten der EU hätte zwingend die Verweigerung von Auskünften oder sogar die Kündigung des Abkommens zur Folge.

[995] Vgl. hierzu bereits die Ausführungen in Kapitel II. 6.2 Organisation für wirtschaftliche Zusammenarbeit und Entwicklung (OECD).

[996] Siehe hierzu Medienmitteilung der Schweizerischen Eidgenossenschaft v. 13.03.2009; im Internet einsehbar unter: http://www.efd.admin.ch/dokumentation/medieninformationen/00467/index.html?lang=de&msg-id=25863 (Stand: Juli 2009) sowie Tarolli Schmidt,

Grundsätzlich ist die Weitergabe von Informationen auf dem Amtshilfeweg in bilateralen Doppelbesteuerungsabkommen geregelt. Amtshilfe an ausländische Behörden wird von der Schweiz immer dann gewährt, wenn Verbrechen sowie Vergehen des (Schweizer) Strafgesetzes seitens des Ersuchenden glaubhaft gemacht werden können[997]. Die sog. Steuerhinterziehung (Artikel 175.1 Bundesgesetz über die direkte Bundessteuer) fällt damit, wie bereits mehrfach hervorgehoben, als bloße Ordnungswidrigkeit aufgrund ihrer Deliktsqualität nicht darunter. Lediglich bei einem qualifizierten Steuerbetrug[998] (Art. 186.1 Bundesgesetz über die direkte Bundessteuer)[999] könnte Amtshilfe von Schweizer Seite gewährt werden. Den Vereinigten Staaten ist es (bislang) gelungen, mit der Schweiz eine erweiterte Auskunftsklausel zu vereinbaren[1000].

Die sog. „große Amtshilfe" nach OECD-Standards sieht – nunmehr auch für die Schweiz – einen vermehrten Austausch von Informationen sowie die gegenseitige Unterstützung im Bereich der Fiskaldelikte vor[1001]. Konkret bedeutet die Umsetzung, dass der Schweizer Bundesrat den OECD-Standard bei der Amtshilfe in Steuersachen gemäß Art.26 des OECD-MA als Basis für die Revision von Doppelbesteuerungsabkommen übernehmen wird. Da Art. 26 OECD-MA nicht direkt anwendbar ist, bedarf es zunächst einer entsprechenden Umset-

---

Schweizer Amts- und Rechtshilfe in Steuersachen – Status quo und Ausblick, *in:* Praxis Internationale Steuerberatung 2009, S. 177.

[997] Bosshard, *in:* Verdacht auf Geldwäsche, Geldwäschebekämpfung in der Schweiz, S. 241.

[998] Ein Beispiel für einen qualifizierten Steuerbetrug würde eine Steuerhinterziehung in Verbindung mit Urkundenfälschung darstellen; vgl. hierzu ausführlich Debatin/ *Wassermeyer*, DBA, DBA-Schweiz Art. 27, Rn. 32.

[999] Vereinfacht dargestellt, spricht man von Steuerhinterziehung, wenn der Steuerpflichtige es „vergessen" hat, Teile seines Einkommens oder seines Vermögens im Rahmen der Steuererklärung anzugeben, bei einem Steuerbetrug hingegen wurden Bilanzen, Belege, Geschäftsbücher, Urkunden etc. ver- bzw. gefälscht. Vgl. hierzu ausführlich Pieper, Rechts- und Amtshilfe in Steuerangelegenheiten durch die Schweiz insbesondere im Hinblick auf das schweizerische Bankgeheimnis, S. 41 f.

[1000] Vgl. hierzu insbesondere Art. 26 Abs. 1 des Abkommens zwischen der Schweizerischen Eidgenossenschaft und den Vereinigten Staaten von Amerika zur Vermeidung der Doppelbesteuerung auf dem Gebiete der Steuern vom Einkommen vom 2.10.1996, SR 0.672.933.61, in Kraft seit 19.12.1997.

[1001] Siehe hierzu die Vorgaben des Art. 26 OECD-Musterabkommen (OECD-MA).

zung in den jeweiligen (etwa 70) Staatsverträgen (Doppelbesteuerungsabkommen – DBA) der Schweiz mit anderen Ländern[1002]. Dies bedeutet vor allem eine Vielzahl von Verhandlungen mit den DBA-Partnerstaaten der Schweiz, was Monate oder sogar Jahre in Anspruch nehmen wird[1003] und im Rahmen derer sämtliche Voraussetzungen zur Leistung von Amtshilfe in jedem einzelnen Doppelbesteuerungsabkommen neu verhandelt werden können[1004]. Erst im Anschluss können bzw. müssen die revidierten Doppelbesteuerungsabkommen in Kraft gesetzt werden. Der Inhalt von Art. 26 OECD-MA ist somit auch erst ab diesem Zeitpunkt anwendbar, so dass auch erst dann entsprechende Informationsgesuche an die Schweiz gestellt werden können. Frühestens in einigen Jahren können demnach ausländische Steuerfahnder bei einem begründeten Verdacht auf Steuerhinterziehung mit Amtshilfe von Schweizer Seite rechnen[1005].

Bei entsprechender Umsetzung der OECD-Standards kann die Schweiz im Gegenzug davon ausgehen, nicht mit Handelssanktionen – wie beispielsweise einem Platz auf der „Schwarzen Liste" der OECD[1006] – konfrontiert zu werden[1007].

Fazit: Ein Festhalten am strengen Schweizer Bankgeheimnis, insbesondere im Zusammenhang mit der Gewährung von internationaler Amts- und Rechtshilfe an andere Staaten, dürfte der Schweiz in Zukunft nicht möglich sein. Der von

---

[1002] Riecke, Schweiz: Revolution nach Fahrplan, *in:* Handelsblatt v. 16.03.2009, S. 5.

[1003] Die Schweiz und die USA einigten sich bereits auf eine Ausweitung der Amtshilfe auf Fälle der Steuerhinterziehung und paraphierten ein entsprechendes Doppelbesteuerungsabkommen (DBA). Weitere Vereinbarungen dieser Art wurden mit Frankreich, Dänemark, Norwegen und Mexiko sowie einem weiteren, nicht öffentlich genannten Land geschlossen; siehe hierzu Dunsch, Schweizer Bankgeheimnis wird löchriger, *in:* FAZ v. 22.06.2009, S. 13. Zudem sind Gespräche mit Japan und Deutschland geplant; so „Bern plant Abstimmung über Bankgeheimnis", *in:* FAZ v. 09.4.2009, S. 12, sowie „Da wird auf Zeit gespielt", *in:* DIE ZEIT v. 26.03.2009, S. 32.

[1004] In diesem Zusammenhang ist insbesondere mit Amnestien für Steuersünder sowie Übergangsregelungen für Gelder von ausländischen Anlegern auf Schweizer Konten zu rechnen.

[1005] Riecke, Schweiz: Revolution nach Fahrplan, *in:* Handelsblatt v. 16.03.2009, S. 5.

[1006] Vgl. hierzu bereits die Ausführungen in Kapitel II. 6.2 Organisation für wirtschaftliche Zusammenarbeit und Entwicklung (OECD).

[1007] Jost, Schau mir in die Augen, kleines Land!, *in:* Welt am Sonntag v. 22.03.2009, S. 25.

der Schweiz unverändert praktizierte Ausschluss der Fiskaldelikte von der internationalen Rechtshilfe stößt auf absolutes Unverständnis in der internationalen Staatengemeinschaft. Dies führt für die Schweiz zur Isolation bei den Verhandlungen mit der OECD und der Europäischen Union, die internationalen Steuerkoordinationsbemühungen herbeizuführen. Fakt ist in diesem Zusammenhang, dass Staaten und Gebiete, die ausländischen Finanzbehörden nicht entsprechend den von der OECD entwickelten Standards auf entsprechendes Ersuchen hin die für ein Besteuerungsverfahren erforderlichen Auskünfte erteilen, es Bürgern anderer Staaten erleichtern, Steuern auf ihre Einkünfte zu hinterziehen. Dies wiederum stellt eine Schwächung der staatlichen Leistungsfähigkeit dar und kommt einem Angriff auf die Kräfte, die das Wohlergehen der Allgemeinheit sichern und erleichtern gleich.

Neben dem Bereich der Fiskaldelikte bedarf es auch einer ausreichenden (ausländischen) Rechtshilfe im Hinblick auf gemeinrechtliche Straftaten. Die fortschreitende Globalisierung nutzt der Verbrecherszene und im Rahmen einer wirksamen Bekämpfung bedarf es daher auch in diesem Bereich einer internationalen Zusammenarbeit. Gerade am Phänomen Geldwäscherei lässt sich die Schnelllebigkeit anhand immer neuer Techniken bestens verdeutlichen. Steht die Schweiz hier im Abseits, wird sie zur Drehscheibe des organisierten Verbrechens. Diese Prognose wird umso realer, je mehr man den aufsehenerregenden Geldwäschereifällen in der Vergangenheit, aber auch in der Gegenwart[1008], Beachtung schenkt.

Auch wenn die Schweiz stets nur „unter internationalem Druck" zu kooperieren beginnt, ist sie jetzt auf einem europäischen Weg. Es bleibt zu hoffen, dass, sobald die geplanten bilateralen Doppelbesteuerungsabkommen neu abgeschlossen wurden, die auskunftssuchenden Länder von den neuen Möglichkeiten auch Gebrauch machen. Da ein Rechtshilfeersuchen oftmals zeit- und arbeitsintensiv ist sowie entsprechende Spezialkenntnisse verlangt, kommen die-

---

[1008] Beispielswiese die „Steuerhinterziehungsaffäre" bei der Großbank UBS; vgl. hierzu (u. a.) „Amerikaner eröffnen eine neue Front gegen die UBS", in: FAZ v. 21.02.2009, S. 13.

se Ermittlungsmaßnahmen bislang zu selten bei (deutschen) Strafverfolgungsbehörden und in der Steuerverwaltung zum Einsatz[1009].

3.3 Ein „Delaware-Effekt" in der Schweiz?

Die beiden vorangegangenen Kapitel untersuchten die Vereinbarkeit von Bankgeheimnis und konsequenter Geldwäschereibekämpfung. Entwickelt man das Untersuchungsergebnis weiter, lässt sich hinsichtlich der internationalen Positionierung des Schweizer Finanzplatzes im Bereich der Vermögensverwaltung eine Parallele zum sog. „Delaware-Effekt" ziehen:

Der Delaware-Effekt basiert auf einer Regelung des US-amerikanischen Gesellschaftsrechts, wonach es im Hinblick auf das liberalste Unternehmensrecht zu einem Wettlauf zwischen den einzelnen Bundesstaaten der USA kam[1010]. Ausgangspunkt für die Entstehung des Delaware-Effekts war ein Urteil des US-Supreme Court[1011], das den US-Bundesstaaten nicht erlaubte, auf den zwi-

---

[1009] Nach Aussage der Schweiz hat Deutschland von der Amtshilfe, ebenso wie von der noch komplizierteren Rechtshilfe, bisher kaum Gebrauch gemacht. In den Jahren 2006 und 2008 gingen bei der Eidgenössischen Steuerverwaltung von allen Staaten insgesamt drei Amtshilfeanfragen pro Jahr ein. Obwohl das DBA mit Deutschland erweitert wurde, sind seither keine entsprechenden Gesuche eingegangen. In Bezug auf die Rechtshilfe in Fiskalsachen gehen jährlich durchschnittlich rund 100 Gesuche sämtlicher Nationen ein und die Normen werden demnach häufiger genutzt; so Tarolli Schmidt, Schweizer Amts- und Rechtshilfe in Steuersachen – Status quo und Ausblick, in: Praxis internationale Steuerberatung 2009, S. 178, sowie „Schweizer Banken sehen keinen Grund für Panik", in: FAZ v. 19.03.2009, S. 19.

[1010] Körber, Grundfreiheiten und Privatrecht, S. 297 insbesondere Fn. 76, m. Verw. a. US Supreme Court in Liggett Co. v. Lee, 288 U.S. 517,558f. (1933): *"Companies were early formed to provide charters for cooperations in states where the cost was lowest and the laws least restrictive. The states joined in advertising theirwares. The race was one not of diligence but of laxity."* Sowie Wenzel, Die Fortgeltung der Rechtsprechungsregeln zu den eigenkapitalersetzenden Gesellschaftsdarlehen, S. 186.

[1011] Mit der Entscheidung des US-Supreme Courts in „Paul vs. Virginia", 75 U.S. 168, 19 L.Ed. (1869), wurde der Wettbewerb eröffnet. Nach dieser Entscheidung wurde es möglich, eine „Corporation", also ein Unternehmen, ungeachtet des späteren Geschäftsschwerpunktes dort zu gründen, wo die liberalste Regelung galt. Vgl. hierzu auch Franz, Die Beendigung von Gesellschaften im US-amerikanischen Recht, S. 3 f.

schenstaatlichen Verkehr von Unternehmen Einfluss zu nehmen. Dieses Urteil hatte zur Folge, dass Unternehmen ihre jeweilige Niederlassung in den USA frei wählen konnten und keine Einschränkungen bei Geschäften innerhalb der USA zu befürchten hatten[1012]. Die Wahl der Niederlassung seitens der Unternehmen fiel dabei regelmäßig auf den Staat, der die liberalsten Gesetze für eine Unternehmensgründung vorsah. Diese Vorteile boten insbesondere die US-Staaten Maine, New Jersey und Delaware, die aufgrund der dort geltenden Gesetze die überwiegende Anzahl neuer Unternehmen anzogen[1013]. Seit 1967 war Delaware in Bezug auf das liberalste Unternehmensrecht Spitzenreiter und „gewann" somit den Wettbewerb. Seit 2004 sind nunmehr ca. 40 % der an der Wall Street gelisteten Unternehmen in Delaware ansässig[1014].

Die Schweiz bietet zwar keine vollkommen liberalen Gesetze in Bezug auf die Geldwäschereibekämpfung und weist auf den ersten Blick auch keine wirklichen Besonderheiten im Vergleich zu anderen Bankenplätzen auf, allerdings ist der Vorteil der Schweiz hinsichtlich der Wahl des „richtigen" Finanzplatzes für eine Geldanlage das strikte Bankgeheimnis im Zusammenspiel mit einer wirkungsvollen Reputation des Bankenplatzes. Der zuvor beschriebene Delaware-Effekt tritt somit genau wegen dieses Umstands ein:

Das Bankgeheimnis bietet eine nahezu undurchdringliche Bastion gegen die unbefugte Einsichtnahme finanzieller Verhältnisse eines Bankkunden. Die Kombination aller Faktoren, umgesetzt durch eine entsprechende Finanzmarktpolitik, lässt die Schweiz auf der internationalen Bühne einen äußerst attraktiven Partner im Bereich der Vermögensanlage sein. Ausschlaggebend ist und bleibt jedoch der Umstand, dass die Schweiz in der „Bankgeheimnis-Liga"[1015]

[1012] Vgl. Entscheidung des US-Supreme Courts in „Paul vs. Virginia",75 U.S. 168, 19 L.Ed. (1869).

[1013] Zur Geschichte des Wettbewerbs zwischen den Einzelstaaten siehe Merkt/Göthel, US-amerikanisches Gesellschaftsrecht S. 29 ff., Rn. 18 ff.

[1014] Merkt, Das Europäische Gesellschaftsrecht und die Idee des „Wettbewerbs der Gesetzgeber", in: RabelsZ 1995, S. 549.

[1015] Bilsdorfer, Das Bankgeheimnis, in: DStR 1984, S. 498, spricht insoweit von der „*Bankgeheimnis-Bundesliga*".

auf den obersten Plätzen rangiert. Ein solches „Gesamtpaket" vorteilhafter Faktoren wirkt bei der Wahl des für einen Bankkunden optimalen Bankenplatzes insgesamt positiv. So wie sich einst die Unternehmen der USA bei der Wahl ihrer Niederlassung an den liberalsten Gesetzen für eine Unternehmensgründung orientierten, fällt die Wahl im Bereich einer privaten Vermögensanlage auf den Bankenplatz, der die überzeugendsten Rahmenbedingungen aus Sicht des Kunden aufweist. Ein Ableger des sog. US-amerikanischen Delaware-Effekts ist somit auch im Rahmen der Präsentation des Schweizer Finanzplatzes gegenüber seinen (potenziellen) Bankkunden erkennbar.

Delaware gewann im Jahre 1967 den Wettbewerb in Bezug auf das liberalste Unternehmensrecht und konnte im Ergebnis die größte Zahl an Unternehmensansiedlungen verzeichnen. Im Bereich privater Vermögensanlage („Private Banking") positioniert sich die Schweiz mit einem ähnlichen Effekt an der Spitze international agierender Bankenplätze. Diesen Erfolg kann der Finanzplatz Schweiz aufgrund einer Vielzahl günstiger Faktoren verzeichnen: Die Schweiz ist ein politisch und wirtschaftlich stabiles Land, im Kampf gegen die Geldwäscherei wirkt sie an vorderster Front mit, was wiederum ihrer Reputation in diesem Bereich Vorschub leistet, Schweizer Banken bieten professionelles Knowhow und Erfahrung im Bereich der Vermögensanlage und können ihren Kunden noch einen weiteren, alles entscheidenden Schutz bieten, nämlich das Schweizer Bankgeheimnis. Trotz Weiterentwicklung der Amts- und Rechtshilfe bleibt das Bankkundengeheimnis zurzeit noch bei den direkten Steuern gewahrt. Es wird nur bei begründetem Verdacht auf kriminelle Aktivitäten aufgehoben, worunter allerdings nicht die sog. Steuerhinterziehung fällt. Gerade der unredliche Anleger kann somit zumindest für einen gewissen Zeitraum noch auf die Verschwiegenheit Schweizer Bankangestellter vertrauen.

Aufgrund der gegenüber der EU und der OECD von Schweizer Seite aus gemachten Zugeständnisse bleibt durch die stetige Aufweichung des Schweizer Bankgeheimnisses fraglich, wie lange die Schweiz noch als Steueroase[1016] gelten wird.

[1016] Bizozzero, Keine Oase ohne Wüste, *in:* NZZ v. 01.11.2002, S. 65.

3.4 Die Effizienz des Schweizer Systems der Geldwäschereibekämpfung im internationalen Vergleich

Auf den ersten Blick nimmt die Schweiz aufgrund ihrer ausgesprochen risikoorientierten Präventivmaßnahmen im internationalen Vergleich eine solide Position ein. Diese erste Einschätzung wurde jüngst von der FATF im Länderbericht aus dem Jahre 2005[1017] trotz einiger formalistischer Kritik bestätigt. Die konsequente Umsetzung der einzelnen Maßnahmen und eine strikte Kontrolle dieser Entwicklung schaffen demnach eine homogene Abwehrstrategie.

Ob die ursprüngliche Zielsetzung der Geldwäschereigesetzgebung von der Schweiz beibehalten wurde und sich die weitere Entwicklung wie geplant vollzieht, wird Gegenstand der folgenden Ausführungen sein. In diesem Zusammenhang ist auch die Entwicklung des Meldewesens in die Untersuchung einzubeziehen.

3.4.1 Ursprüngliche Zielsetzung und Entwicklung der Geldwäschereigesetzgebung

Die ursprüngliche Zielsetzung der Geldwäschereiprävention war es, nach mehreren bedeutenden Geldwäscherei-Vorfällen eine „Ideallösung" im Bereich der Geldwäschereibekämpfung – insbesondere durch die Vorschriften des Geldwäschereigesetzes (GwG) – zu installieren[1018].

Dieses Ziel wurde aufgrund der Ergebnisse einer Studie des Instituts für schweizerisches Bankwesen der Universität Zürich allerdings verfehlt[1019]: Nach

---

[1017] Vgl. zum „Länderexamen 2005" Weber, Das Pferd ist falsch aufgezäumt, *in:* NZZ v. 12.04.2005, S. 29, sowie 3. FATF-Länderexamen der Schweiz 2005; im Internet einsehbar unter: http://www.fatf-gafi.org/dataoecd/29/11/35670903.pdf (Stand: Juli 2009). Ferner wird Bezug auf Kapitel II. 6.1 Financial Action Task Force (FATF) genommen.

[1018] Höreth, Die Bekämpfung der Geldwäsche, S. 152 f. m. Verw. a. Prittwitz, Die Geldwäsche und ihre strafrechtliche Bekämpfung – oder: Zum Einzug des Lobbyismus in die Kriminalpolitik, *in:* StV 1993, 498, 499.

[1019] Geiger/Wünsch, Die Massnahmen zur Geldwäschereiprävention im internationalen Vergleich, Institut für schweizerisches Bankwesen der Universität Zürich; im Internet einsehbar

den Untersuchungen des Instituts für schweizerisches Bankwesen verursacht die breit angelegte Vorgehensweise gegen Geldwäschereidelikte den davon betroffenen Kreditinstituten hohe finanzielle Aufwendungen ohne angemessene Erfolge. Drogenhandel und Kriminalität konnten – allen regulatorischen Vorkehrungen zuwider – nicht reduziert werden; die Ergebnisse der Studie belegen sogar eine seit den siebziger Jahren weiterhin steigende Tendenz von Straftaten[1020].

Angesichts des hohen finanziellen Aufwands für die Geldwäschereiprävention – die bei den Finanzintermediären, den Aufsichtsbehörden und den Revisionsgesellschaften anfällt – stellt sich die Frage nach dem eigentlichen Nutzen. Dieser ist zunächst einmal – insbesondere für die Schweizer Banken – in dem Umstand zu sehen, dass ein Engagement im Bereich der Geldwäschereiprävention bereits aus Reputationsgründen als unerlässlich anzusehen ist[1021]. Grundvoraussetzung für den unternehmerischen Erfolg einer Bank ist nicht der erfolgreiche Kampf gegen Kriminalität, sondern eine intakte Reputation durch entsprechende Maßnahmen im Bereich der Geldwäschereibekämpfung an sich. Im grenzüberschreitenden Geschäft gilt als wesentlicher Maßstab die Einhaltung der internationalen Richtlinien, das heißt die Umsetzung international anerkannter Bestimmungen zur Geldwäschereiprävention[1022]. Obwohl die Schweizer

---

unter: http://www.isb.uzh.ch/publikationen/amls/pdf/Aml2006-SbiVhv-pdf.pdf (Stand: Juli 2009).

[1020] Geiger/Wünsch, Die Massnahmen zur Geldwäschereiprävention im internationalen Vergleich, Institut für schweizerisches Bankwesen der Universität Zürich; im Internet einsehbar unter: http://www.isb.uzh.ch/publikationen/amls/pdf/Aml2006-SbiVhv-pdf.pdf (Stand: Juli 2009).
Der Kampf gegen die Geldwäscherei führt auch in der Bundesrepublik Deutschland seit der Einführung des Geldwäschetatbestandes im deutschen Strafgesetzbuch nur zu bescheidenen Erfolgen: Die deutschen Behörden beschlagnahmten nicht einmal ein Promille der kriminellen Gelder und die Zahl der Verdachtsmeldungen ist in den Jahren 2007/2008 auf 7300 zurückgegangen; so Jahn, Erfolglos gegen Geldwäsche, in: FAZ v. 10.06.2009, S. 21.

[1021] Gallarotti, Unerlässlicher Kämpf gegen die Geldwäscherei, in: NZZ v. 05.08.2006, S. 23.

[1022] Geiger/Wünsch, Die Massnahmen zur Geldwäschereiprävention im internationalen Vergleich, Institut für schweizerisches Bankwesen der Universität Zürich, 4. Schlussfolgerung; im Internet einsehbar unter: http://www.isb.uzh.ch/publikationen/amls/pdf/Aml2006-SbiVhv-pdf.pdf (Stand: Juli 2009).

Banken schon seit vielen Jahren über ein umfassendes Instrumentarium in Bezug auf die Bekämpfung der Geldwäscherei verfügen, wird bei der Umsetzung neuer Maßnahmen regelmäßig übereilt gehandelt, ohne die wirtschaftlichen Folgewirkungen zu berücksichtigen[1023]. Dieser quasi vorauseilende Gehorsam ist erneut auf das Ziel „Stärkung des Kapitalmarktes Schweiz" zurückzuführen[1024]. Es besteht daher die Forderung – aufgrund der negativen Auswirkungen eines solch übereilten Engagements – die internationale Vorreiterstellung im Bereich der Bekämpfung der Geldwäscherei, für die die Schweiz steht, auf ein „angemessenes" Maß zurückzuschrauben, damit Maßnahmen tatsächlich der Geldwäschereibekämpfung und damit dem Finanzplatz Schweiz zugute kommt[1025].

Die zuvor zitiert Studie[1026] untersucht und vergleicht neben dem Abwehrdispositiv der Schweiz auch jenes von Singapur und Deutschland. Nach dem Untersuchungsergebnis sind keine signifikanten regulatorischen Unterschiede festzustellen. Die Kreditinstitute jedes dieser Länder waren allerdings davon überzeugt, die strengsten und aufwendigsten Geldwäschereibestimmungen geschaffen und umgesetzt zu haben[1027]. Aufgrund dieser sehr subjektiven Sicht der Dinge – die auch auf Schweizer Seite wiederzufinden ist – scheint es somit zumindest erklärbar, warum die Schweiz die Ansicht vertritt, eine „Ideallösung" im Bereich der Geldwäschereibekämpfung gefunden und damit ihre ursprüngliche Zielsetzung erreicht zu haben.

[1023] Enz, Schweizer Banken setzen auf bilateralen Weg wider übereilten Ausbau der Geldwäschereibekämpfung, *in:* NZZ v. 11.03.2005, S. 21.

[1024] Vgl. hierzu SBVg – Journalistenseminar 5./.06.03, Referat von Prof. Dr. Mark Pieth, Geldwäschereibekämpfung im internationalen Vergleich, S. 5.

[1025] Bosshard, *in:* Verdacht auf Geldwäsche, Geldwäschebekämpfung in der Schweiz, S. 229.

[1026] Geiger/Wünsch, Die Massnahmen zur Geldwäschereiprävention im internationalen Vergleich, Institut für schweizerisches Bankwesen der Universität Zürich; im Internet einsehbar unter: http://www.isb.uzh.ch/publikationen/amls/pdf/Aml2006-SbiVhv-pdf.pdf (Stand: Juli 2009).

[1027] Geiger/Wünsch, Die Massnahmen zur Geldwäschereiprävention im internationalen Vergleich, Institut für schweizerisches Bankwesen der Universität Zürich; im Internet einsehbar unter: http://www.isb.uzh.ch/publikationen/amls/pdf/Aml2006-SbiVhv-pdf.pdf (Stand: Juli 2009).

Betrachtet man die Entwicklung der Geldwäschereibekämpfung eingehender, erscheint das Schweizer Regelwerk als „permanente Baustelle". Um die Reputation des Finanzplatzes Schweiz weiterhin zu gewährleisten, werden seit dem Inkrafttreten des Bundesgesetzes zur Bekämpfung der Geldwäscherei (Schweizer Geldwäschereigesetz), die damit verbundenen Regulierungen ständig verfeinert[1028]. Zudem verlangen auch die FATF-Empfehlungen permanent Gesetzesanpassungen, wenn auch die meisten der 40 Vorschläge bereits in schweizerisches Recht umgesetzt wurden[1029]. Für die Durchführung und Durchsetzung des Geldwäschereigesetzes sind vier Aufsichtsorgane zuständig: die Eidgenössische Bankenkommission (EBK), das Bundesamt für Privatversicherung (BPV), die Eidgenössische Spielbankenkommission sowie die Kontrollstelle für die Bekämpfung der Geldwäscherei. Die Komplexität wird noch dadurch gesteigert, dass die zwölf anerkannten Selbstregulierungsorganisationen – wie bspw. diejenige der Spielbanken oder der Versicherer – über eigene Reglements verfügen.

Die weiter ansteigende Vielschichtigkeit der Regelungen führt dabei nicht immer zu mehr Klarheit für die Arbeit der Finanzintermediäre: Zukünftig gilt es (u. a.) die Liste der Vortaten zur Geldwäscherei zu vervollständigen. Vor allem werden dabei immer neue Branchen erfasst (z. B. die an der Börse notierten Beteiligungsgesellschaften)[1030]. Im Rahmen der Revision des Geldwäschereigesetzes[1031] wurde ebenfalls auf einen erweiterten Geltungsbereich gesetzt, indem

---

[1028] Rosenberg, Elimination einiger „schwarzer Schafe", Intensive Tätigkeit der Kontrollstelle gegen Geldwäscherei, *in:* NZZ v. 27.03.2004, S. 25.

[1029] Im Zuge der Umsetzung der revidierten Empfehlungen der FATF zur Bekämpfung der Geldwäscherei und der Terrorismusfinanzierung soll die Konformität der schweizerischen Gesetzgebung mit den einschlägigen internationalen Standards erreicht werden; so Meldestelle für Geldwäscherei Schweiz (MROS), Statistik der MROS, 9. Jahresbericht 2006, S. 76 ff.

[1030] Ferner sind beispielsweise auch die Schaffung neuer Vortaten zur Geldwäscherei für bandenmäßigen Schmuggel, Warenfälschung und Produktpiraterie sowie Insiderdelikte und Kursmanipulation vorgesehen; vgl. hierzu Behr, Geldwäscherei – eine Aufsicht auf Abwegen. Immer neue Branchen unter der Lupe, *in:* NZZ v. 03.08.2004, S. 23.

[1031] Vgl. hierzu Bundesgesetz zur Umsetzung der revidierten Empfehlungen der Groupe d'action financière vom 3. Oktober 2008, AS 2009 361.

eine Ausdehnung auf die Terrorismusfinanzierung erfolgte (vgl. Art. 1 Schweizer GwG)[1032]. Insgesamt wird durch die Schaffung neuer Maßnahmen eine gesteigerte Wirksamkeit des schweizerischen Abwehrdispositivs angestrebt, die den generellen Schutz des Finanzplatzes vor Missbräuchen verstärken soll.

Der übereifrige Kampf gegen die Geldwäscherei stößt allerdings selbst in den eigenen Reihen auf Bedenken[1033]: Die Vereinigung schweizerischer Privatbankiers (VSPB) warnte davor, den Katalog an Vortaten des Geldwäschereitatbestandes um Insiderdelikte und Kursmanipulationen zu erweitern[1034]. Würde man diese Straftatbestände in den Vortatenkatalog aufnehmen, käme es zu einer Umqualifizierung dieser Delikte zu Verbrechen. Sie ständen im Zuge dessen auf gleicher Ebene mit dem Drogenhandel und der organisierten Kriminalität, welche die „klassischen" Vortaten der Geldwäscherei begründen. Ein solches – übereiltes – Handeln widerspricht letztlich auch dem ursprünglichen Ziel der Geldwäschereibekämpfung, wonach man in erster Linie das Einschleusen von Gewinnen aus Menschen-, Drogen- und Waffenhandel in die legale Wirtschaft verhindern wollte. Der originäre Begriff der Geldwäscherei würde auf diese Art aufgeweicht[1035].

Als weitere Konsequenz ist damit zu rechnen, dass die Kriminalisierung dieser Delikte den Banken neue Sorgfaltspflichten, verbunden mit weiteren Kosten, auferlegen würde[1036]. Die Neuerung, wonach Meldungen nach dem Melderecht

---

[1032] Bundesgesetz zur Umsetzung der revidierten Empfehlungen der Groupe d'action financière vom 3. Oktober 2008, AS 2009 361; sowie Lutz, Zur Revision des Geldwäschereigesetzes, *in:* NZZ v. 12.04.2005, S. 29.

[1033] Es wird insbesondere bemängelt, dass mit großer Eile vorgegangen wird ohne die wirtschaftlichen Auswirkungen zu bedenken; vgl. Enz, Schweizer Banken setzen auf bilateralen Weg wider übereilten Ausbau der Geldwäschereibekämpfung, *in:* NZZ v. 11.03.2005, S. 21.

[1034] Gallarotti, Übereifriger Kampf gegen die Geldwäscherei, *in:* NZZ v. 19.01.2007, S. 21.

[1035] Bei zukünftigen Erweiterungen von Geldwäschereinormen sollte daher Zurückhaltung und Augenmaß geübt werden. So auch Gallarotti, Denkpause genutzt, *in:* NZZ v. 30.09.2006, S. 23.

[1036] Working Paper Nr. 37, Regulatory Burden: Die Kosten der Regulierung von Vermögensverwaltungsbanken in der Schweiz, Universität Zürich, April 2004 im Internet einsehbar unter: http://www.swissprivatebankers.com/de/medias/news/file.cfm/document/Latest_news_lignes_directrices_nov2005_de.pdf?contentid=397 (Stand: Juli 2009).

nur noch an die Meldestelle für Geldwäscherei erfolgen sollen (bisher können die Finanzintermediäre sich wahlweise direkt an die Strafverfolgungsbehörden oder an die MROS wenden), überzeugt und verleiht dem Gesamtprozess ein Mehr an Struktur[1037].

Die Grenze der Geldwäschereiprävention ist jedenfalls dann erreicht, wenn Bankmitarbeiter mehr Zeit damit verbringen, regulatorischen Vorgaben nachzukommen, und dabei das originäre Geschäft der Kundenbetreuung aus dem Auge verlieren. Hiervon ist die Schweiz zwar noch entfernt, jeder weitere „kleinere Unfall" lässt die Schweiz jedoch um ihre Reputation bangen und zum Schluss kommen, man müsse „mehr tun" als die übrigen Länder[1038]. Langfristig braucht es für die Stärkung des Kapitalmarktes Schweiz strenge, klar strukturierte Vorgaben im Bereich der Geldwäschereibekämpfung, die nicht nur auf dem Papier stehen, sondern auch durch eine effiziente Aufsicht überwacht werden.

3.4.2 Entwicklung der Meldestelle für Geldwäscherei Schweiz

Die Meldestelle für Geldwäscherei Schweiz (MROS) ist organisatorisch dem Bundesamt für Polizei, Abteilung Dienste, eingegliedert (Art. 23 Abs. 1 S.1 GwG). Die Hauptaufgabe der Meldestelle besteht darin, die für die Strafverfolgung auf dem Gebiet der Geldwäscherei zuständigen Behörden zu entlasten, indem sie als spezialisierte Fachstelle eine effiziente Vorprüfung der unter Geldwäschereigesetz erstatteten Meldungen gewährleisten soll[1039]. Ihre Tätigkeit besteht demnach in der Sammlung und Prüfung von Daten und in der Sicherung von Beweismitteln[1040]. Als zentrale Fachbehörde hat sie ferner jede

---

[1037] Vgl. hierzu insb. Art. 305ter Schweizer StGB sowie Art. 9 Abs. 1 und Abs. 1bis Schweizer GwG.

[1038] Jeder Missstand leitet – nach Ansicht der Schweiz – mehr Wasser auf die Mühlen der Konkurrenten, die den Schweizer Banken unterstellen, Gelder zweifelhafter Herkunft anzuziehen; so Gallarotti, Mehr Kundennähe im Kampf gegen die Geldwäscherei, *in:* NZZ v. 05.08.2005, S. 28.

[1039] BBl 1996 III 1130.

[1040] BBl 1996 III 1144; vgl. zur Konkretisierung des Aufgabenbereichs ferner die vom Bundesrat am 16. März 1998 erlassene Verordnung über die Meldestelle für Geldwäscherei (MGwV), insbesondere Art. 1 MGwV.

Meldung anhand der ihr zur Verfügung stehenden Informationen zu überprüfen und Zusammenhänge aufzudecken, die unerkannt blieben, soweit die Meldungen dezentral erfasst wurden[1041].

Ergibt sich seitens der Meldestelle der Verdacht, dass eine strafbare Handlung nach Art. 260ter Ziffer 1, 305bis oder 305ter StGB vorliegt bzw. dass Vermögenswerte aus einem Verbrechen resultieren oder der Verfügungsmacht einer kriminellen Organisation unterliegen, leitet sie diese Informationen unverzüglich der jeweils zuständigen Strafverfolgungsbehörde zu (Art. 23 Abs. 4 GwG, Art. 4 Abs. 1 MGwV).

In qualitativer Hinsicht bietet die Schweiz in ihrem Jahresbericht der Meldestelle (MROS) – im Vergleich zu den Meldestatistiken der Länder Deutschland, Österreich und Liechtenstein – den umfangreichsten Überblick in Bezug auf Geldwäschereiverdachtsmeldungen[1042]. Die nachfolgende Übersicht liefert einen ersten Einblick in die Entwicklung der Anzahl der Meldefälle für die Jahre 2000 bis 2008 und zeigt in diesem Zusammenhang auch den Bankenanteil auf:

Übersicht: Statistik der Meldestelle für Geldwäscherei Schweiz (MROS)[1043]

Jahr	2000	2001	2002	2003	**2004**	**2005**	**2006**	**2007**	**2008**
Meldefälle	312	417	652	863	821	729	619	795	851
davon Banken	230	261	271	302	340	293	359	492	572
in %	73,7	62,6	41,6	35,0	41,4	40,2	58,0	61,9	67,0

[1041] BBl 1996 III 1131, sowie Art. 1 MGwV.

[1042] Hypo Investment Bank (Liechtenstein) AG (Hrsg.), Zahlen, Daten, Fakten, Ein Ausflug in die Statistik, Verdacht auf Geldwäsche, S. 324.

[1043] Die statistischen Zahlenmaterialien wurden den Berichten der Meldestelle für Geldwäscherei Schweiz (MROS) der Jahre 2000–2008 (3.–11.Jahresbericht) entnommen, die Jahresberichte sind im Internet einsehbar unter: http://www.ejpd.admin.ch/ejpd/de/home/themen/kriminalitaet/ref_geldwaescherei/ref_jahresberichte.html (Stand:Juli 2009).

Die Entwicklung des Meldeverhaltens weist insgesamt erhebliche Schwankungen auf, so dass im Verlauf der Jahre (je nach Bereich) sowohl Zu- als auch Abnahmen hinsichtlich der Abgabe von Verdachtsmeldung zu verzeichnen sind. Absolut gesehen hat sich die Anzahl der Meldefälle im Zeitablauf der Jahr von 2000 bis 2008, von 312 auf 851 Meldefälle, mehr als verdoppelt. Dies gilt auch für die Meldefälle, die von Seiten der Kreditinstitute vorgenommen wurden.

Um die Entwicklung der einzelnen Bereiche besser nachvollziehen zu können und die entsprechenden Hintergründe für Zu- und Abnahmen zu erfahren, wird nachfolgend das Zahlenmaterial der Jahre 2004/2006 näher untersucht sowie ein Kurzüberblick über die weniger auffälligen Jahre 2005 und 2007 gegeben:

-2004

Für das Jahr 2004 ergeben sich insgesamt 821 Meldefälle, davon 340 aus dem Bankenbereich[1044]. Da im vorangegangenen Jahr (2003) mehr Meldungen – insgesamt 863[1045] – vorlagen, könnte man aufgrund dieses Rückgangs um etwa 5 % von einer präventiven Wirkung des Geldwäschereigesetzes (GwG) ausgehen. In Bezug auf die tatsächlichen Gründe für die rückläufige Anzahl der Verdachtsmeldungen lassen sich allerdings nur Vermutungen anstellen. Demnach wäre es auch denkbar, den Rückgang auf das Gespür der Geldwäscher zurückzuführen, denen es gelang, neue Wege zu finden, um bemakelte Gelder reinzuwaschen, so dass im Ergebnis keine (bzw. weniger) Verdachtsmeldungen ausgelöst wurden. Eine Interpretation des Zahlenmaterials ist demnach nur bedingt möglich, da sich neue Geldwäschereitechniken nur mit Blick in die Vergangenheit aufdecken lassen und ihre Auswirkungen von einer Vielzahl von Faktoren abhängen. Im übrigen dürfte eine Abweichung von nur 5 % in den Jahren 2003/2004 auch als unbedeutend anzusehen sein.

Beurteilt man die Meldungen im Bankenbereich im Vergleich zu der Gesamtzahl der Meldungen, so ist zumindest insoweit im Jahr 2004 ein Meldeanstieg

---

[1044] Statistik der Meldestelle für Geldwäscherei Schweiz (MROS), 7. Jahresbericht, 2004, S. 22.
[1045] Statistik der Meldestelle für Geldwäscherei Schweiz (MROS), 7. Jahresbericht, 2004, S. 22.

festzustellen (Zunahme um 13 % auf 340 Meldungen[1046]). Diese Entwicklung kann ein Indiz dafür sein, dass der Bankensektor insgesamt sensibler und meldefreudiger arbeitet[1047]. Der (plausiblere) Hauptgrund für die Zunahme dürfte jedoch die Erweiterung der Meldepflicht im Bereich des internationalen Zahlungsverkehrs auf weitere Finanzintermediäre und damit eine verschärfte Meldepraxis sein[1048].

Auch die fortlaufende Weiterentwicklung der Gesetzgebung bietet Interpretationshilfen im Hinblick auf die Zunahme im Bankenreich: Aufgrund der zahlreichen Ausweichmöglichkeiten durch variable Geldwäschereitechniken befindet sich die Gesetzgebung in Bezug auf die Aktivitäten der organisierten Kriminalität stets in Verzug[1049]. Je nach Gesetzesstand ist es demnach leichter oder schwerer, bei verdächtigen Transaktionen einen Tatvorwurf zu formulieren und zu einer Meldung zu gelangen. Die Meldemöglichkeiten sind demnach – zumindest mittelbar – auch vom gesetzgeberischen Handeln abhängig.

Beachtlich ist ferner, dass es im Jahre 2004 bei insgesamt 1.311 erledigten Verdachtsmeldungen in nur 49 (!) Fällen zu einer gerichtlichen Verurteilung[1050] kam (das sind 1,8 % der an die Strafbehörde weitergeleiteten und 3,7 % der

---

[1046] Statistik der Meldestelle für Geldwäscherei Schweiz (MROS), 7. Jahresbericht, 2004, S. 22

[1047] Statistik der Meldestelle für Geldwäscherei Schweiz (MROS), 7. Jahresbericht, 2004, S. 22; teilweise wird im Zuge der Anpassungen an die neuen FATF - Empfehlungen (auch) geäußert, dass die Kreditinstitute nunmehr zu vorsichtig geworden sind.

[1048] Art. 2 Abs. 3 Buchstabe a des GWG gibt Aufschluss darüber, wie der Begriff des Intermediärs zu verstehen ist. Die Meldestelle unterstellt dabei immer mehr Branchen dem Geldwäschereigesetz; vgl. hierzu Behr, Geldwäscherei – eine Aufsicht auf Abwegen, Immer neue Branchen unter der Lupe, in: NZZ v. 03.08.2004, S. 23.

[1049] Die Geldwäschereigesetzgebung als Baustelle, in: NZZ v. 31.10.2003, S. 21.

[1050] Diese Verurteilungen umfassen dabei nur bestimmte Tatbestände, nämlich Art. 260ter Ziff. 1 (kriminelle Organisation), Art. 305bis (Geldwäsche) und Art. 305ter (mangelnde Sorgfalt bei Finanzgeschäften) StGB. Die MROS führt auch nur über Geldwäschereiverurteilungen eine Statistik bzw. erhält auch nur diese Art von Information von den Staatsanwaltschaften; vgl. hierzu MROS, 7. Jahresbericht 2004, S. 48.

erledigten Fälle)[1051]. Eine isolierte Betrachtung dieser Quote führt zu einem nicht nachvollziehbaren Ergebnis. Fraglich ist, ob es eine schlüssige Erklärung für diese geringe Verurteilungsanzahl gibt: Ursache könnte sein, dass die schweizerischen Strafverfolgungsbehörden nur ungenügend ihrer Meldepflicht nachkommen[1052], so dass erhebliche statistische Lücken entstehen[1053]. Demnach könnte es also tatsächlich eine deutlich höhere Zahl an Verurteilungen als die von der MROS aufgeführten 49 Fälle geben[1054]. Ferner kann es bei Verdachtsvorfällen mit erheblichem zeitlichem Ermittlungsaufwand zu langwierigen Untersuchungen kommen, so dass mit keiner Entscheidung innerhalb des ersten Jahres nach der Verdachtsmeldung gerechnet werden kann. Insbesondere Fälle mit Auslandsbezug oder bedeutenden Vermögenswerten ziehen sich meist über mehrere Jahre sowie über mehrere Instanzen hin und befinden sich

---

[1051] Entsprechend der Statistik der MROS, 7. Jahresbericht 2004, S. 47, ergeben sich folgende (rechtliche) Konsequenzen aus den Verdachtsmeldungen: *„Seit dem 1. April 1998 bis 31. Dezember 2004 wurden insgesamt 2.708 Verdachtsmeldungen an die Strafverfolgungsbehörde weitergeleitet (gemessen an der Gesamtzahl der Fälle in diesem Zeitraum ergibt dies eine Weiterleitung in 77,5 % der Fälle). Davon haben 1.311 Meldungen (48,4 %) bis Ende 2004 zu einer Entscheidung geführt. In 49 Fällen kam es zu einem Urteil (47 Verurteilungen, zwei Freisprüche; vgl. Grafik auf S. 48). In 692 Fällen wurden Strafverfahren eröffnet, jedoch aufgrund der Erkenntnis aus den entsprechenden gerichtspolizeilichen Ermittlungsverfahren wieder eingestellt. Bei 453 Fällen wurde nach Abschluss der Vorermittlungen kein Strafverfahren eröffnet. Nichteröffnungsbeschlüsse wurden vor allem im Zusammenhang mit Money-Transmitter-Meldungen gefällt. In 117 Fällen wurde das Strafverfahren sistiert, weil bereits im Ausland in derselben Angelegenheit ein Strafverfahren eröffnet worden ist. Rund die Hälfte der weitergehenden Verdachtsmeldungen, nämlich 1.397 oder 51,6 % der Fälle, sind noch pendent."*

[1052] Das Schweizer GwG normiert in Art. 29a Abs. 1 nunmehr – d. h. seit Gesetzesänderung zum 03.10.2008, AS 2009 361 – eine rasche Weiterleitung sämtlicher anhängiger Verfahren sowie eine zügige Zustellung von Urteilen und Einstellungsverfügungen an die Meldestelle.

[1053] Hypo Investment Bank (Liechtenstein) AG (Hrsg.), Zahlen, Daten, Fakten, Ein Ausflug in die Statistik, Verdacht auf Geldwäsche, S. 324.

[1054] Sog. „autonome Strafverfahren" wegen Geldwäscherei, die direkt bei Justiz oder Polizei ihren Ursprung haben bzw. alternativ durch Meldungen von Privatpersonen initiiert werden, durchlaufen die „Mittelstation" MROS nicht und erscheinen somit auch nicht in der Urteilsstatistik; vgl. Statistik der Meldestelle für Geldwäscherei Schweiz (MROS), 7. Jahresbericht, 2004, S. 13.

folglich noch zum Großteil in der Gruppe der pendenten Fälle. Es ist deshalb denkbar, dass künftig ein Anstieg der Verurteilungsquote eintreten wird.

Die Verurteilungsquote gibt darüber hinaus noch Aufschluss über weitere Schwierigkeiten: Zum einen zeigt sie, wie diffizil die strafrechtliche Erfassung und die Komplexität der Beweislage von Geldwäschereifällen sind bzw. sein müssen, zum anderen deutet die Verurteilungsquote im Verhältnis zu dem weit größeren Ausmaß an Verdachtsmeldungen darauf hin, dass sich eine vorschnelle Erfassung bezüglich der Abgabe einer Geldwäschereimeldung eingebürgert hat.

-2005

Im Jahr 2005 kam es zu insgesamt 729 Meldungen, wobei 293 Meldefälle auf den Bankensektor entfallen[1055]. Die Meldungen aus dem Nicht-Bankenbereich überwiegen erneut mit einem Anteil von 60 %. Im Vergleich zu den Jahren 2003 und 2004 (vgl. obiges Zahlenmaterial) ist ein erneuter Rückgang der Meldungen zu verzeichnen, wobei dieser _alle_ meldepflichtigen Branchen betrifft. Auffallend ist insbesondere der Rückgang im Bankenbereich um 13,8 % (−47 Meldungen), gemessen am Resultat des Vorjahres, obwohl in den Berichtsjahren zuvor eine stetige Zunahme der absoluten Anzahl von Verdachtsmeldungen der Banken zu verzeichnen war[1056].

Der Rückgang ist – nach Aussage der Meldestelle[1057] – insbesondere deshalb auffällig und widersprüchlich, weil die im Jahr 2003 in Kraft getretene Verord-

---

[1055] Zudem ist die Summe der involvierten Vermögenswerte gegenüber dem Vorjahr um knapp 13 % gefallen, was erneut mit dem rückläufigen Meldeverhalten in Zusammenhang steht; hierzu ausführlich Meldestelle für Geldwäscherei Schweiz (MROS), Statistik der MROS, 8. Jahresbericht 2005, Vorwort S. 3 f.

[1056] Nach Angaben der Meldestelle fällt die Entwicklung im Bankenbereich wie folgt aus: 2004: +12,6 % oder +38 Meldungen; 2003: +11,4 % oder +31 Meldungen; 2002: +6,2 % oder +16 Meldungen; vgl. Meldestelle für Geldwäscherei Schweiz (MROS), Statistik der MROS, 8. Jahresbericht 2005, Vorwort S. 3 f.

[1057] Meldestelle für Geldwäscherei Schweiz (MROS), Statistik der MROS, 8. Jahresbericht 2005, Vorwort S. 3 f.

nung der Eidgenössischen Bankenkommission zur Verhinderung von Geldwäscherei (GwV-EBK) den Banken eigentlich eine über Art. 9 Geldwäschereigesetz (GwG) hinausgehende Meldepflicht für versuchte Geldwäscherei auferlegt. Mit dieser gesetzlichen Neuerung hätte es zu einer Erhöhung der Meldeanzahl kommen müssen. Die Meldestelle kommentiert dies damit, dass der Melderückgang im Bankenbereich – also eine rückläufige bzw. schwankende Meldestatistik – seine Ursache auch in der präventiven Wirkung der Regulierung im Bereich der Geldwäschereibekämpfung haben könnte[1058].

Zu dieser (erneut vorgetragenen) Rechtfertigung ist anzumerken, dass neben einer präventiven Wirkung auch die Effektivität der Geldwäschereiverordnung (GwV EBK) von der Meldestelle hätte hinterfragt werden müssen. Angesicht der kurz zuvor erfolgten Einführung der Verordnung hätte die Meldestelle auch – da nunmehr neue Vorschriften zur Erfassung bestimmter Geldwäschereifälle zur Verfügung stehen – von einer (starken) Zunahme von Meldungen ausgehen können. Die Frage, ob die neue Verordnung durch die zuständigen Stellen auch konsequent angewendet wurde, bleibt in diesem Zusammenhang von Seiten der Meldestelle ungeklärt.

Im Ergebnis fällt die Beurteilung der Meldestelle somit sehr einseitig aus und sieht ausschließlich positive Auswirkungen, nämlich präventive Faktoren. Die selbstgefällige Arbeitsweise sowie die Einstellung der Meldestelle wird noch fragwürdiger, wenn sie – erneut in diesem Zusammenhang – zu dem Schluss kommt:

„Nicht ausgeschlossen werden kann dabei, dass Gelder verbrecherischer Herkunft ausserhalb des regulierten Finanzsystems verschoben und gewaschen werden."[1059]

Entsprechend einer solchen Aussage hätten die neuen Ansätze im Bereich der Geldwäschereibekämpfung von allen Seiten begutachtet werden müssen.

[1058] Meldestelle für Geldwäscherei Schweiz (MROS), Statistik der MROS, 8. Jahresbericht 2005, Vorwort S. 3 f.

[1059] Das Zitat der Meldestelle wurde dem Jahresbericht 2005 entnommen; vgl. Meldestelle für Geldwäscherei Schweiz (MROS), Statistik der MROS, 8. Jahresbericht 2005, Vorwort S. 3 f.

-2006

Im Jahr 2006 gingen bei der Meldestelle für Geldwäscherei (MROS) 619 Verdachtsmeldungen ein, was einen Rückgang von 15,1 % gegenüber dem Vorjahr bedeutet[1060]. Damit fällt die Gesamtmeldeanzahl geringer aus als im Jahr 2002 mit 652 Verdachtsmeldungen und bedeutet eine Meldereduktion in vier aufeinanderfolgenden Jahren.

Der Rückgang steht – wie bereits in 2005 – in direktem Zusammenhang mit den Meldungen aus dem Bereich des Zahlungsverkehrs, die massiv abgenommen haben (–52,9 %), wobei vor allem der Rückgang der Verdachtsmeldungen aus dem Barzahlungsverkehr („Money Transmitter") ausschlaggebend war[1061]. Dabei trug auch die angepasste Meldepraxis in Fällen von sog. „Nigerianer-Betrügereien" – in denen keine Meldepflicht besteht, wenn die Gelder des mutmaßlichen Betrugsopfers legaler Herkunft sind – zur Reduktion des Meldungseingangs bei[1062].

Der Anteil der Meldungen aus diesem Finanzbereich (gemessenen am gesamten Meldeverhalten) war mit 26,5 % aber nach wie vor relativ hoch. Gleichzeitig nahm in diesem Bereich auch die Qualität der Meldungen zu. Diese Zunahme spiegelt sich dabei insbesondere in einer höheren Weiterleitungsquote an die Strafverfolgungsbehörde von rund 57 % (Vorjahr: rund 45 %)[1063].

[1060] Meldestelle für Geldwäscherei Schweiz (MROS), Statistik der MROS, 9. Jahresbericht 2006, S. 15 ff.

[1061] Der Meldungseingang aus dem übrigen Zahlungsverkehr nahm im Gegensatz dazu um 8,6 % zu; vgl. Meldestelle für Geldwäscherei Schweiz (MROS), Statistik der MROS, 9. Jahresbericht 2006, S. 15.

[1062] Meldestelle für Geldwäscherei Schweiz (MROS), Statistik der MROS, 9. Jahresbericht 2006, S. 15.

[1063] Insgesamt verzeichnete die Meldestelle im Jahr 2006 eine hohe Qualität der Meldungen, was sich in der Weiterleitungsquote von rund 82 % widerspiegelt; vgl. hierzu Meldestelle für Geldwäscherei Schweiz (MROS), Statistik der MROS, 9. Jahresbericht 2006, S. 9, 50.

Die Anzahl der Verdachtsmeldungen aus dem Bankensektor erreicht im Jahr 2006 mit 359 Fällen den höchsten Stand seit Bestehen der Meldestelle[1064].

Übersicht: Verdachtsmeldung der Banken[1065]

Verdachtsmeldung der Banken	Jahr 2005	Jahr 2006	Veränderung	Veränderung in %
Art. 9 GwG (Meldepflicht)	247	262	+15	+ 6,1
Art. 24 GwV EBK i. V. m. Art. 9 GwG (versuchte Geldwäscherei)	10	9	- 1	- 10
Art. 305ter StGB (Melderecht)	36	88	+52	+ 145
Total	293	359	+66	+ 22,5

Der Anteil der Meldungen aus dem Bankenbereich am gesamten Meldevolumen betrug 58 % und stellt damit – erstmals seit fünf Jahren – den Hauptanteil aller bei der MROS eingegangenen Verdachtsmeldungen dar[1066]. Diese Zunahme könnte mit der weiter fortschreitenden Globalisierung in Verbindung stehen, die einen intensiveren Kapitalfluss mit sich bringt. Zum anderen dürften die Auswirkungen auf den getroffenen Präventivmaßnahmen und dem Beitrag, den die Compliance Services der Banken mit der Risikofrüherkennung leisten, basieren[1067].

[1064] Vgl. Medienmitteilung fedpol v. 17.04.2007; im Internet einsehbar unter: http://www.fedpol.admin.ch/fedpol/de/home/dokumentation/medieninformationen/2007/2007-04-17.html (Stand: Juli 2009).

[1065] Die Übersicht wurde übernommen aus: Meldestelle für Geldwäscherei Schweiz (MROS), Statistik der MROS, 9. Jahresbericht 2006, S. 10.

[1066] Meldestelle für Geldwäscherei Schweiz (MROS), Statistik der MROS, 9. Jahresbericht 2006, S. 6, sowie Gesamtübersicht, S. 15.

[1067] So Meldestelle für Geldwäscherei Schweiz (MROS), Statistik der MROS, 9. Jahresbericht 2006, S. 7.

Ferner ist die Zunahme auf das Melderecht nach Art. 305ter Abs. 2 Schweizer StGB (+52 Meldungen bzw. +145 %) zurückzuführen. Die in diesem Kontext von der Meldestelle im Jahresbericht 2005 abgegebene Empfehlung[1068] – aus prozessökonomischen Gründen die Verdachtsmeldungen direkt bei der Meldestelle einzureichen, so dass nur eine einzige nationale Behörde sämtliche Verdachtsmeldungen erhält und analysiert – scheint erste Auswirkungen zu zeigen[1069].

Nicht nachvollziehbar im Meldeverhalten des Bankenbereichs ist, dass lediglich 9 (!) Meldungen – und damit sogar 1 Meldung weniger als im Vorjahr – erfolgten, die auf Art. 24 der EBK-Geldwäschereiverordnung (GwV-EBK) basieren[1070]. Gemäß Art. 24 GwV-EBK hat der Finanzintermediär, der Verhandlungen zur Aufnahme einer Geschäftsbeziehung wegen eines offensichtlich begründeten Verdachts auf Geldwäscherei oder auf eine Verbindung zu einer terroristischen oder anderen kriminellen Organisation abbricht, unverzüglich eine Meldung an die Meldestelle für Geldwäscherei zu erstatten. Bei der in der Schweiz bekannt hohen Bankendichte ist kaum nachvollziehbar, dass nur 9 Kundenanfragen im gesamten Jahr einen solchen Verdacht begründeten. Berücksichtigt man in diesem Zusammenhang die Tatsache, dass in der Schweiz etwa 330 Banken[1071] ansässig sind, so strebt das Meldeverhalten im Ergebnis gegen Null und es stellt sich die Frage, warum und inwieweit die Meldestelle in diesem Bereich überhaupt noch eine positive Bilanz ziehen kann.

[1068] Art. 305ter Abs. 2 Schweizer StGB hat insoweit nunmehr auch eine Änderung erfahren (Gesetzesänderung zum 03.10.2008, AS 2009 361). Er bestimmt jetzt direkt die Meldestelle für Geldwäscherei als zuständige Behörde.

[1069] Meldestelle für Geldwäscherei Schweiz (MROS), Statistik der MROS, 9. Jahresbericht 2006, S. 7.

[1070] Meldestelle für Geldwäscherei Schweiz (MROS), Statistik der MROS, 9. Jahresbericht 2006, S. 7 f.

[1071] Quelle: Eidgenössisches Finanzdepartment EFD, Kennzahlen zum Finanzstandort Schweiz; periodisch aktualisiert einsehbar im Internet unter: http://www.efd.admin.ch/dokumentation/00737/00782/00948/index.html?lang=de (Stand: Juli 2009); mit Verweis auf SNB-Publikation: Die Banken in der Schweiz, Tabelle 40.2, Erfolgsrechnung, sowie BFS, BPV, EFV.

Tatsächlich lässt diese geringe Meldeanzahl nur den Schluss zu, dass Meldungen seitens der Bank doch nicht erfolgten und die Kundenbeziehung sogar entgegen den gesetzlichen Vorgaben aufgenommen werden oder die anfängliche Kundenprüfung durch den Bankangestellten nicht mit der erforderlichen Genauigkeit durchgeführt wird. Jede neue Kundenbeziehung – gerade auch im Bereich größerer Geldanlagen – führt zu entsprechend höherem Profit für das Kreditinstitut. Die Entwicklung dieses Meldebereichs und die entsprechende Rechtfertigung seitens der Meldestelle (MROS) ist vor dem Hintergrund der Bankendichte nicht nachvollziehbar, unverständlich und unglaubwürdig. Eine kritische Auseinandersetzung mit der tatsächlichen Interpretation des Zahlenmaterials seitens der Meldestelle ist letztlich nicht gegeben. Genauso fehlt die Untersuchung der Effizienz des Art. 24 GwV-EBK und die damit verbundene Umsetzung auf Seiten der Kreditinstitute. Im Ergebnis entsteht der begründete Verdacht, dass die Meldestelle im Bereich „Meldeverhalten Bankenbereich" ausschließlich eine Schönzeichnung der Statistik vorgenommen hat und ihrer Untersuchungsverpflichtung als neutrale Fachbehörde nicht nachgekommen ist.

Erwähnenswert ist schließlich, dass im Berichtsjahr die Gesamtsumme aller gemeldeten Vermögenswerte um 19,7 % auf CHF 815 Millionen (Vorjahr: rund CHF 681 Millionen) anstieg[1072]. Die Zunahme steht in Zusammenhang mit dem Meldeaufschwung aus dem Bankenbereich[1073]. Rund 2 % der Gesamtsumme bzw. rund 1,3 % aller Verdachtsmeldungen standen 2006 in Zusammenhang mit mutmaßlicher Terrorismusfinanzierung. Die Verdachtsmeldungen in diesem Bereich gingen im Berichtsjahr auf acht Meldungen (Vorjahr 20 Meldungen)

[1072] Diesen Umstand beurteilten auch die FATF/GAFI – Experten im Rahmen des letzten Länderexamens als kritisch; vgl. hierzu insgesamt Meldestelle für Geldwäscherei Schweiz (MROS), Statistik der MROS, 8. Jahresbericht 2005, S. 3 f., 7f., 75.

[1073] In die aktuelle Berichtsperiode fällt dabei auch eine Verdachtsmeldung einer Großbank, die mutmaßliche Börsenkursmanipulationen zum Gegenstand hat, in die der Kategorie mit gemeldeten Vermögenswerten von über CHF 75 Millionen. Pro Verdachtsmeldung kann für 2006 ein Durchschnittswert von über CHF 1,3 Millionen an involvierten Vermögenswerten ausgewiesen werden; so Meldestelle für Geldwäscherei Schweiz (MROS), Statistik der MROS, 10. Jahresbericht 2007, S. 10.

zurück. Der größte Teil der Meldungen bezog sich dabei auf publizierte Namenslisten von Terrorverdächtigen.

-2007

Mit 795 Meldungen ist eine markante Zunahme der Meldungen für das Jahr 2007 festzustellen; im Ergebnis ist der dritthöchste Meldestand seit dem 1. April 1998 zu verzeichnen[1074]. Damit einhergehend gibt es einen erneuten Höchststand an Verdachtsmeldungen von Banken seit Inkraftsetzung des Geldwäschereigesetzes. Grund für diese Zunahme dürfte – gemäß den Erläuterungen der Meldestelle – der Umstand sein, dass die Meldungen vermehrt an die Meldestelle und nicht mehr direkt an die Strafverfolgungsbehörden gesendet werden[1075]. „Kritisch" merkt die Meldestelle hierbei an, dass es bei den Finanzintermediären immer wieder unterschiedliche Geschäftspraktiken im Hinblick auf die Verdachtsschwelle einer Melde*rechts-* und einer Melde*pflicht*smeldung[1076]

[1074] Meldestelle für Geldwäscherei Schweiz (MROS), Statistik der MROS, 10. Jahresbericht 2007, Vorwort S. 3 f.

[1075] Das Gesetz hat den Finanzintermediären im Jahr 2007 noch ein Wahlrecht zugestanden.

[1076] In der Praxis ist der Umstand, dass Art. 9 Abs. 1 schweizerisches Geldwäschereigesetz als meldepflichtigen Sachverhalt „Wissen" oder „begründeten Verdacht" verlangt, oftmals unbekannt. Als unbestimmter Rechtsbegriff muss der „begründete Verdacht" allerdings jeweils im Einzelfall durch den Finanzintermediär interpretiert werden. Nach Ansicht der Meldestelle muss eine Meldung nach Art. 9 GwG dann erfolgen, wenn sich aufgrund verschiedener Hinweise, der besonderen Abklärungspflicht gemäß Art. 6 GwG und den sich daraus ergebenden Indizien die verbrecherische Herkunft der Vermögenswerte vermuten oder zumindest nicht ausschließen lässt. Dabei muss der Finanzintermediär gemäß Art. 11 GwG mit der gebotenen Sorgfalt handeln, um in den Genuss des entsprechenden Straf- und Haftungsausschluss zu kommen.
Dieses Zusammenspiel von Rechten und Pflichten beziehungsweise die Abgrenzung zwischen den beiden Meldearten ist für die Finanzintermediäre in der Praxis nicht immer einfach. Es gibt diesbezüglich auch keine konkreten Anweisungen, die verbindlich die richtige Vorgehensweise vorgeben. Der Finanzintermediär ist in seinem Entscheid, ob er eine Art. 9 GwG oder eine Art. 305ter StGB entsprechende Meldung erstatten will, somit sich selbst überlassen. Er kann lediglich auf Hilfsmittel wie beispielsweise die Anhaltspunkte für Geldwäscherei gemäß Anhang der GwV EBK1 zurückgreifen; vgl. hierzu Meldestelle für Geldwäscherei Schweiz (MROS), Statistik der MROS, 10. Jahresbericht 2007, Vorwort, S. 3 f.

gibt[1077]. Da sich dieses unterschiedliche Meldeverhalten auch zwangsläufig auf die Aussagekraft der Statistik auswirkt, hätte die Meldestelle an diesem Punkt weitaus sensibler und kritischer mit der Anzahl und der Art der erhaltenen Meldungen umgehen müssen.

Im Zuge der Umsetzung der revidierten 40 Empfehlungen der FATF wurde diese Problematik durch die Revision des Schweizer Geldwäschereigesetzes sowie der Änderung des schweizerischen Strafgesetzbuch entschärft[1078]. In Art. 11 Abs. 1 Geldwäschereigesetz (GwG) wurden die Voraussetzungen für den Straf- und Haftungsausschluss dahingehend geändert, dass der Finanzintermediär bei einer Meldung nicht mehr mit der *„nach den Umständen gebotenen Sorgfalt"* vorgehen muss, sondern – wie auch von der FATF empfohlen – *„im guten Glauben"* handeln darf. Die Voraussetzungen für den Straf- und Haftungsausschluss sind damit weniger restriktiv und die Finanzintermediäre sind entsprechend besser geschützt. Art. 305ter Abs. 2 StGB bestimmt die Meldestelle zur einzigen Adressatin von Verdachtsmeldungen für die Geldwäscherei. Mit diesen beiden gesetzlichen Anpassungen soll der Finanzplatz Schweiz ein konsequenteres und noch wirksameres Meldesystem erhalten[1079].

Im Ergebnis kommt es aufgrund dieser Entwicklungen zu einem Anstieg der Summe der involvierten Vermögenswerte gegenüber dem Vorjahr.

[1077] Vgl. hierzu Meldestelle für Geldwäscherei Schweiz (MROS), Statistik der MROS, 10. Jahresbericht 2007, Vorwort S. 3 f.

[1078] Art. 11 GwG gestaltet sich nunmehr wie folgt (Fassung gemäß Ziff. I 4 des BG vom 3. Okt. 2008 zur Umsetzung der revidierten Empfehlungen der Groupe d'action financière, in Kraft seit 1. Febr. 2009, AS 2009 361 367; BBl 2007 6269):
Art. 11 Straf- und Haftungsausschluss
[1] Wer guten Glaubens Meldung nach Artikel 9 erstattet oder eine Vermögenssperre nach Artikel 10 vornimmt, kann nicht wegen Verletzung des Amts-, Berufs- oder Geschäftsgeheimnisses belangt oder wegen Vertragsverletzung haftbar gemacht werden.
[2] Dieser Straf- und Haftungsausschluss gilt auch für Finanzintermediäre, die Meldung nach Artikel 305ter Absatz 2 StGB erstatten, und für Selbstregulierungsorganisationen, die Anzeige nach Artikel 27 Abs. 4 erstatten; vgl. hierzu insgesamt Meldestelle für Geldwäscherei Schweiz (MROS), Statistik der MROS, 10. Jahresbericht 2007, S. 28 ff.

[1079] Meldestelle für Geldwäscherei Schweiz (MROS), Statistik der MROS, 10. Jahresbericht 2007, S. 4.

Fazit: Die Statistiken der Meldestelle für Geldwäscherei Schweiz (MROS) bieten alljährlich einen detaillierten Überblick über die Entwicklung der Verdachtsmeldungen im jeweils zu begutachtenden Zeitraum. Unter formalen Gesichtspunkten kommt die Meldestelle insoweit ihren Aufgaben nach, indem sie Daten der einzelnen Meldepflichtigen sammelt und eine darauf basierende Statistik erstellt. Als unvertretbar und mangelhaft muss allerdings die unkritische Umgangsweise mit dem Zahlenmaterial – insbesondere im Bereich der Verdachtsmeldungen der Banken – angesehen werden. Die Meldestelle kann zwar nur das wiedergeben, was ihr auch tatsächlich von Seiten der Meldepflichtigen mitgeteilt wird. Vor dem Hintergrund der hohen Bankendichte in der Schweiz erscheint das geringe Meldeverhalten im Bankenbereich allerdings mehr als auffällig und hätte die Meldestelle als Fachbehörde schon längst zu Überprüfungen – insbesondere im Hinblick auf die Praxistauglichkeit der geschaffenen Instrumentarien – veranlassen müssen. Unbeantwortet bleibt aufgrund dieser Arbeitsweise, ob tatsächlich sämtliche Stellen, die einer Meldepflicht unterliegen, ihrer (gesetzlichen) Verpflichtung nachkommen. Die publizierten Aussagen der Meldestelle sind großteils als unergiebig anzusehen und geben zu begründetem Zweifel Anlass. Es bedarf einer kritischen Hinterfragung und Auswertung des Zahlenmaterials, inwieweit die jeweiligen Entwicklungen tatsächlich plausibel dargestellt wurden.

Bei näherer Betrachtungsweise entsteht der begründete Verdacht, dass es ein Anliegen der Meldestelle ist, das Meldeverhalten möglichst positiv und ohne konstruktive Kritik darzustellen. Im Rahmen der Berichterstellung erfolgt so eine gewisse „Schönzeichnung" des Zahlenmaterials, die ausschließlich positive Zusammenhänge im Bereich der Zu- und Abnahme im Meldeverhalten zur Kenntnis nimmt.

Diese Sichtweise im Hinblick auf die Arbeitsweise der Meldestelle wird durch den jüngst veröffentlichten 11. Jahresbericht der MROS für das Jahr 2008[1080] bestätigt: Schweizer Kreditinstitute erstatteten im Jahr 2008 zwar insgesamt in

---

[1080] Meldestelle für Geldwäscherei Schweiz (MROS), Statistik der MROS, 11. Jahresbericht 2008, April 2009.

der Berichtsperiode 572 Verdachtsmeldungen[1081] – was dem höchsten Stand seit Inkraftsetzung des Geldwäschereigesetzes entspricht. Verdeutlicht man sich abermals, dass immerhin 330 Banken[1082] im Finanzsektor tätig sind, ist die Summe der Verdachtsmeldungen als verschwindend gering zu beurteilen (bei 330 Banken wären pro Institut noch nicht mal zwei Verdachtsmeldungen im gesamten Jahr erstattet worden).

Von einer qualitativ hochwertigen und konstruktiven Auswertung kann nicht die Rede sein, obgleich dies gemäß Art. 1 MGwV[1083] Aufgabe der Meldestelle ist und ihre Existenz begründet.

[1081] Die Gesamtsumme der Meldungen setzt sich aus 385 Verdachtsmeldungen gemäß Art. 9 GwG, 6 Verdachtsmeldungen gemäß Art. 24 GwV EBK i. V. m. Art. 9 GwG (versuchte Geldwäscherei) sowie 181 Verdachtsmeldungen gemäß Art. 305ter StGB zusammen; vgl. Meldestelle für Geldwäscherei Schweiz (MROS), Statistik der MROS, 11. Jahresbericht 2008, S. 8.

[1082] Anzahl im Jahr 2007; Quelle: Eidgenössisches Finanzdepartment EFD, Kennzahlen zum Finanzstandort Schweiz, Dezember 2008; im Internet einsehbar unter: http://www.efv.admin.ch/d/dokumentation/downloads/publikationen/Kennzahlen_d.pdf (Stand: Juli 2009).

[1083] Die Verordnung über die Meldestelle für Geldwäscherei (MGwV) schreibt der MROS in Art. 1 vor, die eingegangen Meldungen der Finanzintermediäre auszuwerten, Abklärungen zu den gemeldeten Vorgängen durchzuführen und Auffälliges festzuhalten.

B. Zusammenfassendes Ergebnis und Ausblick

Die vorliegende Untersuchung über die Entwicklung des Systems der Geldwäschereibekämpfung in der Schweiz seit 1990 auf nationaler und internationaler Ebene zeigte, welche umfangreichen gesetzlichen Regelungen geschaffen wurden und welche zahlreichen Anpassungen im Zeitablauf sukzessive erfolgten. Zum Teil wurden diese freiwillig umgesetzt oder stellten notgedrungene gesetzgeberische Reaktionen dar, um eine Aushöhlung des schweizerischen Bankgeheimnisses zu verhindern. Überwiegend musste man die Überzeugung gewinnen, die Schweiz agiere in speziellen Segmenten – wie beispielsweise in Bezug auf den internationalen Informationsaustausch und der damit einhergehenden Anpassung der Schweizer Rechts- und Amtshilferegelungen – unfreiwillig und nur aufgrund internationaler Drohungen mit umfassenden Repressalien. Trotz einer oftmals ungünstigen Ausgangsposition gelang es der Schweiz immer wieder im Wege bilateraler Vereinbarungen, Einzel- und Sonderlösungen zu erreichen, um so ihr Markenzeichen – das Schweizer Bankgeheimnis – zu asservieren[1084].

Ob und inwieweit sich Optionen dieser Art für die Schweiz auch zukünftig bieten, bleibt offen: Seit der globalen Wirtschafts- und Finanzkrise dürften Sondergestaltungsvereinbarungen ausgeschlossen sein. Die Finanzkrise hat sich zu einer Vertrauens- und Wirtschaftskrise bei den Bürgern entwickelt, die nach Ursachen und Verantwortlichkeiten sucht. Hierbei sind Steueroasen, die sich im Hinblick auf Steuerfragen einer umfassenden Kooperation sowie der Transparenz der Finanzmärkte widersetzen und diese sogar ablehnen, verstärkt in den internationalen Fokus gerückt. Einlassungen der „Tax Havens", vorgegebene

---

[1084] Das Ende des Schweizer Bankgeheimnisses wurde in den letzten 75 Jahren schon mehrfach prophezeit: „In den Sechzigern hegten die USA den Verdacht, die Sowjets würden hinter dem Schleier dieser Vorschrift strategisch wichtige Firmen des Westens kaufen. In den Siebzigern fahndete Richard Nixons Administration nach Mafia-Geldern, mit dem Erfolg, dass sie in den Schleier einige Löcher riss. Als erledigt galt das Schweizer Bankgeheimnis dann, als die Banken des Landes im Jahr 1998 Kundendaten aus der Zeit des Nationalsozialismus preisgaben."; so Pöhner, Schweizer Mythos, *in:* DIE ZEIT v. 26.02.2009, S. 23. Vgl. hierzu auch „Steueroasen bleiben Oasen", *in:* FAZ v. 24.06.2009, S. 13.

Standards bei der Geldwäscherei- und Terrorismusfinanzierungsbekämpfung sowie beim Steuerbetrug würden eingehalten, werden als unzureichende Rechtfertigung angesehen. Die Zielvorgabe der europäischen und internationalen Staatengemeinschaft lautet: Beseitigung der Intransparenz und Schaffung einer strengeren Aufsicht mit einem effizienten Meldewesen[1085]. In diesem Bereich besteht für die Schweiz erheblicher Handlungsbedarf. Die Entwicklung der Meldestelle für Geldwäscherei (MROS) belegt, dass trotz einer ungewöhnlich hohen Bankendichte von 330 Banken[1086] im Schweizer Finanzsektor, die Gesamtanzahl der erstatteten Meldungen durch die Kreditinstitute im Falle eines Geldwäschereiverdachts als unbedeutend gering anzusehen ist. Eine kritische Analyse dieses gegenläufigen Meldeverhaltens mit entsprechender Ursachenforschung seitens der Meldestelle existiert nicht.

Die Schweiz konnte über einen sehr langen Zeitraum aus einer Position der Stärke bilaterale Gespräche gestalten und in diesem Zuge die eigenen Interessen in den Vordergrund stellen. Nunmehr dürfte sie dazu veranlasst sein, kooperativ zu agieren und die Finanzkrise als Chance zu sehen, um aus ihr gestärkt hervorzugehen. Dazu gehört auch die Einschränkung des strengen Bankgeheimnisses für ausländische Bankkunden, die mit guten Gründen unterschiedlich behandelt werden sollten als Schweizer Bürger[1087]. Eine solche Diffe-

---

[1085] Bundesministerium der Finanzen, Weltweite Reform der Finanzarchitektur beschlossen, G20 einigen sich auf Maßnahmen zur Krisenbekämpfung; im Internet einsehbar unter: http://www.bundesfinanzministerium.de/DE/Wirtschaft__und__Verwaltung/Finanz__und__Wirtschaftspolitik/G20__London__Haupt.html (Stand: Juli 2009) sowie Greive, Darüber diskutieren die Staatschefs in London, in: Die Welt v. 31.03.2009, S. 11.

[1086] Anzahl im Jahr 2007; Quelle: Eidgenössisches Finanzdepartment EFD, Kennzahlen zum Finanzstandort Schweiz, Dezember 2008; im Internet einsehbar unter: http://www.efv.admin.ch/d/dokumentation/downloads/publikationen/Kennzahlen_d.pdf (Stand: Juli 2009).

[1087] In der Schweiz werden weiterhin einfache Steuerdelikte – die durch *Schweizer Steuerpflichtige* verübt werden – nicht kriminalisiert, sondern nur mit einer Geldbuße geahndet. Das Bankkundengeheimnis wird künftig nur bei Verdacht auf schwere Steuerdelikte (Steuerbetrug) aufgehoben; vgl. hierzu Schweizer Bankiervereinigung, Das Wichtigste in Kürze zum Verhandlungsangebot des Bundesrates hinsichtlich Amtshilfe in Steuerfragen vom 13. März

renzierung rechtfertigt bereits die nationale Steuerautonomie, also die Steuerhoheit eines jeden Staates über die in seinem Staatsgebiet ansässigen Bürger.

De lege ferenda sollte dies zu folgenden Änderungen im Bereich der Geldwäschereibekämpfung führen:

- Fiskaldelikte, wie Steuerhinterziehung und -betrug sowie der sog. Abgabenbetrug, sind als Vortat zur Geldwäscherei (Art. 305bis Schweizer StGB) aufzunehmen. Hierfür bedarf es einer Qualifizierung dieser Delikte als Verbrechen. Eine Neubewertung der Fiskaldelikte würdigt die Steuerflucht in strafrechtlich angemessener Art und Weise[1088]. Eine Erweiterung des Vortatenkatalogs auf Fiskaldelikte wäre insoweit im Unterschied zur Ausweitung auf Insiderdelikte und Kursmanipulation die sachgerechtere Schwerpunktsetzung.

Dieser gesetzliche Änderungsvorschlag ist auch für den Schweizer Staat von Bedeutung: Die Geldwäscherei bildet die Schnittstelle zwischen legalem und illegalem Finanzkreislauf, die ein Ansatzpunkt für eine Einsichtnahme in Aktivitäten der organisierten Kriminalität und den Zugriff auf das widerrechtlich erlangte Vermögen zulässt[1089]. Aufgrund des Ausmaßes der internationalen Steuerflucht[1090] ist von einer erheblichen

---

2009; im Internet einsehbar unter: http://www.swissbanking.org/home/qa-090313.htm#qa090313-Anchor-7 (Stand: Juli 2009) sowie Tarolli Schmidt, Schweizer Amts- und Rechtshilfe in Steuersachen – Status quo und Ausblick, *in:* Praxis internationale Steuerberatung 2009, S. 177 f.

[1088] Nach Ansicht der deutschen höchstrichterlichen Rechtsprechung ist die Steuerhinterziehung *„hinsichtlich ihrer Gefährlichkeit und ihrer Strafwürdigkeit nicht geringer zu bewerten als der Betrug";* so BGHST 32, 95, 99 mit Hinweis auf BR-Drucks. 23/71, S. 194.
Mit Urteil vom 02.12.2008, Az. 1 StR 416/08, nannte der BGH zudem erstmals konkrete Betragsgrenzen für Strafen bei Steuerhinterziehung, die auch Gefängnisstrafen beinhalteten; hierzu ausführlich Mack, Steuerhinterzieher hinter Gitter? – Die neue Entscheidung des BGH vom 2.12.2008 zur Strafzumessung bei Steuerhinterziehung, *in:* Stbg 2009, S. 270 ff.

[1089] Begründung zum Gesetzesentwurf des BR, BT-Drs. 11/7663, S. 25.

[1090] Die Deutsche Steuergewerkschaft schätzt das im Ausland angelegte Schwarzgeld deutscher Steuerflüchtiger auf *„wenigstens 300 Milliarden Euro".* Würden die Geldflüsse offengelegt, gäbe es jedes Jahr rund 10 Milliarden Euro Steuereinnahmen für den deutschen Fis-

Steigerung der Effektivität des Systems der Geldwäschereibekämpfung in der Schweiz auszugehen, soweit hinterzogene Steuergelder als bemakelt i. S. d. Schweizer Straftatbestandes – Art. 305bis Schweizer StGB – gelten.

- Die Vorgaben der OECD im Bereich des internationalen Informationsaustausches sind zügig und unbürokratisch umzusetzen. Bislang hat die Schweiz nur zugesagt, die bestehenden Doppelbesteuerungsabkommen mit den jeweiligen Vertragsstaaten zu revidieren, so dass zukünftig in bestimmten Fällen bei Steuerhinterziehung Amtshilfe geleistet wird. Es bleibt der begründete Verdacht, dieses verbale Zugeständnis führe zu keiner zeitnahen Umsetzung, sondern stelle vielmehr erneut den Auftakt für eine Sonderlösung dar.

- Der Grundsatz der Spezialität (sog. Spezialitätsvorbehalt) im Bereich der Amts- und Rechtshilferegelungen bedarf einer Einschränkung. Informationen und Nachweise, die ein ersuchender Staat in einem Rechtshilfeverfahren erhält, müssen auch im fiskalischen Straf- oder Verwaltungsverfahren Berücksichtigung finden[1091]. Aktuell wird die steuerrechtliche Verwertung eines steuerstrafrechtlichen Rechtshilfegesuchs von Schweizer Seite ausdrücklich ausgeschlossen[1092]. Dieses Verfahren ist mehr als widersprüchlich, wenn man sich vergegenwärtigt, dass der ersuchende Staat von Schweizer Seite Informationen erhält, die Schweiz allerdings gleichzeitig das Recht besitzt, dem Staat aufzuerlegen, in welchem Umfang dieser die erhaltenen Informationen und Dokumente verwenden darf.

Die in einem rechtmäßigen Rechtshilfeverfahren erlangten Informationen und Fakten müssen im ersuchenden Staat umfassend ausgewertet und

---

kus; so „Wirtschaft kritisiert Steuergesetz", *in:* FAZ v. 23.05.2009, 14 sowie Euler, Die Steueroasen trocknen aus, *in:* Welt am Sonntag v. 01.02.2009, S. 42.

[1091] Gemäß Art. 27 Abs. 1 lit.b DBA Schweiz – in Kraft getreten am 24. März 2003 – wird Amtshilfe gegenüber der BRD nur zur Durchführung des innerstaatlichen Rechts bei Betrugsdelikten gewährt (hierunter fällt auch der sog. Abgabebetrug); vgl. hierzu BGBl. II 2003, 68.

[1092] Entscheidung des Schweizer Bundesgerichts BGE v. 10.03.2004, 1A 228/2003; v. 06.12.1989, BGE Bd. 115 ib, S. 373; hierzu auch Debatin/*Wassermeyer*, DBA, DBA-Schweiz Art. 27, Rn. 34.

genutzt werden können. Hierzu zählt auch die Verwertung sämtlicher Unterlagen und Informationen im Rahmen der Steuerveranlagung[1093].

Diese mit weitreichenden Konsequenzen für den Finanzplatz Schweiz verbundenen Minimalforderungen sind notwendig und überfällig. Die jüngste Bankenkrise des größten Schweizer Kreditinstitutes UBS[1094] belegt, dass die Schweizer Bankenwelt auch mehr als 30 Jahre nach dem Chiasso-Skandal[1095] immer noch nicht aus den Fehlentwicklungen der Vergangenheit gelernt hat und mit kriminellen Geschäftsideen[1096] unverändert ein Geschäftsmodell verfolgt, das nicht zukunftsorientiert ist und dem Finanzplatz Schweiz Schaden zufügt sowie dauerhaftes Misstrauen einbringt:

Die Schweizer UBS-Bank – einer der weltweit größten und bedeutendsten Vermögensverwalter – ermöglichte es in den Jahren 2000 bis 2007 mit System und unter Zuhilfenahme des Schweizer Bankgeheimnisses amerikanischen Staatsbürgern unter Verstoß gegen das sog. Qualified Intermediary Regime (QI)[1097], die Besteuerung in den USA zu umgehen[1098]. Etwa 19 Milliarden US-

---

[1093] Die direkte oder indirekte Verwendung der von Seiten der Schweiz erhaltenen Unterlagen und der darin enthaltenen Angaben für ein fiskalisches Straf- oder Verwaltungsverfahren ist bislang ausgeschlossen; vgl. hierzu Wegleitung des Bundesamtes für Polizeiwesen über internationale Rechtshilfe in Strafsachen von 1998, abgedruckt in Locher/Meier/von Siebenthal, DBA-D-CH, A 11.3, Tz. 2.4 und Tz. 5.8.

[1094] Siehe hierzu Dunsch, Die UBS im Wilden Westen, in: FAZ v. 13.07.2009, S. 11; Euler, Die Steueroasen trocknen aus, in: Welt am Sonntag v. 01.02.2009, S. 42, sowie „Amerikaner eröffnen eine neue Front gegen die UBS", in: FAZ v. 21.02 2009, S. 13.

[1095] Vgl. Ausführungen in Kapitel II. 4.1 Der Chiasso-Skandal (1977).

[1096] Mitarbeiter der UBS-Bank zeigten bei der Deutschen Steuergewerkschaft an, dass die Schweizer UBS-Bank eine spezielle Abteilung zur Gründung von Tarnfirmen unterhält. Im Rahmen der Anzeige wurden 36.384 Stiftungen aus Liechtenstein, 8.679 aus Panama, 6.463 von den Jungferninseln und 1.256 aus Jersey aufgelistet; so „UBS-Mitarbeiter zeigen an", in: FAZ v. 20.05.2009, S. 21.

[1097] Vereinbarung über die Deklaration und Besteuerung von US-Bürgern, die zwischen der jeweiligen Bank, die direkt im amerikanischen Finanzmarkt investieren will, und der amerikanischen Steuerverwaltung (sog. „Internal Revenue Service" -IRS-) besteht. Die Praxis macht die Geldhäuser zwar zu einer Art Steuereintreibern der US-Administration, doch die Regelung kommt den Banken auch entgegen: Das Bankgeheimnis wird nicht aufgeweicht, da kei-

Dollar wurden von der UBS-Bank aktiv angeworben, um sie vom Standort Schweiz aus am US-Fiskus vorbeizuschleusen. Aus dieser Vermögenssubstanz wurden jährlich ca. 200 Mio. USD an Erträgen erwirtschaftet, die der amerikanischen Volkswirtschaft entgingen und der Schweiz als „Kapital" bzw. Liquidität zur Verfügung standen. Im Zuge dieses Ereignisses wurde die UBS-Bank verpflichtet, sämtliche der ca. 200–300 betroffenen Bankkundendaten an die US-Justizbehörden sowie an die Börsenaufsicht (SEC) herauszugeben[1099].

Vorfälle wie die der Schweizer UBS-Bank (auch wenn diese nicht ausdrücklich und im Einvernehmen mit dem *Schweizer Staat* gehandelt hat) liefern den eindeutigen Beweis dafür, wie notwendig eine internationale Harmonisierung auf der Basis der OECD-Standards geworden ist und sich Eigeninteressen und Sonderregelungen zu Lasten anderer Volkswirtschaften verbieten[1100].

Die Erkenntnis, dass ein demokratischer Rechtsstaat, der nicht nur die rechtliche Ordnung gewährleisten, sondern die soziale Ordnung auch gestalten muss, zur Erfüllung seiner Aufgaben darauf angewiesen ist, Steuern zu erheben, dürfte in allen europäischen Ländern Einvernehmen finden. Wer sich als (Staats-) Bürger bewusst steuerlichen Verpflichtungen entzieht, gleichzeitig aber in „seinem" Staat lebt, arbeitet, wählt, seine Kinder die Schule besuchen lässt und öffentliche Infrastrukturen in Anspruch nimmt, verliert das Recht auf staatlichen

---

ne Offenlegung von Kundendaten erfolgt; vgl. hierzu auch Schweizer Bankiervereinigung, Tätigkeitsbericht 2007/2008, 3.4.2 US Qualified Intermediary Regime (QI); im Internet einsehbar unter: http://www.swissbanking.org/tat_dynamic.htm?year=2008&superchapterid=3 (Stand: Juli 2009).

[1098] Auch deutsche Kunden der UBS-Bank gerieten nunmehr ins Visier der deutschen Staatsanwaltschaft: Im Rahmen eines Berichtes des ZDF-Magazins „Frontal 21" im März 2008 gaben Reporter vor, Bargeld am Finanzamt vorbei in die Schweiz einschleusen zu wollen. Man bot ihnen die Dienste eines UBS-Geldkuriers an. Daraufhin wurden die UBS-Filialen in Stuttgart sowie der UBSDeutschland-Hauptsitz in Frankfurt durchsucht; so „UBS-Kunden im Visier", *in:* FAZ v. 23.05.2009, S. 18.

[1099] Riecke/Afhüppe, Steuerstreit mit den USA geht weiter, USA wollen Daten weiterer 52.000 UBS-Kunden, *in:* handelsblatt v. 20.02.2009; im Internet einsehbar unter: http://www.handelsblatt.com/unternehmen/banken-versicherungen/usa-wollen-daten-weiterer-52-000-ubs-kunden;2163754 (Stand: Juli 2009).

[1100] Es ist nicht bekannt, dass gegenüber Schweizer Bankmitarbeitern strafrechtliche Maßnahmen im Zuge der Vorfälle bei der UBS getroffen wurden.

Schutz[1101]. Auch deshalb besitzt die Schweiz keine rechtsstaatliche Legitimation, unter Einsatz des Bankgeheimnisses und mit dem irreführenden Verweis auf den sog. Steuerwettbewerb ein „Sammelplatz" für Steuerhinterzieher zu sein, der die Anlage bemakelter Gelder ermöglicht und damit die Sicherung des staatlichen Steueraufkommens vereitelt, unabhängig davon, welche Nationen betroffen sind[1102]. Ferner steht der volkswirtschaftliche Mehrwert für die Gesellschaft nicht der Schweiz zu. In Bezug auf die Weiterentwicklung der Schweizer Geldwäschereibekämpfung muss erwartet werden, dass die Schweiz den gesteigerten Unrechtsgehalt von Fiskaldelikten erkennt und ihn künftig angemessen strafrechtlich ahndet. Im Ausland hinterzogene Steuergelder dürfen nicht mehr im Wege einer Geldanlage in der Schweiz legal verfügbar gemacht werden, nur um das Bruttoinlandsprodukt, die Volkswirtschaft und den Standort Schweiz als Finanzplatz auf Kosten anderer Nationen zu stärken.

[1101] Im Rahmen des vorgelegten und nunmehr beschlossenen Referentenentwurfs für ein „Gesetz zur Bekämpfung schädlicher Steuerpraktiken und der Steuerhinterziehung" (sog. Steuerhinterziehungsbekämpfungsgesetz) wird in der Bundesrepublik Deutschland dem Steuerpflichtigen künftig Mitwirkungspflicht in Bezug auf Geschäftsbeziehungen zu nicht auskunftswilligen Staaten auferlegt, die – soweit sie nicht erbracht wird – zur Folge hat, dass „*widerlegbar vermutet wird, dass steuerpflichtige Einkünfte*" in den entsprechenden Staaten „*vorhanden und höher als die erklärten sind*". Verweigert der Steuerpflichtige die Zusammenarbeit, können ihm Werbungskostenanerkennung, Betriebsausgabenabzug oder die Steuerbefreiung auf Dividenden versagt werden; vgl. hierzu BT-Drucksachen 16/11389, 16/9421, 16/9168; Kölner Steuerdialog 5/2009, S. 16469 sowie Sinz/Kubaile, Der Entwurf des Steuerhinterziehungsbekämpfungsgesetz: Steinbrücks 7. Kavallerie, *in:* IStR 2009, S. 401 ff.

[1102] Der Wiener Universitätsprofessor für Finanzrecht, *Doralt*, spricht insoweit „*von einem Schmarotzertum gegenüber den anderen Mitgliedstaaten der Europäischen Union*"; so dargelegt von Seiser, Tresor mit Alpenpanorama, *in:* FAZ v. 23.05.2009, S. 22.

C. Anhang

- Schweizerisches Strafgesetzbuch 311.0 (Auszüge)[1103] -

Art. 69 StGB[1104] (5. Einziehung a. Sicherungseinziehung)

¹Das Gericht verfügt ohne Rücksicht auf die Strafbarkeit einer bestimmten Person die Einziehung von Gegenständen, die zur Begehung einer Straftat gedient haben oder bestimmt waren oder die durch eine Straftat hervorgebracht worden sind, wenn diese Gegenstände die Sicherheit von Menschen, die Sittlichkeit oder die öffentliche Ordnung gefährden.

²Das Gericht kann anordnen, dass die eingezogenen Gegenstände unbrauchbar gemacht oder vernichtet werden.

Art. 70 StGB[1105] (b. Einziehung von Vermögenswerten. Grundsätze)

¹ Das Gericht verfügt die Einziehung von Vermögenswerten, die durch eine Straftat erlangt worden sind oder dazu bestimmt waren, eine Straftat zu veranlassen oder zu belohnen, sofern sie nicht dem Verletzten zur Wiederherstellung des rechtmässigen Zustandes ausgehändigt werden.

²Die Einziehung ist ausgeschlossen, wenn ein Dritter die Vermögenswerte in Unkenntnis der Einziehungsgründe erworben hat und soweit er für sie eine gleichwertige Gegenleistung erbracht hat oder die Einziehung ihm gegenüber sonst eine unverhältnismässige Härte darstellen würde.

³Das Recht zur Einziehung verjährt nach sieben Jahren; ist jedoch die Verfolgung der Straftat einer längeren Verjährungsfrist unterworfen, so findet diese Frist auch auf die Einziehung Anwendung.

[1103] Beschlossen durch die Bundesversammlung der Schweizerischen Eidgenossen-schaft, gestützt auf Artikel 64bis der Bundesverfassung, nach Einsicht in eine Botschaft des Bundesrates vom 23. Juli 1918; Gesetzesstand: 1. April 2009.
[1104] Ehemals normiert in Art.58 StGB.
[1105] Ehemals normiert in Art.59 StGB.

⁴Die Einziehung ist amtlich bekannt zu machen. Die Ansprüche Verletzter oder Dritter erlöschen fünf Jahre nach der amtlichen Bekanntmachung.

⁵Lässt sich der Umfang der einzuziehenden Vermögenswerte nicht oder nur mit unverhältnismässigem Aufwand ermitteln, so kann das Gericht ihn schätzen.

Art. 71 StGB (Ersatzforderung)

¹Sind die der Einziehung unterliegenden Vermögenswerte nicht mehr vorhanden, so erkennt das Gericht auf eine Ersatzforderung des Staates in gleicher Höhe, gegenüber einem Dritten jedoch nur, soweit dies nicht nach Artikel 70 Absatz 2 ausgeschlossen ist.

²Das Gericht kann von einer Ersatzforderung ganz oder teilweise absehen, wenn diese voraussichtlich uneinbringlich wäre oder die Wiedereingliederung des Betroffenen ernstlich behindern würde.

³ Die Untersuchungsbehörde kann im Hinblick auf die Durchsetzung der Ersatzforderung Vermögenswerte des Betroffenen mit Beschlag belegen. Die Beschlagnahme begründet bei der Zwangsvollstreckung der Ersatzforderung kein Vorzugsrecht zu Gunsten des Staates.

Art. 72 StGB (Einziehung von Vermögenswerten einer kriminellen Organisation)

Das Gericht verfügt die Einziehung aller Vermögenswerte, welche der Verfügungsmacht einer kriminellen Organisation unterliegen. Bei Vermögenswerten einer Person, die sich an einer kriminellen Organisation beteiligt oder sie unterstützt hat (Art. 260ter), wird die Verfügungsmacht der Organisation bis zum Beweis des Gegenteils Vermutet.

Art. 73 StGB[1106] (6. Verwendung zu Gunsten des Geschädigten)

¹Erleidet jemand durch ein Verbrechen oder ein Vergehen einen Schaden, der nicht durch eine Versicherung gedeckt ist, und ist anzunehmen, dass der Täter den Schaden nicht ersetzen oder eine Genugtuung nicht leisten wird, so spricht das Gericht dem Geschädigten auf dessen Verlangen bis zur Höhe des Schadenersatzes beziehungsweise der Genugtuung, die gerichtlich oder durch Vergleich festgesetzt worden sind, zu:

    a. die vom Verurteilten bezahlte Geldstrafe oder Busse;

    b. eingezogene Gegenstände und Vermögenswerte oder deren Verwertungserlös unter Abzug der Verwertungskosten;

    c. Ersatzforderungen;

    d. den Betrag der Friedensbürgschaft.

²Das Gericht kann die Verwendung zu Gunsten des Geschädigten jedoch nur anordnen, wenn der Geschädigte den entsprechenden Teil seiner Forderung an den Staat abtritt.

³Die Kantone sehen für den Fall, dass die Zusprechung nicht schon im Strafurteil möglich ist, ein einfaches und rasches Verfahren vor.

Art. 260ter **StGB**[1107] (Kriminelle Organisation)

1. Wer sich an einer Organisation beteiligt, die ihren Aufbau und ihre personelle Zusammensetzung geheim hält und die den Zweck verfolgt, Gewaltverbrechen zu begehen oder sich mit verbrecherischen Mitteln zu bereichern, wer eine solche Organisation in ihrer verbrecherischen Tätigkeit unterstützt, wird mit Freiheitsstrafe bis zu fünf Jahren oder Geldstrafe bestraft.

2. Der Richter kann die Strafe mildern (Art. 48a)[1108], wenn der Täter sich bemüht, die weitere verbrecherische Tätigkeit der Organisation zu verhindern.

[1106] Ehemals normiert in Art.60 StGB.
[1107] Eingefügt durch Ziff. I des BG vom 18. März 1994, in Kraft seit 1. Aug. 1994 (AS **1994** 1614 1618; BBl **1993** III 277).

3. Strafbar ist auch, wer die Tat im Ausland begeht, wenn die Organisation ihre verbrecherische Tätigkeit ganz oder teilweise in der Schweiz ausübt oder auszuüben beabsichtigt. Artikel 3 Absatz 2 ist anwendbar.[1109]

Art. 322ter StGB (1.Bestechung schweizerischer Amtsträger. Bestechen)

Wer einem Mitglied einer richterlichen oder anderen Behörde, einem Beamten, einem amtlich bestellten Sachverständigen, Übersetzer oder Dolmetscher, einem Schiedsrichter oder einem Angehörigen der Armee im Zusammenhang mit dessen amtlicher Tätigkeit für eine pflichtwidrige der eine im Ermessen stehende Handlung oder Unterlassung zu dessen Gunsten oder zu Gunsten eines Dritten einen nicht gebührenden Vorteil anbietet, verspricht oder gewährt, wird mit Freiheitsstrafe bis zu fünf Jahren oder Geldstrafe bestraft.

Art. 322quater StGB (Sich bestechen lassen)

Wer als Mitglied einer richterlichen oder anderen Behörde, als Beamter, als amtlich bestellter Sachverständiger, Übersetzer oder Dolmetscher oder als Schiedsrichter im Zusammenhang mit seiner amtlichen Tätigkeit für eine pflichtwidrige oder eine im Ermessen stehende Handlung oder Unterlassung für sich oder einen Dritten einen nicht gebührenden Vorteil fordert, sich versprechen lässt oder annimmt, wird mit Freiheitsstrafe bis zu fünf Jahren oder Geldstrafe bestraft.

Art. 322quinquies StGB (Vorteilsgewährung)

Wer einem Mitglied einer richterlichen oder anderen Behörde, einem Beamten, einem amtlich bestellten Sachverständigen, Übersetzer oder Dolmetscher, einem Schiedsrichter oder einem Angehörigen der Armee im Hinblick auf die

---

[1108] Fassung des ersten Halbsatzes gemäss Ziff. II 2 des BG vom 13. Dez. 2002, in Kraft seit 1. Jan. 2007 (AS **2006** 3459 3535; BBl **1999** 1979).

[1109] Fassung des Satzes gemäss Ziff. II 2 des BG vom 13. Dez. 2002, in Kraft seit 1. Jan. 2007 (AS **2006** 3459 3535; BBl **1999** 1979).

Amtsführung einen nicht gebührenden Vorteil anbietet, verspricht oder gewährt, wird mit Freiheitsstrafe bis zu drei Jahren oder Geldstrafe bestraft.

Art. 322^{sexies} StGB (Vorteilsannahme)

Wer als Mitglied einer richterlichen oder anderen Behörde, als Beamter, als amtlich bestellter Sachverständiger, Übersetzer oder Dolmetscher oder als Schiedsrichter im Hinblick auf die Amtsführung einen nicht gebührenden Vorteil fordert, sich versprechen lässt oder annimmt, wird mit Freiheitsstrafe bis zu drei Jahren oder Geldstrafe bestraft.

Art. 322^{septies} StGB (2.Bestechung fremder Amtsträger)

Wer einem Mitglied einer richterlichen oder anderen Behörde, einem Beamten, einem amtlich bestellten Sachverständigen, Übersetzer oder Dolmetscher, einem Schiedsrichter oder einem Angehörigen der Armee, die für einen fremden Staat oder eine internationale Organisation tätig sind, im Zusammenhang mit dessen amtlicher Tätigkeit für eine pflichtwidrige oder eine im Ermessen stehende Handlung oder Unterlassung zu dessen Gunsten oder zu Gunsten eines Dritten einen nicht gebührenden Vorteil anbietet, verspricht oder gewährt, wer als Mitglied einer richterlichen oder anderen Behörde, als Beamter, als amtlich bestellter Sachverständiger, Übersetzer oder Dolmetscher, als Schiedsrichter oder als Angehöriger der Armee eines fremden Staates oder einer internationalen Organisation im Zusammenhang mit seiner amtlichen Tätigkeit für eine pflichtwidrige oder eine im Ermessen stehende Handlung oder Unterlassung für sich oder einen Dritten einen nicht gebührenden Vorteil fordert, sich versprechen lässt oder annimmt[1110], wird mit Freiheitsstrafe bis zu fünf Jahren oder Geldstrafe bestraft.

[1110] Par. eingefügt durch Art. 2 Ziff. 2 des BB vom 7. Okt. 2005 über die Genehmigung und die Umsetzung des Strafrechtsübereinkommens und des Zusatzprotokolls des Europarates über Korruption, in Kraft seit 1. Juli 2006 (AS **2006** 2371 2374; BBl **2004** 6983).

Art. 322octies StGB (3.Gemeinsame Bestimmungen)

1. …[1111]

2. Keine nicht gebührenden Vorteile sind dienstrechtlich erlaubte sowie geringfügige, sozial übliche Vorteile.

3. Amtsträgern gleichgestellt sind Private, die öffentliche Aufgaben erfüllen.

Art. 337 StGB (Bei organisiertem Verbrechen, Finanzierung des Terrorismus und der Wirtschaftskriminalität)[1112]

^{1}Der Bundesgerichtsbarkeit unterstehen zudem die strafbaren Handlungen nach den Artikeln 260ter, 260^{quinquies}, 305bis, 305ter und 322ter–322^{septies} sowie die Verbrechen, die von einer kriminellen Organisation im Sinne von Artikel 260ter ausgehen, wenn die strafbaren Handlungen begangen wurden:[1113]

    a. zu einem wesentlichen Teil im Ausland; oder

    b. in mehreren Kantonen und dabei kein eindeutiger Schwerpunkt in einem Kanton besteht.

^{2}Bei Verbrechen des zweiten und des elften Titels kann die Bundesanwaltschaft ein Ermittlungsverfahren eröffnen, wenn:

    a. die Voraussetzungen von Absatz 1 vorliegen; und

    b. keine kantonale Strafverfolgungsbehörde mit der Sache befasst ist oder die zuständige kantonale Strafverfolgungsbehörde die Bundesanwaltschaft um Übernahme des Verfahrens ersucht.

^{3}Die Eröffnung des Ermittlungsverfahrens gemäss Absatz 2 begründet Bundesgerichtsbarkeit.

[1111] Aufgehoben durch Ziff. II 2 des BG vom 13. Dez. 2002, mit Wirkung seit 1. Jan. 2007 (AS **2006** 3459 3535; BBl **1999** 1979).

[1112] Ehemals geregelt in Art.340bis StGB; vorliegend Fassung gemäss Ziff. I 1 des BG vom 21. März 2003 (Finanzierung des Terrorismus), in Kraft seit 1. Okt. 2003 (AS **2003** 3043 3047; BBl **2002** 5390).

[1113] Fassung gemäss Ziff. I 1 des BG vom 21. März 2003 (Finanzierung des Terrorismus), in Kraft seit 1. Okt. 2003 (AS **2003** 3043 3047; BBl **2002** 5390).

Literaturverzeichnis

- A -

Achleitner, Paul — Rechtliche und wirtschaftliche Beurteilung des Bankgeheimnisses in Österreich, Deutschland und der Schweiz, Österreichisches Forschungsinstitut für Sparkassenwesen, Vierteljahres-Schriftenreihe: Heft 3, Wien 1981
(zitiert als: Achleitner, Rechtliche und wirtschaftliche Beurteilung des Bankgeheimnisses in Österreich, Deutschland und der Schweiz)

Ackermann, Jürg-Beat — Geldwäscherei – Money Laundering, Eine vergleichende Darstellung des Rechts und der Erscheinungsformen in den USA und der Schweiz, Diss., Zürich 1992
(zitiert als: Ackermann, Geldwäscherei – Money Laundering)

Ackermann, Jürg-Beat — in: Schmid, Niklaus (Hrsg.), Kommentar Einziehung, Organisiertes Verbrechen, Geldwäscherei, Bd. I, Zürich 1992
(zitiert als: Schmidt/Arzt/*Ackermann*)

Albers, Willi — Handwörterbuch der Wirtschaftswissenschaften (HdWW), Bd. 4, Göttingen 1978
(zitiert als: Albers, Handwörterbuch der Wirtschaftswissenschaften (HdWW))

Arzt, Gunther — Geldwäscherei – Eine neue Masche zwischen Hehlerei, Strafvereitelung und Begünstigung
in: NStZ 1990, S. 1 ff.

Arzt, Gunther — Das schweizerische Geldwäschereiverbot im Lichte der amerikanischen Erfahrung
in: ZStrR 106 (1989), S. 160 ff.

Arzt, Gunther — Das missglücktes Strafgesetz – am Beispiel der Geldwäschegesetzgebung
in: Das missglückte Gesetz, Diederichsen/Dreiher (Hrsg.), Göttingen 1997
(zitiert als: Arzt, Missglücktes Strafgesetz)

Arzt, Gunther — Zur Rechtsnatur des Art. 305ter (Mangelnde Sorgfalt bei Geldgeschäften)
in: SJZ 86 (1990), S. 189 ff.

Apitz, Wilfried — EU-weite Risiken einer Kontenabfrage – Regelungen ab 2006 zur Rechtshilfe im Steuerstrafverfahren
in: Die steuerliche Betriebsprüfung 2006, S. 333 ff.

Aschwanden, Erich	Schweizer Bankiers droht Ungemach in Deutschland *in:* NZZ v. 24.10.2004, S. 11
Aubert, Maurice **Kernen,** Jean-Philippe **Schönle,** Herbert	Das Schweizerische Bankgeheimnis, 1. Auflage, Bern 1978 (zitiert als: Aubert/Kernen/Schönle, Das Schweizerische Bankgeheimnis)

- B -

Badura, Karl-Heinz	Die besten Steueroasen für ihr Geld weltweit, Düsseldorf 1996 (zitiert als: Badura, Die besten Steueroasen für ihr Geld weltweit)
Barthelmess, Petra	Transnationale organisierte Kriminalität: Ordnungspolitische Eingriffe auf internationaler Ebene und in der Schweiz/Forschungsstelle für Sicherheitspolitik und Konfliktanalyse der ETH Zürich (Hrsg.) – (Bulletin 2002 zur schweizerischen Sicherheitspolitik), Zürich, 2002 (zitiert als: Barthelmess, Transnationale organisierte Kriminalität: Ordnungspolitische Eingriffe auf internationaler Ebene und in der Schweiz, Bulletin 2002 zur Schweizerischen Sicherheitspolitik)
Basse-Simonsohn, Detlev Michael	Geldwäschereibekämpfung und organisiertes Verbrechen, Die Sorgfaltspflichten der Finanzintermediäre und deren Konkretisierung durch Selbstregulierung, Diss., Bern 2002 (zitiert als: Basse-Simonsohn, Geldwäschereibekämpfung und organisiertes Verbrechen)
Bauer, Hartmut **Huber,** Peter **Sommermann,** Karl-Peter	Demokratie in Europa, Verfassungsentwicklung in Europa 1, Tübingen 2005 (zitiert als: Bauer/Huber/Sommermann, Demokratie in Europa)
Baumgartber, Hans **Triet,** Fridolin	Geldwäscherei: Neue Strafnormen. Erster Schritt der Schweizer Regierung in Richtung Offenlegung *in:* Kriminalistik 1990, S. 275 ff.
Baumgartner, Peter	Harmful Tax Practices – Auswirkungen der Bestrebungen von OECD und EU auf die Schweiz *in:* FStR 2003, S. 114
Becker, Lothar	Der Bankenerlass, Rechtmäßigkeit, Wirkbereich und Bedeutung für die Bank- und Steuerverwaltungspraxis, Berlin 1983 (zitiert als: Becker, Der Bankenerlass)

Behr, Giorgio	Geldwäscherei – eine Aufsicht auf Abwegen. Immer neue Branchen unter der Lupe *in:* NZZ v. 03.08.2004, S. 23
Beilstein, Werner	Stand der Rechtshilfe und der internationalen Zusammenarbeit in Steuersachen *in:* SZW 1995, S. 105 ff.
Berger, Bernhard	Outsourcing vs. Geheimnisschutz im Bankgeschäft *in:* recht 2000, S. 182 ff.
Bernasconi, Paolo	Die Geldwäscherei im schweizerischen Strafrecht, Lugano 1986 (zitiert als: Bernasconi, Die Geldwäscherei im schweizerischen Strafrecht)
Bernasconi, Paolo	Schweizerische Erfahrung bei der Untersuchung und strafrechtlichen Erfassung der Geldwäsche *in:* BKA (Hrsg.) Macht sich Kriminalität bezahlt? – Aufspürung und Abschöpfung von Verbrechensgewinnen, Bd. 32, Wiesbaden 1987 (zitiert als: Bernasconi, *in:* BKA (Hrsg.), Macht sich Kriminalität bezahlt?)
Bernasconi, Paolo	Finanzunterwelt, Zürich 1988 (zitiert als: Bernasconi, Finanzunterwelt)
Bernasconi, Paolo	Erscheinungsformen der Geldwäscherei in der Schweiz, *in:* Schriftenreihe Schweizerischer Anwaltsverband, Geldwäscherei und Sorgfaltspflicht, Bd. 8, Zürich 1991 (zitiert als: Bernasconi, Erscheinungsformen der Geldwäscherei in der Schweiz)
Bernasconi, Paolo	Off-Shore Domizilgesellschaften als Instrument der Bestechung und der Geldwäsche – Zehn neue Empfehlungen gegen den Missbrauch von Off-Shore Domizilgesellschaften, *in:* Korruption im internationalen Geschäftsverkehr – Bestandesaufnahme – Bekämpfung – Prävention, Basel 1999 (zitiert als: Bernasconi, Off-Shore Domizilgesellschaften)

Bernasconi, Paolo	Internationale Amts- und Rechtshilfe bei Einziehung, organisiertem Verbrechen und Geldwäscherei *in:* Schmid (Hrsg.), Kommentar zur Einziehung, organisiertes Verbrechen und Geldwäscherei, Bd. 2, Zürich 2002 (zitiert als: Bernasconi, Internationale Amts- und Rechtshilfe *in:* Schmid (Hrsg.), Kommentar zur Einziehung, organisiertes Verbrechen und Geldwäscherei, Bd. 2)
Bernecker, Walther	Kleine Geschichte Haitis, Frankfurt 1996 (zitiert als: Bernecker, Kleine Geschichte Haitis)
Bernet, Beat	Quo Vadis, Swiss Banking? Ein Pflichtenheft für den Schweizer Finanzplatz *in:* NZZ v. 13.04.2002, S. 27
Bernet, Beat	Der wahre Wert des Bankgeheimnisses *in:* St. Galler Tagblatt v. 19. Juni 2002, S. 2
Bernet, Beat	Bankgeheimnis: Sieg im Rückzugsgefecht *in:* St. Galler Tagblatt v. 25. Januar 2003, S. 2
Bilsdorfer, Peter	Das Bankgeheimnis *in:* DStR 1984, S. 498 ff.
Binder, Ulrike	Gewährung von Rechtshilfe in Steuerstrafsachen durch die Schweiz, OFD Münster *in:* ZFN 1995, S. 10.
Birk, Dieter	Steuerrecht, 10. Auflage, Heidelberg 2007 (zitiert als: Birk, Steuerrecht)
Bizozzero, Arthur	Keine Oase ohne Wüste *in:* NZZ v. 01.11.2002, S. 65
Bodmer, Daniel **Kleiner,** Beat **Lutz,** Benno	Kommentar zum Bundesgesetz über die Banken und Sparkassen vom 8. November 1934 sowie zur Verordnung (V) vom 17. Mai 1972 und der Vollziehungsverordnung (VV) vom 30. August 1961, mit Hinweis auf das Bankenrecht der Europäischen Union, auf das Allgemeine Dienstleistungsabkommen (GATS) und Erläuterungen zu den Maßnahmen der Geldwäscherei, Zürich, periodische Nachlieferung (zitiert als: Bodmer/Kleiner/Lutz)
Bongard, Kai	Wirtschaftsfaktor Geldwäsche: Analyse und Bekämpfung, Diss., Kassel 2001 (zitiert als: Bongard, Wirtschaftsfaktor Geldwäsche)

Bonse, Eric **Menzel,** Stefan **Riecke,** Torsten	Beim Bankgeheimnis zeichnet sich Lösung ab, Österreich und Schweiz geben sich kompromissbereit *in:* Handelsblatt v. 09.03.2009, S. 3
Born, Karl Erich	Geld und Banken im 19. und 20. Jahrhundert, Stuttgart 1976 (zitiert als: Born, Geld und Banken im 19. und 20. Jahrhundert)
Bosshard, Peter	Geldwäschebekämpfung in der Schweiz *in:* Verdacht auf Geldwäsche, Im Kreuzfeuer internationaler Sorgfaltspflichten, Liechtenstein – Österreich – Deutschland – Schweiz, Von Profis für Profis, Hypo Investment Bank AG Liechtenstein (Hrsg.), Vaduz 2006 (zitiert als: Bosshard, *in:* Verdacht auf Geldwäsche, Geldwäschebekämpfung in der Schweiz)
Bosshardt, Oskar	Die neue zürcherische Einkommens- und Vermögenssteuer, Zürich 1952 (zitiert als: Bosshardt, Die neue zürcherische Einkommens- und Vermögenssteuer)
Bottermann, Christoph	Untersuchung zu den grundlegenden Problematiken des Geldwäschetatbestandes, auch in seinen Bezügen zum Geldwäschegesetz, Bochum 1995 (zitiert als: Bottermann, Untersuchung zu den grundlegenden Problematiken des Geldwäschetatbestandes)
Bouazza-Marouf, Nadja	Émile Ollivier: Haitianische Exilliteratur in Quebec, Berlin 2003 (zitiert als: Bouazza-Marouf, Émile Ollivier Haitianische Exilliteratur in Quebec)
Brandstetter, Barbara	Dem Fiskus entgeht bald nichts mehr *in:* Welt am Sonntag v. 10.08.2008, S. 41
Breu, Victor	Abgeflossene Gelder kommen zurück *in:* Tages Anzeiger, 25.10.03, S. 25
British Bankers' Association	Money Laundering Guidance Notes for Banks and Building Societies, December 1990 (zitiert als: British Bankers' Association, Money Laundering Guidance Notes for Banks and Building Societies)
Buchner, Benedikt	Informationelle Selbstbestimmung im Privatrecht, München 2006 (zitiert als: Buchner, Informationelle Selbstbestimmung im Privatrecht)

Bukov, Bernhard	Die Bekämpfung der Geldwäsche in der Europäischen Union, Schriftenreihe EURO-JUS der Abteilung für Europäische Integration Donau-Universität, Krems, Bd. 1, Herausgegeben von Manfred Straube (zitiert als: Bukov, Die Bekämpfung der Geldwäsche in der Europäischen Union)
Burr, Christian	Geldwäsche, Eine Untersuchung zu § 261 StGB, Diss., Bonn 1994 (zitiert als: Burr, Geldwäsche)
Busch, Andreas	Staat und Globalisierung, Heidelberg 2002 (zitiert als: Busch, Staat und Globalisierung)

- C -

Capus, Nadja	Country Report: Combating money laundering in Switzerland *in:* Mark Pieth/Gemma Aiolfi (Hrsg.), A Comparative Guide to Anti-Money Laundering, A Critical Analysis of Systems in Singapore, Switzerland, the UK and the USA, Cheltenham, Northampton 2004 (zitiert als: Capus, *in:* Pieth/Aiolfi, A Comparative Guide to Anti-Money Laundering)
Canadian Bankers' Association	The Fight against Money Laundering – There are some kinds of money Canada's Banks dont't want (zitiert als: Canadian Bankers' Association, The fight against money laundering)
Canaris, Claus-Wilhelm	Bankgeheimnis und Schutzwirkung für Dritte im Konzern, Eine kritische Auseinandersetzung mit dem Urteil des OLG München vom 10.12.2003 *in:* ZIP 2004, S. 1781 ff.
Carl, Dieter **Klos,** Joachim	Tafelgeschäfte – steuerlich unzulässige „Geldwäsche" der Kreditinstitute *in:* DStZ 1991, S. 24 ff.
Carl, Dieter **Klos,** Joachim	Das Bankgeheimnis, Neue Entwicklungen im Bereich des Zivil-, Steuer- und Strafrechts *in:* StB 1994, S. 135 ff.
Carl, Dieter **Klos,** Joachim	Regelungen zur Bekämpfung der Geldwäsche und ihre Anwendung in der Praxis, 1. Auflage, Bielefeld 1994 (zitiert als: Carl/Klos, Regelungen zur Bekämpfung der Geldwäsche und ihre Anwendung in der Praxis)

Carstensen, Broder **Busse,** Ulrich **Schmude,** Regina	Anglizismen – Wörterbuch, Bd. 2, Berlin/New York 1994 (zitiert als: Carstensen/Busse/Schmude, Anglizismen Wörterbuch, Bd. 2, Erscheinungsjahr)
Clausen, Carsten Peter	Bank- und Börsenrecht, München 1996 (zitiert als: Clausen, Bank- und Börsenrecht)
Coenen, Hans Georg	Analogie und Metapher, Berlin/New York 2002 (zitiert als: Coenen, Analogie und Metapher)
Cöster, Thilo **Intemann,** Jens	Rechtsschutzmöglichkeiten beim behördlichen Kontenabruf nach § 93 Abs.7 und 8 AO *in:* DStR 2005, S. 1249 ff.

- D -

Debatin, Helmut **Wassermeyer,** Franz	Doppelbesteuerung: DBA, Kommentar zu allen deutschen Doppelbesteuerungsabkommen DBA, Bd. V, 106. Auflage, München 2009 (zitiert als: Debatin/*Wassermeyer*, DBA, DBA-Schweiz Art. 27)
de Capitani, Werner	Bankgeheimnis und historische Forschung, Rechtsgutachten, Zürich 2002 (zitiert als: de Capitani, Bankgeheimnis und historische Forschung, Rechtsgutachten)
de Capitani, Werner	Bundesgesetz zur Bekämpfung der Geldwäscherei im Finanzsektor (Geldwäschereigesetz, GwG) vom 10. Oktober 1997 *in:* Schmid (Hrsg.), Kommentar zur Einziehung, organisiertes Verbrechen und Geldwäscherei, Bd. 2, Zürich 2002 (zitiert als: de Capitani, GwG, *in:* Schmid (Hrsg.), Kommentar Einziehung, organisiertes Verbrechen und Geldwäscherei, Bd. II)
de Capitani, Werner	Bankgeheimnis und Geldwäscherei *in:* Hadding u. a. (Hrsg.), Basel II: Folgen für Kreditinstitute und ihre Kunden. Bankgeheimnis und Bekämpfung der Geldwäsche (Schriftenreihe der Bankenrechtlichen Vereinigung), Berlin 2004, S. 47ff. (zitiert als: de Capitani, Bankgeheimnis und Geldwäscherei *in:* Hadding u. a. (Hrsg.), Basel II: Folgen für Kreditinstitute und ihre Kunden)

Del Ponte, Carla	Finanzwelt im Kampf gegen die Geldwäscherei: Wie weiter? *in:* Trechsel (Hrsg.), Geldwäscherei, Prävention und Massnahmen zur Bekämpfung, Zürich 1997 (zitiert als: Del Ponte, Finanzwelt im Kampf gegen die Geldwäscherei: Wie weiter?)
Dietzi, Hanspeter	Der Bankangestellte als eidgenössisch konzessionierter Sherlock Holmes? Der Kampf gegen die Geldwäscherei aus der Optik des Ersten Rechtskonsulenten einer Großbank, *in:* Mark Pieth (Hrsg.), Bekämpfung der Geldwäscherei. Modellfall Schweiz?, Basel/Frankfurt a. M./Stuttgart 1992, S.67 ff. (zitiert als: Dietzi, Der Bankangestellte als eidgenössisch konzessionierter Sherlock Holmes?, *in:* Mark Pieth (Hrsg.), Bekämpfung der Geldwäscherei. Modellfall Schweiz?)
Doggart, Caroline **Schönwitz,** Daniel	Steuerparadiese und wie man sie nutzt, 5. Auflage, Stuttgart 2007 (zitiert als: Doggart/Schönwitz, Steuerparadiese und wie man sie nutzt)
Doll, Nikolaus **Grabitz,** Ileana **Dalan,** Marco	An sich selbst gescheitert *in:* Die Welt v. 31.03.2009, S. 3
Dreßler, Günter	Rechtshilfe in Steuersachen durch die Schweiz, Betrachtungen zum IRSG in der Schweiz, Sonderdruck aus „Die steuerliche Betriebsprüfung" Hefte 9–11/1986, Broschüre 1987 (zitiert als: Dreßler, Rechtshilfe in Steuersachen durch die Schweiz)
DUDEN	Das große deutsche Wörterbuch der deutschen Sprache, 2. Auflage, Bd. 3, Mannheim/Leipzig/ Wien/Zürich 1993 (zitiert als: DUDEN, Das große deutsche Wörterbuch der deutschen Sprache, 2.Auflage, Bd. 3, Mannheim/Leipzig/ Wien/Zürich 1993)
DUDEN	Die deutsche Rechtschreibung, 21. Auflage, Mannheim/Leipzig/Wien/Zürich 1996 (zitiert als: DUDEN, Die deutsche Rechtschreibung, 21.Auflage, Mannheim/Leipzig/Wien/Zürich 1996)
DUDEN	Der Duden in 10 Bänden, Das Herkunftswörterbuch, Die Etymologie der deutschen Sprache, Bd. 7, Mannheim/Wien/ Zürich 1963 (zitiert als: DUDEN, Das Herkunftswörterbuch, Die Etymologie der deutschen Sprache, Bd. 7, Mannheim/Wien/Zürich 1963)

DUDEN	Der Große DUDEN, Fremdwörterbuch, Bd. 5, Mannheim 1960 (zitiert als: Der Große Duden, Fremdwörterbuch, Bd. 5, Mannheim 1960)
DUDEN	Zitate und Aussprüche, Herkunft und aktueller Gebrauch, Bd. 12, 1. Auflage, Mannheim/ Leipzig/Wien/Zürich 1998 (zitiert als: DUDEN, Zitate und Aussprüche, Bd. 12, Mannheim/Leipzig/Wien/Zürich 1998)
Dunsch, Jürgen	Auch die Schweiz packt ihre Steuersünder hart an *in:* FAZ v. 25.04.2008, S. 26
Dunsch, Jürgen	Commerzbank plant Rückzug aus der Schweiz *in:* FAZ v. 19.06.2009, S.16
Dunsch, Jürgen	Die UBS im Wilden Westen *in:* FAZ v. 13.07.2009, S.11
Dunsch, Jürgen	Schweizer Bankgeheimnis wird löchriger *in:* FAZ v. 22.06.2009, S.13

- E -

Egger Tanner, Christine	Die strafrechtliche Erfassung der Geldwäscherei, Ein Rechtsvergleich zwischen der Schweiz und der Bundesrepublik Deutschland, Diss., Zürich 1999 (zitiert als: Egger Tanner, Die strafrechtliche Erfassung der Geldwäscherei)
Eisenberg, Ulrich	Kriminologie, 4. Auflage, Köln/Berlin/Bonn/München 1995 (zitiert als: Eisenberg, Kriminologie, 4. Auflage, Erscheinungsjahr)
Enz, Werner	Schweizer Banken setzen auf bilateralen Weg wider übereilten Ausbau der Geldwäschereibekämpfung *in:* NZZ v. 11.03.2005, S. 21
Euler, Christian	Die Steueroasen trocknen aus *in:* Welt am Sonntag v. 01.02.2009, S.42
Evers, Jürgen **Friele,** Reinhold	Was das neue Geldwäschegesetz bringt *in:* VW 2008, S. 2018 ff.

- F -

Fahl, Christian	Grundprobleme der Geldwäsche (§ 261 StGB) *in:* JURA 2004, S. 160 ff.

Fehr, Katharina	Ein politischer Banker, Swissfirst-Chef Thomas Matter mag das Bankgeheimnis und kämpft gegen Schengen *in:* NZZ v. 08.05.2005, S. 39
Fellmann, Walter	Berner Kommentar, Bd. VI: Obligationenrecht, 2. Abteilung: Die einzelnen Vertragsverhältnisse, 4. Teilband: Der einfache Auftrag (Art. 394–406 OR), Bern 1992 (zitiert als: Fellmann, Berner Kommentar, Bd. VI: Obligationenrecht, OR)
Findeisen, Michael	Bankgeheimnis und Verhinderung der Geldwäsche *in:* Hadding u. a. (Hrsg.), Basel II: Folgen für Kreditinstitute und ihre Kunden. Bankgeheimnis und Bekämpfung der Geldwäsche (Schriftenreihe der Bankenrechtlichen Vereinigung), Berlin 2004, S. 47 ff. (zitiert als: Findeisen, Bankgeheimnis und Verhinderung der Geldwäsche, *in:* Hadding u. a. (Hrsg.), Basel II: Folgen für Kreditinstitute und ihre Kunden. Bankgeheimnis und Bekämpfung der Geldwäsche)
Findeisen, Michael	Der Präventionsgedanke im Geldwäschegesetz *in:* wistra 1997, S. 121 ff.
Finsterbusch, Stephan	Der Verlust der Privatsphäre *in:* FAZ v. 23.08.2008, S. 14
Fischer, Thomas	Strafgesetzbuch und Nebengesetze, 55. Auflage, München 2008 (zitiert als: Fischer, StGB)
Flatten, Thomas	Zur Strafbarkeit von Bankangestellten bei der Geldwäsche, Diss., Frankfurt a. M./Berlin/Bern/New York/Paris/Wien 1990 (zitiert als: Flatten, Zur Strafbarkeit von Bankangestellten bei der Geldwäsche)
Flick, Hans **Wassermeyer,** Franz **Kempermann,** Michael	Doppelbesteuerungsabkommen Deutschland – Schweiz, Kommentar, Band II, Art. 10 – 33 DBA, Erb. DBA, Köln 2008 (zitiert als: Flick/Wassermeyer/Kempermann, DBA Deutschland – Schweiz)
Flubacher, Marcus Jaques	Amts- und Rechtshilfe im interkantonalen und internationalen Steuerrecht der Schweiz, Diss., Basel 1974 (zitiert als: Flubacher, Amts- und Rechtshilfe im interkantonalen und internationalen Steuerrecht der Schweiz)

Forster, Marc	Die Korrektur des strafrechtlichen Rechtsgüter- und Sanktionskatalogs im gesellschaftlichen Wandel, „Politisierung des Strafrechts und Kriminalisierung des Alltagslebens", Basel 1995 (zitiert als: Forster, Die Korrektur des strafrechtlichen Rechtsgüter- und Sanktionskatalogs im gesellschaftlichen Wandel)
Forster, Ueli	Wer profitiert vom starken Finanzplatz? Unterschätzte Wechselwirkung auf dem Werkplatz *in:* NZZ v. 19.06.2002, S. 27
Forthauser, Roman	Geldwäscherei de lege lata et ferenda, Diss., München 1992 (zitiert als: Forthauser, Geldwäscherei de lege lata et ferenda)
Frank, Robert	Die Bekämpfung der Geldwäsche in den USA, High-Tech-Gewinnaufspürung, drakonische Strafen und radikale Gewinneinziehung – Ist der Amerikanische Ansatz ein Vorbild für Deutschland? Frankfurt 2002 (zitiert als: Frank, Die Bekämpfung der Geldwäsche in den USA)
Franklin, Benjamin	Mémoires de la vie privée de Benjamin Franklin, Paris 1791 (zitiert als: Franklin, Mémoires de la vie privée de Benjamin Franklin)
Franz, Helene	Die Beendigung von Gesellschaften im US-amerikanischen Recht, Ein rechtsvergleichender Überblick hinsichtlich der Auflösung und Abwicklung von Gesellschaften nach den Rechtsordnungen Delawares, Kaliforniens und New Yorks, Berlin/Hamburg/Münster 2006 (zitiert als: Franz, Die Beendigung von Gesellschaften im US-amerikanischen Recht)
Frei, Lionel	Die Rechtshilfe bei Abgabebetrug gemäß Art. 3 Abs. 3 des neuen Rechtshilfegesetzes *in:* ASA 50 (1981/82), S. 337 ff.
Füglister, Lis	Rückgabe der Abacha-Gelder: Erfolgsstory oder Pleite? *in:* Aktion Finanzplatz Schweiz (AFP), Nummer 1/2005 der Finanzplatz-Informationen
Füllbier, Andreas	Geldwäscherei: Bankangestellte im Dienst der Ermittlungsbehörden *in:* WM 1990, S. 2025 ff.

Füllbier, Andreas Aepfelbach, Rolf Langweg, Peter	GwG, Kommentar, 5. Auflage, Köln 2006 (zitiert als: Füllbier/Aepfelbach/Langweg, GWG)

- G -

Gärtner, Manfred Brevik, Frode	Can tax evasion tame Leviathan governments?, July 2006, Discussion Paper no. 19-2006, Universität St. Gallen (zitiert als: Gärtner/Brevik, Can tax evasion tame Leviathan governments?, July 2006, Discussion Paper no. 19-2006, Universität St. Gallen)
Gärtner, Manfred Brevik, Frode	Macroeconomic effects of bank secrecy when tax evasion is endogenous, May 2006 Discussion Paper no. 10-2006, Universität St. Gallen (zitiert als: Gärtner/Brevik, Macroeconomic effects of bank secrecy when tax evasion is endogenous, May 2006 Discussion Paper no. 10-2006, Universität St. Gallen)
Gallarotti, Ermes	Denkpause genutzt *in:* NZZ v. 30.09.2006, S. 23
Gallarotti, Ermes	Mehr Kundennähe im Kampf gegen die Geldwäscherei *in:* NZZ v. 05.08.2005, S. 28
Gallarotti, Ermes	Schweizer Banken – keine Fluchtgeldburgen, Bankiervereinigung wehrt sich gegen pauschale Kritiken *in:* NZZ v. 26.02.2004, S. 19
Gallarotti, Ermes	Übereifriger Kampf gegen die Geldwäscherei *in:* NZZ v. 19.01.2007, S. 21
Gallarotti, Ermes	Unerlässlicher Kampf gegen die Geldwäscherei *in:* NZZ v. 05.08.2006, S. 23
Gallarotti, Ermes	Von Geldwäschern und Archäologen *in:* NZZ v. 18.12.2006, S. 14
Galliker, Jürg	„Moral Banking in Switzerland". Die Sorgfaltspflichten der Banken zur Abwehr unerwünschter Gelder, Diss., Basel 1994 (zitiert als: Galliker, „Moral Banking in Switzerland")

Gasser, Peter	Von der vermuteten Unschuld des Geldes – Die Einziehung von Vermögenswerten krimineller Herkunft, *in:* Mark Pieth (Hrsg.), Bekämpfung der Geldwäscherei. Modellfall Schweiz?, Basel/Frankfurt a. M./Stuttgart 1992, S.157 ff. (zitiert als: Gasser, Von der vermuteten Unschuld des Geldes *in:* Mark Pieth (Hrsg.), Bekämpfung der Geldwäscherei. Modellfall Schweiz?)
Geiger, Hans **Wünsch,** Oliver	Die Massnahmen zur Geldwäschereiprävention im internationalen Vergleich, Zürich 2006 (zitiert als: Geiger/Wünsch, Die Massnahmen zur Geld-wäschereiprävention im internationalen Vergleich)
Geiger, Roman	Organisationsmängel als Anknüpfungspunkt im Unternehmensstrafrecht, aufgezeigt am Beispiel der Geldwäschereibekämpfung im Private Banking einer Bank AG, Zürich 2006 (zitiert als: Geiger, Organisationsmängel als Anknüpfungspunkt im Unternehmensstrafrecht)
Giannini, Mario	Anwaltliche Tätigkeit und Geldwäscherei, Zur Anwendbarkeit des Geldwäschereitatbestandes (Art.305 bis StGB) und desGeldwäschereigesetzes (GwG) auf Rechtsanwälte, Diss., Zürich 2006 (zitiert als: Giannini, Anwaltliche Tätigkeit und Geldwäscherei)
Giegold, Sven	Steueroasen: trockenlegen, Die verborgenen Billionen für Entwicklung und soziale Gerechtigkeit heranziehen, Hamburg 2003 (zitiert als: Giegold, Steueroasen: trockenlegen)
Giesker, Hans	Das Recht des Privaten an der eigenen Geheimsphäre, Zürich 1904 (zitiert als: Giesker, Das Recht des Privaten an der eigenen Geheimsphäre)
Glaser Tomasone, Helena Ingrid	Amtshilfe und Bankgeheimnis, insbesondere im Bereich der Banken-, Anlagefonds- und Börsenaufsicht, Zürich 1997 (zitiert als: Glaser Tomasone, Amtshilfe und Bankgeheimnis)
Göres, Ulrich	Zur Rechtmäßigkeit des automatisierten Abrufs von Kontoinformationen – Ein weiterer Schritt zum gläsernen Bankkunden *in:* NJW 2005, S. 256 ff.
Goethe, Johann Wolfgang	Torquato Tasso, Stuttgart 2003 (zitiert als: Goethe, Torquato Tasso)

Graber, Christoph	Geldwäscherei, Ein Kommentar zu Art. 305bis und 305ter StGB, Diss., Bern 1990 (zitiert als: Graber, Geldwäscherei)
Graber, Christoph	Zum Verhältnis der Sorgfaltspflichtvereinbarung der Banken zu Art. 305ter Abs.1 StGB *in:* SZW 1995, S. 165 ff.
Graber, Christoph	GWG, Gesetzesausgabe mit englischer Übersetzung, Ausführungserlass und Anmerkungen, Zürich/Basel/Genf 2003 (zitiert als: Graber, GWG)
Greive, Martin	Darüber diskutieren die Staatschefs in London *in:* Die Welt v. 31.03.2009, S. 11
Grill, Wolfgang Perczynski, Hans	Wirtschaftslehre des Kreditwesens, 28. Auflage, Bad Homburg v. d. Höhe, 1993 (zitiert als: Grill/Perczynski, Wirtschaftslehre des Kreditwesens)
Groos, Michael Müller, Werner Wolf, Thomas	Diskretion, Nur noch unbescholtene Kunden sicher *in:* Focus Money v. 01.04.2009, S. 68
Gstöhl, Sieglinde	Global Governance und die G8, Gipfelimpulse für die Weltwirtschaft und Weltpolitik, Berlin/ Hamburg/Münster 2003 (zitiert als: Gstöhl, Global Governance und die G8)
Guex, Sébastien	The Origins of the Swiss Banking Secrecy Law and its Repercussions for Swiss Federal Policy *in:* Business History Review 74 (Summer 2000), S. 237–266
Guggenbühl, Heinrich	Geldwäscherei aus Zürcher Sicht *in:* Kriminalistik 1995, S. 217 ff.
Gysi, Alfredo	Wachsende Bedeutung der Auslandsbanken *in:* NZZ v. 10.09.2002, S. 69

- H -

Häde, Ulrich	Initiative zur Bekämpfung der Geldwäsche *in:* EuZW 1991, S. 553 ff.
Hafner, Wolfgang	Im Schatten der Derivate, Das schmutzige Geschäft der Finanzelite mit der Geldwäsche, Frankfurt a. M. 2002 (zitiert als: Hafner, Im Schatten der Derivate, Das schmutzige Geschäft der Finanzelite mit der Geldwäsche)

Haarmann, Wilhelm **Suttorp,** André	Zustimmung des Kabinetts zum Steuerhinterziehungsbekämpfungsgesetz *in:* BB 2009, S.1275ff.
Hecker, Bernd	Europäisches Strafrecht, 2. Auflage, Hamburg 2007 (zitiert als: Hecker, Europäisches Strafrecht)
Heller, Daniel	Das Bankkundengeheimnis als conditio sine qua non einer liberalen wirtschaftspolitischen Ordnung *in:* Im Brennpunkt 2002, S. 1 ff.
Herzog, Felix	Das Bankgeheimnis – eine Schranke staatlicher und staatlich veranlasster Ermittlungen? *in:* Hadding u. a. (Hrsg.), Basel II: Folgen für Kreditinstitute und ihre Kunden. Bankgeheimnis und Bekämpfung der Geldwäsche (Schriftenreihe der Bankenrechtlichen Vereinigung), Berlin 2004, S. 47ff. (zitiert als: Herzog, Das Bankgeheimnis – eine Schranke staatlicher und staatlich veranlasster Ermittlungen? *in:* Hadding u. a. (Hrsg.), Basel II: Folgen für Kreditinstitute und ihre Kunden. Bankgeheimnis und Bekämpfung der Geldwäsche)
Herzog, Felix	Gläserne Konten – Big Brother is watching us *in:* BB 2002, Heft 20, I
Herzog, Felix	Geldwäschebekämpfung – quo vadis? Rechtsstaatliche Grenzen der Geldwäschebekämpfung durch die Aufsichtshandlung des Bundesaufsichtsamtes für das Kreditwesen *in:* WM 1999, 1905 ff.
Herzog, Felix	Der Banker als Fahnder? Von der Verdachtsanzeige zur systematischen Verdachtsgewinnung – Entwicklungstendenzen der Geldwäschebekämpfung *in:* WM 1996, 1753 ff.
Herzog, Felix	Das Bankgeheimnis – eine Schranke staatlicher und staatlich veranlasster Ermittlungen?, Vortrag auf dem Bankrechtstag am 4. Juli 2003 in Düsseldorf
Herzog, Felix **Mülhausen,** Dieter	Geldwäschebekämpfung und Gewinnabschöpfung, Handbuch der straf- und wirtschaftsrechtlichen Regelungen, München 2006 (zitiert als: Herzog/Müllhausen/*Bearbeiter*, GwHdb)

Hess, Eric	Die Möglichkeiten und Grenzen der Schweiz auf dem Gebiete der internationalen Zusammenarbeit in Steuersachen *in:* ASA 71 (2002/03), S. 137
Hesse, Hans-Joachim	Die Schweiz leistet Amtshilfe für Betrugsdelikte die nach dem 01.01.2004 begangen wurden *in:* ZFN 2004, S. 149
Hetzer, Wolfgang	Bekämpfung der Organisierten Kriminalität durch Unterbindung der Geldwäsche *in:* wistra 1993, S.286ff.
Hild, Dieter **Hild,** Eckart	Im Fadenkreuz der Steuerfahnder (zitiert als: Hild/Hild, Im Fadenkreuz der Steuerfahnder)
Hirszowicz, Christine	Schweizer Bankpolitik, 3. Auflage, Bern 1993 (zitiert als: Hirszowicz, Schweizer Bankpolitik)
Höreth, Ulrike	Die Bekämpfung der Geldwäsche – unter Berücksichtigung einschlägiger ausländischer Vorschriften und Erfahrungen, Tübingen 1996 (zitiert als: Höreth, Die Bekämpfung der Geldwäsche)
Holenstein, Daniel	Amtshilfe der Schweiz in Steuerstrafsachen *in:* Praxis Steuerstrafrecht 2005, S. 67 ff.
Holenstein, Daniel	Schweiz: Grenzüberschreitender Informationsaustausch nach In-Kraft-Treten der „Bilateralen II" *in:* Praxis Steuerstrafrecht, 2005, S. 118 ff.
Hombrecher, Lars	Der Tatbestand der Geldwäsche (§ 261 StGB) – Inhalt, Aufbau, Problemstellung *in:* JA 2005, S. 67 ff.
Honsell, Heinrich	Basler Kommentar zum ZGB, 2. Auflage, 2002 (zitiert als: Honsell, Basler Kommentar zum ZGB)
Hoppe, Peter	Das Erhebungsdefizit im Bereich der Besteuerung von Zinseinkünften, Münster 1998 (zitiert als: Hoppe, Das Erhebungsdefizit im Bereich der Besteuerung von Zinseinkünften)
Howald, Stefan	Geldwäscherei: Strengere Vorschriften oder clevere Täter? *in:* Finanzplatz Information 3/06, Aktion Finanzplatz Schweiz – Dritte Welt, S. 1 ff. (zitiert als: Howald, Geldwäscherei: Strengere Vorschriften oder clevere Täter?)

Hoyer, Petra **Klos,** Joachim	Regelungen zur Bekämpfung der Geldwäsche und ihre Anwendung in der Praxis, 2. Auflage, Bielefeld 1998 (zitiert als: Hoyer/Klos, Regelungen zur Bekämpfung der Geldwäsche und ihre Anwendung in der Praxis)
Hubmann, Heinrich	Entstehung und Außerkrafttreten von Gewohnheitsrecht *in:* JuS 1968, S. 61 ff.
Hufnagel, Sven	Der Strafverteidiger unter dem Generalverdacht der Geldwäsche gemäß § 261 StGB – eine rechtsvergleichende Darstellung (Deutschland, Österreich, Schweiz und USA), Diss., Berlin 2004 (zitiert als: Hufnagel, Der Strafverteidiger unter dem Generalverdacht der Geldwäsche gemäß § 261 StGB)
Hug, Peter	Steuerflucht und die Legende vom antinazistischen Ursprung des Bankgeheimnisses. Funktion und Risiko der moralischen Überhöhung des Finanzplatzes Schweiz *in:* Jakob Tanner, Sigrid Weigel (Hrsg.), Gedächtnis, Geld und Gesetz. Vom Umgang mit der Vergangenheit des Zweiten Weltkrieges, Zürich 2000 (zitiert als: Hug, Funktion und Risiko der moralischen Überhöhung des Finanzplatzes Schweiz *in:* Tanner/Weigel (Hrsg.), Gedächtnis, Geld und Gesetz. Vom Umgang mit der Vergangenheit des Zweiten Weltkrieges)
Huhmann, Marcus	Die verfassungsrechtliche Dimension des Bankgeheimnisses, Diss., Frankfurt a. M. 2002 (zitiert als: Huhmann, Die verfassungsrechtliche Dimension des Bankgeheimnisses)
Hundt, Markus	Modellbildung in der Wirtschaftssprache: Zur Geschichte der Institutionen- und Theoriefachsprachen der Wirtschaft, Tübingen 1995 (zitiert als: Markus Hundt, Modellbildung in der Wirtschaftssprache: Zur Geschichte der Institutionen- und Theoriefachsprachen der Wirtschaft, Erscheinungsjahr)
Hutt, Felix	Das Planschbecken der Finanzhaie *in:* Park Avenue Dezember 2008, S. 52 ff.

Hypo Investment Bank (Liechtenstein) AG	Verdacht auf Geldwäsche, Im Kreuzfeuer internationaler Sorgfaltspflichten, Liechtenstein – Österreich – Deutschland – Schweiz, Von Profis für Profis, Vaduz 2006 (zitiert als: Hypo Investment Bank (Liechtenstein) AG (Hrsg.), Titel, Verdacht auf Geldwäsche)

- I -

Insam, Andreas	Reputation – Der unterschätzte Faktor *in:* Verdacht auf Geldwäsche, Im Kreuzfeuer internationaler Sorgfaltspflichten, Liechtenstein – Österreich – Deutschland – Schweiz, Von Profis für Profis, Hypo Investment Bank (Liechtenstein) AG (Hrsg.), Vaduz 2006 (zitiert als: Insam, Verdacht auf Geldwäsche, Reputation – Der unterschätzte Faktor)

- J -

Jacob, Joachim	Tätigkeitsbericht 2001 und 2002 des Bundesbeauftragten für den Datenschutz – 19. Tätigkeitsbericht (zitiert als: Jacob, Tätigkeitsbericht 2001 und 2002 des Bundesbeauftragten für den Datenschutz-19. Tätigkeitsbericht)
Jae-myong Koh	Supressing Terrorist Financing and Money Laundering, Berlin/Heidelberg 2006 (zitiert als: Jae-myong Koh, Supressing Terrorist Financing and Money Laundering)
Jahn, Joachim	Erfolglos gegen Geldwäsche *in:* FAZ v. 10.06.2009, S.21
Jhering, Rudolf von	Der Kampf ums Recht, 1872, 8. ergänzte Auflage, Frankfurt a. M. 2003 (zitiert als: Jhering, Der Kampf ums Recht)
Jost, Sebastian	Schau mir in die Augen, kleines Land! *in:* Welt am Sonntag v. 22.03.2009, S. 25
Jost, Sebastian	„Ein anderes Staatsverständnis" *in:* Welt am Sonntag v. 22.03.2009, S. 26.
Jung, Joseph	Von der Schweizerischen Kreditanstalt zur Credit Suisse Group, Zürich 2000 (zitiert als: Jung, Von der Schweizer Kreditanstalt zur Credit Suisse Group)

Junker, Carolin	Aktuelle Rechtsfragen zum Bankgeheimnis und zur Bankauskunft *in:* DStR 1996, S. 224 ff.

- K -

Kerscher, Helmut	Wogen des Misstrauens *in:* Süddeutsche Zeitung v. 23./24.05.2009, S. 6
Kirsch, Sascha	Geldwäschetechniken, Systematiken und deren Beurteilung, Saarbrücken 2006 (zitiert als: Kirsch, Geldwäschetechniken)
Kistler, Madeleine	La vigilance requise en matière d'opérations financières, Etude de l'article 305ter du Code pénal suisse, Zürich 1994 (zitiert als: Kistler, La vigilance requise en matière d'opérations financières)
Kleiner, Beat	Die Gesetzgebung über das Bankwesen in Bund und Kantonen, 1979 (zitiert als: Kleiner, Die Gesetzgebung über das Bankwesen in Bund und Kantonen)
Kleiner, Beat **Hauser,** Robert **Höhn,** Ernst	Das Schweizerische Bankgeheimnis, Bern/Stuttgart 1972 (zitiert als: Kleiner/Hauser/Höhn, Das Schweizerische Bankgeheimnis)
Kleinhietpass, Cordula	Metaphern der Rechtssprache und ihre Verwendung für Visualisierung, Berlin 2005 (Kleinhietpass, Metaphern der Rechtssprache und ihre Verwendung für Visualisierung)
Koch, Christian	Bankgeheimnis im Online- und Internet-Banking, Auswirkungen auf Vertrieb von Bankprodukten *in:* MMR 2002, S. 504 ff.
Körber, Thorsten	Grundfreiheiten und Privatrecht, Göttingen 2003 (zitiert als: Körber, Grundfreiheiten und Privatrecht)
Körner, Harald Hans **Dach,** Eberhard	Geldwäsche – Ein Leitfaden zum geltenden Recht, München 1994 (zitiert als: Körner/Dach, Geldwäsche)
Koller, Martin Ph.	Bankgeheimnis und Datenschutz im Bankkonzern, Diss., Bern/Stuttgart/Wien 1997 (zitiert als: Koller, Bankgeheimnis und Datenschutz im Bankkonzern)
Korn, Klaus **Strahl,** Strahl	Chronik, Halali auf die „Reichen" *in:* Kölner Steuerdialog 5/2009, S. 16469

Korte, Matthias	Der Einsatz des Strafrechts zur Bekämpfung der internationalen Korruption *in:* wistra 1999, S. 81 ff.
Kottke, Klaus	Schwarzgeld – was tun? Handbuch für das Schwarzgeld – Steuerrecht, 7. Auflage, Freiburg/ Berlin/München 1997 (zitiert als: Kottke, Schwarzgeld – was tun?)
Kraushaar, Beat **Lieberherr,** Emilie	Drogenland in Mafiahand, Entwicklung, Kommentar und Materialien zur Drogensituation in der Schweiz, 1996 (zitiert als: Kraushaar/Lieberherr, Drogenland in Mafiahand)
Krauskopf, Lutz	Geldwäscherei und organisiertes Verbrechen als europäische Herausforderung *in:* ZStR 108 (1991), S. 385 ff.
Krey, Volker **Dierlamm,** Alfred	Gewinnabschöpfung und Geldwäsche *in:* JR 1992, S. 353 ff.
Kunz, Bernhard **Peter,** Sibylle	Hohe Eigenverantwortung der Banken, Impliktation der neuen EBK – Geldwäschereiverordnung *in:* NZZ v. 16.06.2003, S. 15

- L -

Labaree, Leonard	The papers of Benjamin Franklin, Vol. 6, April 1, 1755 through September 30, 1756, Titelblatt, New Haven, Connecticut: Yale University Press, 1963 (zitiert als: Labaree (Hrsg.), The papers of Benjamin Franklin, Vol.6, April 1, 1755 through September 30, 1756, Titelblatt, New Haven, Connecticut: Yale University Press, 1963)
Lanser, Konrad	Österreichische Rechtshilfe in Strafsachen, insbesondere im Zusammenhang mit dem Bankgeheimnis *in:* wistra 1999, S. 213 ff.
Lakoff, George **Johnson,** Mark	Methaphors we live by, Chicago 1980 (zitiert als.: Georg Lakoff/Mark Johnsen, Methaphors we live by)
Leip, Carsten	Der Straftatbestand der Geldwäsche, 2. Auflage, Baden-Baden 1999 (zitiert als: Leip, Der Straftatbestand der Geldwäsche)
Leisner, Walter Georg	Hinreichende Veranlassung einer Kontrollmitteilung gem. §30a AO *in:* NWB 24/2009, S.1835ff.

Lerche, Peter	Bankgeheimnis – verfassungsrechtliche Rechtsgrundlagen *in:* ZHR 149 (1985), S. 165 ff.
Locher, Kurt **Meier,** Walter **von Siebenthal,** Rudolf **Kolb,** Andreas	Doppelbesteuerungsabkommen Deutschland - Schweiz, Zürich 2007 (zitiert als: Locher/Meier/von Siebenthal/Kolb, DBA-D-CH)
Locher, Kurt	Internationale Zusammenarbeit in Fiskalsachen in Schweizerischer Sicht, insbesondere die internationale Amts- und Rechtshilfe in Steuer- und Strafsachen *in:* ASA 50, S. 98 f.
Locher, Peter	Einführung in das internationale Steuerrecht der Schweiz, 2. Auflage, Bern 2000 (zitiert als: Locher, Einführung in das internationale Steuerrecht der Schweiz)
Löwe-Krahl, Oliver	Das Geldwäschegesetz – ein taugliches Instrumentarium zur Verhinderung der Geldwäsche? *in:* wistra 1994, S. 121 ff.
Löwe-Krahl, Oliver	Das neue Geldwäschegesetz – neue Verpflichtungen auch für den Berater *in:* PStR 2008, S. 284 f.
Lübke, Wolfgang **Müller,** Ulrike **Bonenberger,** Saskia	Steuerfahndung, Situationen erkennen, vermeiden, richtig beraten, Wiesbaden 2008 (zitiert als: Lübke/Müller/Bonenberger, Steuerfahndung)
Lütke, Hans Josef	Geldwäsche bei Auslandsvortat und nachträgliche Gewährung rechtlichen Gehörs *in:* wistra 2001, S. 85 ff.
Lutz, Peter	Geldwäsche – Gesetzgebung und Entwicklung in der Schweiz *in:* Bekämpfung der Geldwäsche, 24. Tagung der DACH in Bad Ragaz vom 10.–12.Mai 2001 (zitiert als: Lutz, Geldwäsche – Gesetzgebung und Entwicklung in der Schweiz *in:* Bekämpfung der Geldwäsche)
Lutz, Peter	Zur Revision des Geldwäschereigesetzes, Der Bundesrat setzt auf einen erweiterten Geltungsbereich *in:* NZZ v. 12.04.2005, S. 29

- M -

Merkt, Hanno	Das Europäische Gesellschaftsrecht und die Idee des „Wettbewerbs der Gesetzgeber" *in:* RabelsZ 1995, S. 545 ff.
Merkt, Hanno **Göthel,** Stephan	US-amerikanisches Gesellschaftsrecht, 2. Auflage, Frankfurt a. M. 2006 (zitiert als: Merkt/Göthel, US-amerikanisches Gesellschaftsrecht)
Merten, Hans-Lothar	Kapitalanlage in Steueroasen 2009, Regensburg 2009 (zitiert als: Merten, Kapitalanlage in Steueroasen 2009)
Merten, Hans-Lothar	Steueroasen Ausgabe 2009, Handbuch für flexible Steuerzahler, Regensburg 2009 (zitiert als: Merten, Steueroasen Ausgabe 2009)
Meyer-Goßner, Lutz	Strafprozessordnung, 51. Auflage, München 2008 (zitiert als: Meyer-Goßner, StPO)
Milewski, Matthias	Die Aufhebung des Bankgeheimnisses, Eine Untersuchung der daraus resultierenden rechtlichen und wirtschaftlichen Auswirkungen, Diss., Berlin 2005 (zitiert als: Milewski, Die Aufhebung des Bankgeheimnisses)
Miller, Markus	Geopolitische Vermögenssteuerung: Vermögensanlage rund um den Globus – von Andorra über Panama und Singapur bis Zypern, München 2006 (zitiert als: Miller, Geopolitische Vermögenssteuerung)
Müller, Christof	Geldwäscherei: Motive – Formen – Abwehr, Eine betriebswirtschaftliche Analyse, Diss., St. Gallen 1992 (zitiert als.: Müller, Geldwäscherei: Motive – Formen – Abwehr)
Müller, Jörg Paul **Wildhaber,** Luzius	Praxis des Völkerrechts, 3. Auflage, Bern 2001 (zitiert als: Müller/Wildhaber, Praxis des Völkerrechts)

- N -

Nagl, Hans	Banken werben um Privatkunden *in:* Handelsblatt v. 09.03.2009, S. 30

Natterer, Judith	Working Paper: Internationale Rechtshilfe der Schweiz in Strafsachen, Juristische Fakultät der Universität Basel, Januar 1998 (zitiert als: Natterer, Working Paper: Internationale Rechtshilfe der Schweiz in Strafsachen)
Niermann, Stephan	„e-Geldwäsche", Rechtliche und faktische Grenzen der Gewinnabschöpfung bei Straftaten im modernen Zahlungsverkehr, Diss., Frankfurt a. M./Berlin/Bern/Bruxelles/ New York/Oxford/Wien (zitiert als: Niermann, „e-Geldwäsche")
Nobel, Peter	Praxis zum öffentlichen und privaten Bankrecht in der Schweiz, Bern 1979 (zitiert als: Nobel, Praxis zum öffentlichen und privaten Bankrecht in der Schweiz)
Norton Rose	Das neue Geldwäschegesetz – Herausforderungen durch die Umsetzung der 3. EG-Geldwäscherichtlinie, März 2008

- O -

Oberholzer, Niklaus	Managementorientiertes Wirtschaftsrecht, Bd. 5, Wirtschaftsstrafrecht, St. Gallen/Zürich 1999 (zitiert als: Oberholzer, Wirtschaftsstrafrecht)
Ochsner, Gertrud	Präzedenzfall dank Geldwäscherei-Verfahren *in:* Aktion Finanzplatz Schweiz (AFP), Nummer 1/2000 der Finanzplatz-Informationen

- PQ -

Parma, Viktor **Vontobel,** Werner	Schurkenstaat Schweiz? Steuerflucht: Wie sich der größte Bankenstaat der Welt korrumpiert und andere Länder destabilisiert, München 2009 (zitiert als: Parma/Vontobel, Schurkenstaat Schweiz?)
Peer, Mathias **Bernau,** Patrick	Die große Entblößung *in:* Frankfurter Allgemeine Sonntagszeitung v. 24.08.2008, S. 51
Perrenoud, Marc	La place financière et les banques suisses à l'époque du national-socialisme, Les relations des grandes banques avec l'Allemagne (1931–1946), Publications de la CIE, Vol./Bd. 13., Zürich 2002 (zitiert als: Perrenoud, La place financière et les banques suisses à l'époque du national-socialisme, Vol./Bd.13)

Peter, Frank	Streichung des § 370a AO, Das Ende eines umstrittenen Straftatbestandes durch das Gesetz zur Neuregelung der Telekommunikationsüberwachung *in:* Steuer und Studium 2008, S. 428
Petersen, Jens	Der Bankvertrag *in:* Jura 2004, S. 627 ff.
Petersen, Jens	Das Bankgeheimnis zwischen Individualschutz und Institutionsschutz, Tübingen 2005 (zitiert als: Petersen, Das Bankgeheimnis zwischen Individualschutz und Institutionsschutz)
Pieper, Stephan M.	Rechts- und Amtshilfe in Steuerangelegenheiten durch die Schweiz insbesondere im Hinblick auf das schweizerische Bankgeheimnis, Diss., Frankfurt a. M., Berlin, Bern, New York, Paris, Wien 1995 (zitiert als: Pieper, Rechts- und Amtshilfe in Steuerangelegenheiten durch die Schweiz insbesondere im Hinblick auf das schweizerische Bankgeheimnis)
Pieth, Mark	„Geldwäscherei" (Art. 305 bis u. ter StGB) *in:* Niggli/Wiprächtiger (Hrsg.), Basler Kommentar Strafrecht II, 2. Auflage, Basel 2007 (zitiert als: Pieth, BSK StGB II vor Art. 305bis)
Pieth, Mark	Potentatengelder als Reputationsrisiko für den Finanzplatz Schweiz, Drohendes Debakel im Fall Duvalier *in:* NZZ v. 06.06.2007, S. 27
Pieth, Mark	Die Praxis der Geldwäscherei *in:* Trechsel (Hrsg.) Geldwäscherei, Prävention und Massnahmen zur Bekämpfung, Zürich 1997 (zitiert als: Pieth, Die Praxis der Geldwäscherei)
Pieth, Mark	Zur Einführung: Geldwäscherei und ihre Bekämpfung in der Schweiz, *in:* Mark Pieth (Hrsg.), Bekämpfung der Geldwäscherei. Modellfall Schweiz?, Basel/ Frankfurt a. M./Stuttgart 1992 (zitiert als: Pieth, Einführung, Bekämpfung der Geldwäscherei. Modellfall Schweiz?)

Pieth, Mark	Zur „symbolischen Gesetzgebung" gegen Geldwäscherei und organisiertes Verbrechen; *in:* Strafverteidigertag (17/1993/München), Rechtsstaatliche Antworten auf neue Kriminalitätsformen (zitiert als: Zur „symbolischen Gesetzgebung" gegen Geldwäscherei und organisiertes Verbrechen: Pieth, *in:* Strafverteidigertag (17/1993/München))
Pieth, Mark	Die Bekämpfung des organisierten Verbrechens in der Schweiz *in:* ZStR 109 (1992); S. 257 ff.
Pieth, Mark **Aiolfi,** Gemma	A Comparative Guide to Anti-Money Laundering, A Critical Analysis of Systems in Singapore, Switzerland, the UK and the USA, Cheltenham, Northampton 2004 (zitiert als: Pieth/Gemma, A Comparative Guide to Anti-Money Laundering)
Pieth, Mark **Aiolfi,** Gemma	Anti-Money Laundering – Levelling the Playing Field, Studie des Basel Institute on Governance, im Auftrag der Stiftung Finanzplatz Schweiz, Basel 2003 (zitiert als: Pieth/Gemma, Anti-Money Laundering – Levelling the Playing Field)
Pieth, Mark **Aiolfi,** Gemma	The Private Sector becomes active: The Wolfsberg Process, Journal of Financial Crime 2003, S. 359 ff. (zitiert als: Pieth/Aiolfi, The Private Sector becomes active: The Wolfsberg Process)
Pöhner, Ralph	Schweizer Mythos *in:* Die Zeit v. 26.02.2009, S. 23
Popp, Peter	Grundzüge der internationalen Rechtshilfe in Strafsachen, Basel/Genf/München 2001 (zitiert als: Popp, Grundzüge der internationalen Rechtshilfe in Strafsachen)
President's Commission on Organized Crime	The Cash Connection: Organized Crime, Financial Institutions and Money Laundering, Washington D.C. 1985 p. VII.
Price Waterhouse	Money Laundering: A Bankers' guide to avoiding problems (zitiert als: Price Waterhosue, Money Laundering: A Bankers' guide to avoiding problems)

| Prittwitz, Cornelius | Die Geldwäsche und ihre strafrechtliche Bekämpfung – oder: Zum Einzug des Lobbyismus in die Kriminalpolitik *in:* StV 1993, S. 498 ff. |

- R -

Reich, Markus Bachmann, Stefan	Internationale Amts- und Rechtshilfe in der Schweiz in Fiskalsachen *in:* Zeitschrift für Schweizerisches und Internationales Steuerrecht (ZSIS) 2003
Richter, Nicolas	Ende der Geheimnisse *in:* Süddeutsche Zeitung v. 14./15.03.2009, S. 4
Riecke, Torsten	Schweiz: Revolution nach Fahrplan *in:* Handelsblatt v. 16.03.2009, S. 5
Regul, Rudolf Wolf, Herbert Abraham, Jean Paul	Das Bankwesen im grösseren Europa, Baden-Baden 1974 (zitiert als: Regul/Wolf/Abraham, Das Bankwesen im grösseren Europa)
Rehberg, Jörg	Züricher Grundrisse des Strafrechts. Strafrecht IV: Delikte gegen die Allgemeinheit, 2. Auflage, Zürich 1996 (zitiert als: Rehberg, Strafrecht IV)
Reschiglian, Heinz Oldani, André	Das schweizerische Bankgeheimnis und die Geldwäscherei, Das Bankgeheimnis – Mythos und Wahrheit *in:* CH-D Wirtschaft 3/03, S. 6 ff.
Rosenberg, Monika	Elimination einiger „schwarzen Schafe", Intensive Tätigkeit der Kontrollstelle gegen Geldwäscherei *in:* NZZ v. 27.03.2004, S. 25
Ruppelt, Reinhold	Das Bankgeheimnis, Köln 1959 (zitiert als: Ruppelt, Das Bankgeheimnis)

- S -

| Samson, Erich
Langrock, Marc | Der >>gläserne<< Bankkunde?, Automatisierter Abruf von Konteninformationen und Grundrecht auf informationelle Selbstbestimmung – Zur verfassungsrechtlichen Problematik der §§ 93 Abs. 7, 8, 93b der Abgabenordnung, Schriften der Bucerius Law School, Bd. I/3, Köln 2005
(zitiert als: Der >>gläserne<< Bankkunde?, Automatisierter Abruf von Konteninformationen und Grundrecht auf informationelle Selbstbestimmung) |

Schamberger, Ingo	Verwertung steuerrelevanter Ermittlungsergebnisse bei Banken gegenüber deren Kunden, 2007 (zitiert als: Schamberger, Verwertung steuerrelevanter Ermittlungsergebnisse bei Banken)
Schmid, Niklaus	Anwendungsfragen der Straftatbestände gegen die Geldwäscherei, vor allem StGB Art. 305bis *in:* Geldwäscherei und Sorgfaltspflicht, Schriftenreihe SAV, Bd. 8, Zürich 1991 (zitiert als: Schmid, *in:* SAV, Geldwäscherei und Sorgfaltspflicht)
Schmid, Niklaus	Insiderdelikte und Geldwäscherei – neuere und künftige Aspekte aus der Sicht der Banken *in:* Aktuelle Probleme im Bankrecht, Berner Tage für die juristische Praxis 1993, Bern 1994, S. 189 ff. (zitiert als: Schmid, Insiderdelikte und Geldwäscherei *in:* Aktuelle Probleme im Bankrecht, Berner Tage für die juristische Praxis 1993)
Schmid, Niklaus	Mangelnde Sorgfalt bei Finanzgeschäften und Melderecht (StGB Art. 305ter) *in:* Schmid (Hrsg.), Kommentar zur Einziehung, organisiertes Verbrechen und Geldwäscherei, Bd. 2, Zürich 2002 (zitiert als: Schmid, StGB 305ter *in:* Schmid (Hrsg.), Kommentar Einziehung, organisiertes Verbrechen und Geldwäscherei, Bd. II)
Schmidt, Christian	Das neue Kontenabrufverfahren auf dem Prüfstand: Verfassungswidriger Informationszugriff oder verfassungsrechtlich gebotene Durchsetzung der steuerlichen Belastungsgerechtigkeit *in:* BB 2005, S. 2155 ff.
Schmidt, Christian	Doppelbesteuerungsabkommen Deutschland Schweiz 1971 & 1978 Steuern vom Einkommen und Vermögen, Nachlass- und Erbschaftssteuern Textausgabe und Praxis beider Staaten *in:* IStR 2009, S.III
Schneider, Friedrich **Dreer,** Elisabeth **Riegler,** Wolfgang	Geldwäsche. Formen, Akteure, Größenordnung – und warum die Politik machtlos ist, Wiesbaden 2006 (zitiert als: Schneider/Dreer/Riegler, Geldwäsche)
Schünemann, Bernd	Festschrift für Claus Roxin zum 70. Geburtstag am 15. Mai 2001, Berlin 2001 (zitiert als: Schünemann/*Verfasser*, Festschrift für Claus Roxin)

Schumacher, Oliver	Finanzplatz Schweiz: Wo sind die Vermögen der Nazi-Opfer? *in:* Die Zeit, Ausgabe 38 aus dem Jahr 1996
Schwager, Pius	Das schweizerische Bankgeheimnis in Berücksichtigung der Grundlagen, Zusammenhänge und Auswirkungen, Zürich 1986 (zitiert als: Schwager, Das schweizerische Bankgeheimnis)
Schwander-Auckenthaler, Katharina	Missbrauch von Bankgeschäften zu Zwecken der Geldwäscherei, Diss., ZH 1995 (zitiert als: Schwander-Auckenthaler, Missbrauch von Bankgeschäften zu Zwecken der Geldwäscherei)
Schwintowski, Hans-Peter	Bankrecht, München 1994 (zitiert als: Schwintowski, Bankrecht)
Seiler, Dorren **Lohr,** Jörg-Andreas	Ausländische Zinseinkünfte von EU-Bürgern sind kein (Bank-)Geheimnis mehr – die EU-Zinsrichtlinie aus Sicht des BMF – Besprechung des BMF-Schreibens vom 6.1.2005 zur Zinsinformationsverordnung vom 26.1.2004 *in:* DStR 2005, S. 537 ff.
Seiser, Michaela	Tresor mit Alpenpanorama *in:* FAZ v. 23.05.2009, S. 22
Senti, Martin	Was wäre, wenn Herr Kopp nicht ans Telefon gegangen wäre *in:* NZZ Folio 08/08
Sichtermann, Siegfried	Bankgeheimnis und Bankauskunft, 2. Auflage, Frankfurt a. M. 1966 (zitiert als.: Sichtermann, Bankgeheimnis und Bankauskunft)
Sichtermann, Siegfried	Enzyklopädisches Lexikon für das Geld-, Bank- und Börsenwesen, Bd. I (A–H), 3. Auflage, 1967 (zitiert als: Sichtermann, Enzyklopädisches Lexikon für das Geld-, Bank- und Börsenwesen)
Sichtermann, Siegfried **Feuerborn,** Sabine **Kirchherr,** Roland **Terdenge,** Reinhold	Bankgeheimnis und Bankauskunft in der Bundesrepublik Deutschland sowie wichtigen ausländischen Staaten, 3. Auflage, Frankfurt a. M. 1984 (zitiert als: Sichtermann/*Bearbeiter*, Bankgeheimnis und Bankauskunft in der Bundesrepublik Deutschland sowie wichtigen ausländischen Staaten)
von Siebenthal, Rudolf	Ausländische Reaktionen auf die neue Rechtshilfepraxis bei Abgabenbetrug *in:* StR 1985, S. 327 ff.

Sinz, Andreas **Kubaile,** Heiko	Der Entwurf des Steuerhinterziehungsbekämpfungsgesetzes:Steinbrücks 7. Kavallerie *in:* IstR 2009, S.401ff.
Steinkühler, Bernhard	BB-Forum: Kein Datenproblem bei der Deutschen Bahn AG? Mitnichten! *in:* BB 2009, S. 1294 f.
Stessens, Guy	Money laundering, A New Law Enforcement Model, Antwerpen 2000 (zitiert als: Stessens, Money laundering)
Stratenwerth, Günter	Der behördlich erzwungene Verzicht auf das Bankgeheimnis, Bern 1987 (zitiert als: Stratenwerth, Der behördlich erzwungene Verzicht auf das Bankgeheimnis)
Stratenwerth, Günter	Schweizerisches Strafrecht, Besonderer Teil I und II, Teilrevision 1987 bis 1990. Straftaten gegen Leib und Leben, Insiderstrafrecht, Straftaten gegen die Familie, Geldwäscherei, Bern 1990 (zitiert als: Stratenwerth, Schweizerisches Strafrecht, BT I/II)
Stratenwerth, Günter	Schweizerisches Strafrecht, Besonderer Teil II: Straftaten gegen Gemeininteressen, 5. Auflage, Bern 2000 (zitiert als: Stratenwerth, Schweizerisches Strafrecht, BT II)
Strathenwerth, Günter **Bommer,** Felix	Schweizerisches Strafrecht, Besonderer Teil II: Straftaten gegen Gemeininteressen, 6. Auflage, Bern 2008 (zitiert als: Stratenwerth/Bommer, Schweizerisches Strafrecht, BT II)
Stratenwerth, Günter	Geldwäscherei – ein Lehrstück der Gesetzgebung *in:* Mark Pieth (Hrsg.), Bekämpfung der Geldwäscherei. Modellfall Schweiz?, Basel/Frankfurt a. M./Stuttgart 1992, S.97 ff. (zitiert als: Stratenwerth, Geldwäscherei – ein Lehrstück der Gesetzgebung, *in:* Mark Pieth (Hrsg.), Bekämpfung der Geldwäscherei. Modellfall Schweiz?)
Stüwe, Klaus	Die politischen Systeme in Nord- und Lateinamerika: Elne Einführung, Wiesbaden 2007 (zitiert als: Stüwe, Die politischen Systeme in Nord- und Lateinamerika)

Suendorf, Ulrike	Geldwäsche, Eine kriminologische Untersuchung, Polizei + Forschung, Bd. 10, herausgegeben vom Bundeskriminalamt (BKA), Kriminalistisches Institut, Neuwied 2001 (zitiert als: Suendorf, Geldwäsche, Eine kriminologische Untersuchung)

- T -

Tarolli Schmidt, Nadia	Schweizer Amts- und Rechtshilfe in Steuersachen – Status quo und Ausblick *in:* Praxis Internationale Steuerberatung 2009, S.173ff.
Thalmann, Christian	Die Sorgfaltspflicht der Bank im Privatrecht *in:* ZSR 1994 II S. 127 ff.
Trechsel, Stefan	Schweizerisches Strafgesetzbuch, Kurzkommentar, 2. Auflage, Zürich 1997 (zitiert als: Trechsel)
Tröndle, Herbert	Strafgesetzbuch und Nebengesetze. Erläutert von Herbert Tröndle, 53. Auflage des von Otto Schwarz begründeten und in der 23. bis 37. Auflage von Eduard Dreher bearbeiteten Werkes, München 2006 (zitiert als: Dreher/Tröndle)

- U -

Uhlig, Andreas	Schwieriger Kampf gegen Terrorfinanzierung, Erfolge der FATF gegen die internationale Geldwäscherei *in:* NZZ v. 93.07.2004, S. 25
Ulmer, Marion	Finanzplatzkommunikation, Ansätze zur Steigerung der Wettbewerbsfähigkeit von Finanzplätzen durch Kommunikationspolitik am Beispiel der Schweiz, Bern, Stuttgart, Wien 2007 (zitiert als: Ulmer, Finanzplatzkommunikation)
Ulrich, Hans Krieg, Walter	Das St. Galler Management-Modell, 3. Auflage, Bern, Stuttgart, Wien 1974 (zitiert als.: Ulrich/Krieg, Das St. Galler Management-Modell, St. Gallen 1974)
Ungefehr, Friederike	Tourismus und Offshore-Banking auf den Bahamas: Internationale Dienstleistungen als dominanter Wirtschaftsfaktor in einem kleinen Entwicklungsland, Frankfurt a. M. 1988 (zitiert als: Ungefehr, Tourismus und Offshore-Banking auf den Bahamas)

- V -

Villiger, Kaspar	Eine Willensnation muss wollen, Die politische Kultur der Schweiz: Zukunfts- oder Auslaufmodell, Zürich 2009 (zitiert als: Villiger, Eine Willensnation muss wollen)
Vogel, Joachim	Geldwäsche – ein europaweit harmonisierter Straftatbestand? *in:* ZStW 109 (1997), S. 335 ff.
Vogler, Robert U.	Das Schweizer Bankgeheimnis: Entstehung, Bedeutung, Mythos, Zürich 2005 (zitiert als: Vogler, Das Schweizer Bankgeheimnis: Entstehung, Bedeutung, Mythos)
Voß, Marko	Die Tatobjekte der Geldwäsche, Köln, Berlin, München 2007 (zitiert als: Voß, Die Tatobjekte der Geldwäsche)

- W -

Wachter, Adelrich	Sicherheit des Finanzplatzes Schweiz *in:* NZZ v. 08.04.2004, S. 73
Wackerbeck, Markus	Der internationale Währungsfonds als Akteur internationaler Währungspolitik unter besonderer Berücksichtigung der Asienkrise 1997/98, München 2007 (zitiert als: Wackerbeck, Der internationale Währungsfonds als Akteur internationaler Währungspolitik unter besonderer Berücksichtigung der Asienkrise 1997/98)
Weber, Christian	Praktische Probleme bei der Verfolgung internationaler Wirtschaftskriminalfälle *in:* ZStrR 114 (1996), S. 263 ff.
Weber, Horst	Das Pferd ist falsch aufgezäumt *in:* NZZ v. 12.04.2005, S. 29
Weber, Manfred	Das deutsche Bankgeheimnis *in:* Die Bank, 1996, S. 84 ff.
Weinreuter, Uwe **Braun,** Michael	Bankgeheimnis und Maßnahmen der Finanzverwaltung *in:* DStZ 2001, S. 185 ff.

XXXI

Wenzel, Axel	Die Fortgeltung der Rechtsprechungsregeln zu den eigenkapitalersetzenden Gesellschaftsdarlehen, Eine rechtsmethodische Untersuchung, Berlin/ Hamburg/Münster 2005 (zitiert als: Wenzel, Die Fortgeltung der Rechtsprechungsregeln zu den eigenkapitalersetzenden Gesellschaftsdarlehen)
Werner, Gerhard	Bekämpfung der Geldwäsche in der Kreditwirtschaft, Freiburg 1996 (zitiert als: Werner, Bekämpfung der Geldwäsche in der Kreditwirtschaft)
Weyand, Raimund	Neues Geldwäschegesetz *in:* StuB 2008, S. 830 ff.
Wieland, Joachim	Zinsbesteuerung und Bankgeheimnis *in:* JZ 2000, S. 272 ff.
Winer, Jonathan	Globalization, Terrorist Finance, and Global Conflict – Time for a White List? *in:* EJLR 2002, S. 255 ff.

- XYZ -

Ziegler, Jean **Griese,** Friedrich **Schmidt,** Thorsten	Die Schweiz wäscht weisser: Die Finanzdrehscheibe des internationalen Verbrechens, 6. Auflage, München 1991 (zitiert als: Ziegler/Griese/Schmidt, Die Schweiz wäscht weisser)
Zier, Peter	Das schweizerische Bankgeheimnis und seine Auswirkungen auf die deutsche Wirtschaft, Konstanz 1977 (zitiert als: Zier, Das schweizerische Bankgeheimnis und seine Auswirkungen auf die deutsche Wirtschaft)
Zimmermann, Robert	La coopération judiciaire internationale en matière pénale, Bern 1998 (zitiert als: Zimmermann, La coopération judiciaire internationale en matière pénale)
Zitzelsberger, Gerd	Europas Steuerparadiese schließen *in:* Süddeutsche Zeitung v. 14./15.03.2009, S. 1

Zuberbühler, Daniel Banken als Hilfspolizisten zur Verhinderung der Geldwäscherei? Sicht eines Bankaufsehers, *in:* Mark Pieth (Hrsg.) Bekämpfung der Geldwäscherei. Modellfall Schweiz?, Basel/ Frankfurt a. M./Stuttgart 1992, S. 29 ff.
(zitiert als: Zuberbühler, Banken als Hilfspolizisten zur Verhinderung der Geldwäscherei?, *in:* Mark Pieth (Hrsg.), Bekämpfung der Geldwäscherei. Modellfall Schweiz?)

Zuberbühler, Daniel Geldwäschereibekämpfung
in: Peter Nobel (Hrsg.), Aktuelle Rechtsprobleme des Finanz- und Börsenplatzes Schweiz, Bern 1993
(zitiert als: Zuberbühler, Geldwäschereibekämpfung, *in:* Peter Nobel, Aktuelle Rechtsprobleme des Finanz- und Börsenplatzes Schweiz)

Zulauf, Urs Bankgeheimnis und Publikation nachrichtenloser Vermögenswerte, 1997
in: Nobel, Peter (Hrsg.), Aktuelle Rechtsprobleme des Finanz- und Börsenplatzes Schweiz, Bern 1998
(zitiert als: Zulauf, Bankgeheimnis und Publikation nachrichtenloser Vermögenswerte)

Zulauf, Urs Die Eidgenössische Bankenkommission und Geldwäscherei
in: recht 1989, S. 79 ff.

Zuppinger, Ferdinand Probleme der internationalen Amts- und Rechtshilfe in Steuer-, insbesondere in Fiskalstrafsachen
in: ASA 50 (1981/82), S. 5 ff.
(zitiert als: Zuppinger, Probleme der internationalen Amts- und Rechtshilfe in Steuer-, insbesondere in Fiskalstrafsachen)

Materialien

Deutsche Materialien

Bundeskriminalamt:

- Pressestelle, Informationen zum Deliktsbereich Geldwäsche, Wiesbaden 13.08.1993
(zitiert als: BKA, Pressestelle, Informationen zum Deliktsbereich Geldwäsche)

Bundestags-Drucksachen:

- 11/7663 Entwurf des Bundesrates eines Gesetzes des illegalen Rauschgifthandels und anderer Erscheinungsformen der Organisierten Kriminalität vom 10.08.1990
(zitiert als: Bundestags-Drucksache 11/7663)

- 12/989 Entwurf eines Gesetzes zur Bekämpfung des illegalen Rauschgifthandels und anderer Erscheinungsformen der organisierten Kriminalität (OrgKG) vom 25.07.1991
(zitiert als: Bundestags-Drucksache 12/989)

- 12/2704 Entwurf eines Gesetzes über das Aufspüren von Gewinnen aus schweren Straftaten (Gewinnaufspürungsgesetz – GewAufspG) vom 29.05.1992
(zitiert als: Bundestags-Drucksache 12/2704)

- 14/7471 Entwurf eines Gesetzes zur Bekämpfung von Steuerverkürzungen bei der Umsatzsteuer und anderen Steuern (Steuerverkürzungsbekämpfungsgesetz – StVBG) vom 23.11.2001 (zitiert als: Bundestags-Drucksache 14/7471)

- 16/9168 Antrag der Abgeordneten Dr. Barbara Höll, Wolfgang Neskovic, Ulla Lötzer, Dr. Herbert Schui, Dr. Axel Troost und der Fraktion DIE LINKE, Steuerhinterziehung bekämpfen – Steueroasen austrocknen vom 08.05.2008
(zitiert als: Bundestags-Drucksache 16/9168)

- 16/9421 Antrag der Abgeordneten Christine Scheel, Kerstin Andreae, Birgitt Bender, Dr. Thea Dückert, Markus Kurth, Jerzy Montag, Irmingard Schewe-Gerigk, Dr. Gerhard Schick, Silke Stokar von Neuforn, Dr. Wolfgang Strengmann-Kuhn, Dr. Harald Terpe, Wolfgang Wieland und der Fraktion BÜNDNIS 90/DIE GRÜNEN, Keine Hintertür für Steuerhinterzieher vom 04.06.2008
(zitiert als: Bundestags-Drucksache 16/9421)

- 16/11389 Antrag der Fraktionen der CDU/CSU und SPD, Steuerhinterziehung bekämpfen vom 17.12.2008
(zitiert als: Bundestags-Drucksache 16/11389)

- Gesetzentwurf der Bundesregierung, Entwurf eines Gesetzes zur Ergänzung der Bekämpfung der Geldwäsche und der Terrorismusfinanzierung Geldwäschebekämpfungsergänzungsgesetz – GwBekErgG) v. 27.02.2008
(zitiert als: Gesetzentwurf der Bundesregierung zum GWG v. 27.02.2008)

Bundesrats-Drucksachen:

- 507/92 Entwurf eines Gesetzes zur Ausführung der Vereinten Nationen vom 20. Dezember 1988 gegen den unerlaubten Verkehr mit Suchtstoffen und psychotropen Stoffen (Ausführungsgesetz – Suchtstoffübereinkommen 1988) vom 14.08.1992 (zitiert als: Bundesrats-Drucksache 507/92)

- 919/90 Gesetzesantrag der Länder Baden-Württemberg und Bayern, Entwurf eines Gesetzes zur Bekämpfung des illegalen Rauschgifthandels und anderer Erscheinungsformen der Organisierten Kriminalität vom 19.12.1990 (zitiert als: Bundesrats-Drucksache 919/90)

Bundesministerium der Finanzen:

- Pressemitteilung des BMF vom 14.06.2007, Nr. 66/2007

- Anwendungsschreiben zur Zinsinformationsverordnung (ZIV) BMF vom 30.01.2008, IV C 1 – S 2402-a/0

Bundessteuerblatt:

- Merkblatt zur zwischenstaatlichen Amtshilfe durch Auskunftsaustausch in Steuersachen vom 03.02.1999, BStBl. I 1999, 228 ff. und 974 (Verhandlungsprotokoll, Tz.2 II)

Deutsches Bundesarchiv:

- Deutsches Bundesarchiv Berlin, R 3102/2598, Tabelle „Deutschlands Auslandsschulden per 29. Februar 1932"

Schweizerische Materialien

Abkommen:

- Kooperationsabkommen zur Bekämpfung des Betruges und anderer Straftaten zum Schaden der finanziellen Interessen der Europäischen Gemeinschaften, ihrer Mitgliedstaaten und der Schweiz

- Abkommen über die Zusammenarbeit zwischen der Schweizerischen Eidgenossenschaft einerseits und der EG und ihrer Mitgliedstaaten andererseits zur Bekämpfung von Betrug und sonstigen rechtswidrigen Handlungen, die ihre finanziellen Interessen beeinträchtigen

Amtliches Bulletin:

- der Bundesversammlung, Nationalrat, Novembersession 1989
(zitiert als: Amtl. Bull. NR 1989, Seitenzahl)

- der Bundesversammlung, Ständerat, Märzsession 1990
(zitiert als: Amtl. Bull. StR 1990, Seitenzahl)

Archiv UBS:

- Fonds SBV, Protokoll der Generaldirektion, 15. Mai 1934 (ungedruckte Quelle)

Botschaft:

- über die parlamentarische Debatte v. 12. Juni 1989, BBl. 1989 II, S. 1061 ff.
(zitiert als: Botschaft v. 12. Juni 1989 über die parlamentarische Debatte, BBl.1989 II, S. 1061)

- über die Änderung des schweizerischen Strafgesetzbuches: Gesetzgebung über Geldwäscherei und mangelnder Sorgfalt bei Geldgeschäften, vom 18. Juli 1989, BBl. 1989, Bd. II, S. 1061 ff.
(zitiert als: „Botschaft StGB" mit Seitenzahl)

- über die Änderung des Schweizerischen Strafgesetzbuches und des Militärstrafgesetzes (Revision des Einziehungsrechts; Strafbarkeit der kriminellen Organisation; Melderecht des Finanziers) vom 30.06.1993, BBl. 1993 Bd. III, S. 277 ff.
(zitiert als: „Botschaft 1993" mit Seitenzahl)

- zum Bundesgesetz zur Bekämpfung der Geldwäscherei im Finanzsektor (Geldwäschereigesetz GwG) vom 17. Juni 1996, BBl. 1996 III S. 1102 ff.
(zitiert als: „Botschaft" mit Seitenzahl)

- betreffend die internationalen Übereinkommen zur Bekämpfung der Finanzierung des Terrorismus und zur Bekämpfung terroristischer Bombenanschläge sowie die Änderung des Strafgesetzbuches und die Anpassung weiterer Bundesgesetze v. 26.06.2002,
(zitiert als: Botschaft betreffend die internationalen Übereinkommen zur Bekämpfung der Finanzierung des Terrorismus und zur Bekämpfung terroristischer Bombenanschläge sowie die Änderung des Strafgesetzbuches und die Anpassung weiterer Bundesgesetze v. 26.06.2002)

Bundesamt für Justiz:

- Die internationale Rechtshilfe in Strafsachen, Wegleitung, überarbeitet von Beat Frey, 8. Auflage, Bern 1998
(zitiert als: Bundesamt für Justiz, Die internationale Rechtshilfe in Strafsachen, Wegleitung)

Bundesamt für Polizei (BAP):

- Jahresbericht 2003, Bern 2004
(zitiert als: BAP, Jahresbericht 2003)

Economiesuisse:

- Bilaterale II: Betrugsbekämpfung, Signifikante Verbesserung der Zusammenarbeit mit der EU
in: dossierpolitik v. 18. Oktober 2004, Nummer 38/2

Eidgenössische Bankenkommission:

- Jahresbericht der Eidgenössischen Bankenkommission 1988
(zitiert als: Jahresbericht der EBK 1988, Seitenzahl)

- Bulletin der Eidgenössischen Bankenkommission EBK-Bulletin 33
(zitiert als: EBK-Bulletin 33, Seitenzahl)

Eidgenössische Finanzverwaltung:

- Geldwäschereibekämpfung in der Schweiz, Internationale Entwicklungen im Kampf gegen die Geldwäscherei und die Rolle der Schweiz, Eidg. Finanzverwaltung EFV, Kontrollstelle GWG, Eidgenössische Bankenkommission EBK, Bundesamt für Privatversicherungen BPV, Eidgenössische Spielbankenkommission ESBK, fedpol.ch MROS (Hrsg.), Stand Oktober 2003
(zitiert als: Geldwäschereibekämpfung in der Schweiz: Internationale Entwicklungen im Kampf gegen die Geldwäscherei und die Rolle der Schweiz)

Financial Action Task Force on Money Laundering (FATF):

- Annual Report 1993–1994
(zitiert als: FATF Annual Report 1993–1994, Seitenzahl)

- The Forty Recommendations 1990, Paris 1990
(zitiert als: Empfehlungen Nummer FATF 40/1990)

- The Forty Recommendations 1996, Paris 1996
(zitiert als: Empfehlungen Nummer FATF 40/1996)

- The Forty Recommendations 2003, Paris 2003
(zitiert als: Empfehlungen Nummer FATF 40/2003)

- Report on Money Laundering Typologies 2001–2002, Paris 2002
(zitiert als: FATF, Typologies 2001–2002)
- Report on Money Laundering Typologies 2003–2004, Paris 2004
(zitiert als: FATF, Typologies 2003–2004)

- 3. FATF-Länderexamen der Schweiz 2005
(zitiert als: 3. FATF-Länderexamen der Schweiz 2005)

Meldestelle für Geldwäscherei (MROS):

- 11. Jahresbericht 2008, Bern 2009
(zitiert als: Meldestelle für Geldwäscherei Schweiz (MROS), Statistik der MROS, 11. Jahres-bericht 2008)

- 10. Jahresbericht 2007, Bern 2008
(zitiert als: Meldestelle für Geldwäscherei Schweiz (MROS), Statistik der MROS, 10. Jahres-bericht 2007)

- 9. Jahresbericht 2006, Bern 2007
(zitiert als: Meldestelle für Geldwäscherei Schweiz (MROS), Statistik der MROS, 9. Jahresbericht 2006)

- 8. Jahresbericht 2005, Bern 2006
(zitiert als: Meldestelle für Geldwäscherei Schweiz (MROS), Statistik der MROS, 8. Jahresbericht 2005)

- 7. Jahresbericht 2004. Bern 2005
(zitiert als: Statistik der Meldestelle für Geldwäscherei Schweiz (MROS), 7. Jahresbericht 2004)

- 6. Jahresbericht 2003, Bern 2004
(zitiert als: MROS, Jahresbericht 2003)

- 5. Jahresbericht 2002, Bern 2003
(zitiert als: MROS, Jahresbericht 2002)

- 4. Jahresbericht 2001, Bern 2002
(zitiert als: MROS, Jahresbericht 2001)

- 3. Jahresbericht 2000, Bern 2001
(zitiert als: MROS, Jahresbericht 2000)

Protokoll der Kommission des Nationalrates:

- Protokoll vom 06.07. bis 11.09.1989
(zitiert als: Prot. NR 1989/Datum der Sitzung/Seitenzahl)

- Protokoll der Kommission für Rechtsfragen des Nationalrates der Sitzungen vom 30.10.1996, 31.10.1996, 01.11.1996, 18.11.1996 und 18.06.1997
(zitiert als: Prot. Nr. 1996/1997/Datum der Sitzung/Seitenzahl)

Rundschreiben:

- der eidgenössischen Bankenkommission: Richtlinie zur Bekämpfung und Verhinderung der Geldwäscherei (Geldwäscherei) vom 26. März 1998
(zitiert als: Rundschreiben EBK Geldwäscherei vom 26. März 1998)

Schweizerische Bankiervereinigung:

- Die Schweiz und ihr Finanzplatz, Basel, Februar 2006
(zitiert als: Schweizerische Bankiervereinigung, Die Schweiz und ihr Finanzplatz, Basel, Februar 2006)

- Medienmitteilung der Schweizerischen Bankiervereinigung, Meinungsumfrage 2009
(zitiert als: Meinungsumfrage 2009 der Schweizerischen Bankiervereinigung)

- Geldwäschereibekämpfung im internationalen Vergleich, Referat von Mark Pieth, Universität Basel, Journalistenseminar der SBVg vom 5. und 6. Juni 2003
(zitiert als: SBVg – Journalistenseminar 5./.06.03, Referat von Prof. Dr. Mark Pieth, Geld-wäschereibekämpfung im internationalen Vergleich)

- Geldwäschereibekämpfung in der Schweiz, Referat von Roth im Rahmen des Journalistenseminars der SBVg vom 5. und 6. Juni 2003
(zitiert als: Roth, Geldwäschereibekämpfung in der Schweiz)

- Tätigkeitsbericht 2001/2002, Internetversion (im Internet einsehbar unter http://www.swissbanking.org/tb_2001-2002.pdf (Stand: Juli 2009))
(zitiert als: Schweizer Bankiervereinigung, Tätigkeitsbericht 2001/2002)

Schweizerische Bundesversammlung:

- Amtliches stenographisches Bulletin der schweizerischen Bundesversammlung (AstB), 1934

Schweizer Lexikon:

- in sechs Bänden, Bd. 2, Luzern 1992
(zitiert als: Schweizer Lexikon – in sechs Bänden, Bd., Erscheinungsjahr, Seite)

Schweizer Nationalbank:

- Statistik der Schweizer Nationalbank, Die Banken in der Schweiz 2007, 92. Jahrgang, Wert-schriftenbestände in den Kundendepots der Banken

- Statistik der Schweizer Nationalbank, Die Banken in der Schweiz 2007, 92. Jahrgang, Personalbestand 2007

Europäische Materialien

EG – Geldwäscherei – Richtlinie:

- Richtlinie 2005/60/EG des Europäischen Parlaments und des Rates v. 26.10.2005 zur Verhinderung der Nutzung des Finanzsystems zum Zwecke der Geldwäsche und Terrorismusfinanzierung, Nr. L 309/15, Amtsblatt der Europäischen Union v. 25.11.2005
(zitiert als: 3. EU-Anti-Geldwäscherichtlinie (2005/60/EG))

- Richtlinie 2003/48/EG des Rates der Europäischen Union v. 03.06 2003 im Bereich der Besteuerung von Zinserträgen, Nr. 157/38, Abl. EU L 157 v. 26.03.2003, S. 38
(zitiert als: EG-Zinsrechtlinie 2003/48/EG)

- Richtlinie 2001/97/EG zur Änderung der Richtlinie 91/308/EWG des Rates zur Verhinderung der Nutzung des Finanzsystems zum Zwecke der Geldwäsche, Nr. L 344/76, Amtsblatt der Europäischen Union v. 28.12.2001
(zitiert als: 2. EU-Anti-Geldwäscherichtlinie (2001/97/EG))

- Richtlinie 91/308/EWG des Rates v. 10.06.1991 zur Verhinderung der Nutzung des Finanz-systems zum Zwecke der Geldwäsche (Geldwäscherichtlinie), Nr. L 166/77 Füllbier/Aepfelbach, GwG, Anhang II.1 S. 471
(zitiert als: 1. EU-Anti-Geldwäscherichtlinie (91/308/EWG))

- Vorschlag der EG-Kommission für eine Richtlinie des Rates zur Verhinderung der Nutzung des Finanzsystems zum Zwecke der Geldwäsche v. 23.03.1990, ABl. EG Nr. C 106/6 v. 28.4. 1990
(zitiert als: Vorschlag der EG-Kommission für eine Richtlinie des Rates zur Verhinderung der Nutzung des Finanzsystems zum Zwecke der Geldwäsche v. 23.03.1990, ABl. EG Nr. C 106/6 v. 28.04.1990)

Organisation for Economic Co-Operation and Development (OECD)

- Forum on Tax Administration, Buildung Transparent Tax Compliance by Banks, May 2009
(zitiert als: OECD, Forum on Tax Administration, Buildung Transparent Tax Compliance by Banks, May 2009)

Verordnungen

- Verordnung (EG) Nr. 1889/2005 des Europäischen Parlaments und des Rates v. 26.10.2005 über die Überwachung von Barmitteln, die in die Gemeinschaft oder aus der Gemeinschaft verbracht werden, Abl. EU Nr. L 309 v. 25.11.2005, S. 9
(zitiert als: Verordnung (EG) Nr.1889/2005 des Europäischen Parlaments und des Rates v. 26.10.2005 über die Überwachung von Barmitteln, die in die Gemeinschaft oder aus der Gemeinschaft verbracht werden, Abl. EU Nr. L 309 v. 25.11.2005, S. 9)

- Verordnung zur Umsetzung der Richtlinie 2003/48/EG des Rates v. 03.06.2003 im Bereich der Besteuerung von Zinserträgen v. 26.01.2004, BStBl. 2004 I, S. 297
(zitiert als: Verordnung zur Umsetzung der Richtlinie 2003/48/EG des Rates vom 03.06.2003 im Bereich der Besteuerung von Zinserträgen v. 26.01.2004, BStBl. 2004 I, S. 297)

- Zweite Verordnung zur Änderung der Zinsinformationsverordnung v. 05.11.2007, BGBl. I 2007, S. 2562; BMF v. 30.01.2008, IV C 1 – S 2402-a/0, Anwendungsschreiben zur Zinsinformationsverordnung (ZIV)
(zitiert als: Zweite Verordnung zur Änderung der Zinsinformationsverordnung v. 05.11.2007, BGBl. I 2007, S. 2562; BMF v. 30.01.2008, IV C 1 – S 2402-a/0, Anwendungsschreiben zur Zinsinformationsverordnung (ZIV))

Vereinte Nationen

- United Nations Convention Against Illicit Traffic in Narcotic Drugs and Psychotropic Substances vom 20. Dezember 1988 (Vienna Convention)
(zitiert als: United Nations Convention Against Illicit Traffic in Narcotic Drugs and Psychotropic Substances vom 20. Dezember 1988 (Vienna Convention))

- United Nations Convention against Corruption vom 31. Oktober 2003 (UNCAC)
(zitiert als: United Nations Convention against Corruption vom 31. Oktober 2003 (UNCAC))

- United Nations Convention Against Transnational Organized Crime vom 15. November 2000 (Palermo Convention)
(zitiert als: United Nations Convention Against Transnational Organized Crime vom 15. November 2000 (Palermo Convention))

- United Nations Convention against transnational organized crime, 2000
(zitiert als: United Nations Convention against transnational organized crime, 2000)